KB270178

독학 길라잡이

CATIA V5
모델링 정석

Surface Design편

이 재 한 저

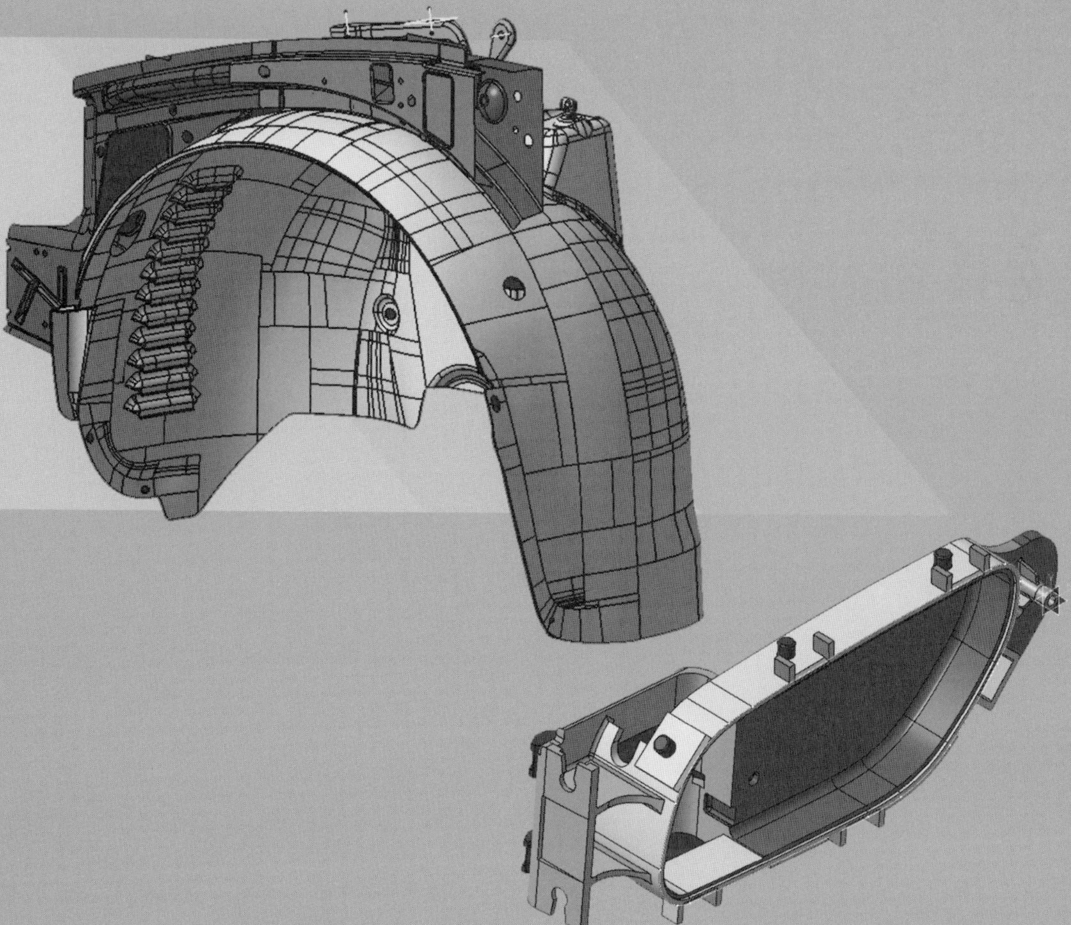

기전연구사

형상을 구현하는 방법으로는 PartDesign의 솔리드로 모델링을 하거나 곡면으로 외관 형상을 만들어 형상을 만들어가는 Surface Design이 있다. 본 저서는 Generative Shape Design을 사용하여 곡면의 Surface를 만드는 모델링 방법론에 대한 내용이다.

일반적으로 CATIA를 배우게 되면 가장 먼저 Solid로 형상을 만들게 된다. 이것은 직선 구조의 형상을 만드는 경우에 편리하게 만들어져 있다. 그러나 곡면에 의한 형상을 PartDesign으로 모델링을 하게 되면 상당히 힘들어진다. 이런 경우에는 곡면에 적합한 Generative Shape Design을 사용해야 한다.

본 저서는 Surface Design을 하기 위하여 가장 많이 사용하는 툴에 대한 설명을 하고 있으며 가장 기본적인 툴에 대하여 설명을 하고 있다. 따라서 어느 정도 기본적인 툴을 이해하지 못하더라도 기본 기능을 익힐 수 있도록 내용이 구성되어 있다. 그리고 기본적인 툴의 설명뿐만 아니라, 실무에서 가장 많이 사용하는 툴을 기준으로 설명을 하고 있다.

예제를 하나하나 따라하게 되면 중급 정도의 실무 수준에 도달할 수 있을 것이다.

본 저서의 특징은 곡면 모델링 따라하기 순서로 진행되어 있다. 초급에서 중급 수준 이상의 내용으로 구성되어 있다. 심화된 고급 수준의 곡면 모델링에 도달하려면 모델링 실습편에서 학습하기 바란다.

CATIA는 상당히 많은 아이콘과 기능들이 포함되어 있기 때문에 CATIA를 잘 다루고 실무에 능한 전문가가 되려면 같은 내용을 반복하여 다른 방식으로 여러 번 시도해보라. 시도중에 잘못된 부분은 수정하고 보완하면 학습을 진행할 필요가 있다. 한번 따라한 것으로 모든 것을 이해하였다고 생각하지 말고 접근방법을 다르게 시도하는 것이 필요하다.

정해진 순서로만 따라하는 것은 단순히 그 과정을 익히는 것에 불과하며 새로운 문제가 주어지면 해결할 수 없는 경우가 많다. 이런 경우에는 그 과정을 외운 것에 불과하며 응용을 할 수 없다. 이런 측면을 고려하여 독자들은 익히고 배운 아이콘과 방법론을 기초로 하여 다른 측면에서 반복학습을 하기를 권한다. 마지막으로 본 저서의 자료정리와 자료작성에 도움을 준 김남열 군에게 감사를 전하며 독자 여러분들이 CATIA 곡면 모델링의 기초를 익히는데 본 저서가 도움이 되기를 바란다.

저 자

Contents | **차 례**

CHAPTER 3 　**모델링 실습 ■ 293**

1

기본 기능 익히기

1. Shape Design 각 도구에 대한
   이해 및 실습과 실무 응용

2. Generative Shape Design
   핵심기능 익히기

1. Shape Design 각 도구에 대한 이해 및 실습과 실무 응용

1.1　Shape Design은 무엇이며 왜 사용하는가?

　Surface Design(서피스디자인)이란 점, 선, 면으로 원하는 외형을 만드는 작업을 하는 것이다. Part Design(파트디자인)은 주로 어떤 면이 어떤 안내선을 따라 채워져 나가기 때문에 외형의 내부가 채워져 있다. 그러나 Surface Design은 내부가 채워져 있지 않는 외형 형상으로 되어 있는 차이가 있다. Surface Design은 주로 복잡한 외형 형상을 구현하기 위하여 사용하며, Part Design의 모델링 한계를 극복할 수 있다. 특히, Part Design은 직선에 의한 모델링 형상화 과정이 주로 이루어지지만 Surface Design은 곡면에 의해 모델링이 구현되어 가는 큰 차이점이 있다. 그로 인하여 모델링을 배우는 과정에서는 Surface Design이 상대적으로 배우기 힘들다. 그러나 주로 곡면에 의하여 원하는 형상을 구현하는 경우가 많기 때문에 Surface Design을 배우고 사용할 줄 알아야 고급 모델링을 할 수 있는 기본을 배우는 것이다. 결론적으로, Surface Design은 복잡하고 직선구조보다는 곡선 구조의 모델링을 하기 위해 주로 사용한다.

  기본 도구와 아이콘 배우고 익히기

1) Generative Shape Design 기본 화면

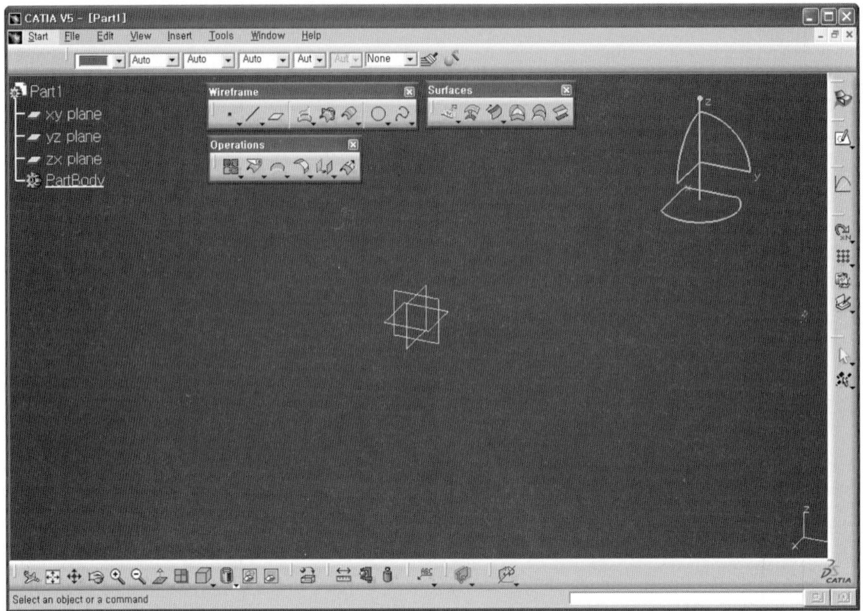

2) 기본 도구와 아이콘

이미지	이름	설명
	Point	3D공간 또는 이미 생성된 Element 위에 Point를 생성
	Points and Planes Repetition	Curve 위에 여러 개의 Point를 동일한 간격으로 생성
	Extremum	꼭지점을 생성하는 기능
	Extremum Polar	Planar contour 위에 extermum radius, angle을 생성할 때 사용하는 기능
	Line	3D공간 또는 이미 생성된 Element 상에 line을 생성
	Axis	회전 형 Surface을 생성하기 위한 3차원 축을 생성하는 기능이다.
	Polyline	Line으로 구성된 Curve를 생성

이미지	이름	설명
	Plane	3D공간에 평면을 생성하는 기능
	Projection	Element를 surface상에 투영하는 기능
	Combine	2Curve가 교차하는 3D Curve를 생성(V4의 Combine)
	Reflect Line	Element를 surface 상에 투영하는 기능
	Intersection	두 Element가 교차되는 curve를 추출하는 기능
	Parallel Curve	Parallel Curve를 생성하는 기능
	3D Curve Offset	3차원 커브를 Offset하는 기능
	Circle	원을 생성하는 기능
	Corner	Coner처리를 하는 기능
	Connect Curve	두 Curve를 연결하는 Curve를 생성하는 기능(V4의 Connect curve)
	Conic	원추 곡선을 생성하는 기능
	Spline	Point들을 이용하여 자유곡선을 생성
	Helix	나선형 Curve를 생성하는 기능
	Spiral	나선형 Curve를 생성하는 기능
	Spine	선택한 Plane을 수직으로 통과하는 Curve를 생성
	Isoparametric Curve	어떤 Surface의 한 점이 어떤 방향성으로 투영한 결과의 Curve
	Extrude	임의 직선방향으로 임의의 거리만큼의 Ruled Surface 생성
	Revolve	일정 축으로 원하는 Angle만큼의 회전체 Surface 생성
	Sphere	구 타입의 Surface를 생성하는 기능
	Cylinder	Cylinder 형 surface를 생성하는 기능

이미지	이름	설명
	Offset	선택한 Surface 직각방향으로 평행한 Surface 생성
	Sweep	단면 형상이 정해진 Curve를 따라 나열되는 Surface 생성
	Fill	Boundary Curve와 주변 Surface를 고려하여 Surface 생성
	Multi-Sections Surface	여러 개의 단면을 지나는 Surface 생성
	Blend	2개의 Surface 혹은 Curve를 부드럽게 이어주는 Surface 생성
	Join	Surface들을 join시키는 기능
	Healing	두 Surface 사이의 틈을 수정
	Curve Smooth	Curve를 Smooth하게(tangency/curvature) 생성하는 기능
	Untrim	Trim된 surface을 다시 untrim하는 기능
	Disassembles	Join되어 있는 것을 분리할 때 사용하는 기능
	Split	Surface를 Split하는 기능
	Trim	Surface를 trim시키는 기능
	Boundary	선을 추출한다.
	Extract	이미 생성되어 있는 Element(Curve, Point, Solid 등)에서 추출할 때 사용
	Multiple Extract	여러 개의 데이터를 한꺼번에 선택하여 추출한다.
	Shape Fillet	두 Surface 사이에 Fillet을 생성
	Edge Fillet	Join surface의 edge에 일정한 Fillet을 처리
	Variable Fillet	Join surface의 edge에 변화하는 Fillet을 생성
	Face-Face Fillet	Join surface의 두 surface에 fillet을 생성
	Tritangent Fillet	3개의 Surface와 접하는 Surface를 생성

이미지	이름	설명
	Translate	Surface를 이동시킬 때 사용하는 기능
	Rotate	Surface를 회전시킬 때 사용하는 기능
	Symmetry	Element를 대칭시킬 때 사용하는 기능
	Scaling	Element를 축소/확대할 때 사용하는 기능
	Affinity	Surface를 이동/축소/확대 이동시에 사용하는 기능
	Axis to Axis	축에서 다른 축으로 이동하는 기능
	Extapolate	Surface boundary를 연장하는 Surface를 생성

3) 기본 도구와 아이콘 배우고 익히기

■ **Point**

원하는 3차원 공간에 포인트를 생성한다.

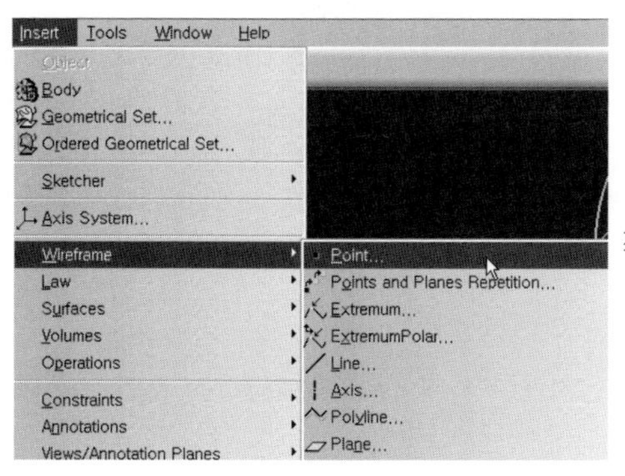
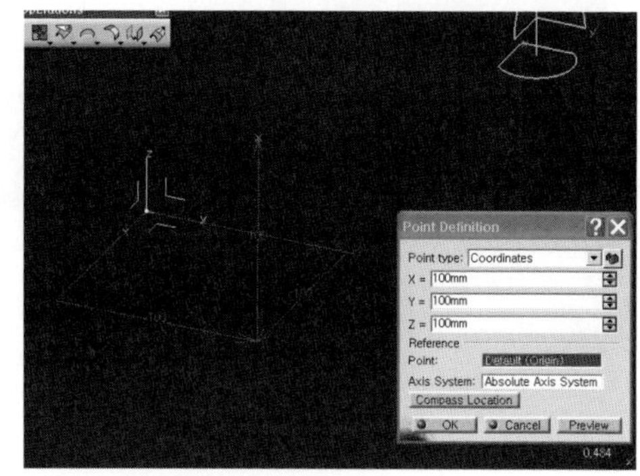

- Points and Planes Repetition

포인트와 Plane을 선택한 Line이나 Curve에 생성할 수 있다.

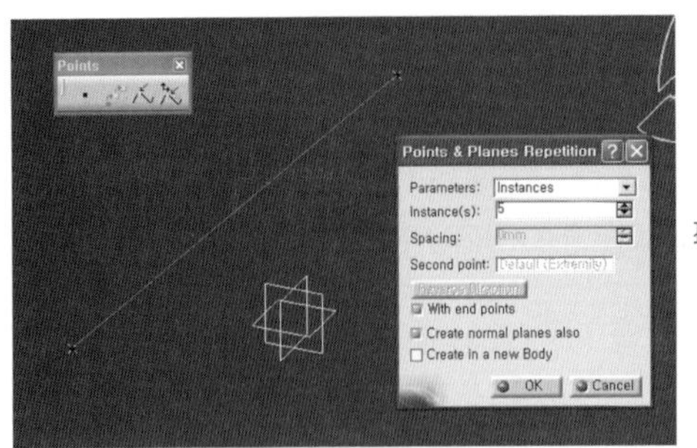
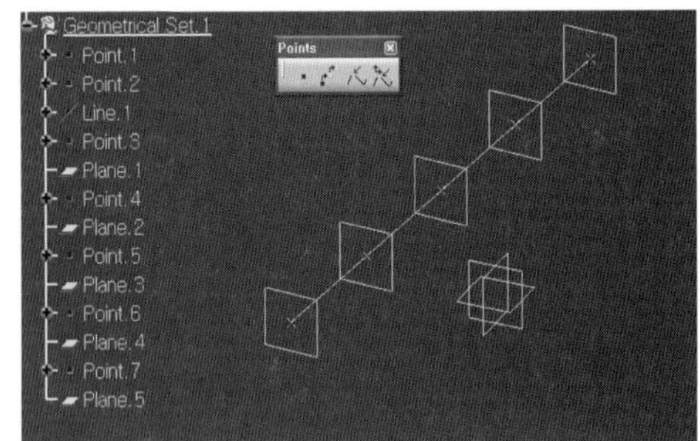

- Extremum

어떤 방향에서 어떤 객체(Curve) 위에 가장 멀리, 가장 가까이 존재하는 포인트를 생성한다.

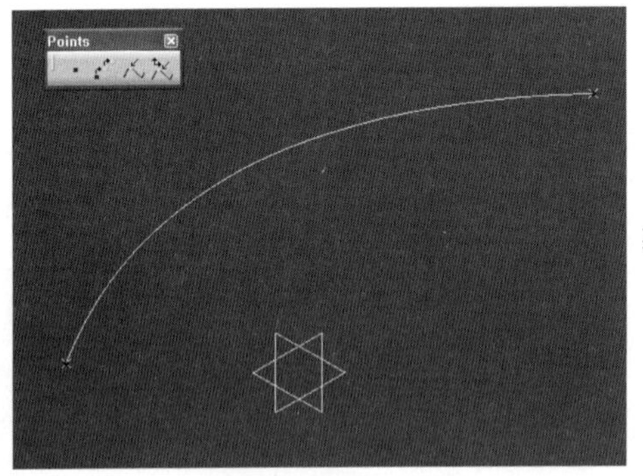
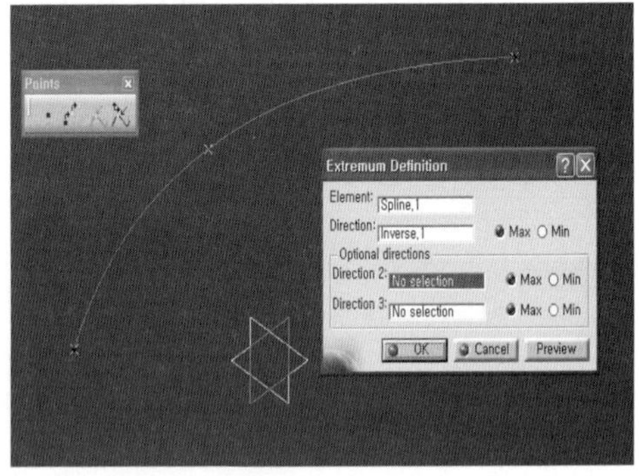

- ExtremumPolar

어떤 포인트에서 어떤 Curve에 최소 반경에 해당하거나 최대 반경에 해당하는 포인트 생성

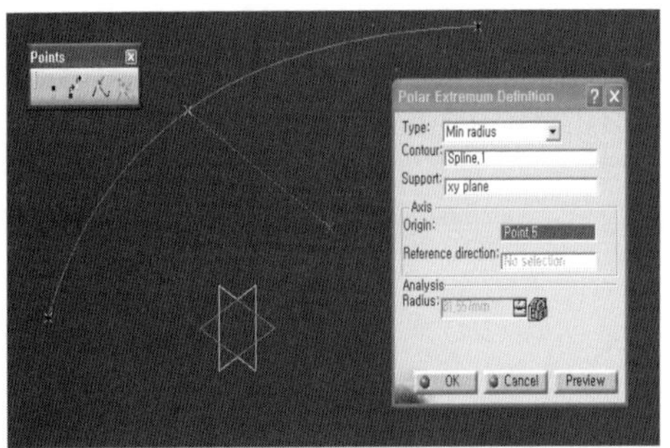
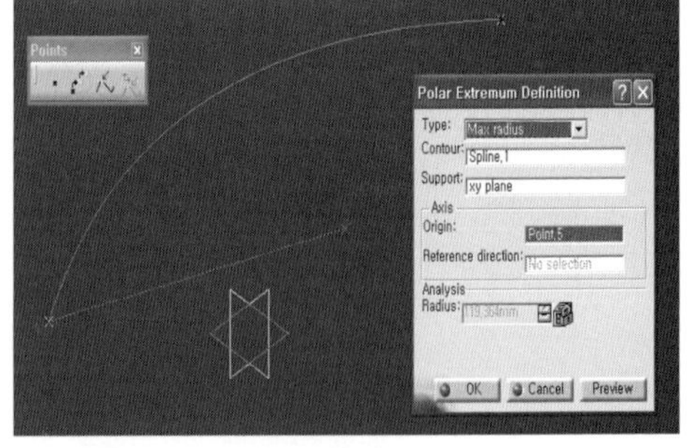

- Line

  두 포인트를 잇는 라인을 생성한다.

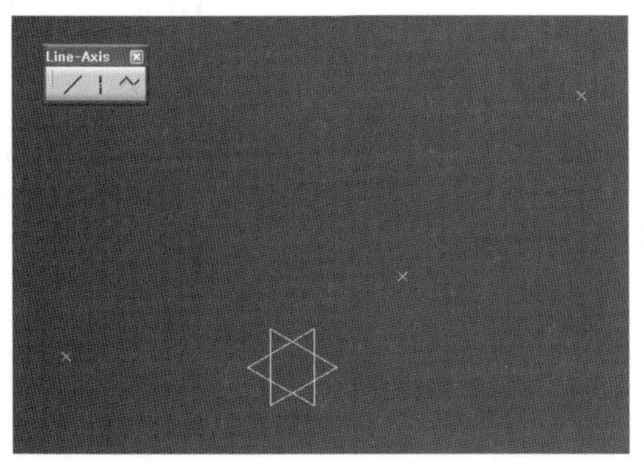
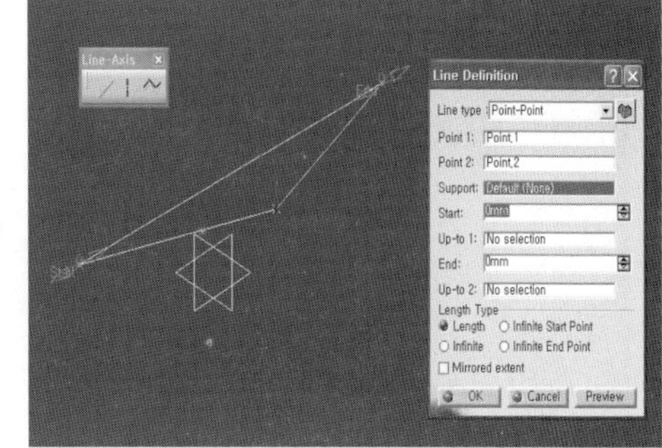

- Axis

  축 중심을 생성할 수 있다.

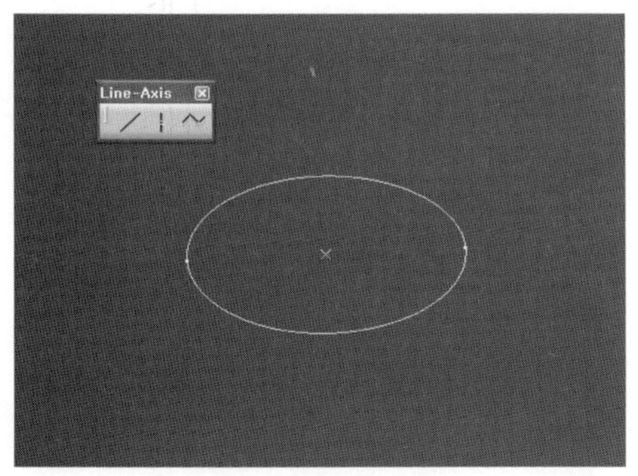
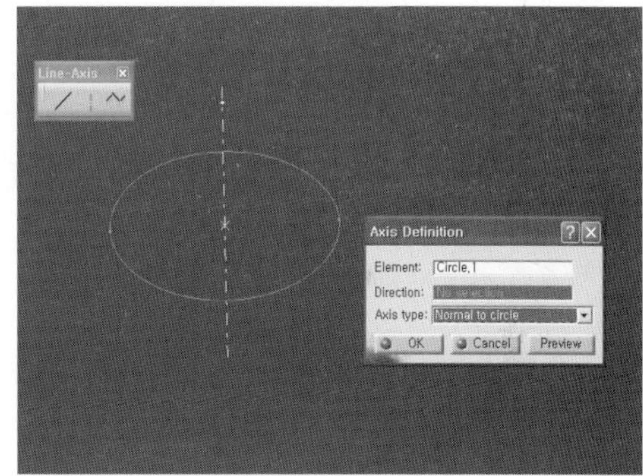

- Polyline

  각 포인트를 지나는 라인을 생성하며 반경값을 줄 수도 있다.

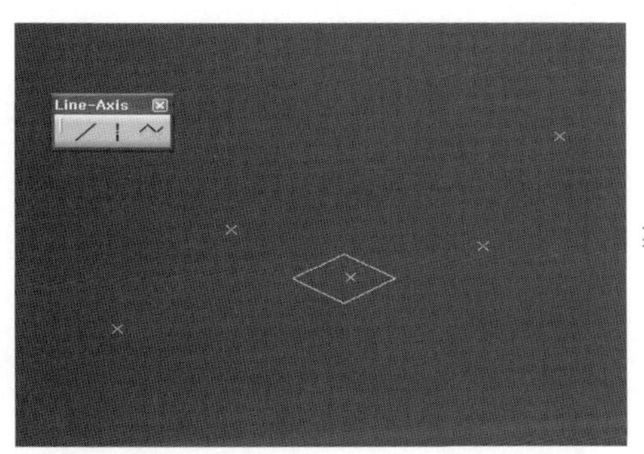
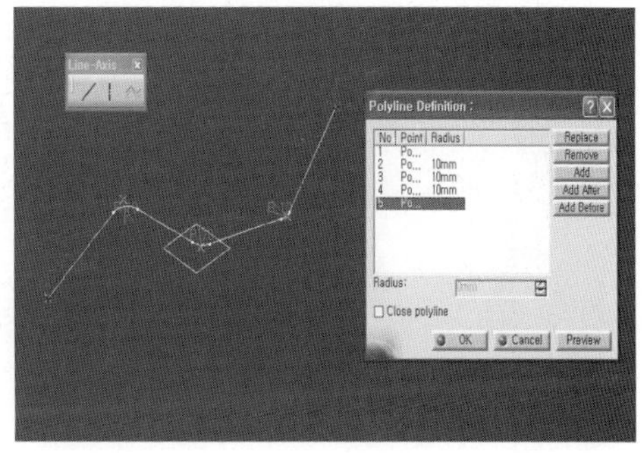

- ◻ Plane

어떤 평면을 기준으로 평면을 생성할 수 있다.

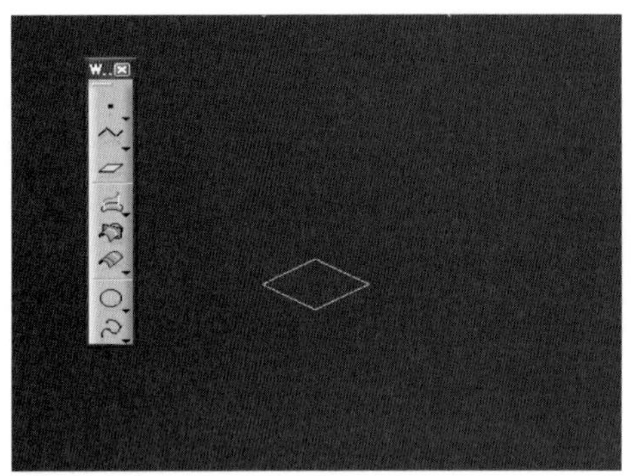 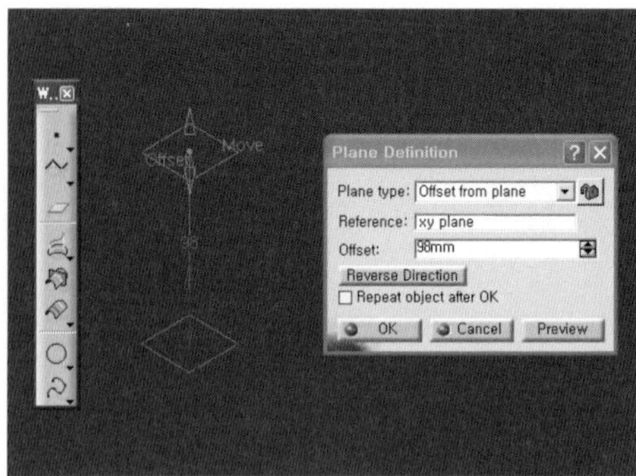

- ▣ Projection

WireFrame의 각 포인트, 라인, 커브를 surface 표면에 투영할 수 있다.

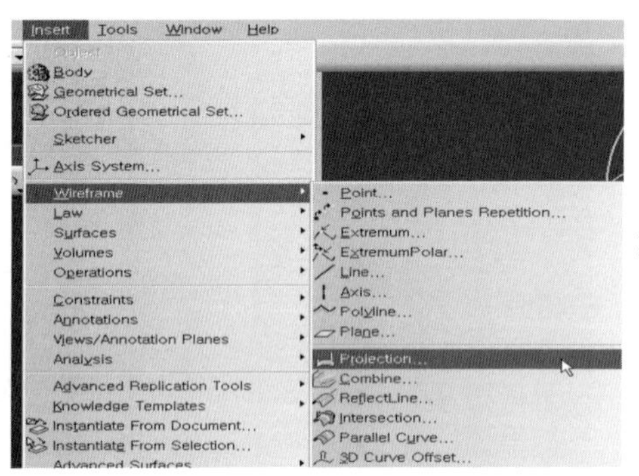 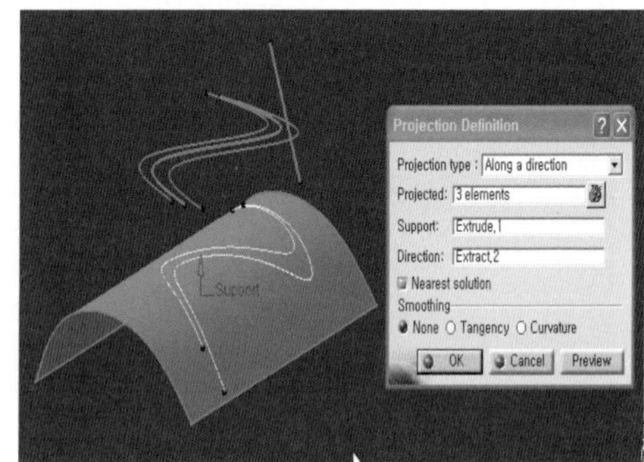

- ▣ Combine

두 개가 만나는 WireFrame을 생성한다.

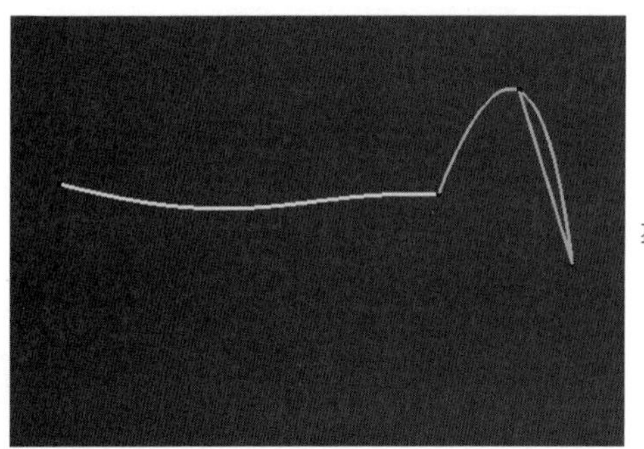 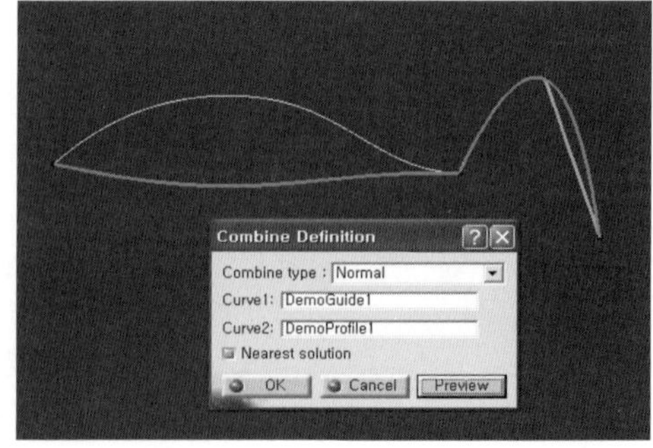

- 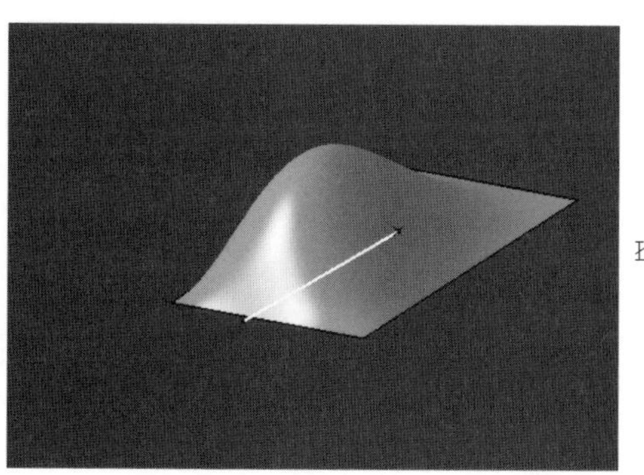 ReflectLine

최외곽 투영값을 얻을 수 있다.

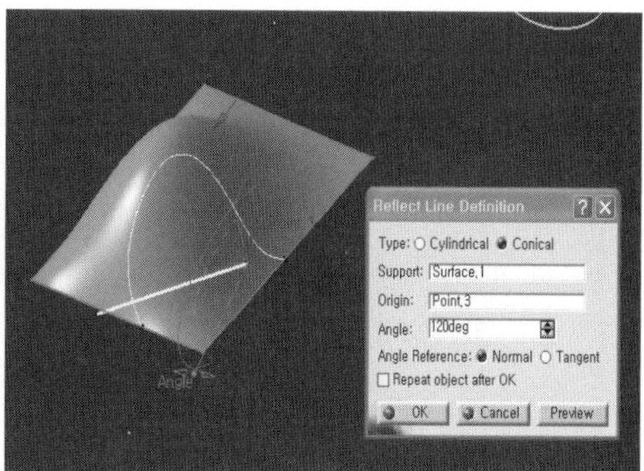

- 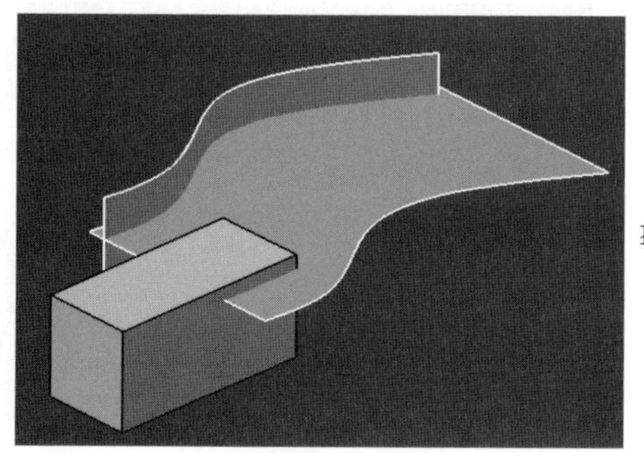 Intersection

서로 만나는 곳의 투영값을 얻을 수 있다.

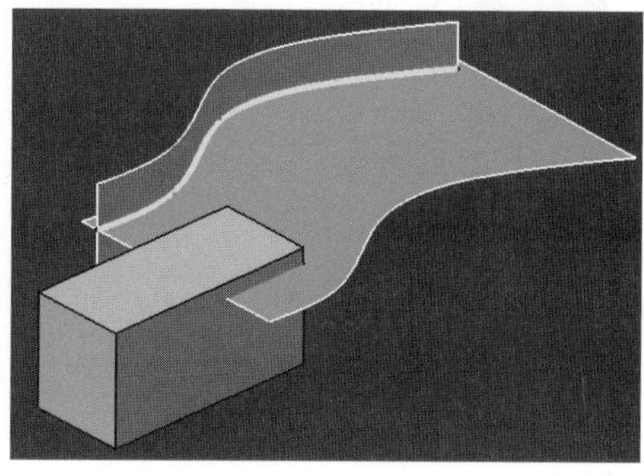

- 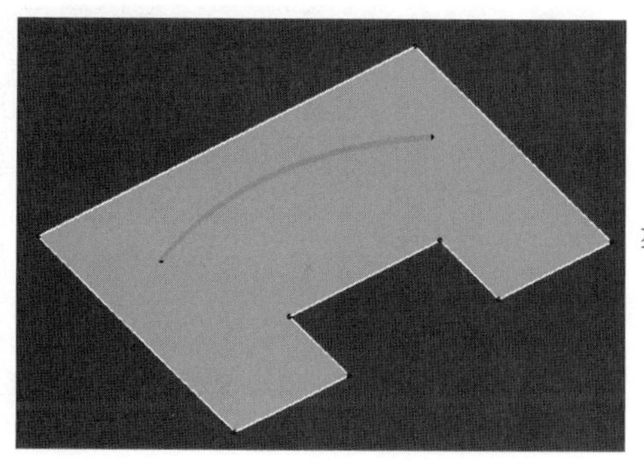 Parallel Curve

평행한 값을 갖는 Curve를 생성한다.

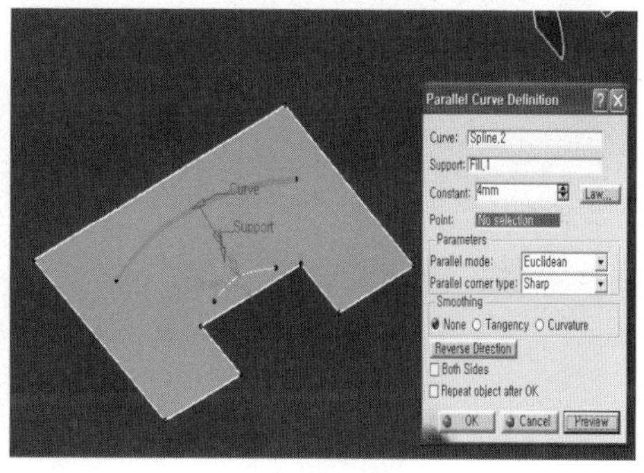

- 3D Curve Offset

  3D Curve를 기준으로 얼마만큼 떨어진 값에 옵셋할 수 있다.

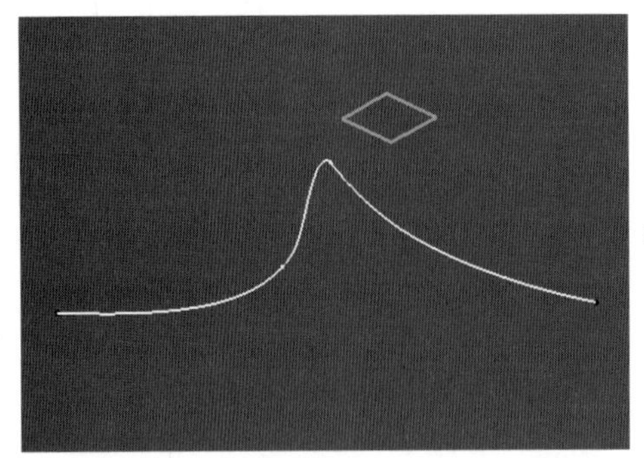
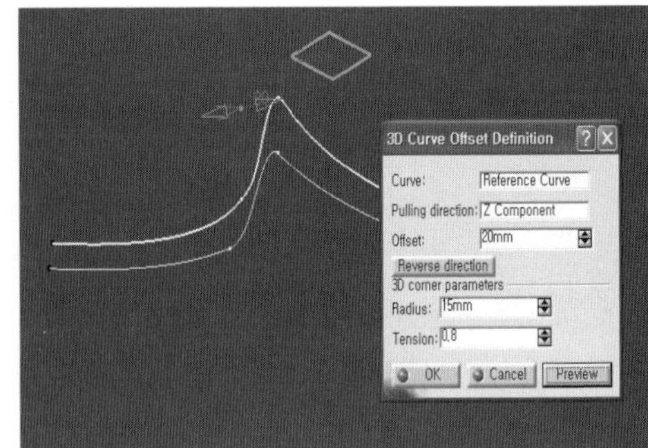

- Circle

  중심이 있는 원을 생성할 수 있다.

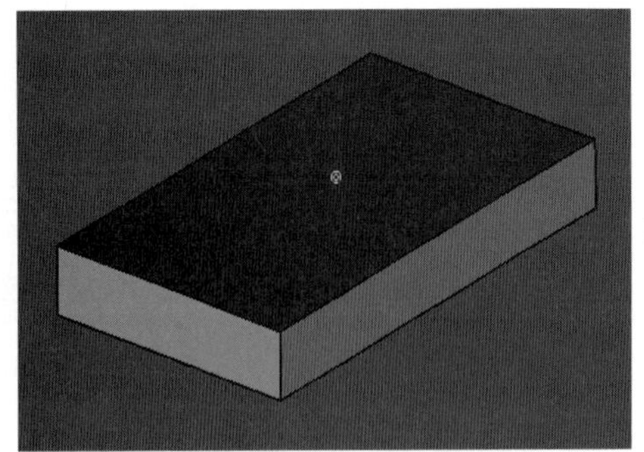
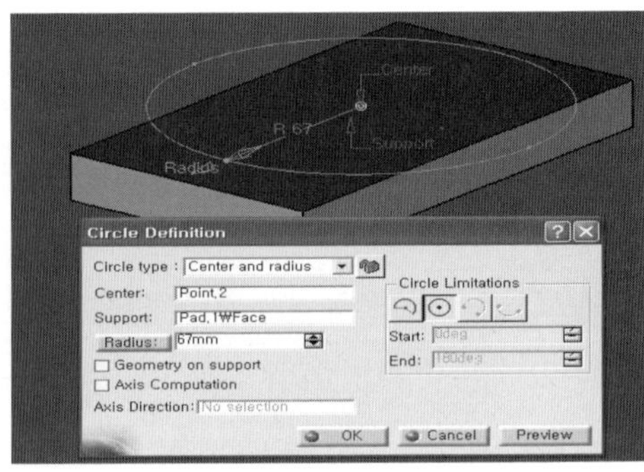

- Corner

  코너값을 갖는 Curve를 생성할 수 있다.

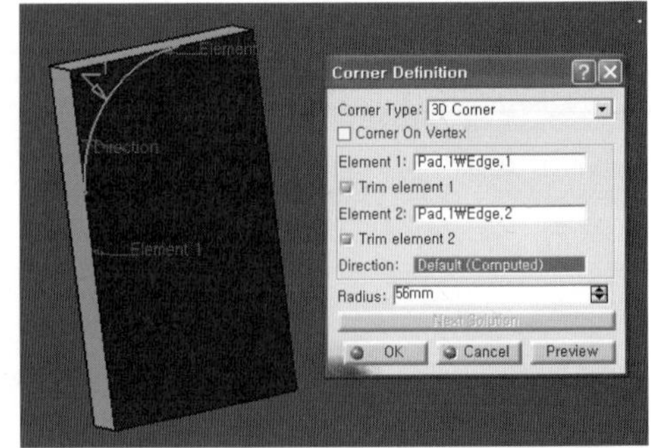

- 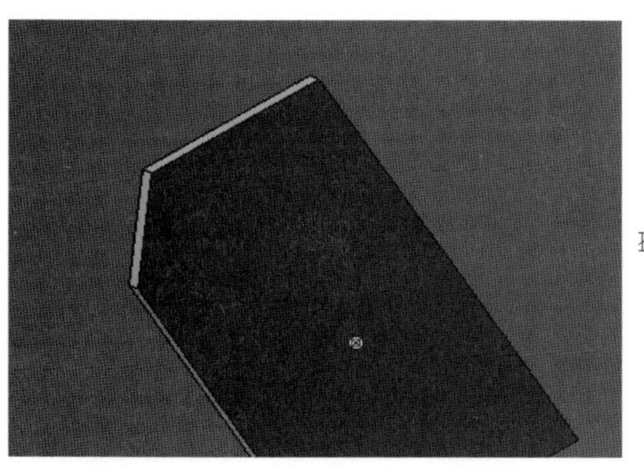 Connect Curve

  라인과 라인을 연결해내는 곡선을 얻을 수 있다.

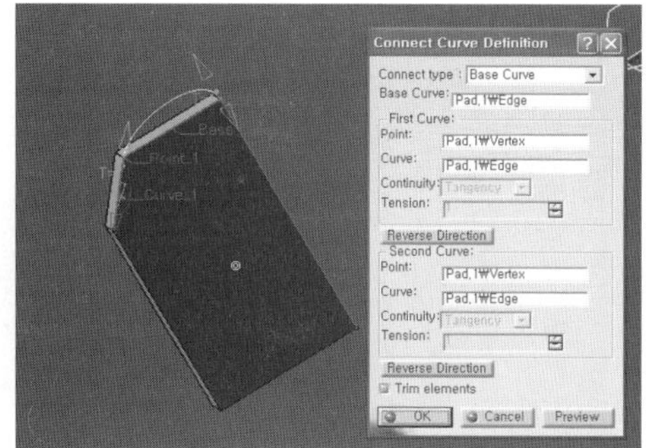

- Conic

  두 개의 라인이 갖는 방향성으로 코닉 커브를 얻을 수 있다.

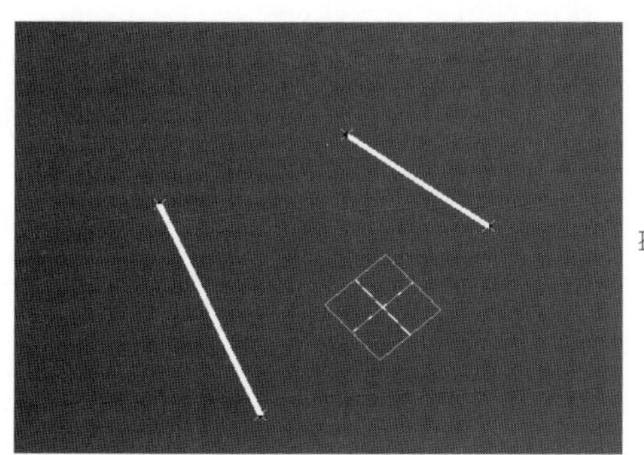

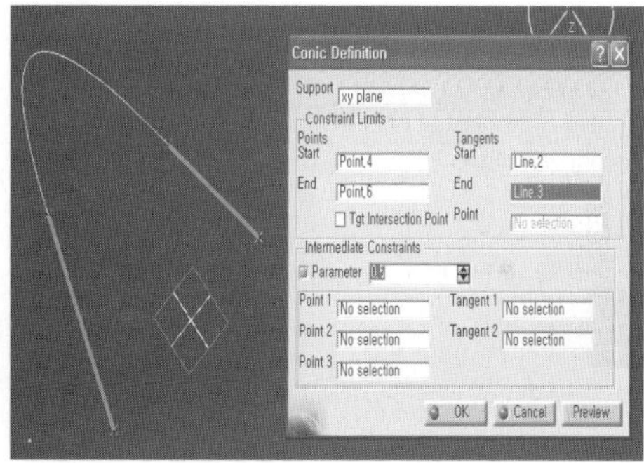

- Spline

  포인트와 포인트를 지나는 곡선을 얻을 수 있다.

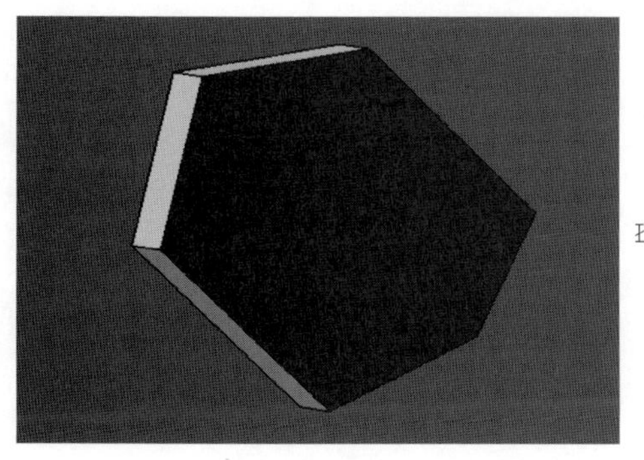

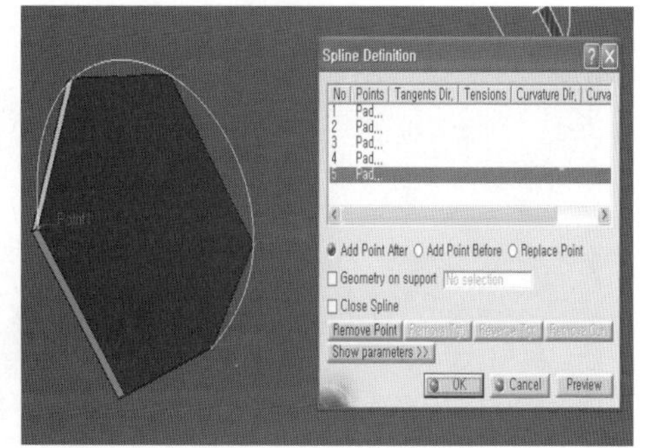

- Helix

나선형의 타고 올라가는 곡선을 얻을 수 있다.

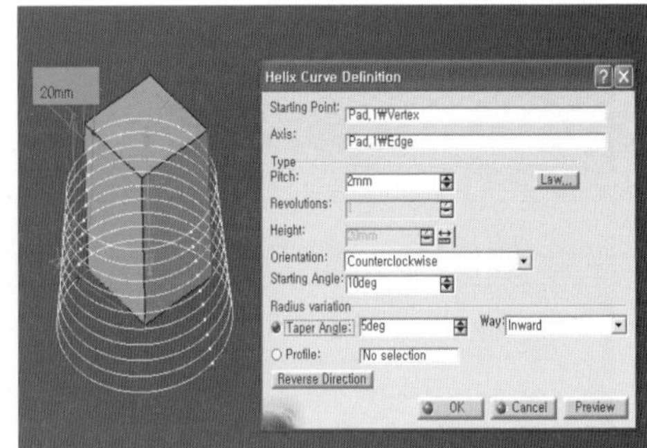

- Spiral

나선형의 곡선을 얻을 수 있다.

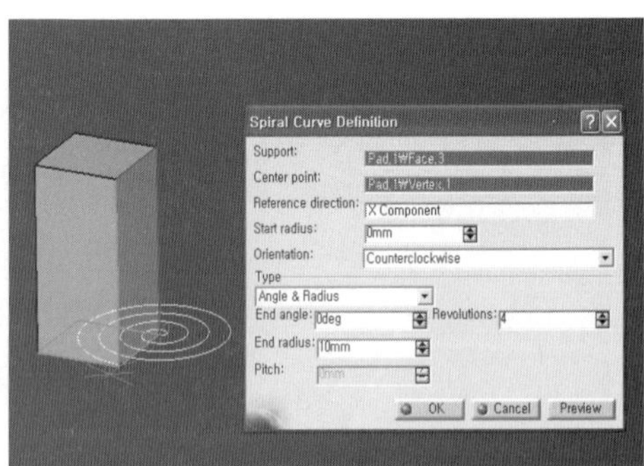

- Spine

어떤 곡선의 Plane에 Normal한 곡선을 얻을 수 있다.

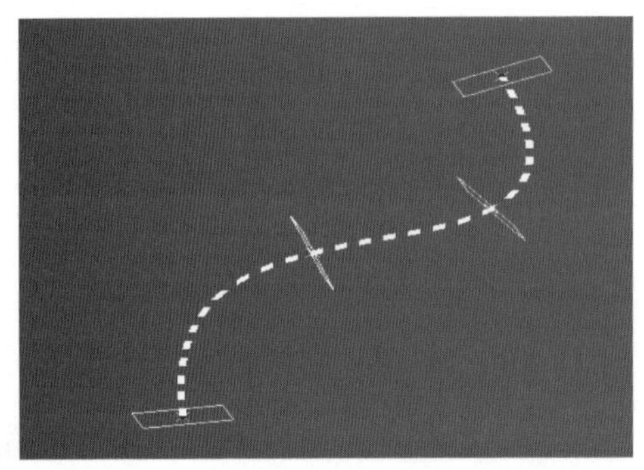
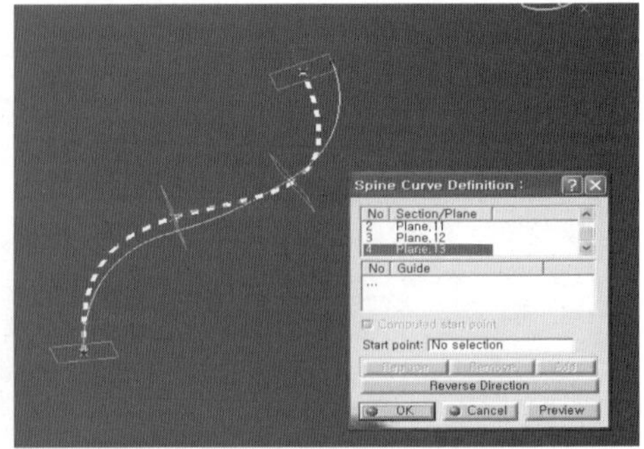

- Isoparametric Curve

어떤 Surface 위의 포인트에서 방향성을 지정하면 커브를 생성할 수 있다.

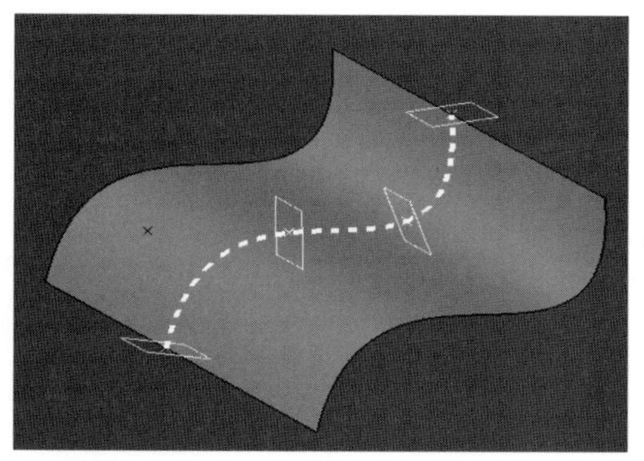
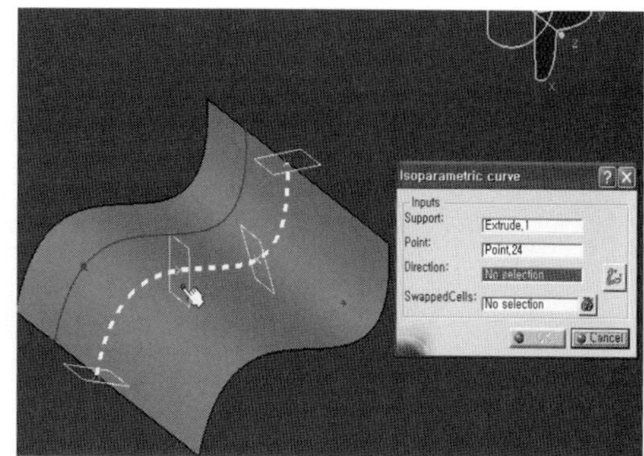

- Extrude

커브를 뽑아내어 Surface를 생성한다.

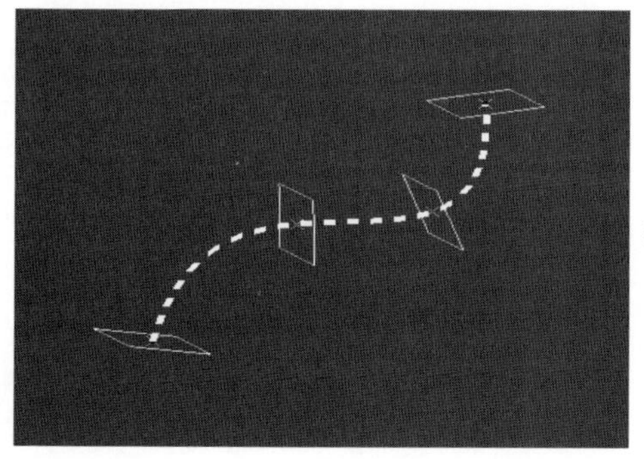
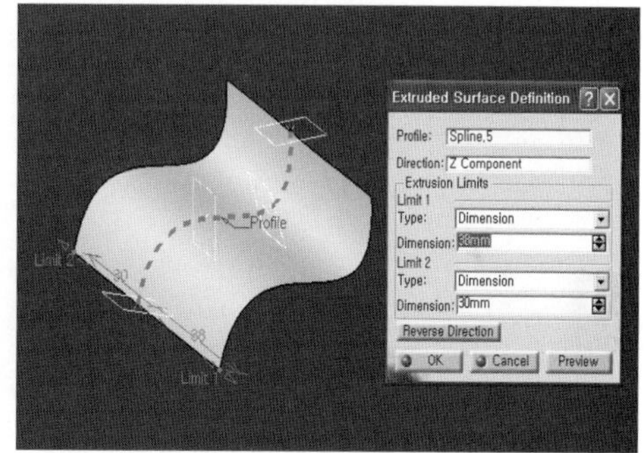

- Revolve

Profile을 어떤 축 중심으로 Surface를 생성한다.

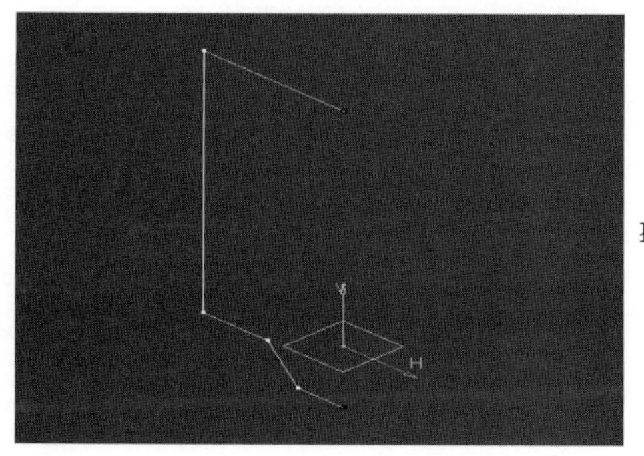
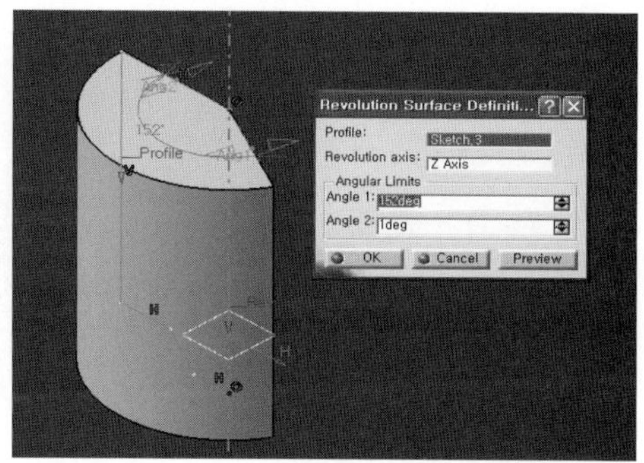

- ⦿ Sphere

구 형태의 Surface를 얻을 수 있다.

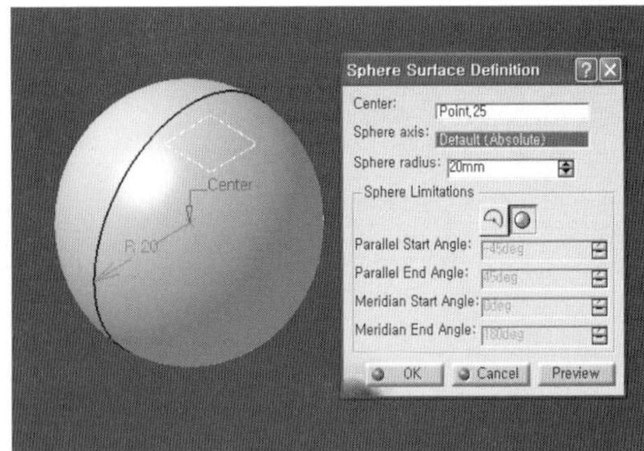

- ⦿ Cylinder

실린더 형상을 얻을 수 있다.

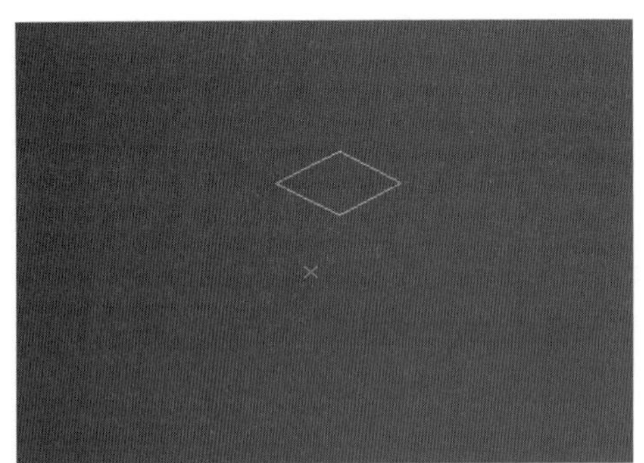
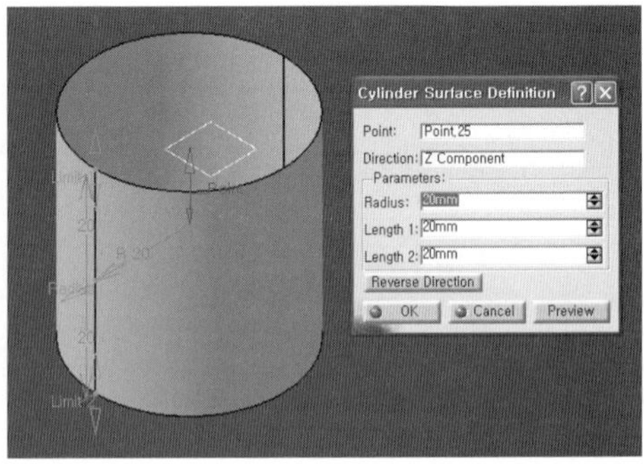

- ⦿ Offset

Surfaced를 옵셋한 Surface를 얻을 수 있다.

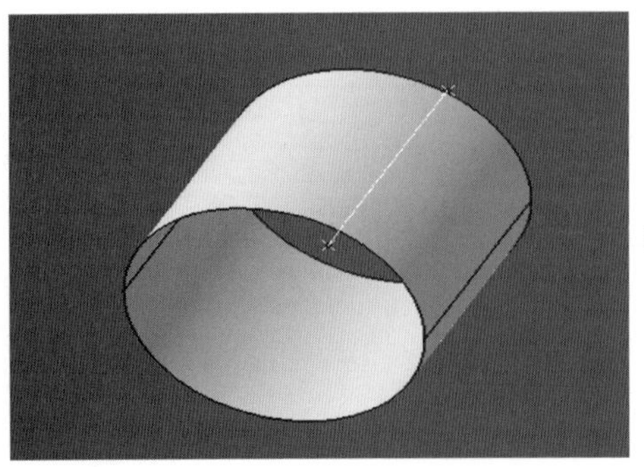
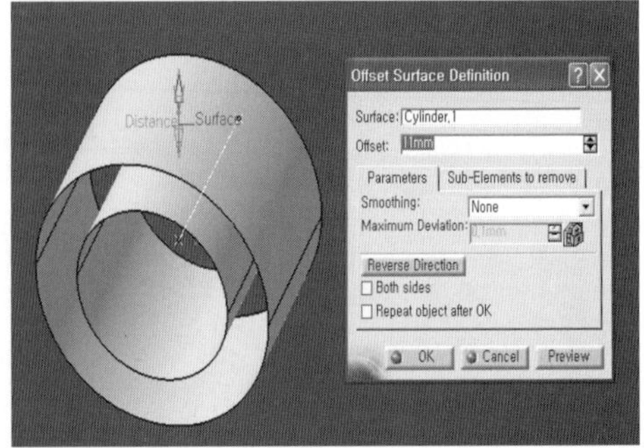

- Sweep

Profile이 두 개의 Guide를 지나는 Surface를 얻을 수 있다.

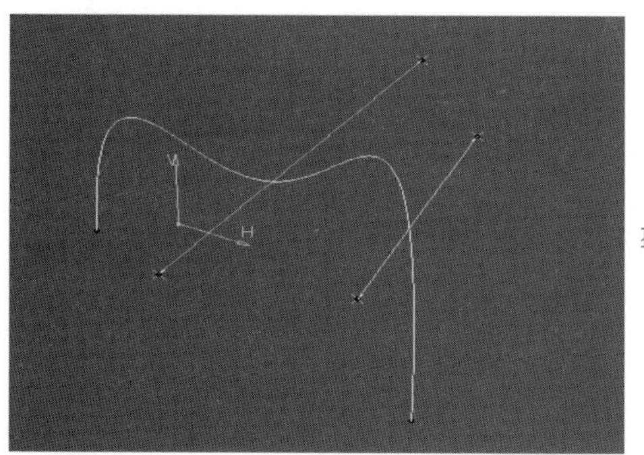
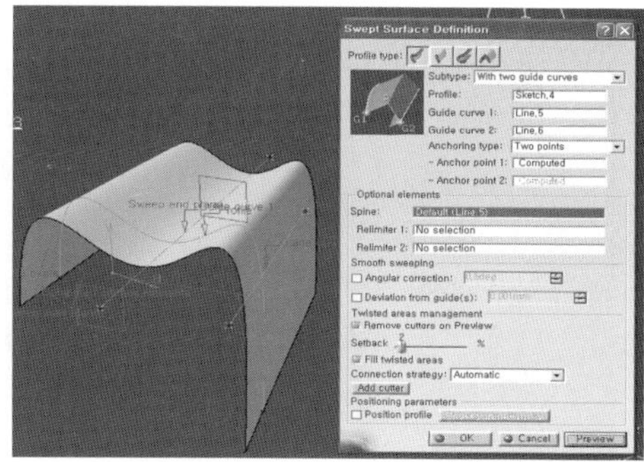

- Fill

닫혀 있는 Profile을 채울 수 있다.

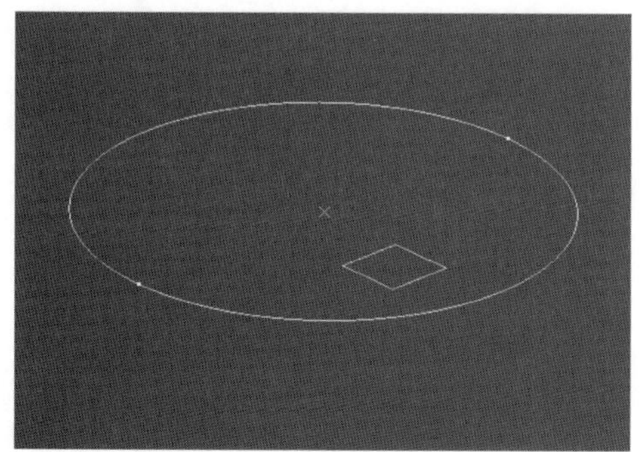
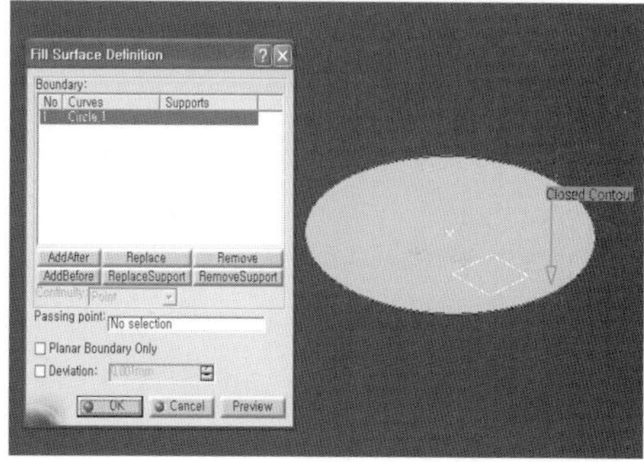

- Multi-Sections Surface

각 단면을 지나는 Surface를 얻을 수 있다.

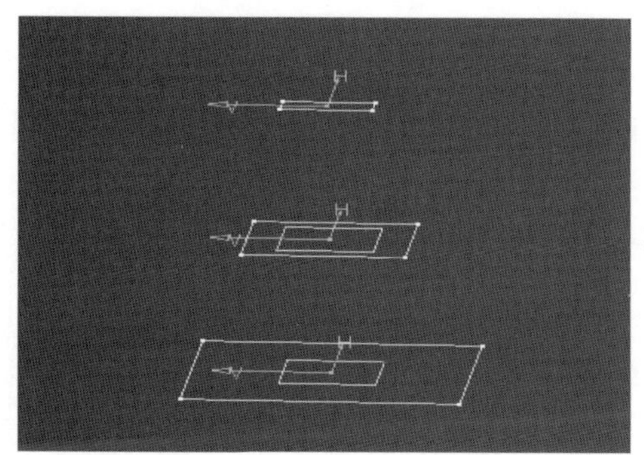
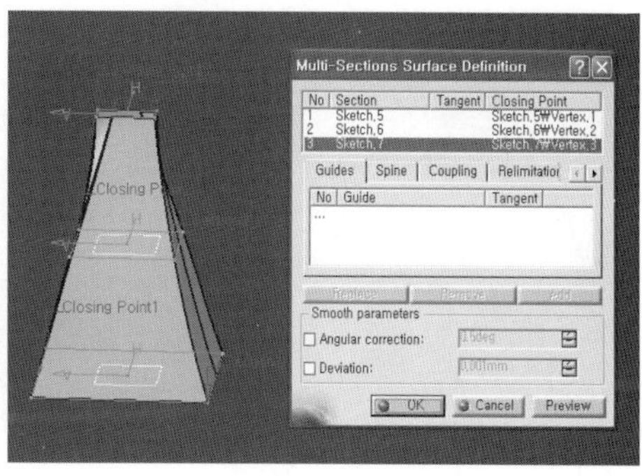

- Blend

  두 개의 Surface를 잇는 곡면을 얻을 수 있다.

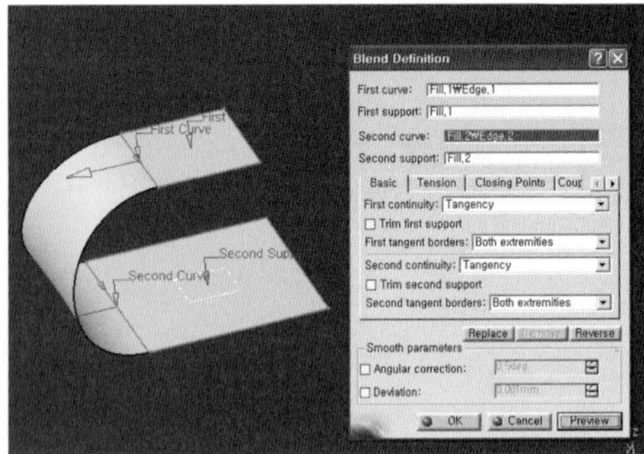

- Join

  분리되어 있는 객체를 하나로 생성할 수 있다.

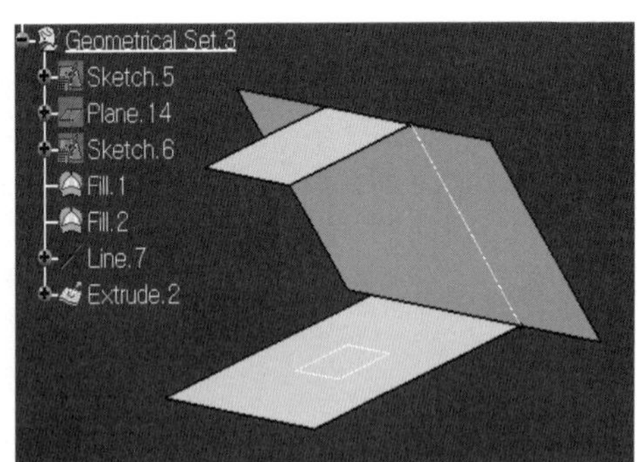
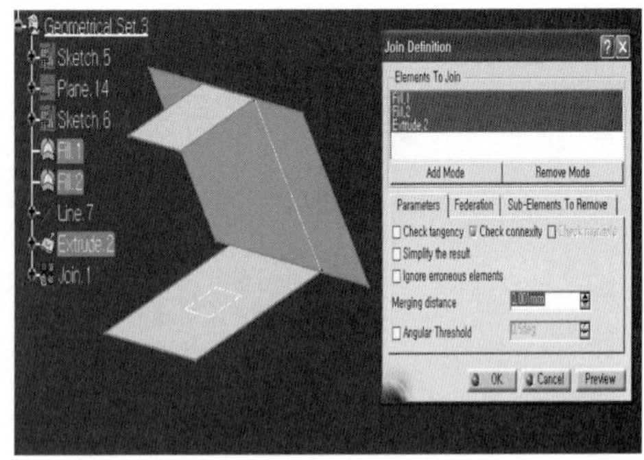

- Healing

  서로 떨어져 있는 곳을 채워넣을 수 있다.

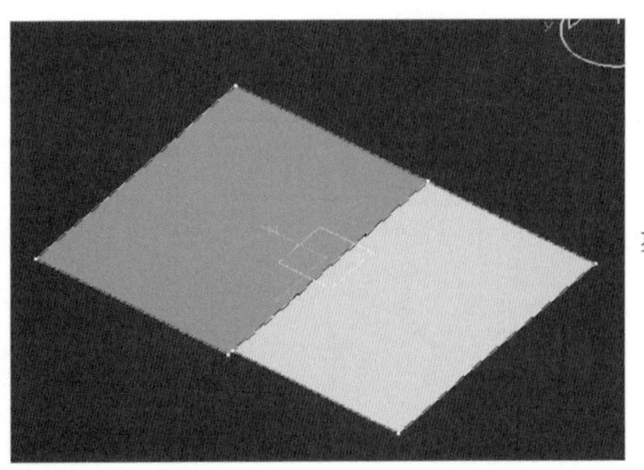
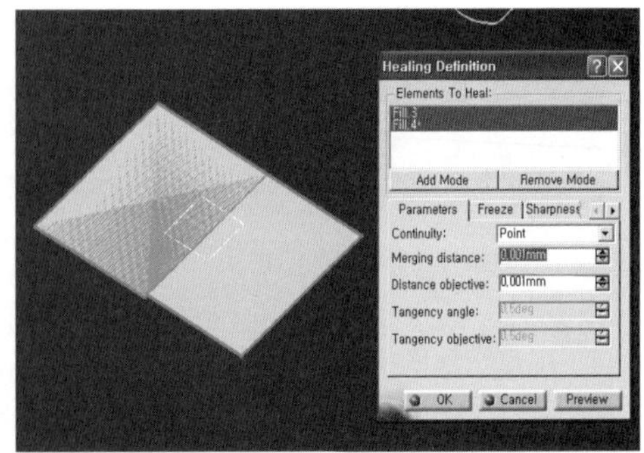

-  Untrim

  Trim하기 전의 상태로 되돌릴 수 있다.

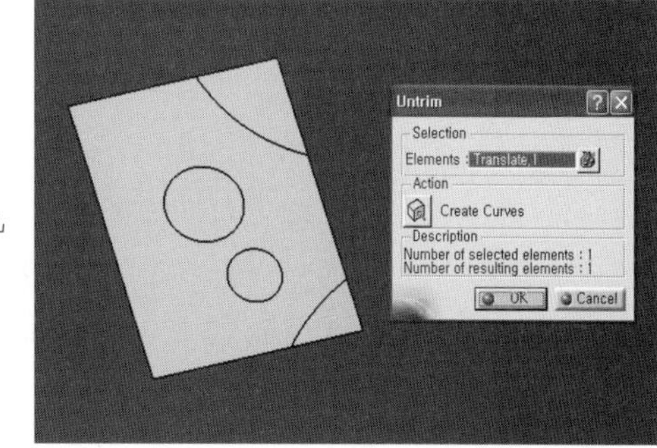

- Disassembles

  Join된 것을 분리할 수 있다.

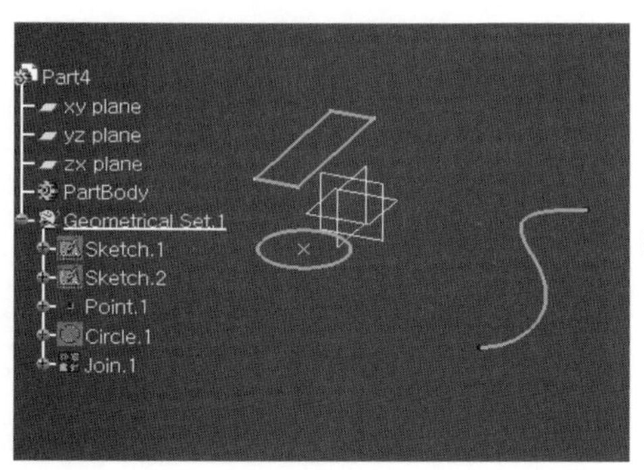
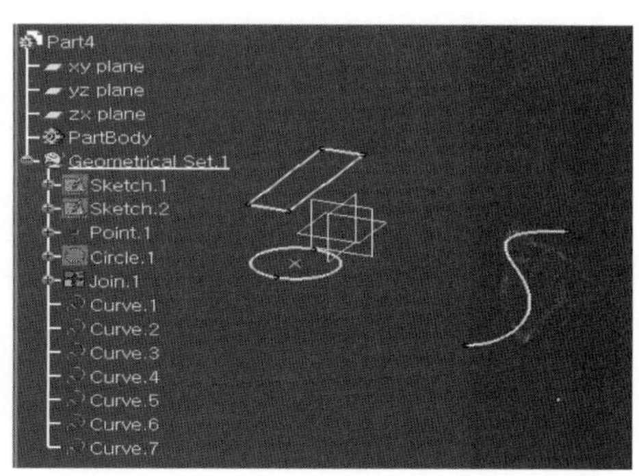

- Split

  어떤 것을 잘라낼 수 있다.

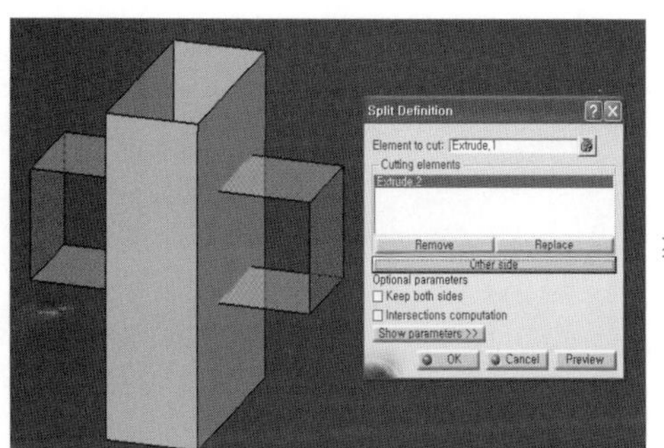
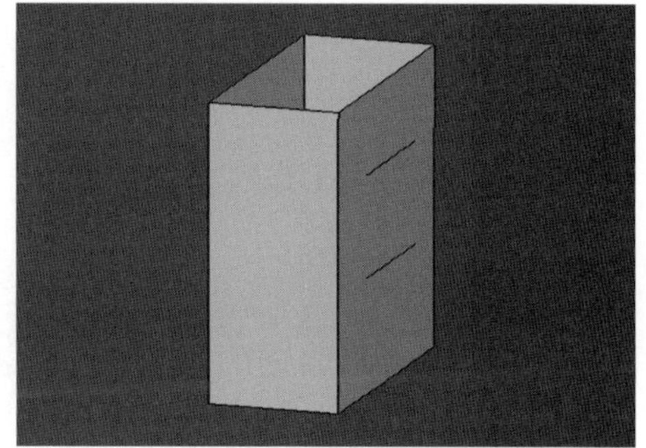

■ Trim

원하는 부위를 남기고 자를 수 있고 잘라진 후에 하나의 객체가 된다.

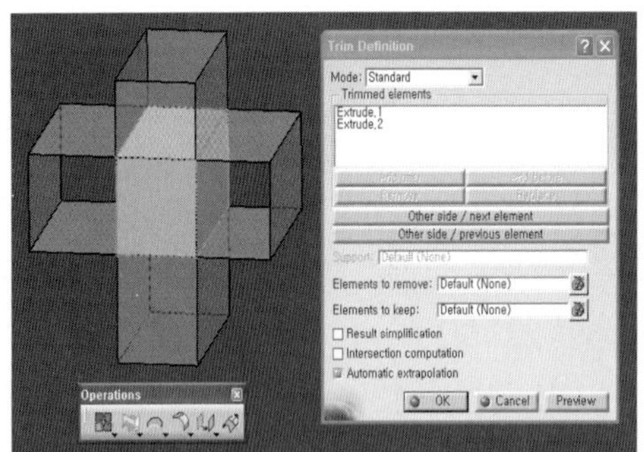
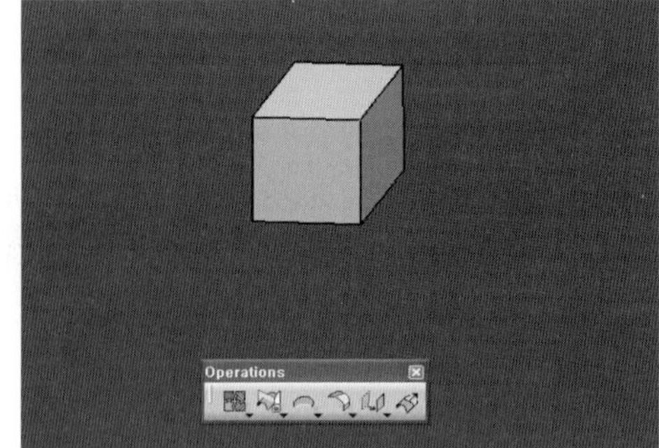

■ Boundary

Surface가 열려있는 부분의 경계를 뽑아낼 수 있다.

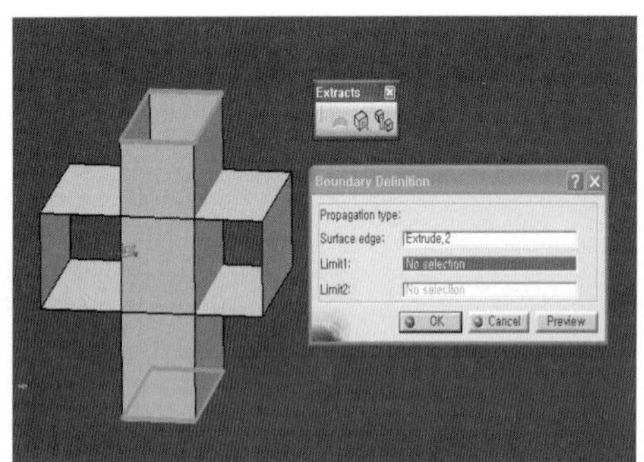
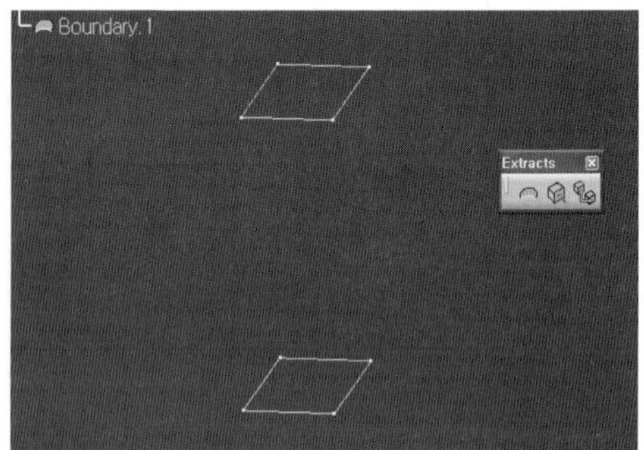

■ Extract

면을 추출해낼 수 있다.

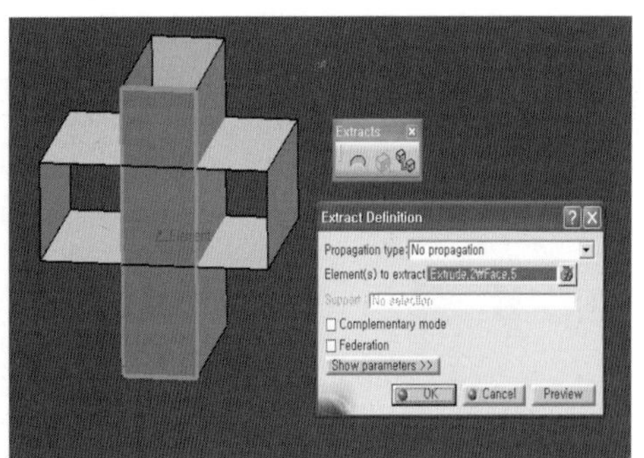
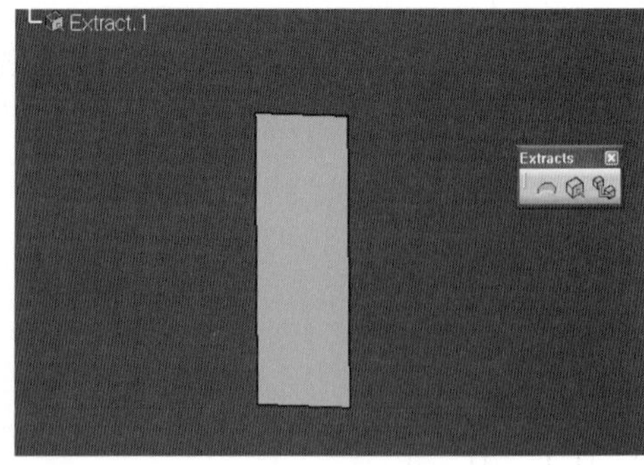

- 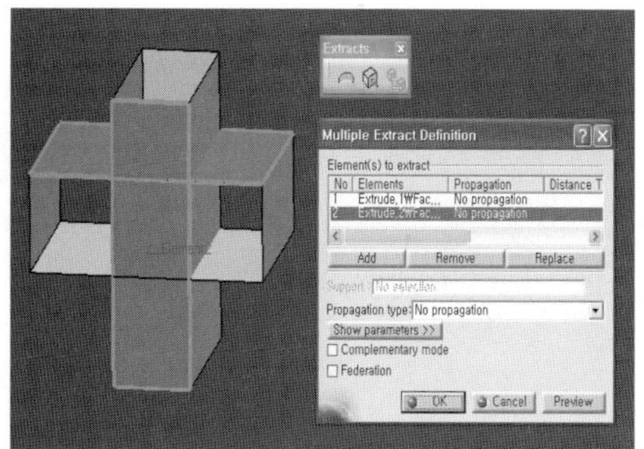 Multiple Extract

다중 선택하여 면을 추출할 수 있다.

- Shape Fillet

다른 객체에 Fillet을 줄 수 있다.

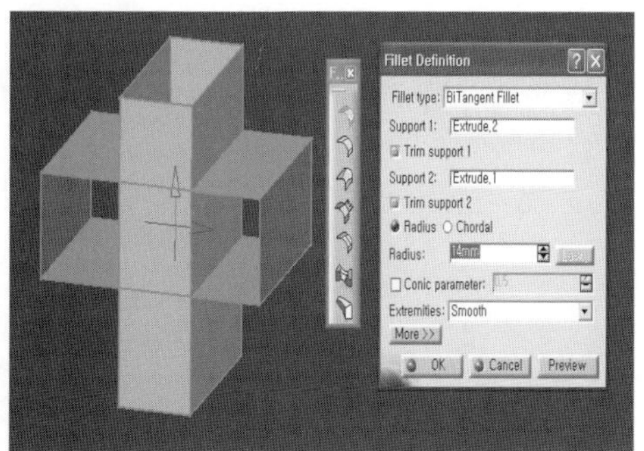
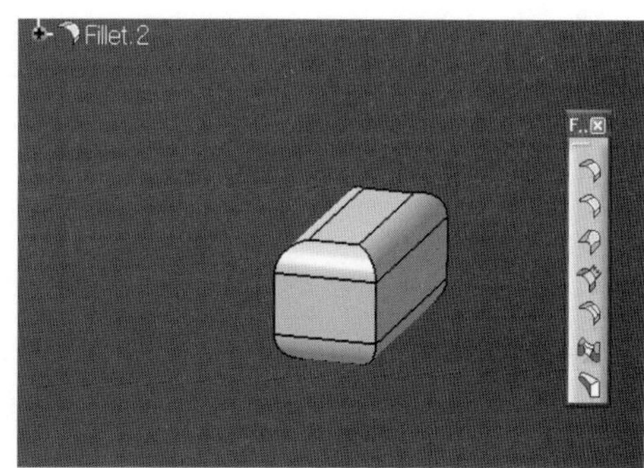

- Edge Fillet

같은 객체 내에서 Fillet을 줄 수 있으나, 다른 객체와 만나는 부분에 Fillet을 줄 수 없다.

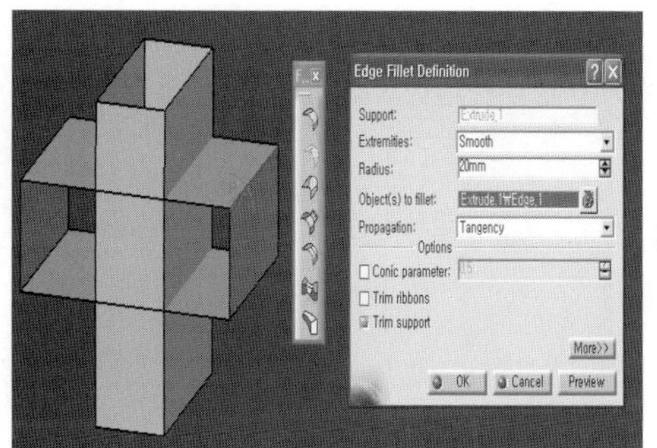
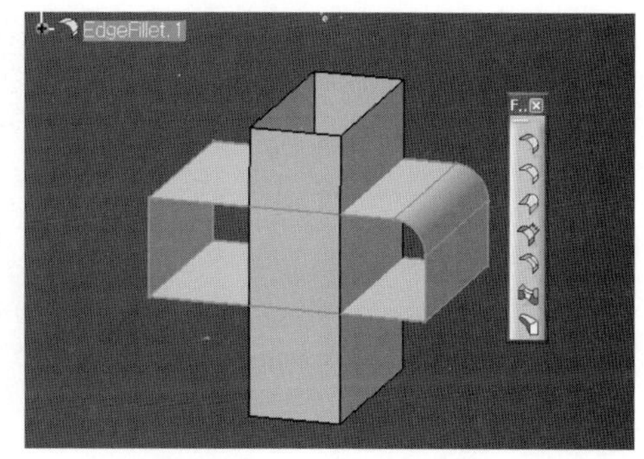

- 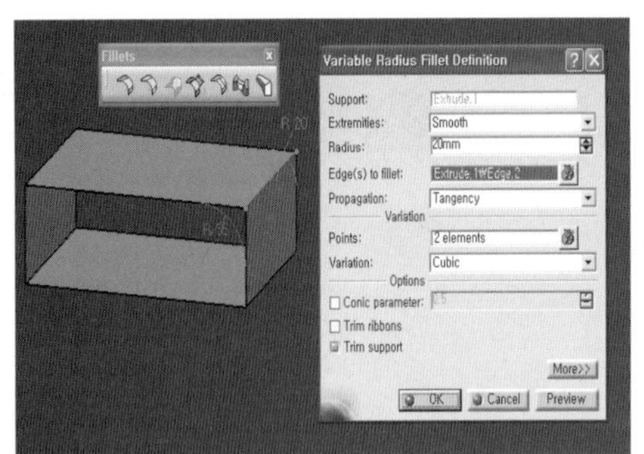 Variable Fillet

  Fillet값이 변하도록 할 수 있다.

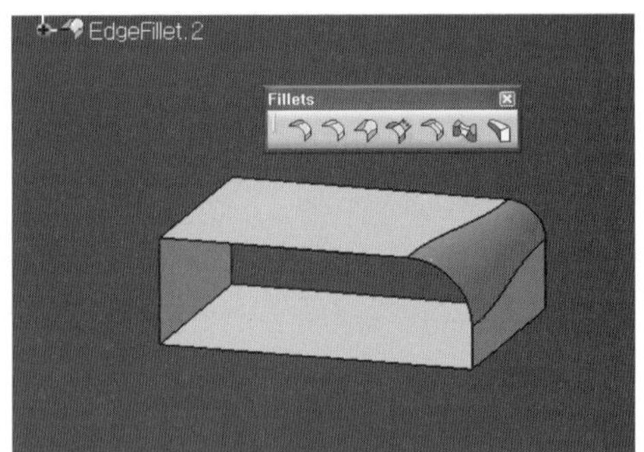

- Chordal Fillet

  원하는 포인트에서 Fillet값을 달리 줄 수 있다.

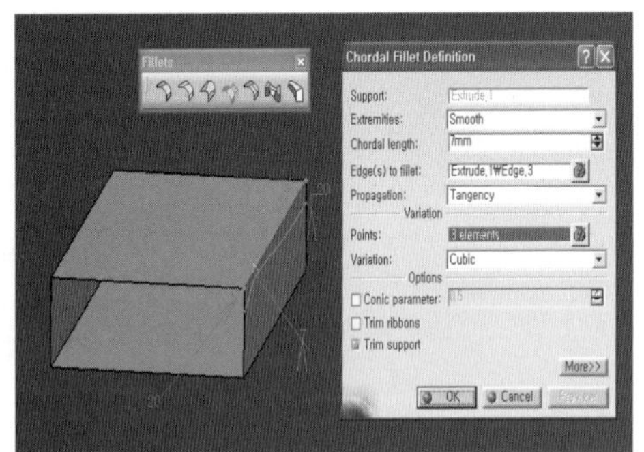

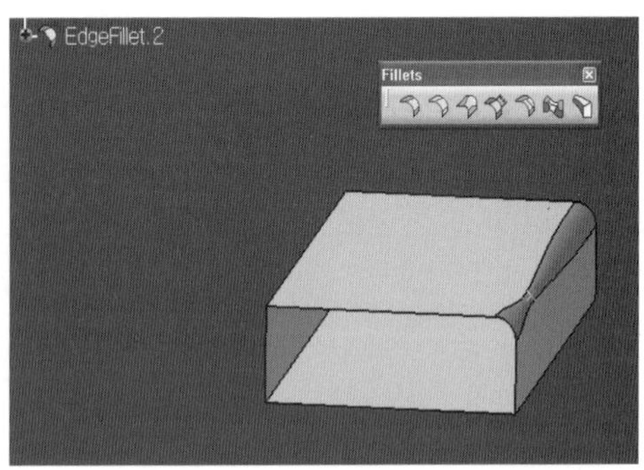

- Styling Fillet

  원하는 형태의 Fillet 형태를 만들어낼 수 있다.

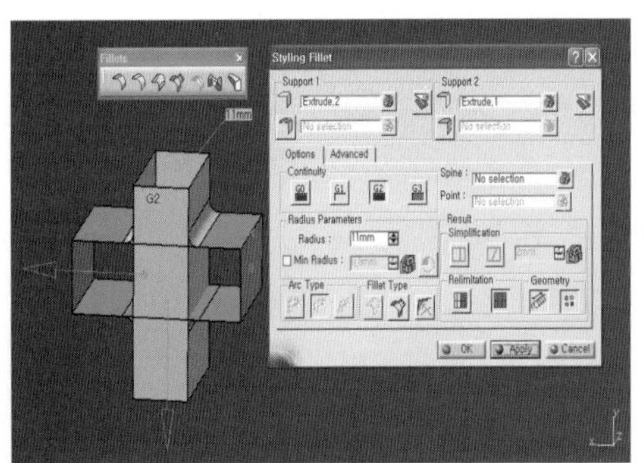

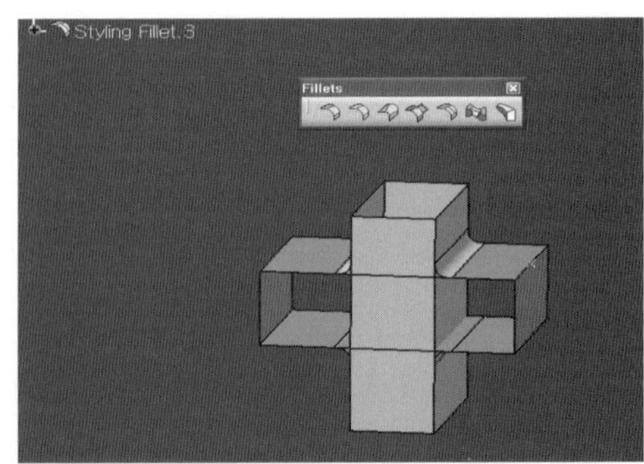

- 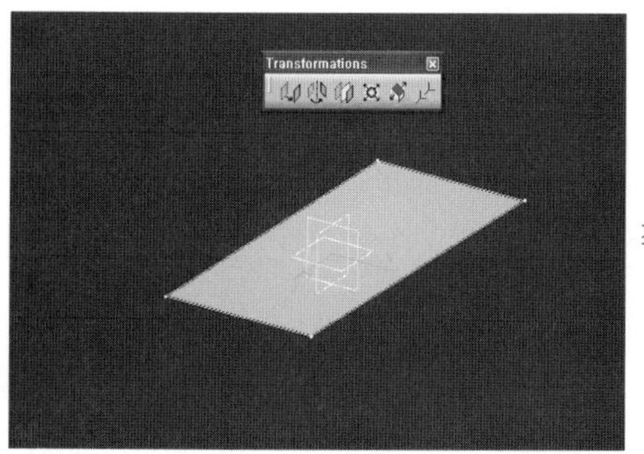 Translate

  이동할 수 있다.

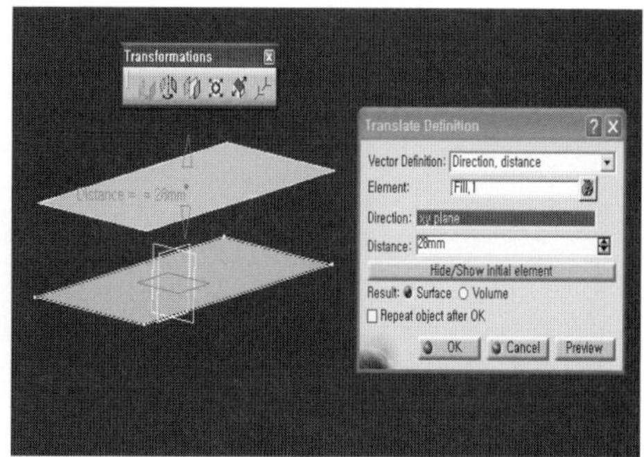

- Rotate

  회전할 수 있다.

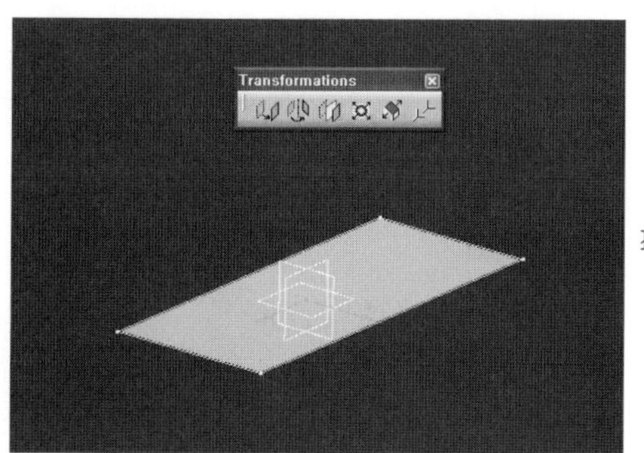

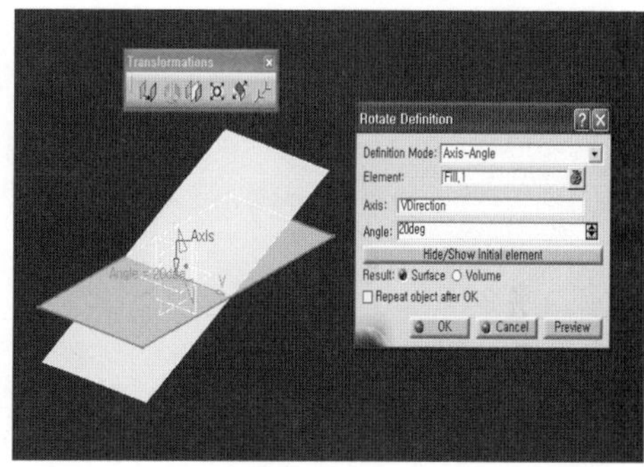

- Symmetry

  대칭 형태를 만들 수 있다.

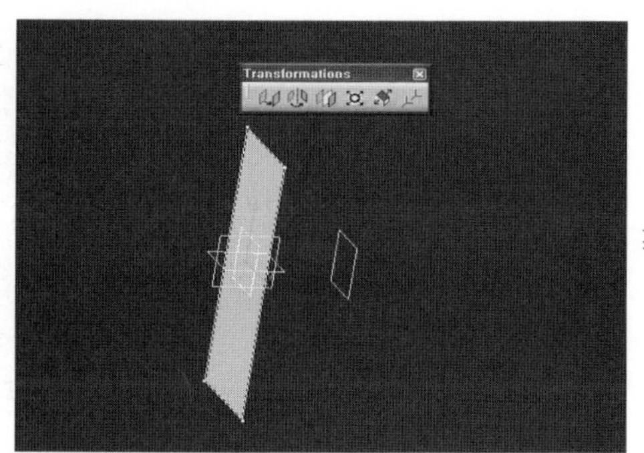

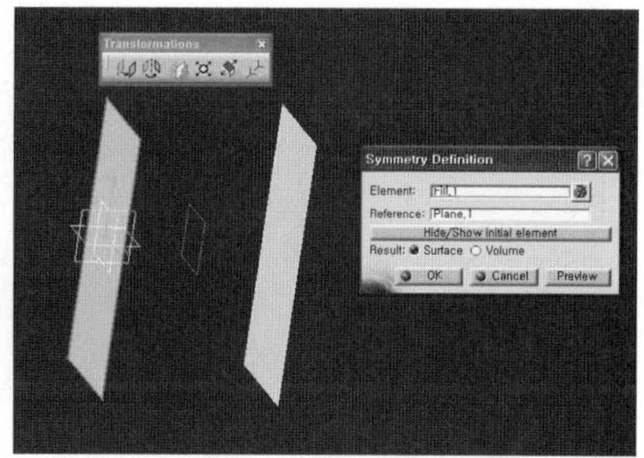

- ⬚ Scaling

크기를 줄이거나 늘릴 수 있다.

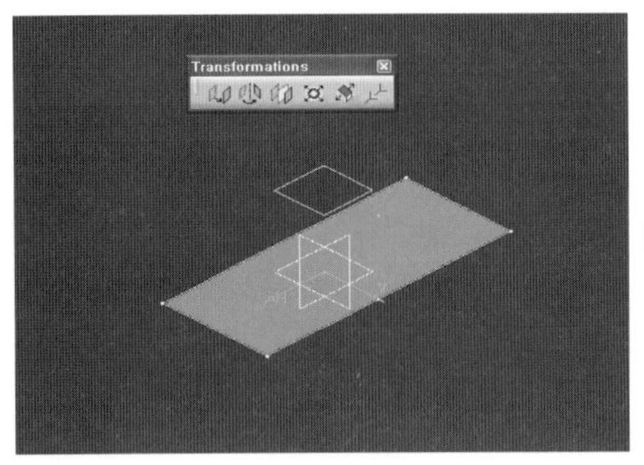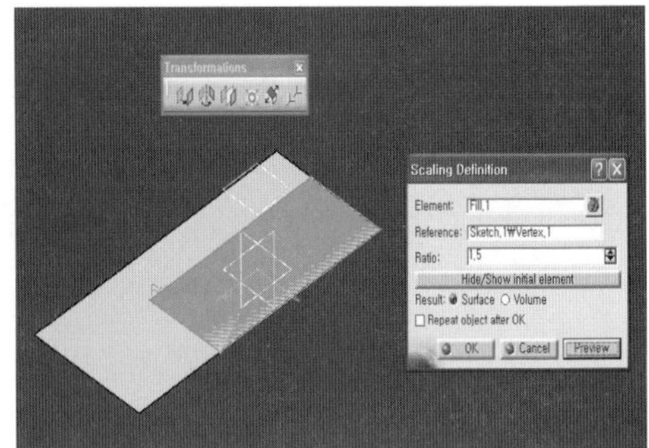

- ⬚ Affinity

원하는 방향성으로 크기를 조절할 수 있다.

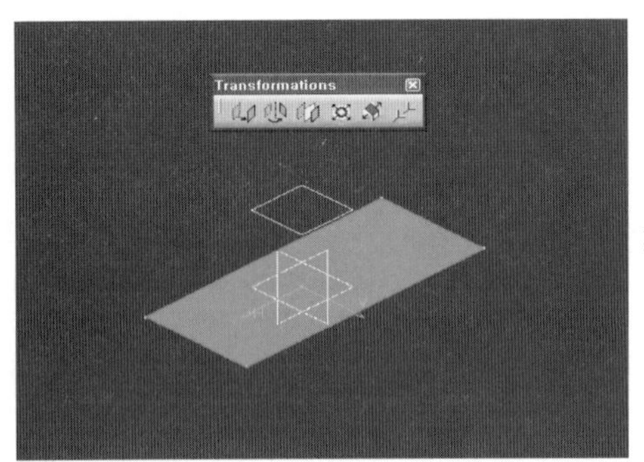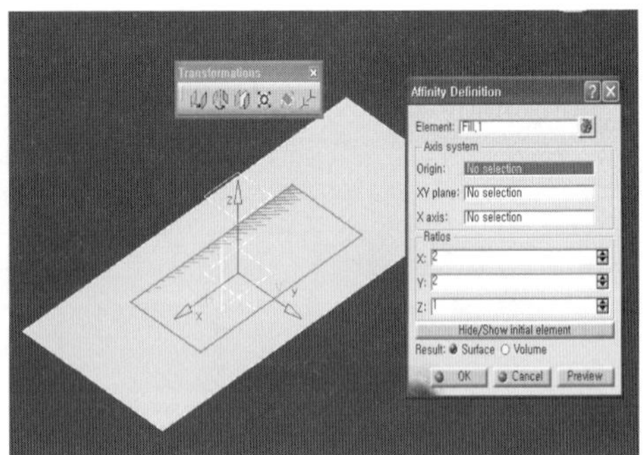

- ⬚ Axis to Axis

축에서 축으로 축간 이동을 할 수 있다.

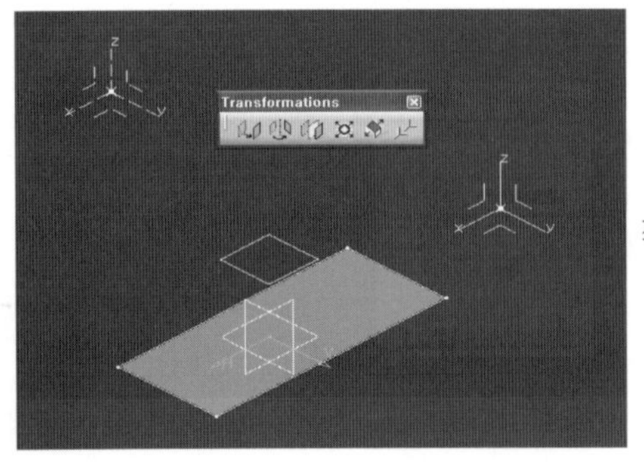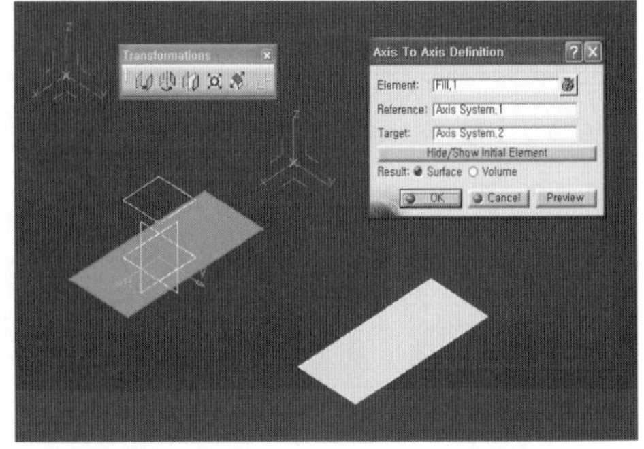

2.1   Extrude는 어떤 경우에 사용하나? 바로 알고 사용하기

■ 개념잡기

Generative Shape Design[이하부터는 약칭하여 GSD로 표기]에서 가장 많이 사용하는 기능이 Extrude라고 해도 과언이 아니다. 많은 아이콘과 기능을 배우지만, 실무에서 사용된 기능을 보면 Extrude를 많이 사용하고 있다. 왜 그런 현상이 벌어지는 것일까? Extrude는 하나의 평면상 또는 공간에 존재하는 Profile 형상을 직선상으로 펼쳐 진행되면서 Surface를 만들게 된다.

■ Extrude 주요 기능 익히기

- Profile에 해당하는 스케치로 진입한다. 스케치로 곡선을 그린다.
- Extrude 아이콘을 클릭한다.
- 만들어진 스케치를 기반으로 Extrude를 만든다.
- 단, Pad와는 다르게 스케치 폐곡선이 닫혀 있지 않아도 문제가 되지 않는다.
- 모델링 예

• GSD로 진입한다.

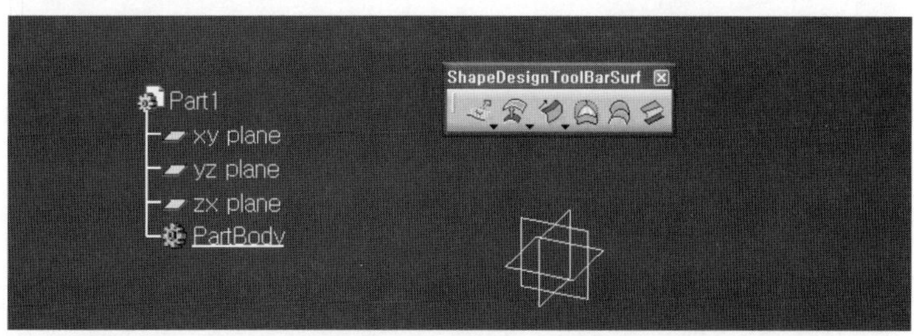

• zx plane을 선택하고 스케치로 들어가서 임의의 곡선을 그린다.

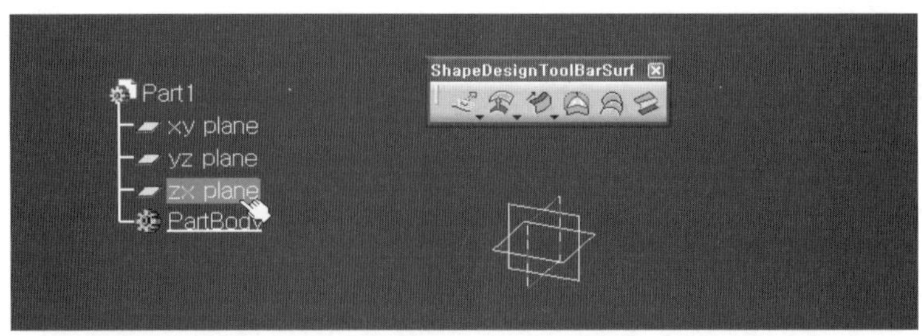

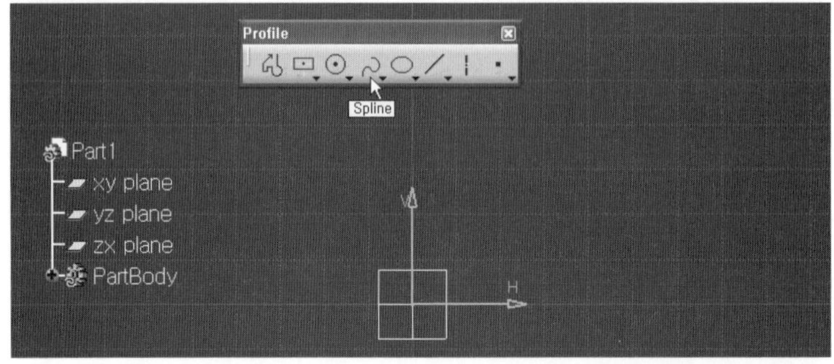

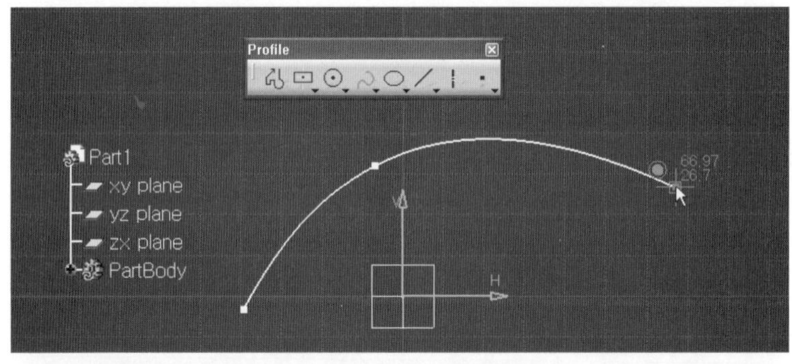

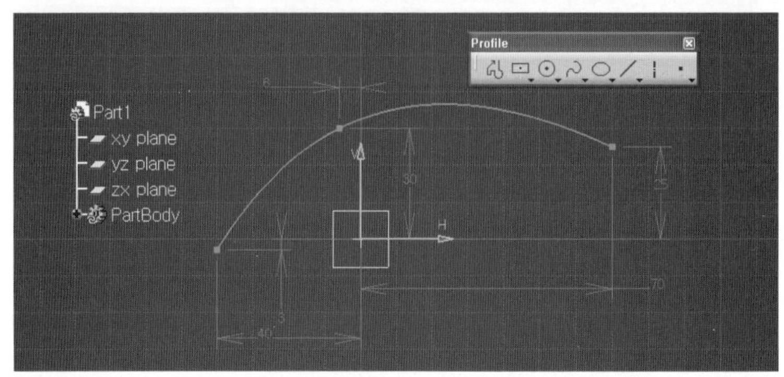

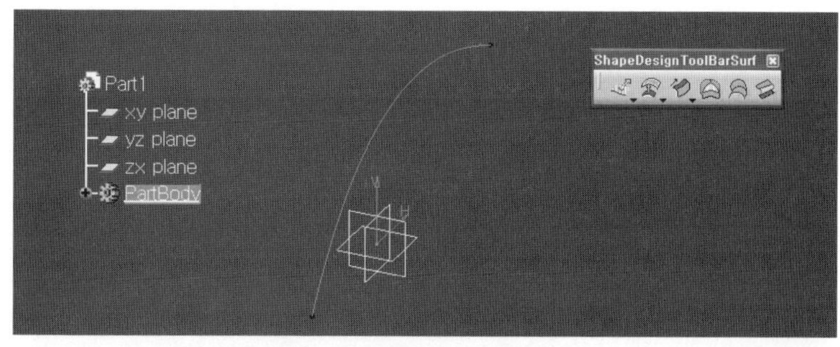

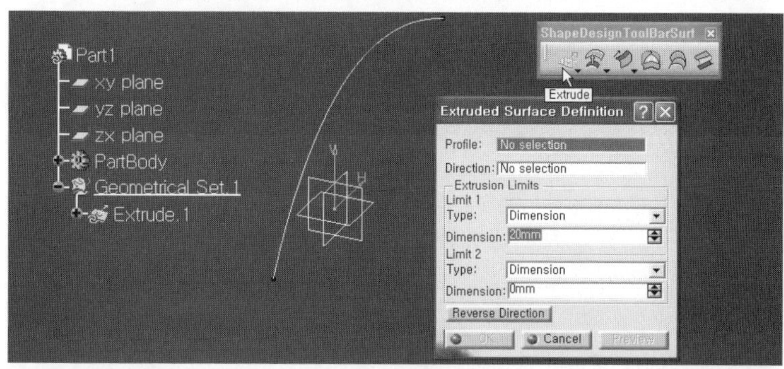

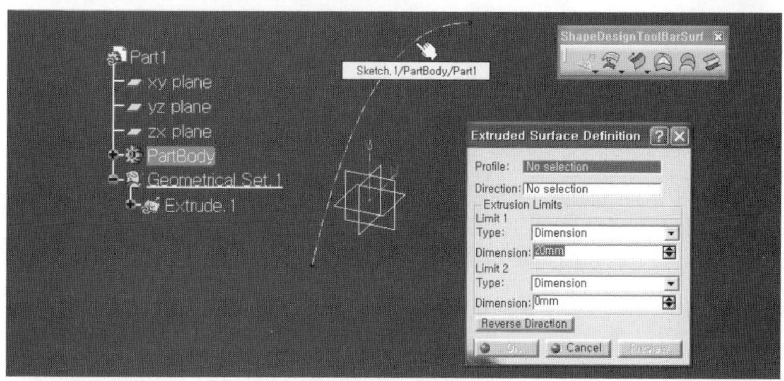

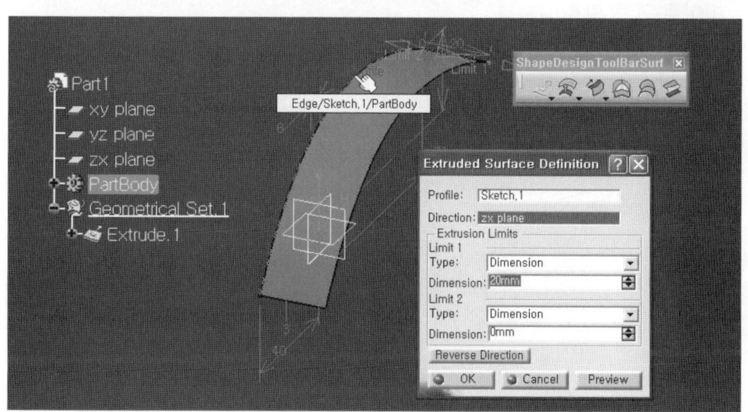

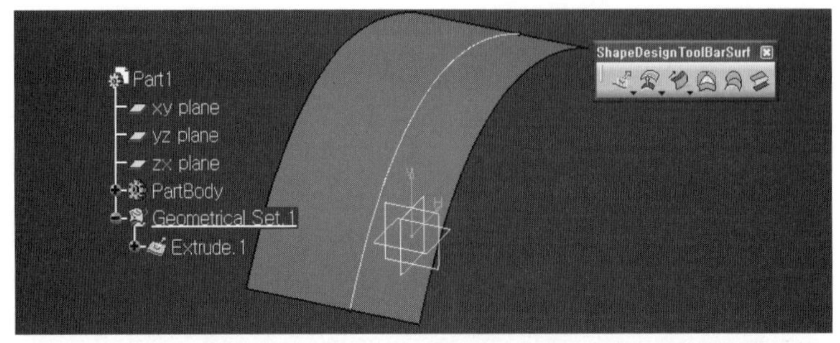

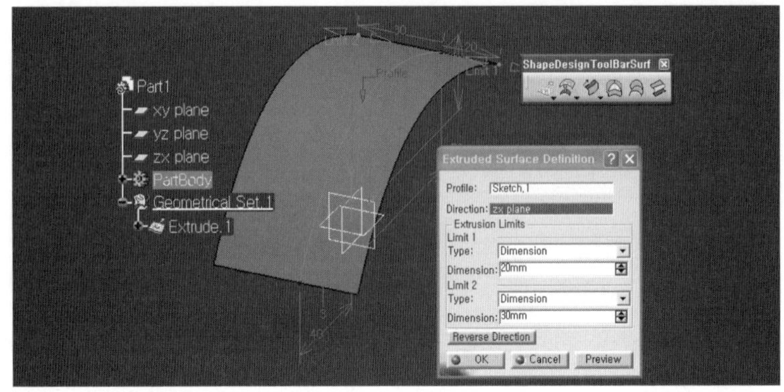

2.2   Revolve는 어떤 경우에 사용하나? 바로 알고 사용하기

■ 개념잡기

Revolve는 축을 중심으로 Profile을 회전시켜 원하는 Surface를 만든다.

■ Revolve 주요 기능 익히기

- Profile에 해당하는 스케치로 진입한다. 스케치에 축과 회전된 영역을 그린다.
- Revolve 아이콘을 클릭한다.
- 만들어진 스케치를 기반으로 Revolve를 만든다.
- 모델링 예

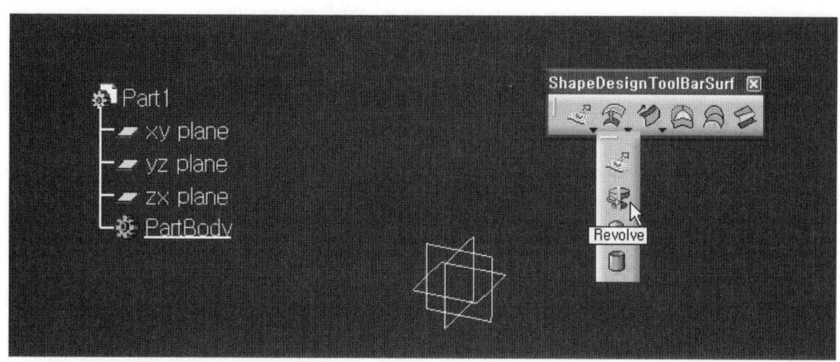

• zx plane을 선택하고 스케치로 들어가서 축과 회전시킬 형상을 그린다.

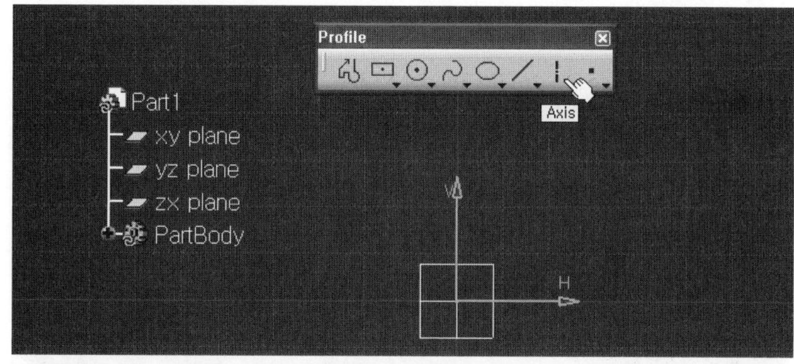

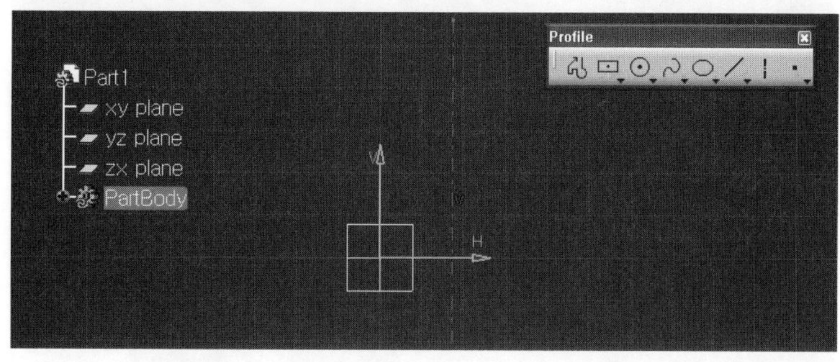

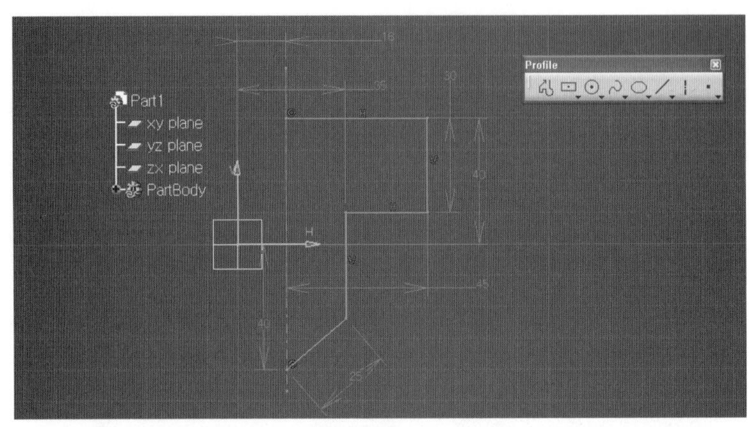

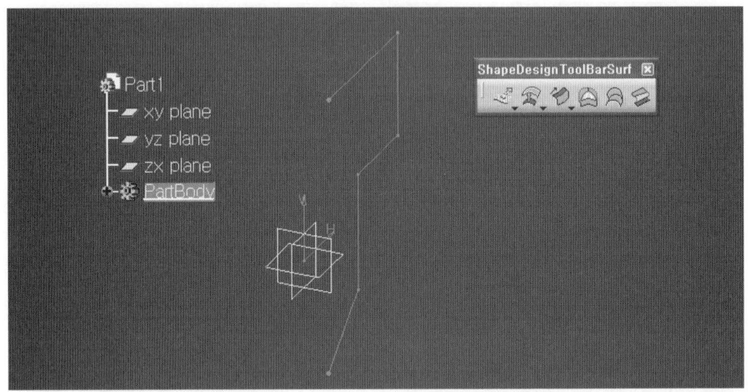

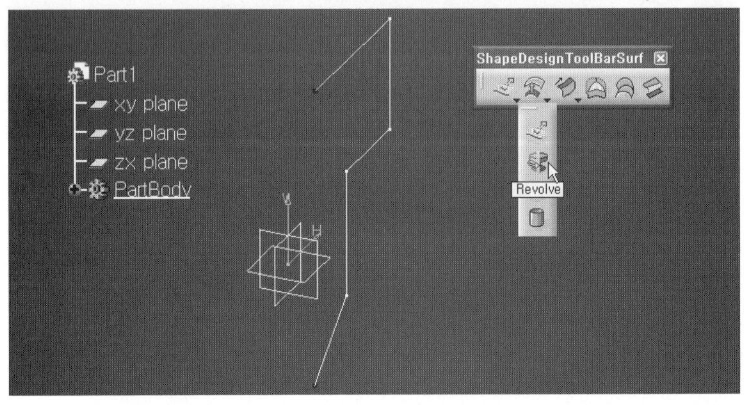

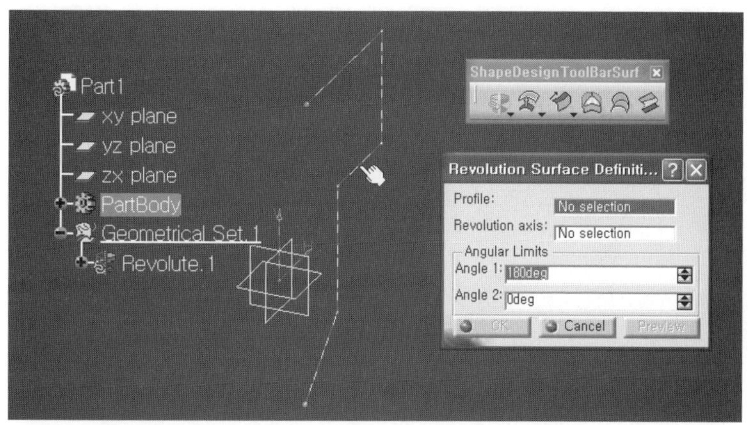

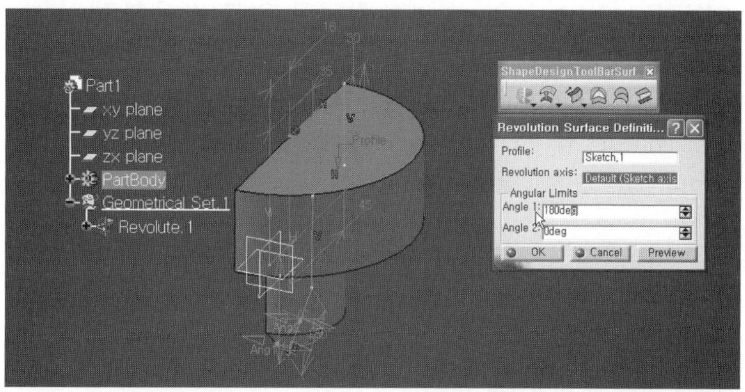

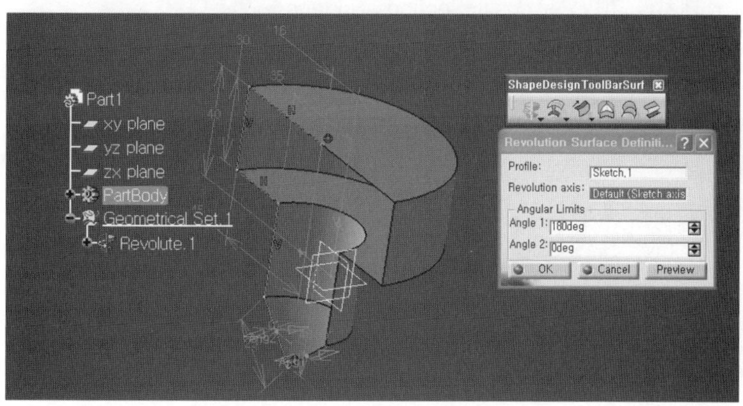

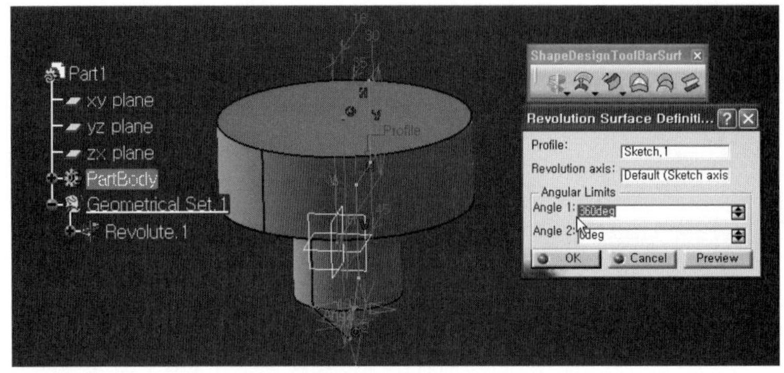

2.3 Multi-Sections Surface 간단히 알고 사용하기

- 개념잡기

   Multi-Sections Surface는 각 단면의 Profile을 사용하여 Surface를 만든다.
   단면이 변경되어야 하는 곳에 사용한다.

- Multi-Sections Surface

   - Plane을 만든다.

   - Profile에 해당하는 스케치로 진입한다. 스케치에 Profile을 그린다.

   - Multi-Sections Surface 아이콘을 클릭한다.

   - 만들어진 스케치를 기반으로 Multi-Sections Surface를 만든다.

   - 모델링 예

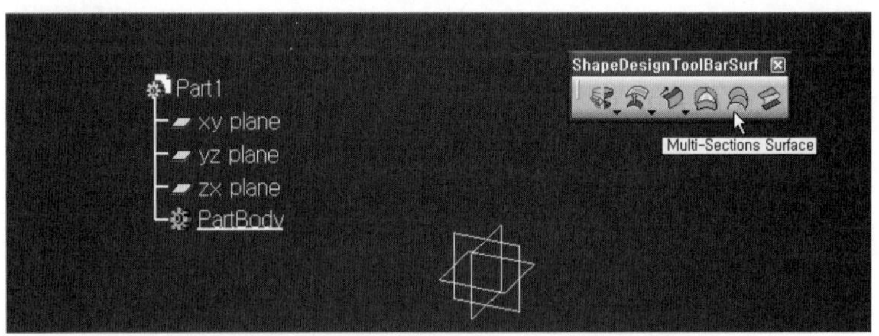

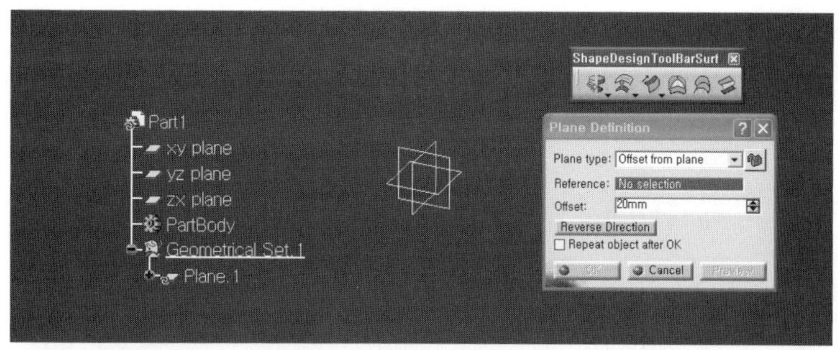

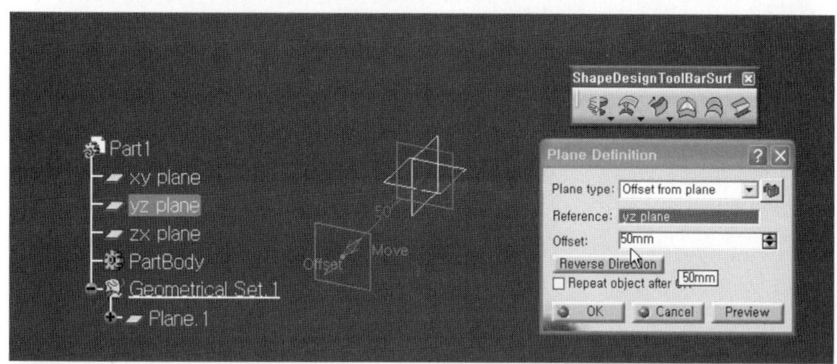

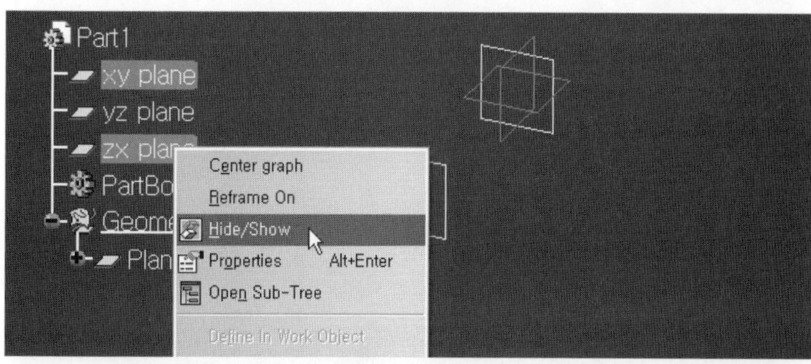

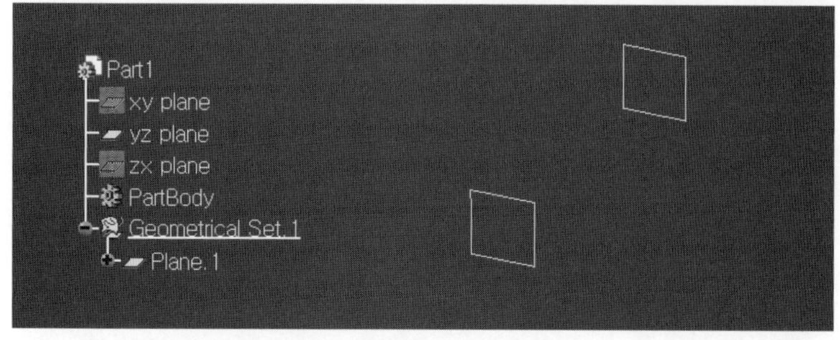

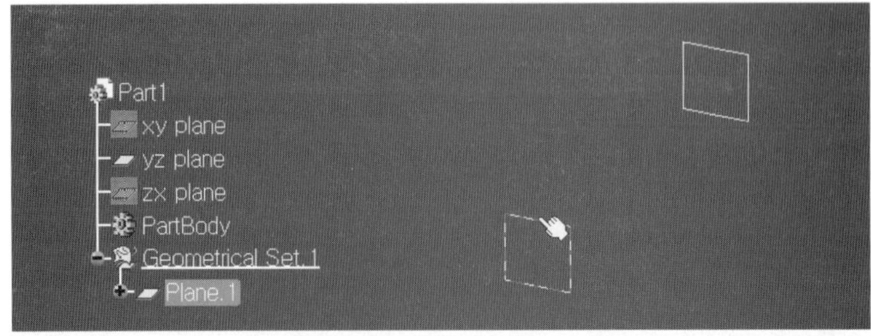

• plane.1을 선택하고 스케치로 진입한다.

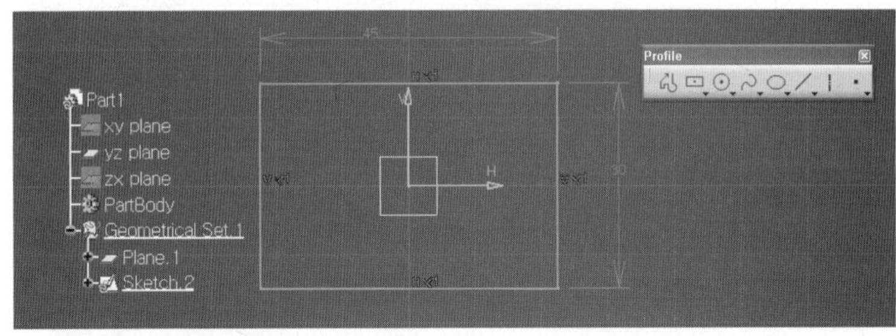

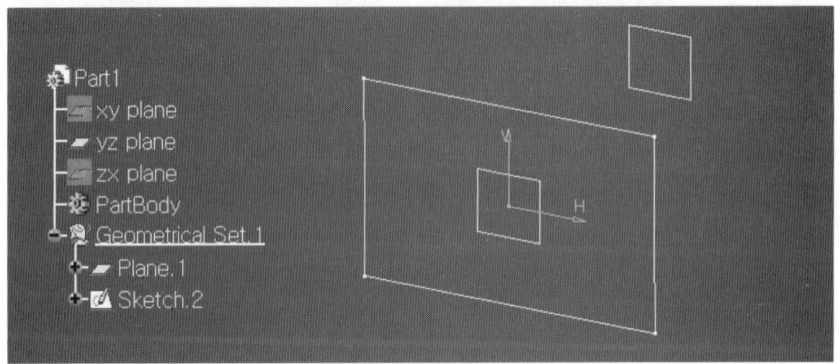

• yz plane를 선택하고 스케치로 진입한다.

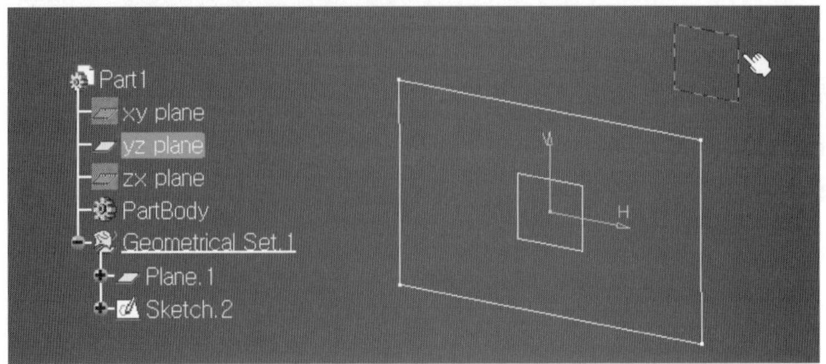

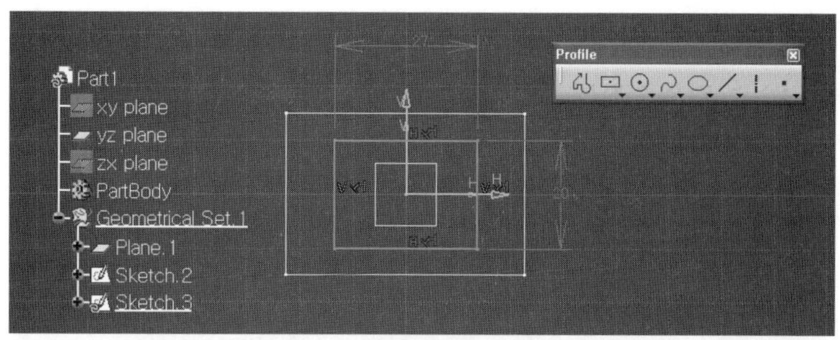

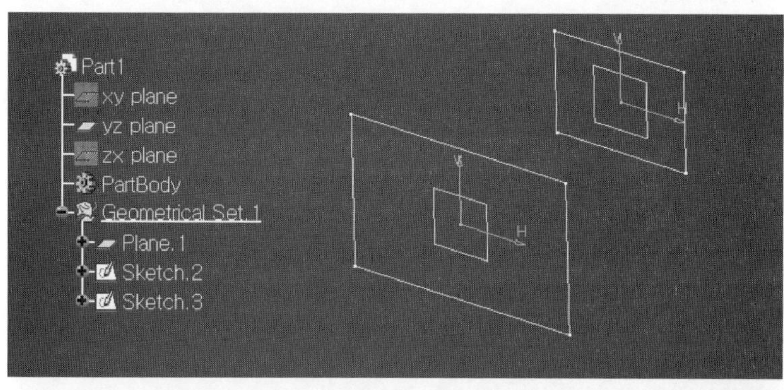

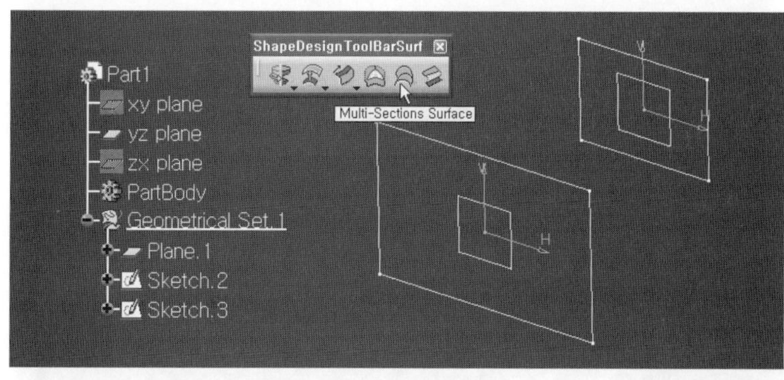
ShapeDesignToolBarSurf
Multi-Sections Surface

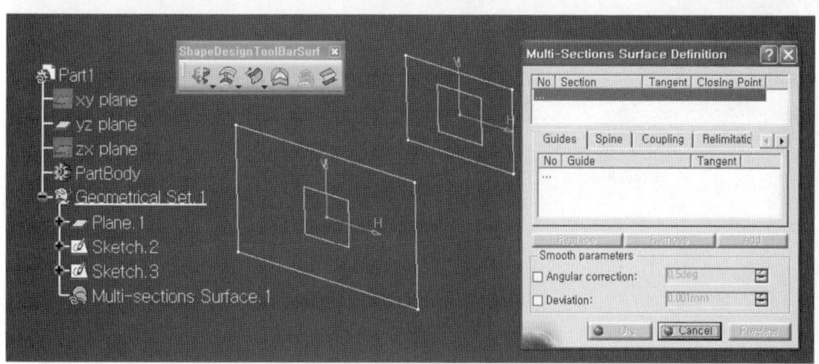
ShapeDesignToolBarSurf
Multi-Sections Surface Definition

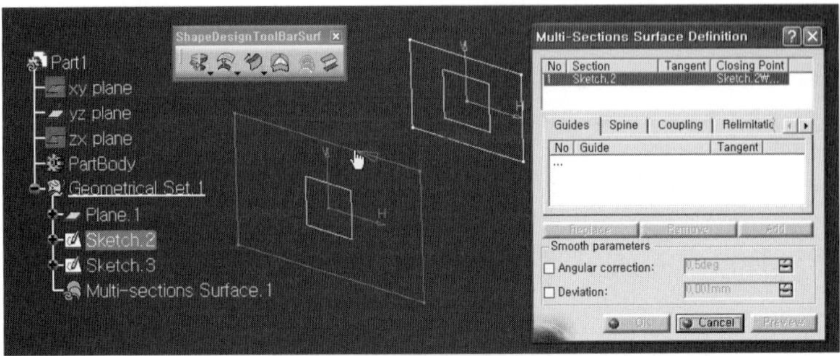

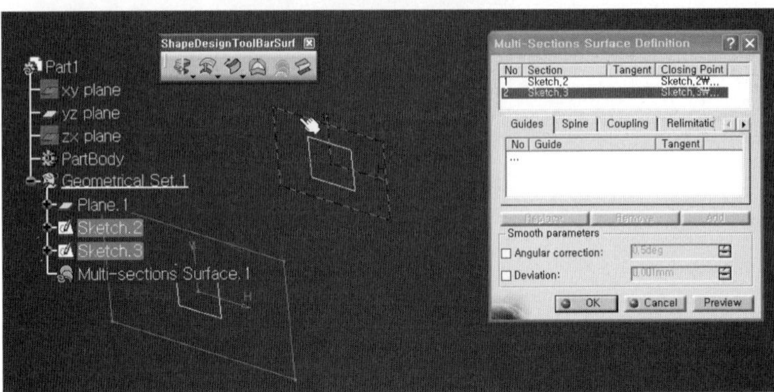

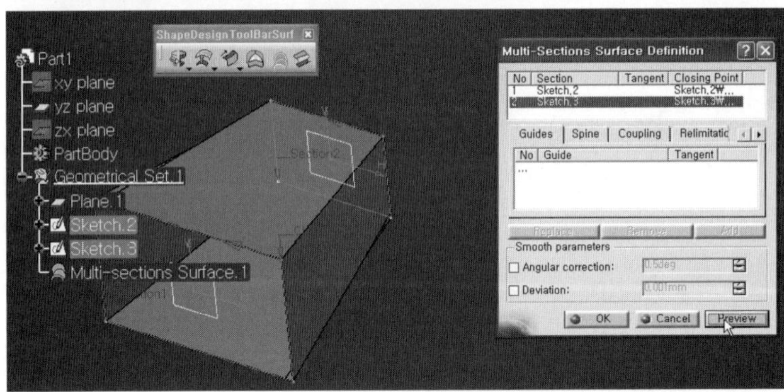

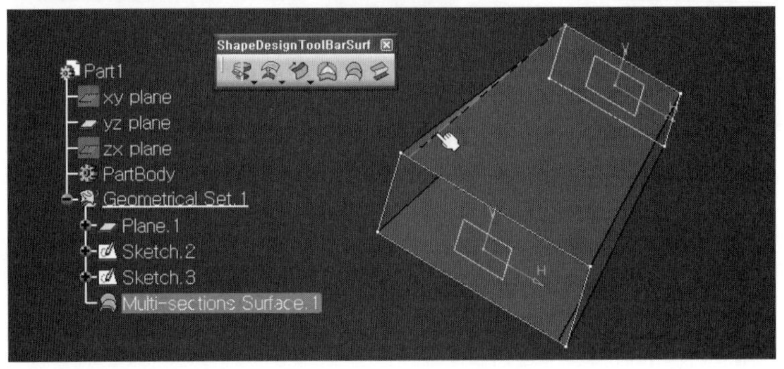

• 약간의 수정작업을 다음과 같이 한다(앞서 그림의 마우스가 가르치는 부분의 선을 없애는 수정
  함).

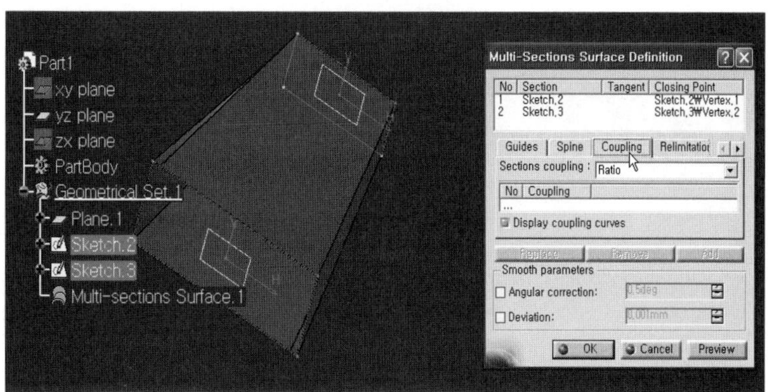

• Multi-Sections Surface 아이콘을 더블클릭하여 대화창을 열고 Coupling을 클릭한다.

• Sections coupling 부분을 Vertices를 선택한다. 그리고 OK한다.

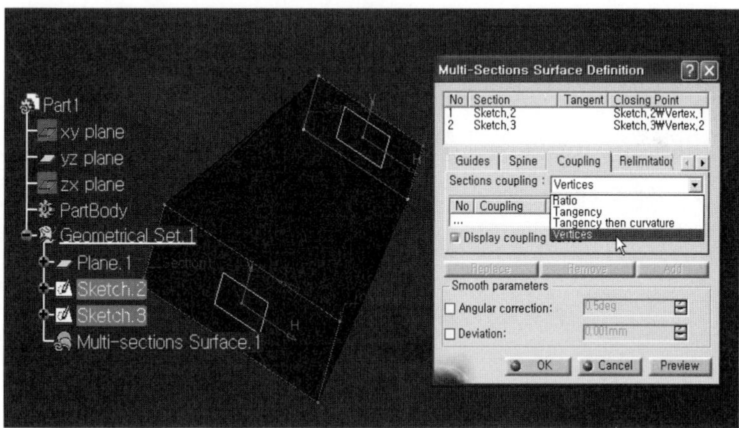

• 불필요한 부분이 제거되고 깨끗한 결과값이 나온다.

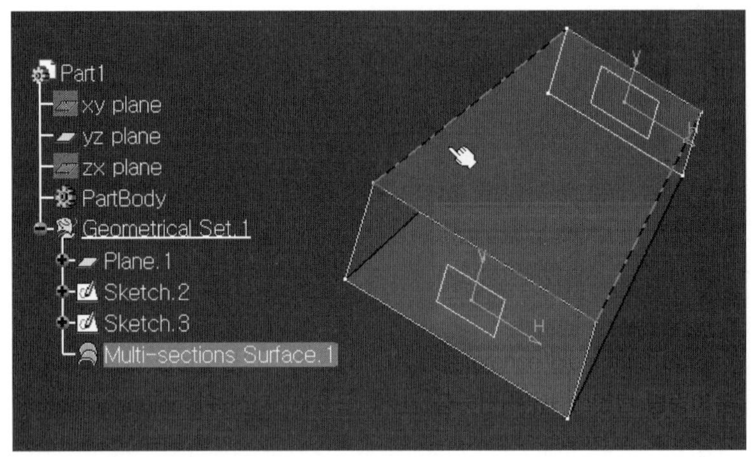

2.4 곡면 모델링이 왜 어려우며 어떻게 학습해야 하나?

곡면 모델링이 어렵다면, 각 툴에 대한 기능을 잘 이해하지 못한 경우가 많다. 특히, WireFrame의 툴 기능에 있는 아이콘을 잘 활용하는 것이 곡면 모델링의 고급 수준으로 가는 유일한 길목이다. 아이콘이 상당히 많이 있기 때문에 많은 시간을 투자할 수밖에 없다. 특히, 그 중에 Projection 기능에 대해 잘 학습을 하여야 한다. 많은 교육생들이 학습을 하면서 이 부분을 등한시하는 경우가 많다. 그러나 그 중에 이 부분을 잘 이해하고 활용하는 자가 고급 기능을 잘 습득하는 것을 많이 보았다.

많은 툴과 아이콘이 너무나 넘쳐나는 GSD는 WireFrame을 먼저 정복하고 다른 툴을 이해하는 것이 중요한 길임을 다시 한번 강조한다. 이것을 정확히 이해하지 못하면 다른 툴도 잘 활용하여 이해할 수 없게 된다.

CHAPTER

2

모델링 따라하기

1. 모델링 따라하기 예제 – GSD 초급 01

1.1　학습목표

본 따라하기 예제의 난이도는 초급 정도의 모델링 수준이다. Generative Shape Design(이후로는 GSD로 줄여서 명칭하도록 하겠다.) 작업환경을 사용할 것이며, Surface 모델링을 하며 가장 많이 쓰이고 중요한 Trim을 중점적으로 다룰 것이다.

1.2　모델링 진행방법

GSD 작업환경에서의 Surface 구현 순서는 대략 다음과 같다.
① Surface 생성, ② Surface간 수정, ③ Solid 化 작업

GSD를 처음 시작하는 분들의 고충은 상기 2번의 수정에서 많이 힘들어하는 경향이 있다.

Part Design 작업환경에서의 형상구현은 크게 두 가지로 볼 수 있을 것이다. (Part Design 명령어를 숙지하고 있다는 가정 하에) Base Body에서 불필요한 부분을 제거하거나 필요한 부분을 붙이거나…. 마치 찰흙 공작에서처럼 주걱칼로 파내거나 찰흙덩이를 붙이듯이 말이다.

GSD에서의 형상편집은 상기의 Part Design 작업방법과는 많이 다르다. 불필요한 부분을 제거하는 경우와 필요한 부분을 붙일 때의 방법을 알아보도록 하자.

1.3 　주요 사용 툴 및 아이콘

　Sketcher 툴을 사용하여 Profile 작업을 하고 Surface Toolbar를 사용하여 Surface 생성하며, Operations Toolbar를 사용하여 Surface 수정을 할 것이다. 마지막으로 Part Design 작업환경의 Surface Based Features Toolbar를 사용하여 Solid로 변환할 것이다.

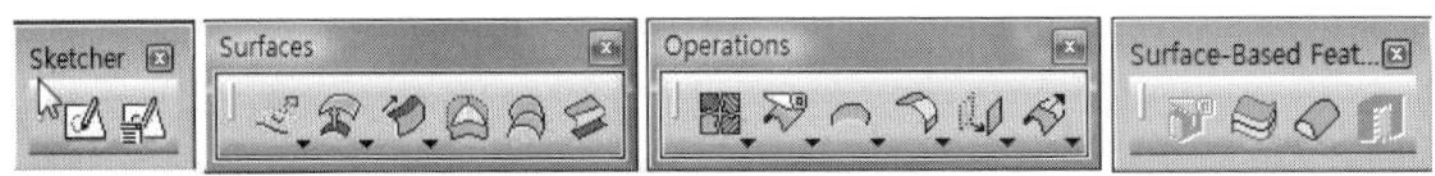

1.4 　모델링 도면

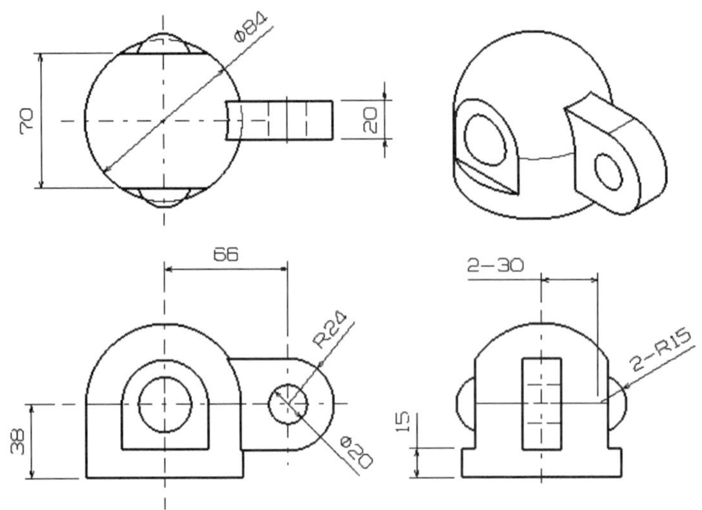

1.5 　모델링 따라하기

　Generative Shape Design을 사용하여 모델링을 한다.

　특히, Extrude-Revolution Toolbar의 Extrude와 Revolve 아이콘을 많이 사용하게 될 것이다.

(1) Option 설정하기

Pull Down Menu의 Tools → Options로 진입한다.

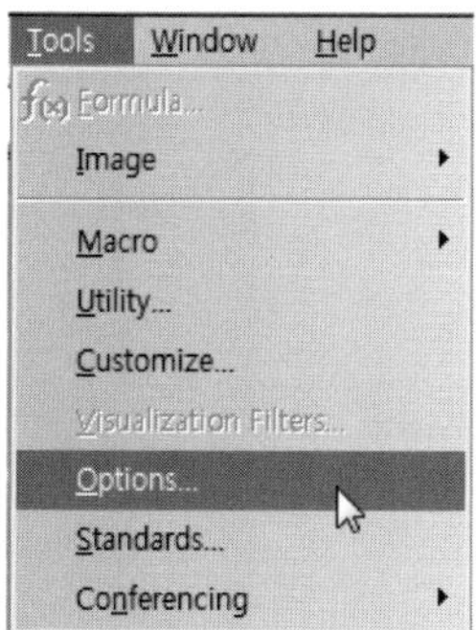

　　Infrastructure → Part Infrastructure → Part Document 탭의 밑줄 친 항목들의 체크를
아래와 같이 하도록 한다. 이렇게 하는 이유는 같은 환경에서 작업을 하여야 같은 결과를 얻을
수 있기 때문이다.

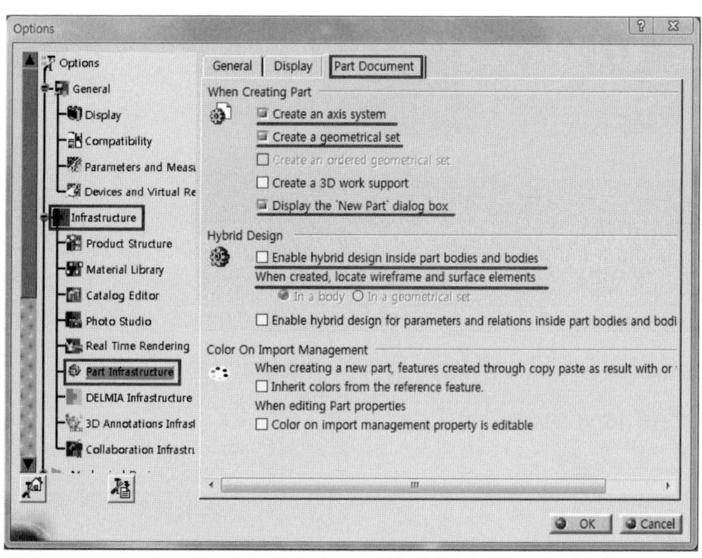

(2) Generative Shape Design 작업환경으로 진입하기

Start 메뉴에서 Generative Shape Design을 선택한다.

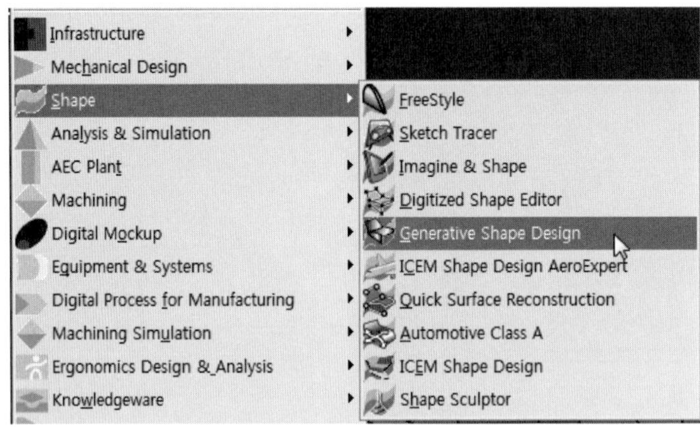

또는 Workbench Toolbar에서 선택하여도 된다.

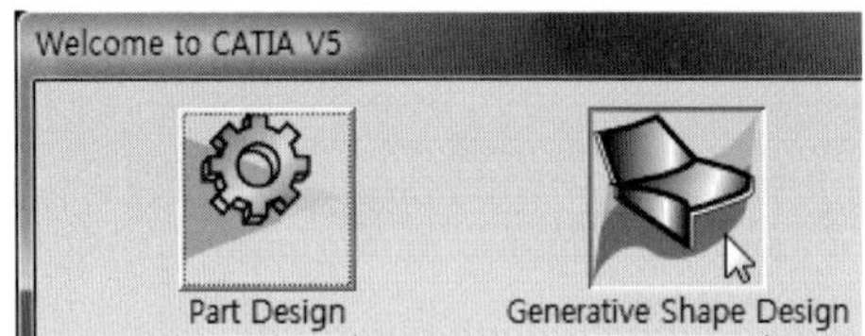

Start 메뉴에서 시작해도 되지만 상기 Workbench Toolbar에서 하면 GSD 작업환경으로 좀 더 빠르게 진입할 수 있다. 설정 방법은 아래와 같다.

Tools → Customize에서 Start Menu 탭의 Available 항목에서 Workbench Toolbar에 나타나도록 작업환경을 Favorites 항목으로 보내면 된다.

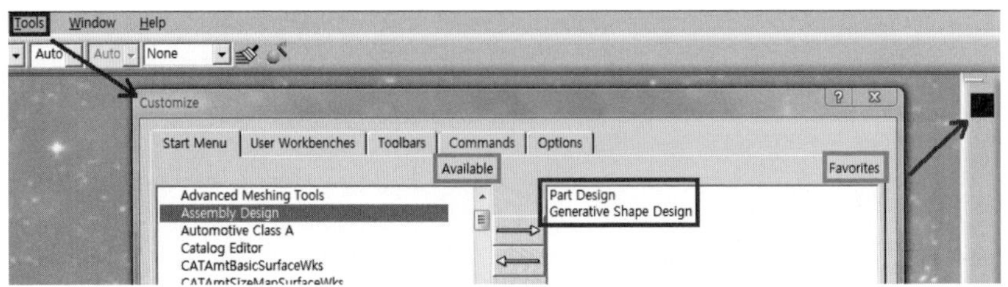

상기와 같이 설정하면 Start Menu로 시작하는 것보다 편리하게 원하는 작업환경으로 진입할 수 있다.

이렇게 Generative Shape Design 작업환경으로 진입하게 되면 New Part라는 대화창이 나타날 것이다.

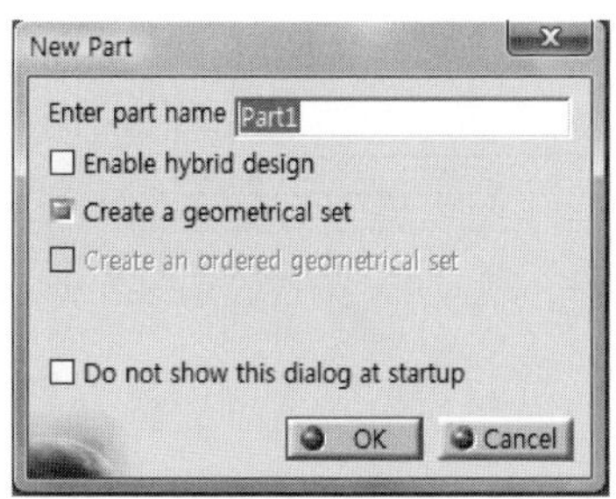

여기서 옵션사항은 미리 설정을 완료하였기 때문에 변경할 것이 없다.

Enter Part name에는 여러분들이 원하는 파일명을 적도록 한다. 반드시 영문으로 하길 바란다. 저자는 GSD TRAIN'G_01로 하겠다.

OK를 클릭하면 GSD 작업 환경으로 진입하게 된다. 진입 후 예기치 않은 강제종료를 대비해 저장을 꼭 하도록 한다.

이제 모델링 작업을 하기 위한 가장 기본적인 환경설정은 끝났다.

다음과 같이 Axis Systems이 있는 작업환경에서 GSD 모델링 작업을 하게 될 것이다.

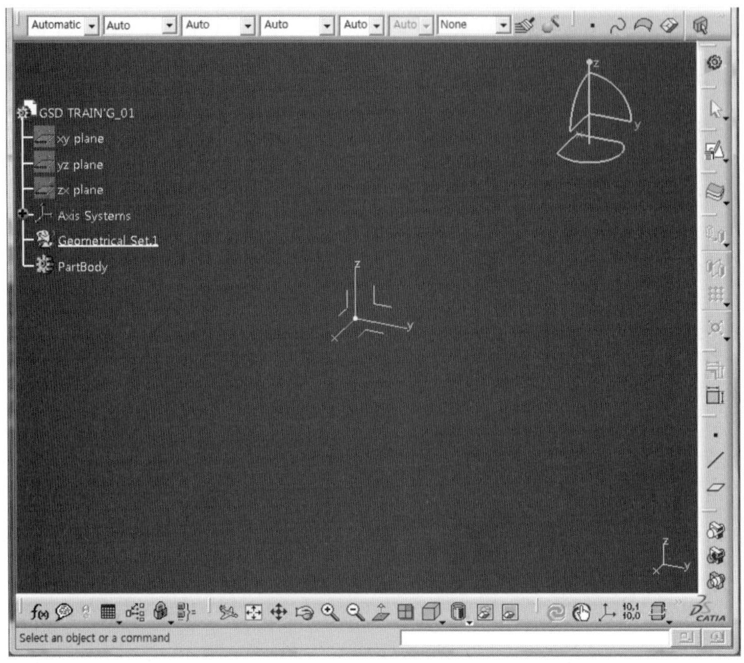

(3) 모델링 따라하기

• 도면의 Main Body를 만들기 위해 스케치 작업을 한다. 스케치 툴바의 Positioned Skethch 아이
콘을 사용하여 yz 평면을 선택한다.

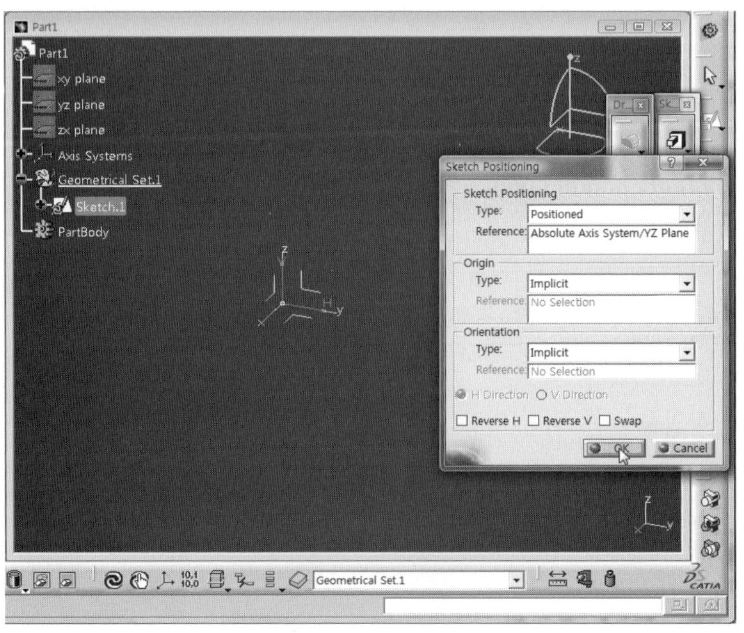

• Profile 아이콘  을 사용하여 아래와 같이 스케치를 한다.

• 이때 Sketch tools의 Tangent Arc를 잘 활용하면 쉽게 스케치를 할 수 있다.
  아래와 같이 대략적인 위치에 수직선을 긋고 H벡터와 일치구속을 한다.

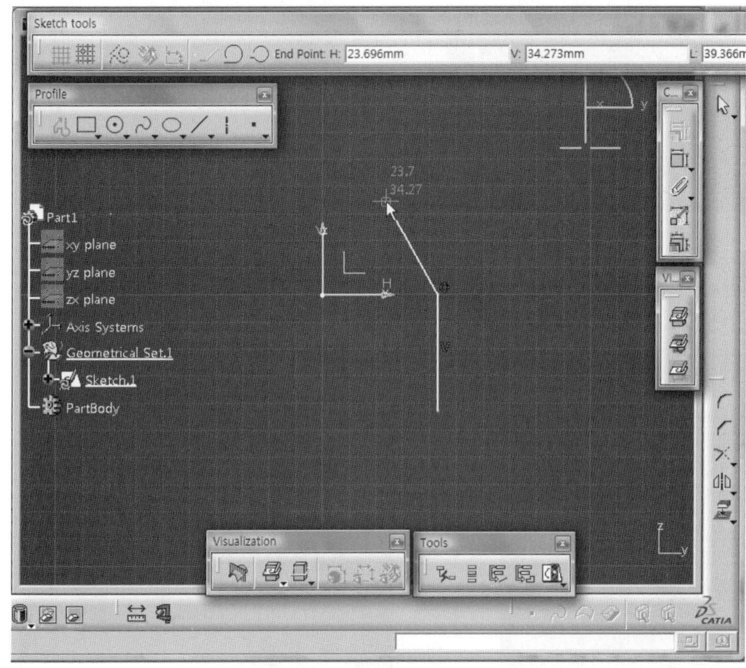

• Sketch tools의 Tangent Arc를 클릭하여 아래와 같이 호를 만든다.

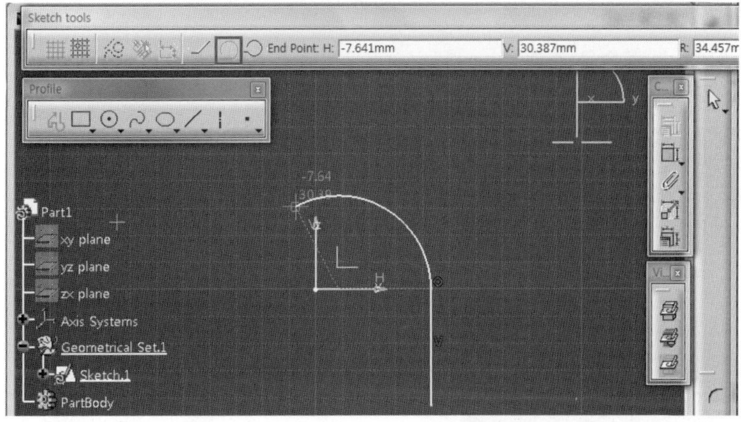

• 호의 중심점을 V벡터와 일치시킨다.

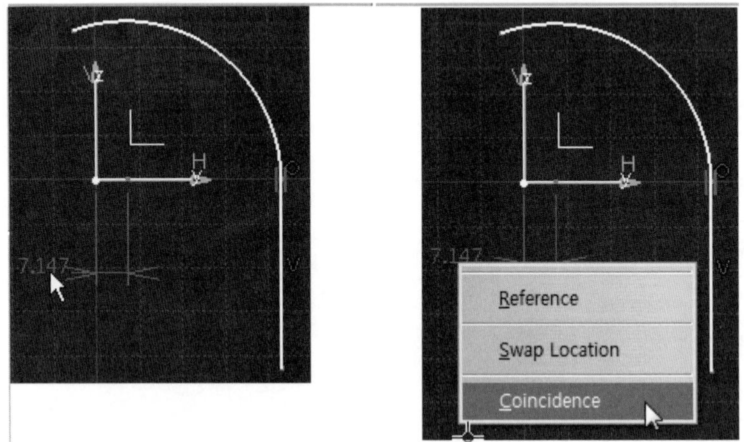

• 호의 끝점을 V벡터와 일치시킨다.

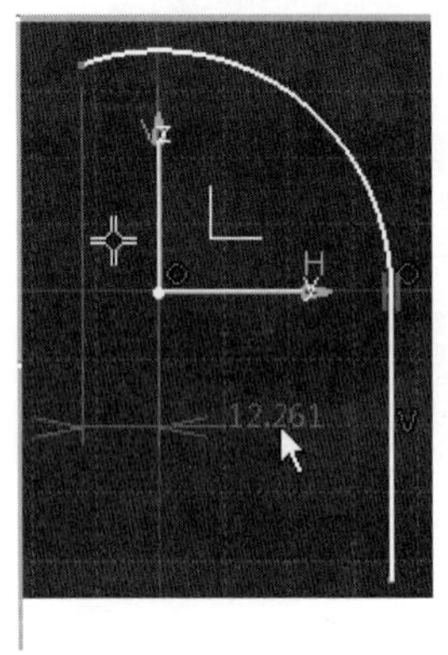
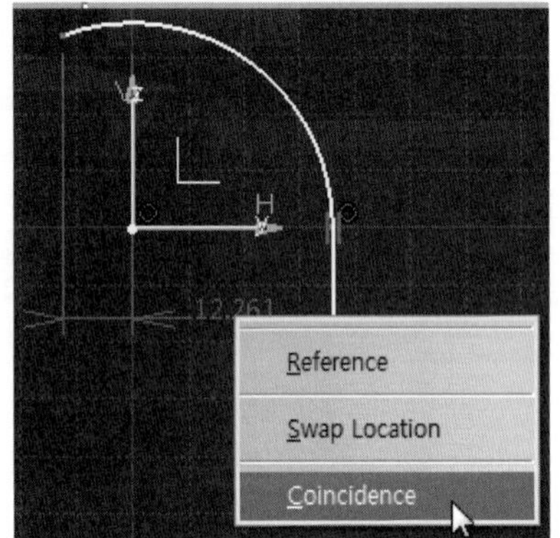

• 아래와 같이 치수 구속을 준다.

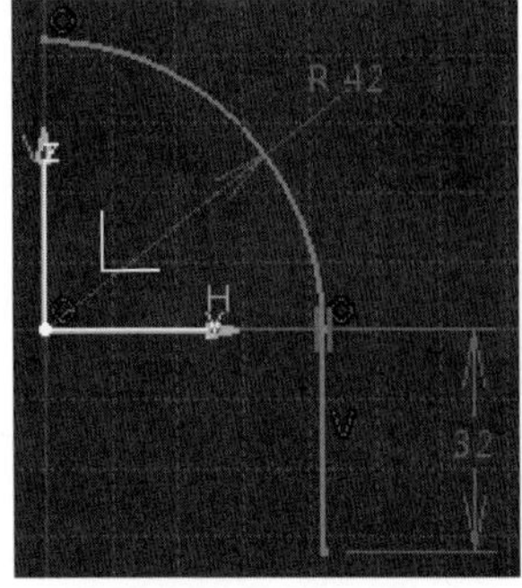

• Exit Workbench를 클릭하여 스케치 환경에서 나온다.

• Extrude-Revolution Toolbar의 Revolve 아이콘을 클릭한다.

• 아래와 같이 Profile에는 스케치를 Revolution axis에는 Axis System의 z축을 선택한다. Angle 1 값은 360을 입력한다.

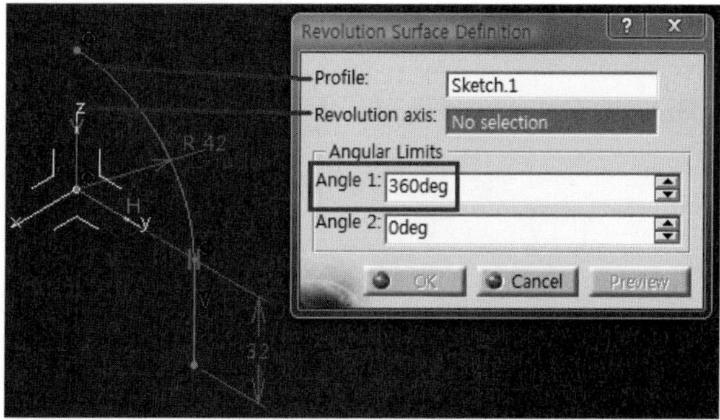

• 다음과 같이 Surface가 완성되었다.

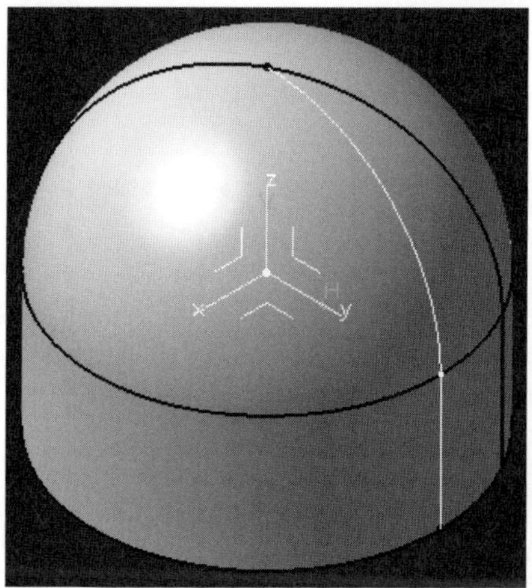

• 스케치 툴바의 Positioned Skethch 아이콘을 사용하여 zx 평면을 선택한다.

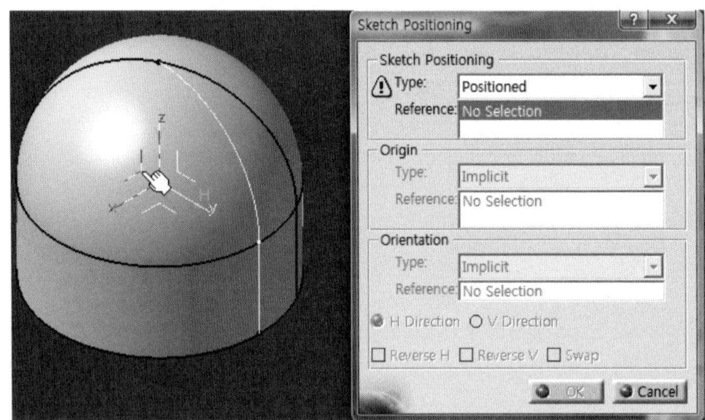

• Swap과 Reverse H를 체크하여 벡터의 방향을 아래와 같이 변경 후 OK를 클릭한다.

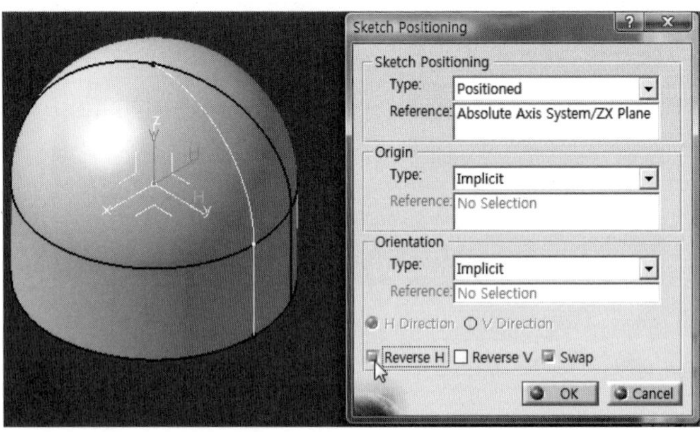

• Profile 아이콘을 이용하여 "ㄴ"자 형태의 스케치를 완성한다.

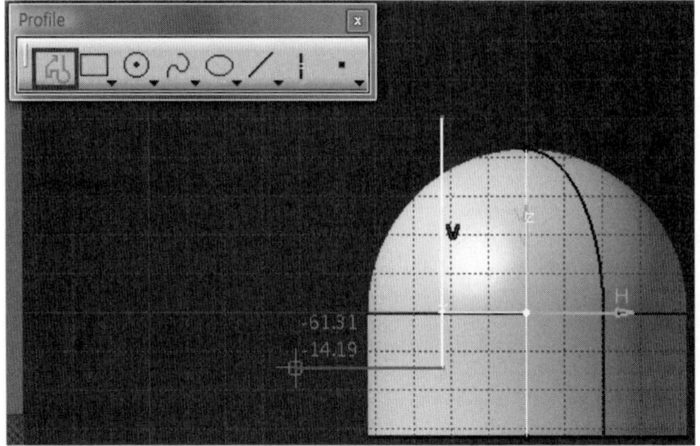

• 치수 구속을 한다.

  이때 배경이 되는 Surface 때문에 치수구속이 불편할 경우 Visualization Toolbar의 Visu 3D
  Toolbar를 사용하면 편리하다.

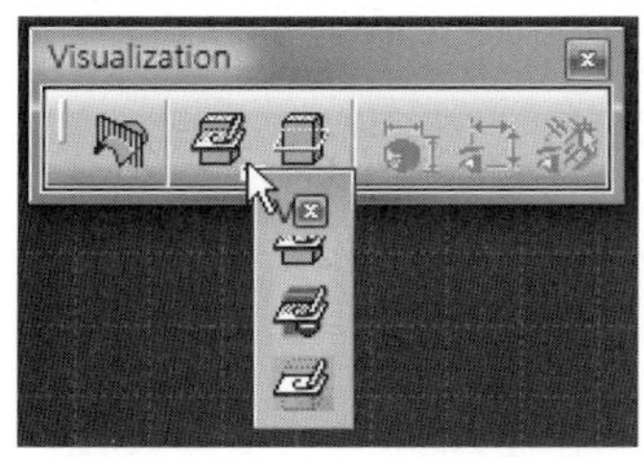

• 아래와 같이 선과 Surface 하단부의 Edge를 클릭하여 치수구속을 한다.

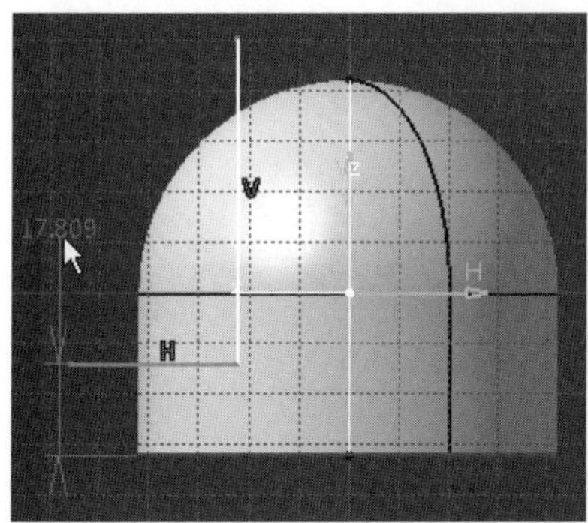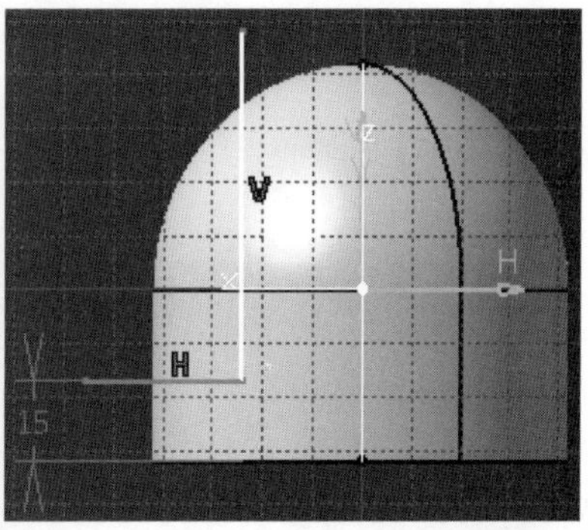

• Visu 3D Toolbar의 Low light 를 클릭한다.

• 아래와 같이 치수 구속을 한다.

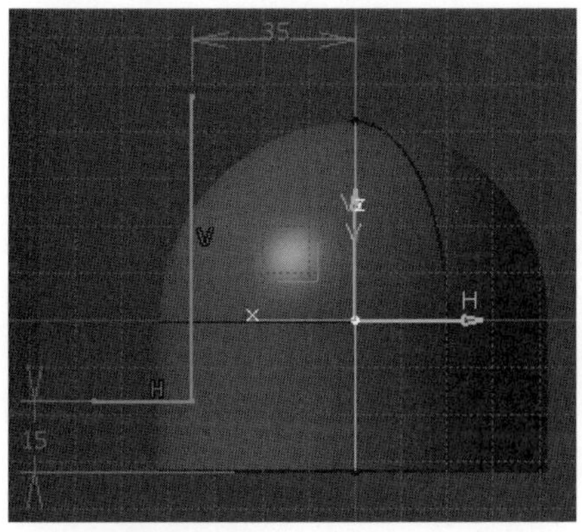

• Extrude를 실행하여 Profile에 스케치를 선택한다. Direction은 선택을 안 해도 스케치 평면을 기준으로 Direction이 설정되기 때문에 선택을 안 해도 무방하다. Limit 1의 값을 40mm 입력하고 스케치 기준 양옆으로 Surface를 생성시켜야 되기 때문에 Mirrored Extent를 체크한다.

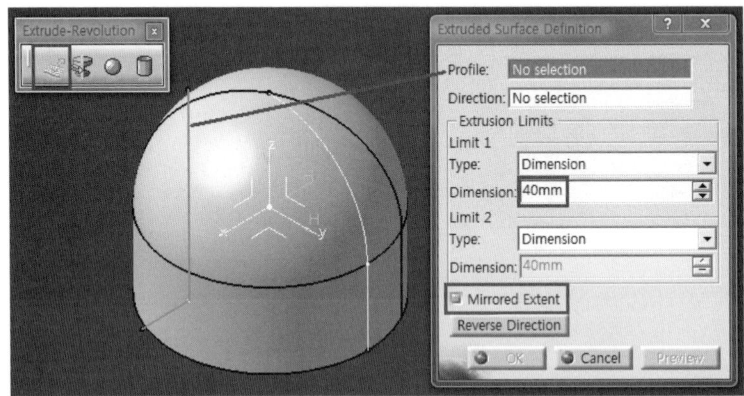

• 아래와 같이 Surface가 생성되는 것을 확인할 수 있다.

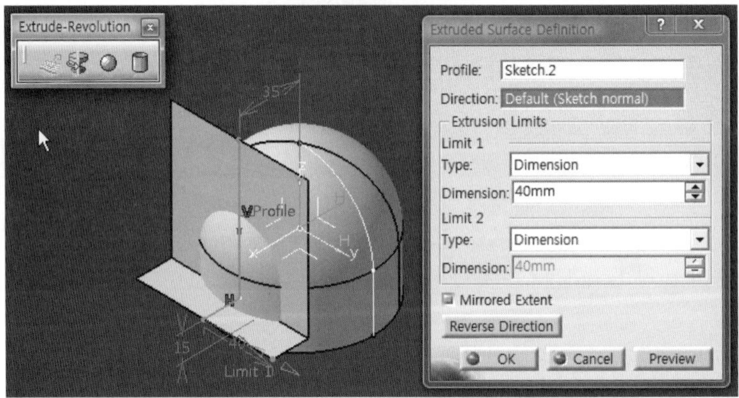

• Operations Toolbar의 Transformations Toolbar, Symmetry를 실행한다.

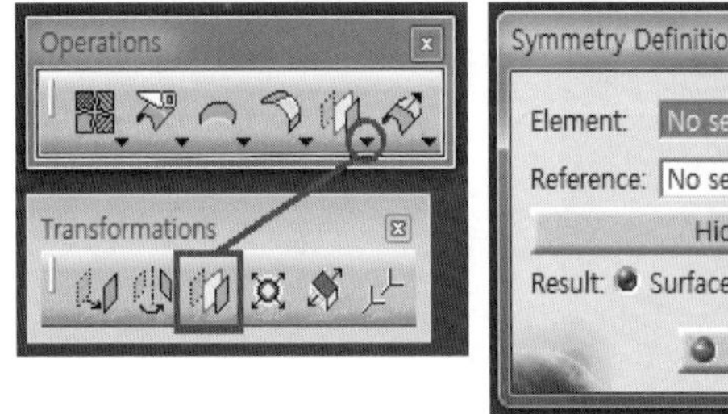

• Element에 "ㄴ"자형의 Surface를 선택하고 Reference는 yz평면을 선택한다.

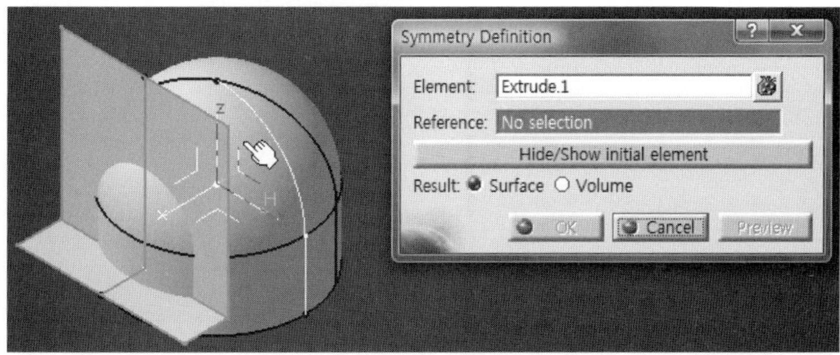

• 아래와 같이 yz평면 기준으로 반대편에 Surface의 복사본이 생길 것이다.

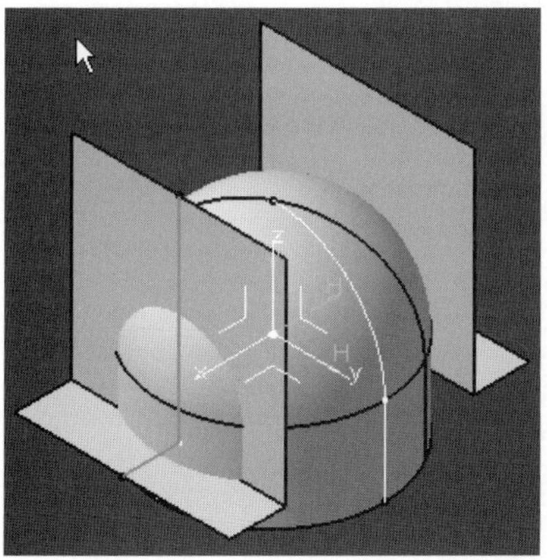

• Operations Toolbar의 Trim-Split Toolbar, Trim을 실행한다.

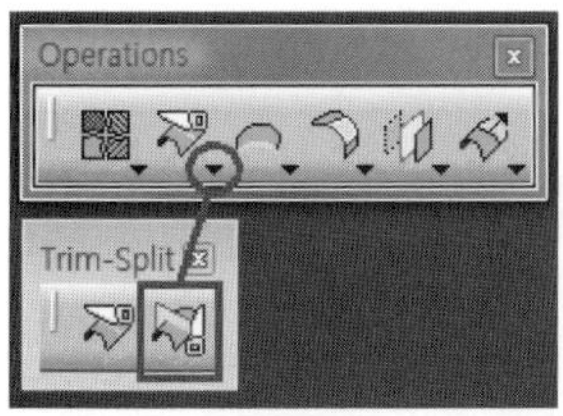

• 아래와 같이 Definition 윈도우가 실행될 것이다. Trimmed elements에 수정을 하고자 하는 Surface를 선택하면 된다. 그림과 같이 3개의 Surface를 동시에 선택해도 무방하지만 1 : 1로 편집하기를 권장한다. 그럼 총 3개이니 Trim을 두 번 하게 된다. 1번과 2번을 수정, 그 결과물을 3번과 수정하여 최종 형상을 구현해 볼 것이다.

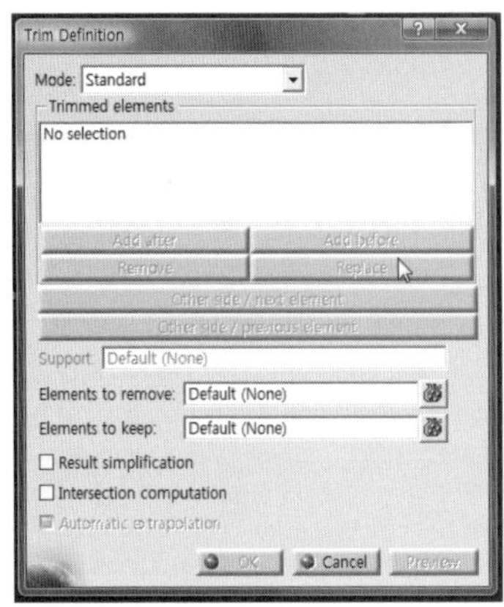 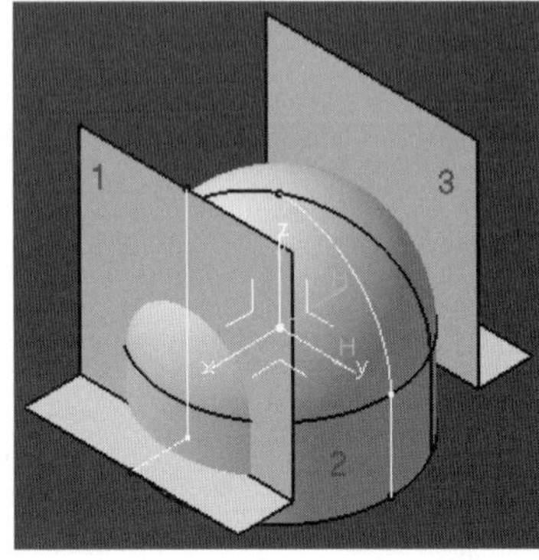

- Trim을 실행후 "ㄴ"형의 Surface와 가운데 돔형 Surface를 선택한다. Other side/next element 와 Other side/previous element를 클릭하여 원하는 형상을 선택한다.

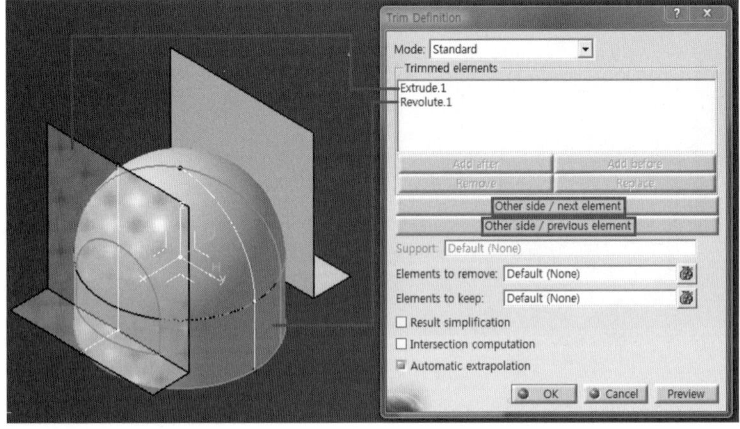

- 이때 투명한 부분은 제거될 부분이고 불투명한 부분은 남는 부분이다.

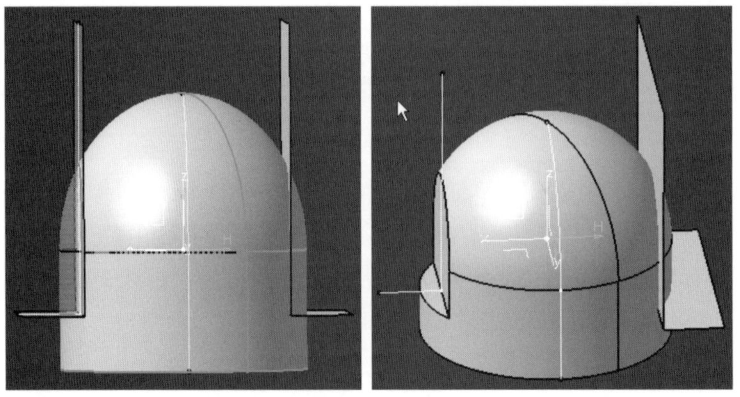

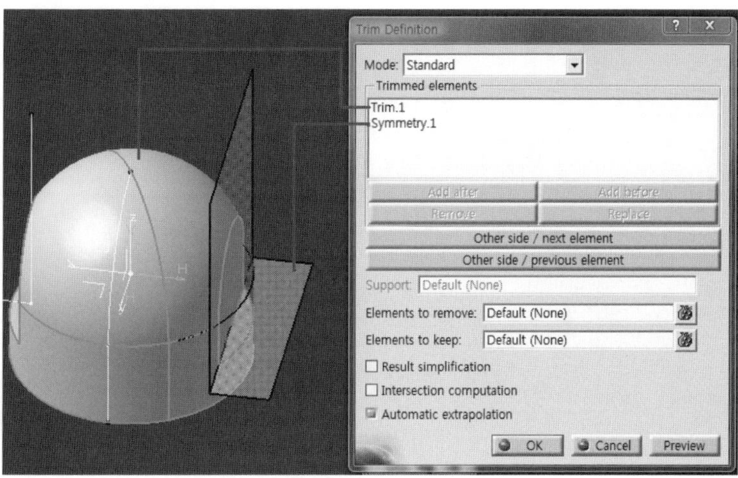

- 지금까지 설명한 대로 따라하신 분들은 Part Design과는 다른 방법으로 모델링 방법이 진행된다는 것을 느꼈을 것이다.

- Trim 실행 후 아래와 같이 형상이 구현되었다. Wireframe Toolbar의 Point를 실행한다.

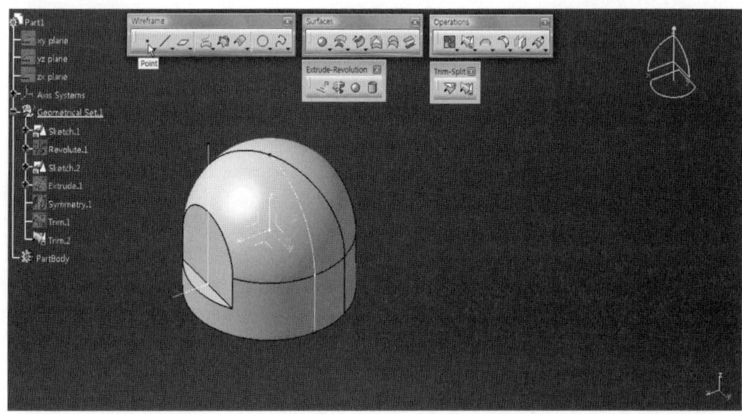

• Point type은 On curve로 변경 후 Axis System의 x축을 선택한다.

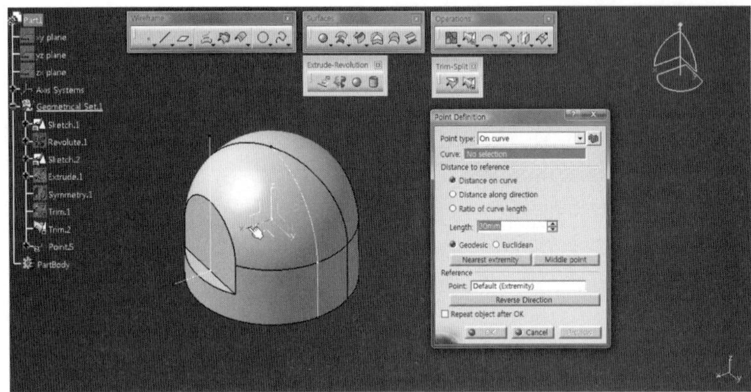

• Length 값을 30mm 입력하면 x축 선상의 원점으로부터(Orign) 해당위치에 Point가 생성된다.

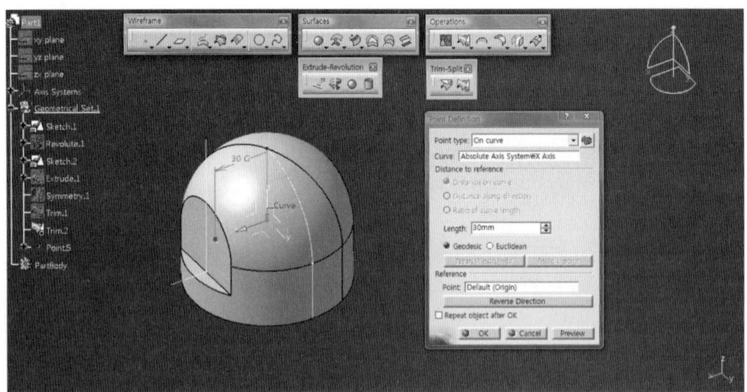

• 아래와 같이 x축선상에 Point가 생성되었다.

• Surface Toolbar의 Sphere를 실행한다.

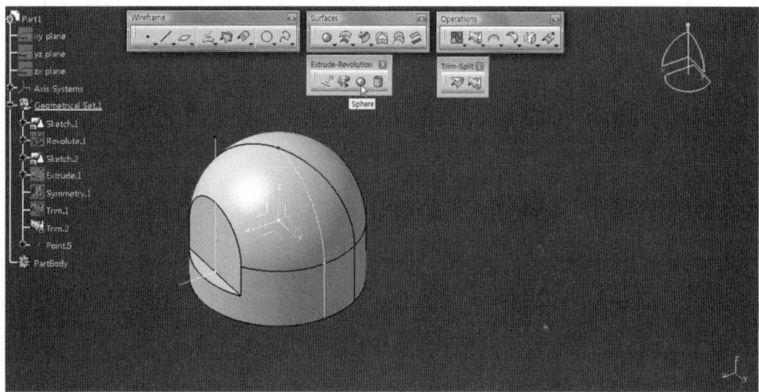

• Center에 Point를 선택한다.

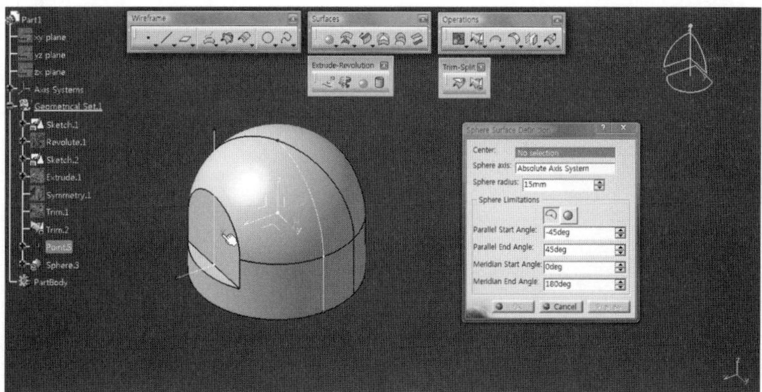

• Sphere radius 값은 15mm로 입력하고 Sphere Limitations 설정은 Create the whole sphere를
클릭하여 "구"형태의 Surface를 구현한다.

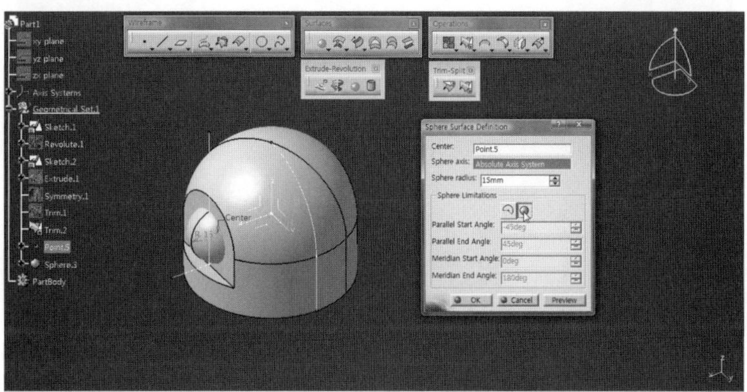

• Operations Toolbar의 Transformation Toolbar, Symmetry를 실행한다.

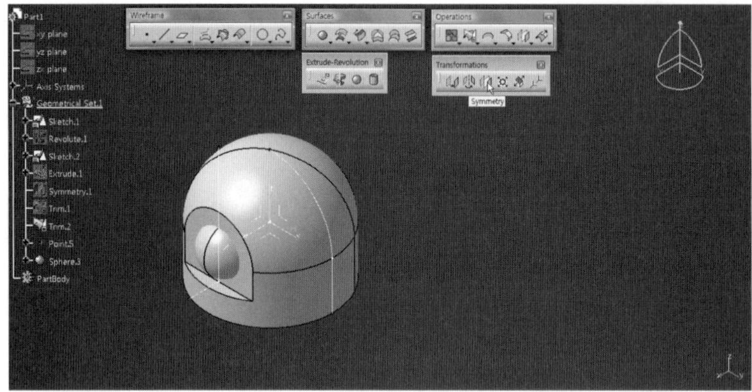

• Sphere를 선택한다.

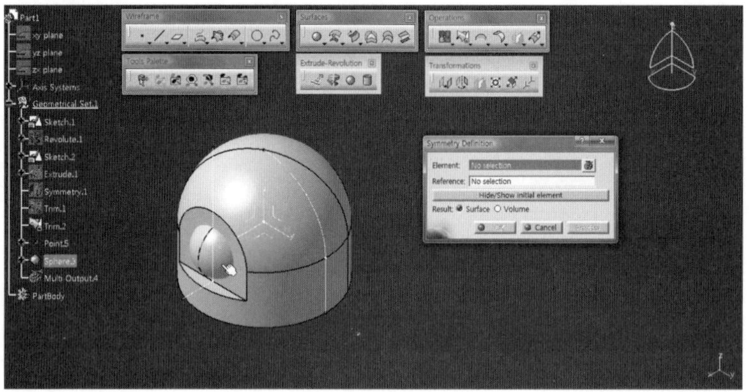

• 기준 Plane인 yz Plane을 선택한다.

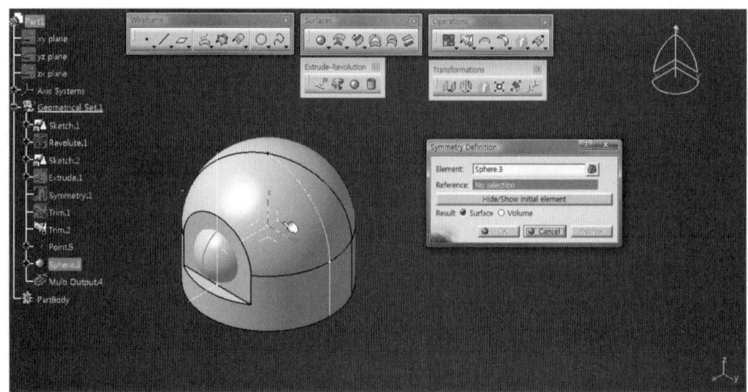

• yz Plane 기준으로 반대편에 같은 형상의 Sphere가 복사되었다.

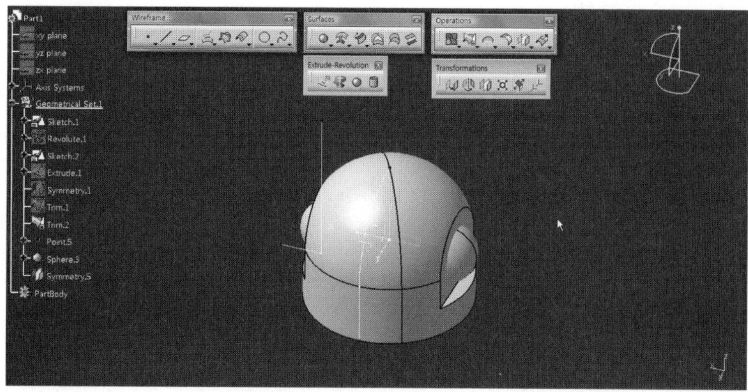

• Trim을 실행하여 수정한다. 먼저 왼쪽에 있는 Sphere와 중간의 Surface를 수정하자. 먼저 Sphere
  를 선택한다.

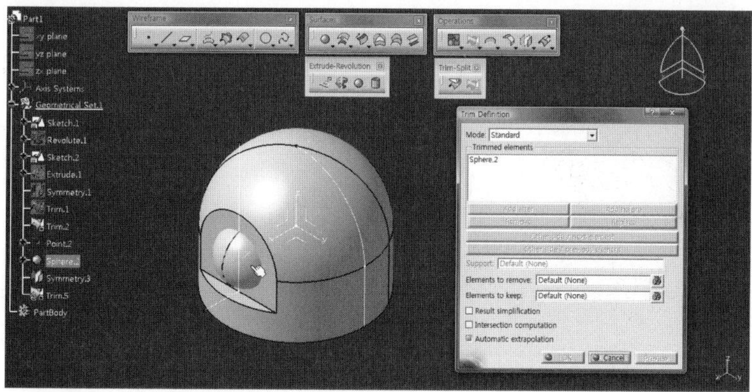

• 다음 중간의 Surface를 선택한다.

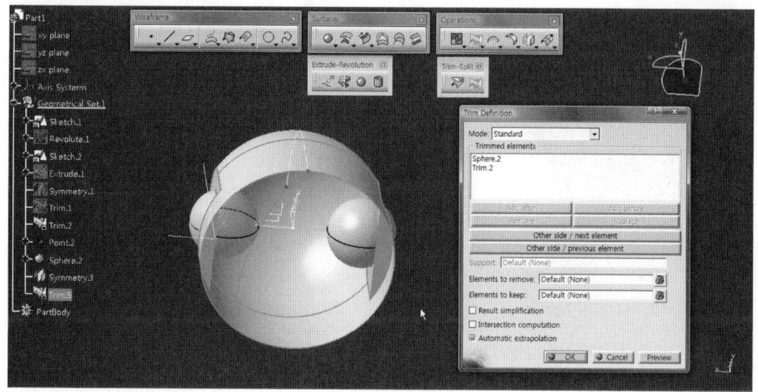

• Other side/next element와 Other side/previous element를 클릭하여 원하는 형상을 선택한다.

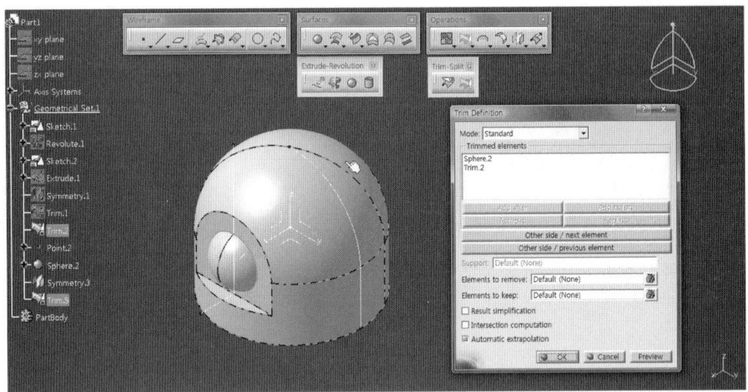

• 다음은 오른쪽에 있는 Sphere를 수정하자. Trim을 실행하여 Main Surface를 선택한다.

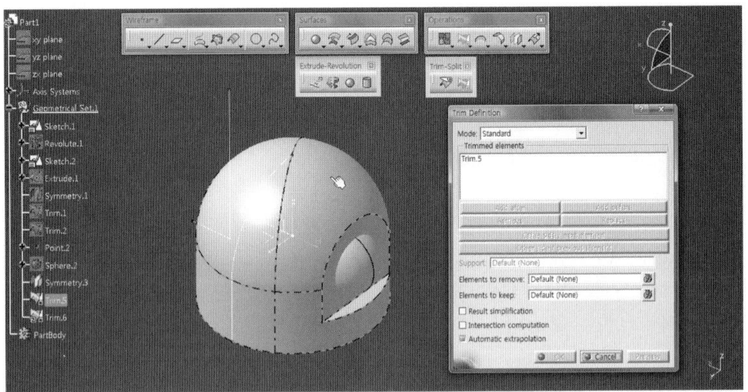

• 우측에 있는 Sphere를 선택한다.

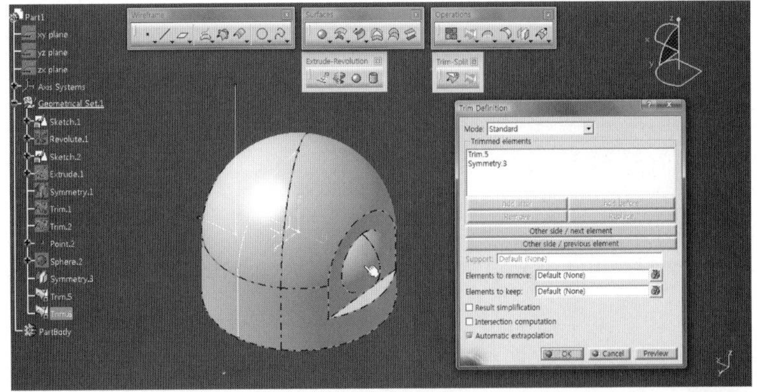

• Other side/next element와 Other side/previous element를 클릭하여 원하는 형상을 선택한다.

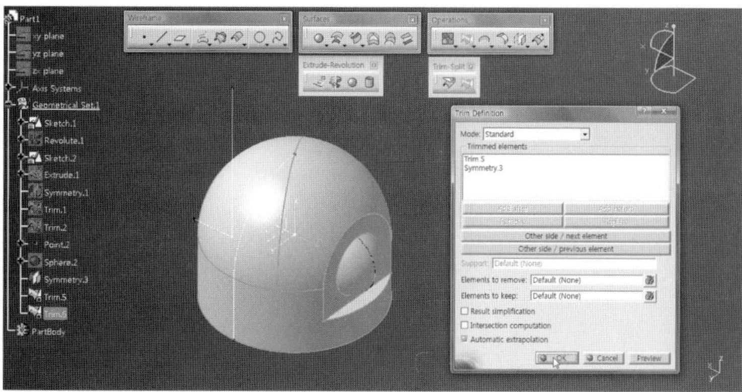

• 바닥을 관찰하면 형상구현이 제대로 됐는지 알 수 있다.

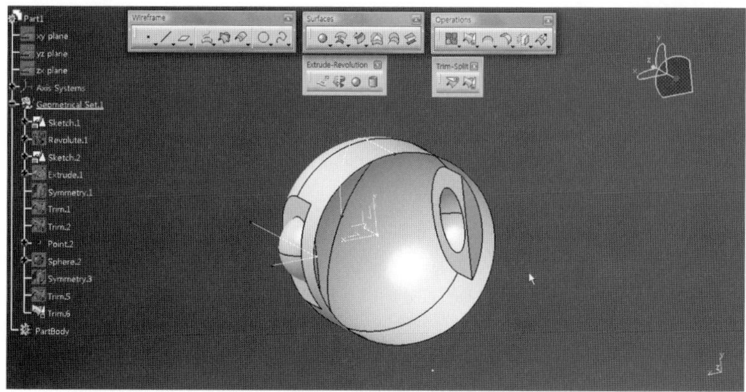

• yz plane 선택하여 스케치 환경으로 진입한다.

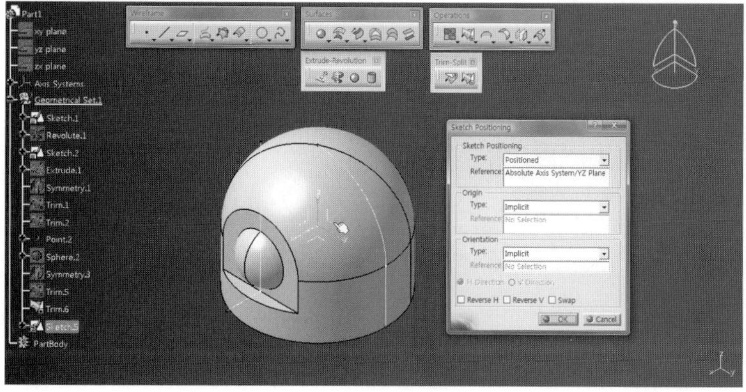

• Profile을 실행한다.

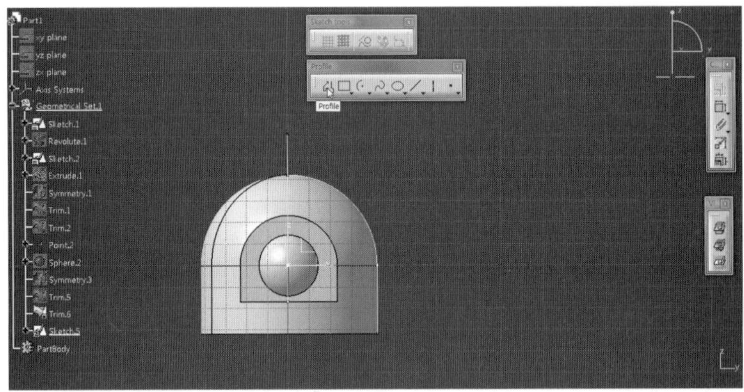

• 아래와 같은 대략적 위치에 수평선을 그린다.

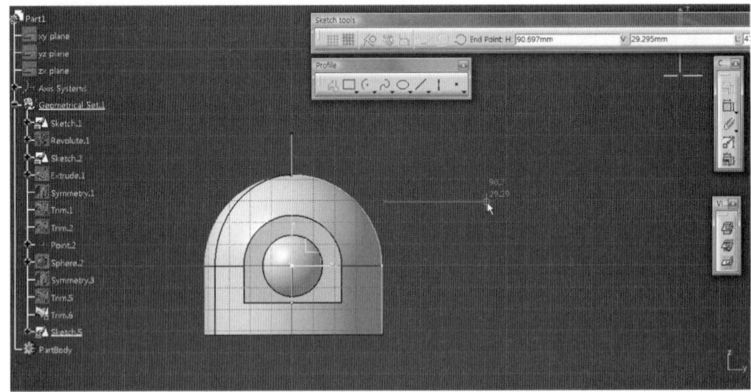

• 수평선을 그린 후 Sketch tools의 Tangent Arc를 클릭한다.

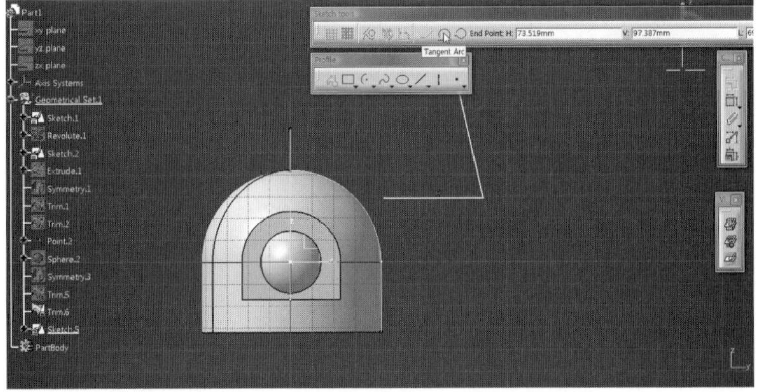

• 아래와 같이 임의 크기의 원호를 만든다.

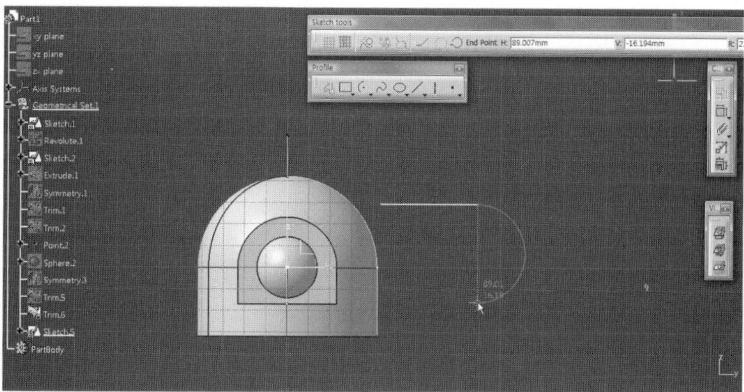

• 다시 수평선을 만든다.

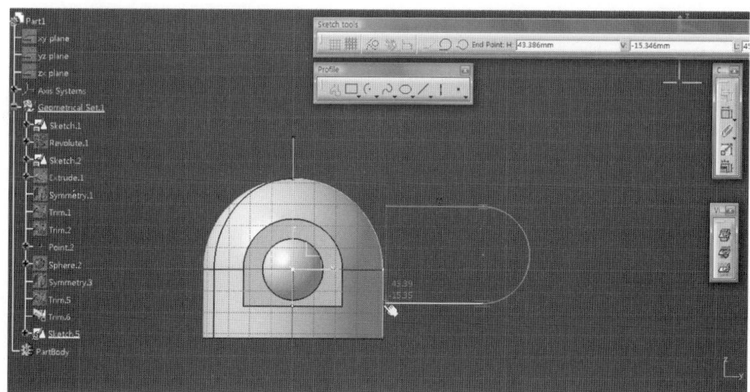

• Visualization Toolbar의 Low light를 활성화시킨다.

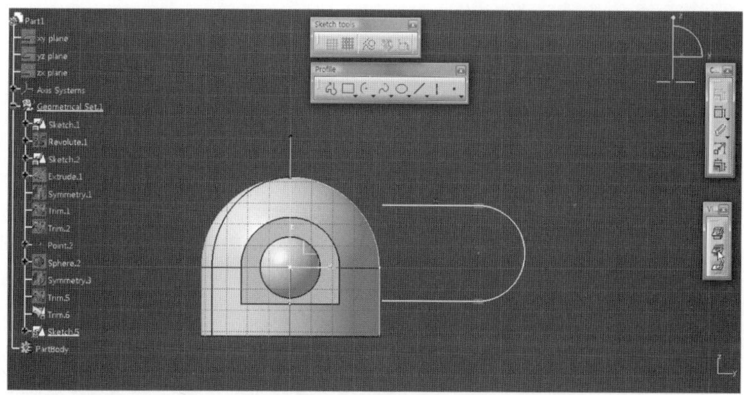

• 치수(Constraint) 아이콘을 클릭하여 아래에 있는 수평선을 클릭한다. 마우스 우측 버튼을 클릭하여 Horizontal을 선택하여 수평구속을 부여한다.

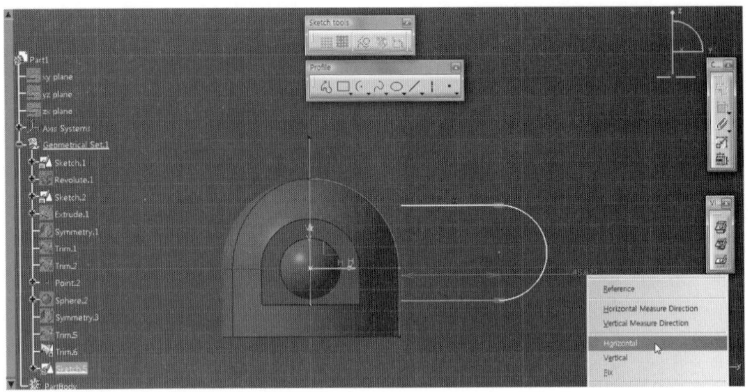

• 원호의 중심점과 V벡터간 66mm의 거리를 부여한다.

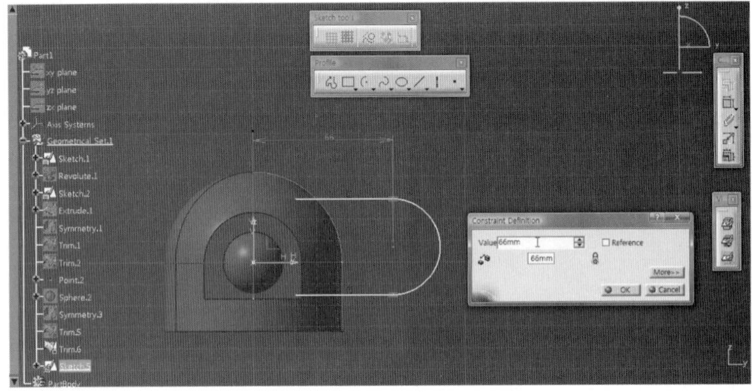

• 원호의 반지름 값을 24mm로 한다.

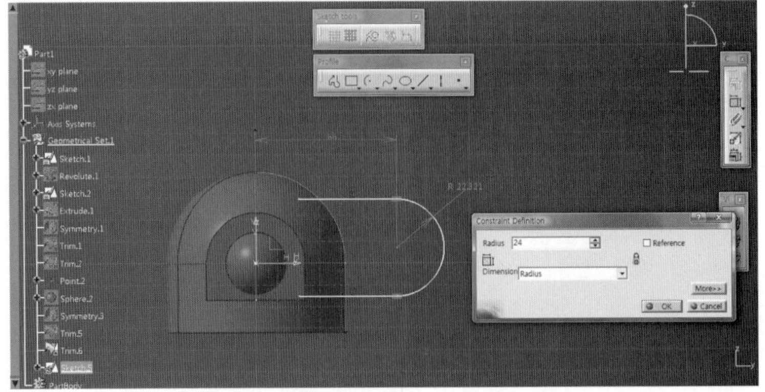

• 치수 아이콘을 클릭 후 원호의 중심점과 H벡터를 클릭한다. 마우스 오른쪽 클릭 후 Coincidence를 선택한다.

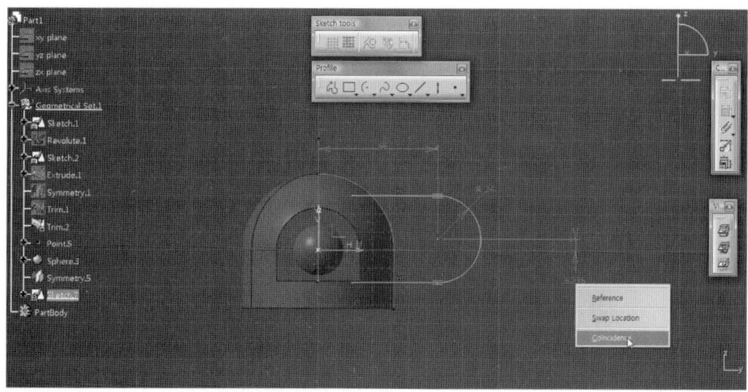

• 아래와 같이 H벡터 선상에 원호의 중심이 위치하게 된다.

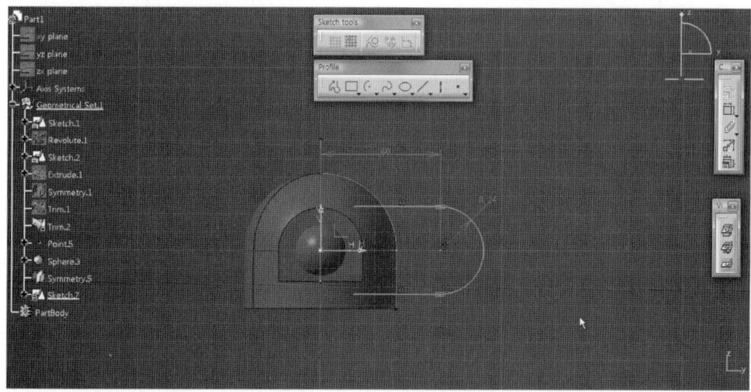

• 스케치 환경을 나와서 Extrude를 실행한다.

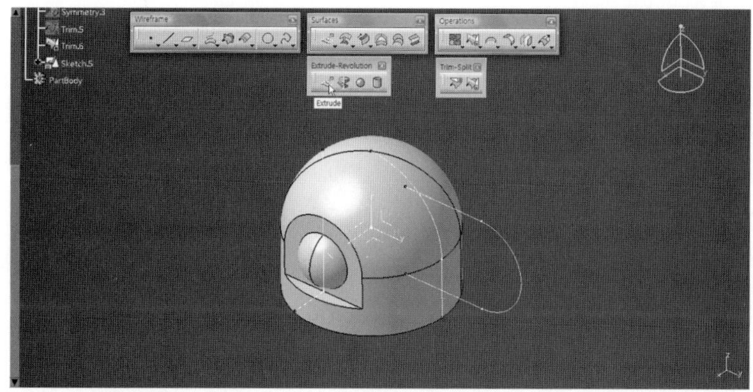

• Extrude를 실행 후 스케치를 선택한다.

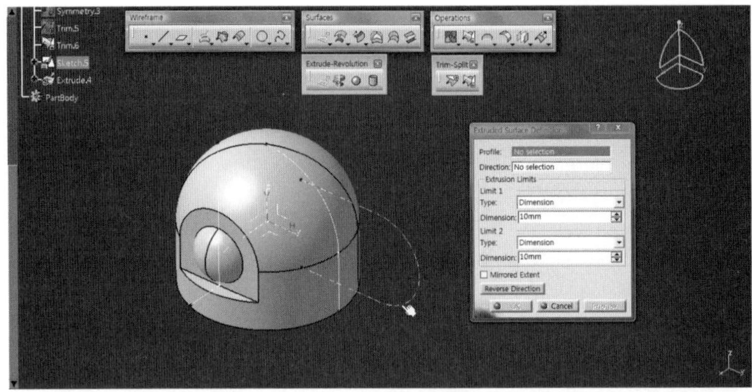

• 스케치를 선택하면 아래와 같이 Surface가 구현된다. Surface의 길이를 조정하기 위해 Limit 1,
2의 길이값을 각각 10mm씩 부여한다.

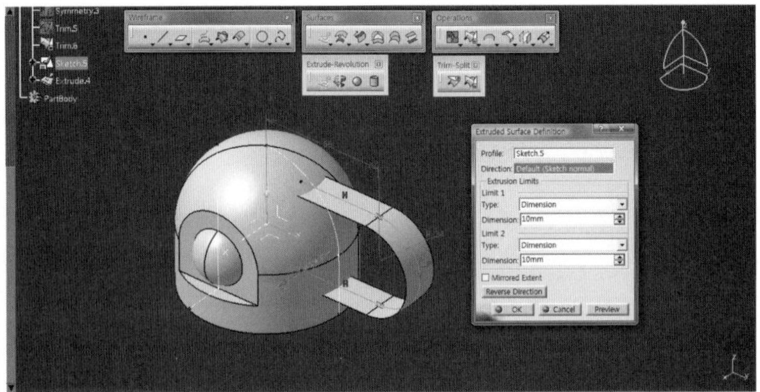

• Line을 실행한다.

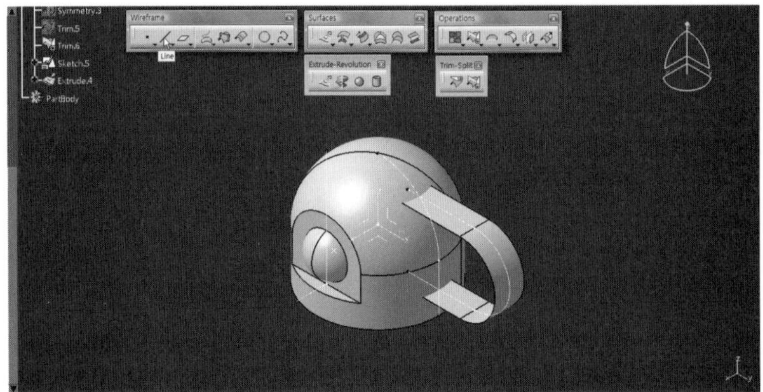

• Line type은 Point-Point를 선택하고 Point 1은 아래와 같이 Surface의 끝점을 클릭한다.

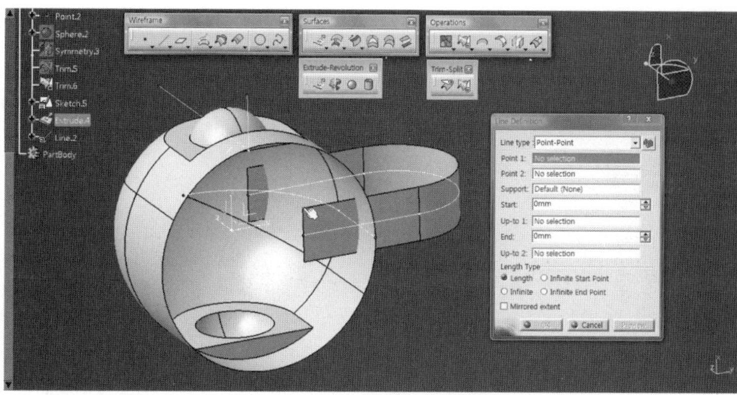

• Point 2는 아래 그림과 같이 Surface의 다른 끝점을 클릭한다.

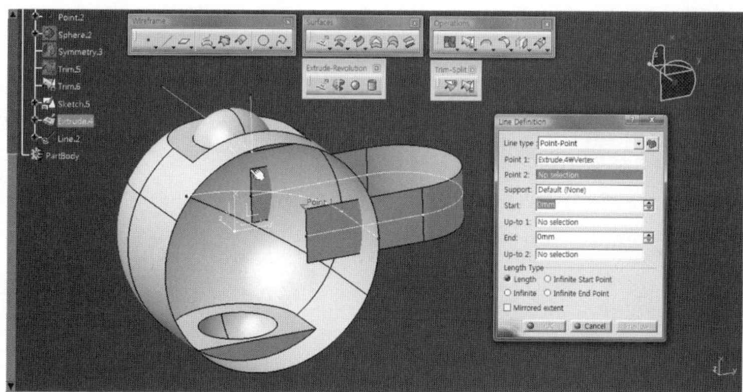

• 아래 그림과 같이 Line이 공간상에 구현되었다.

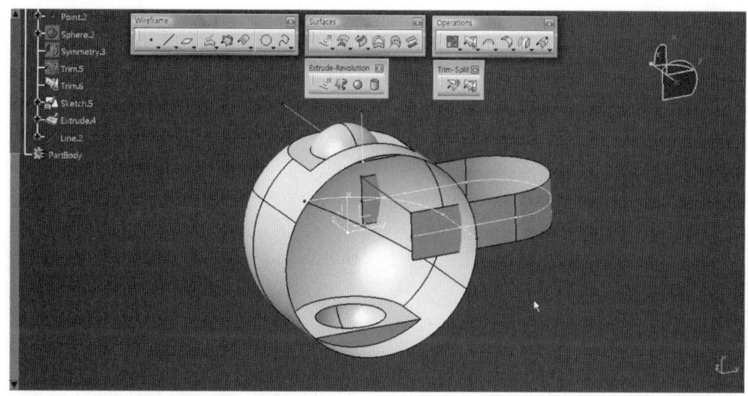

• Extrude를 실행한다.

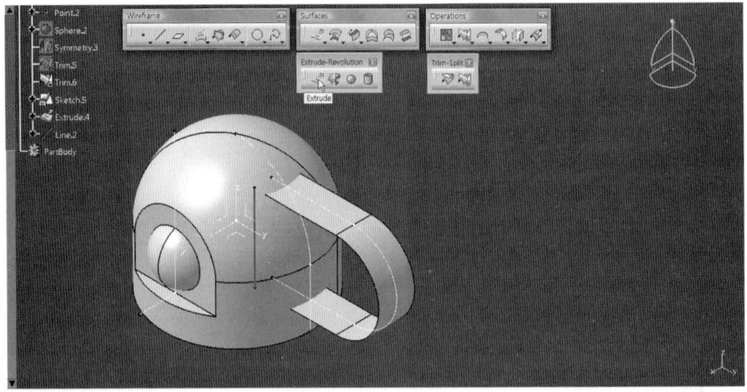

• Line을 선택한다.

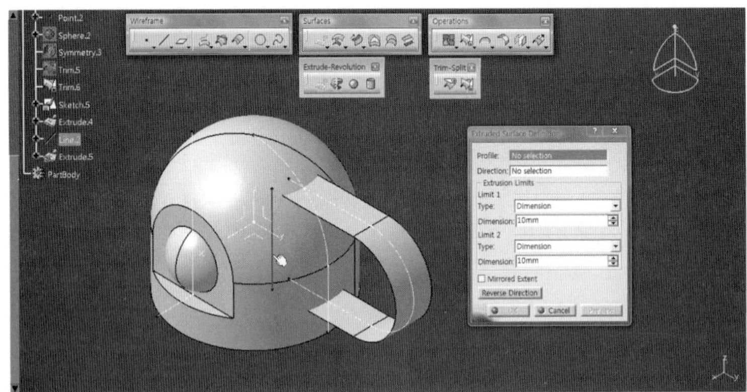

• Surface의 방향을 결정하기 위해 Axis System의 y축을 선택한다.

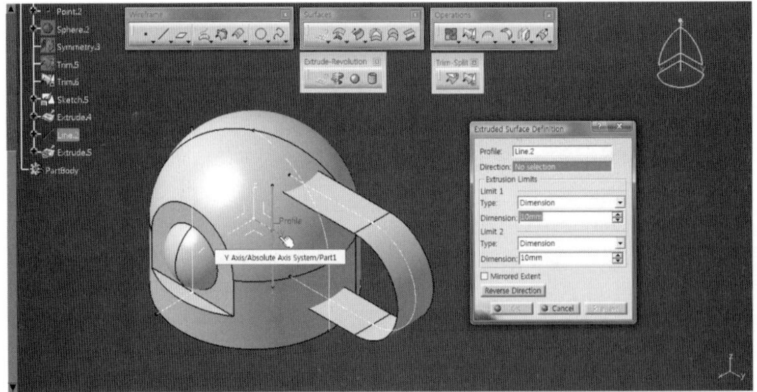

• 아래와 같이 Surface가 구현된다. 길이 조정을 위해 Limit 1 값은 75mm, Limit 2 값은 0mm로
한다.

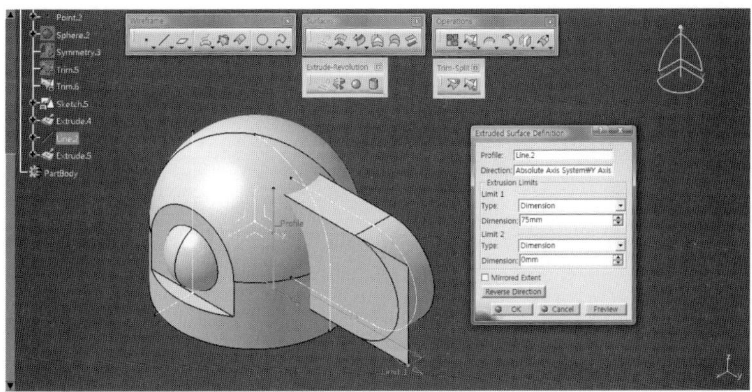

• Transformations Toolbar의 Symmetry를 실행한다.

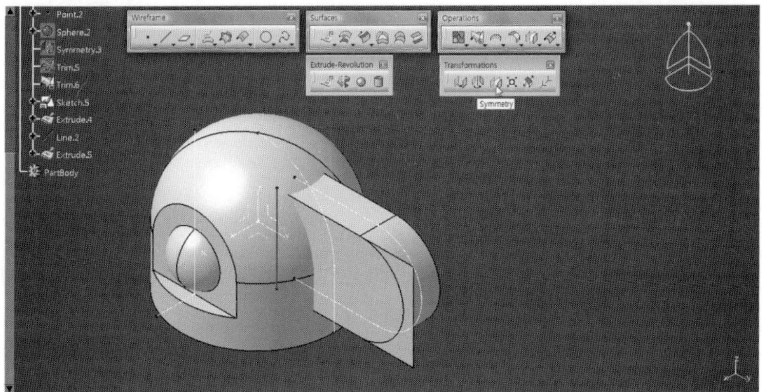

• 아래와 같이 Surface를 선택한다.

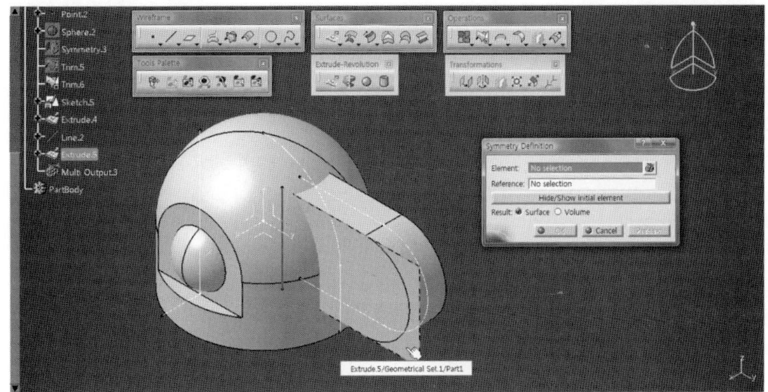

• Reference를 yz plane으로 선택한다.

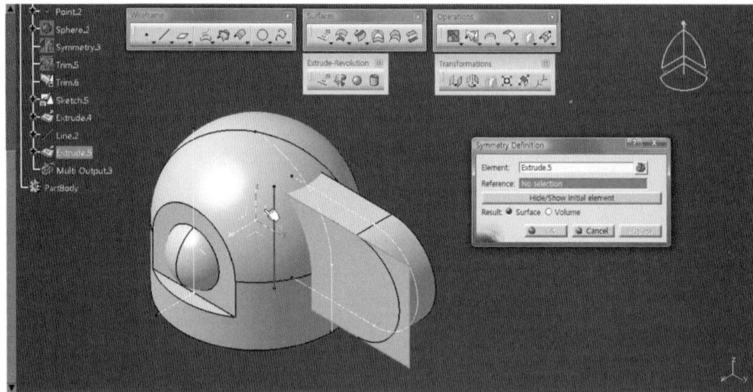

• 아래와 같이 Surface가 대칭으로 만들어진다.

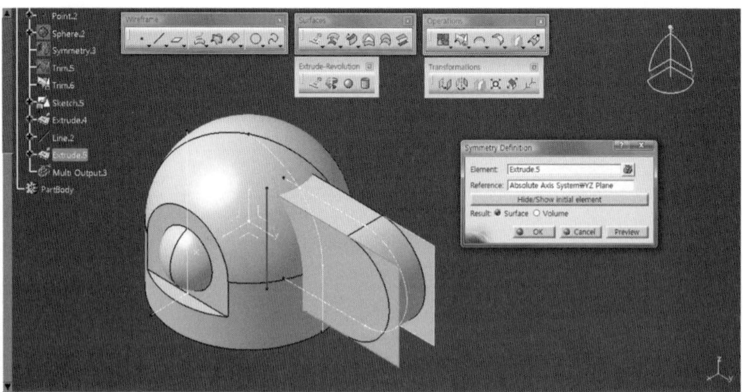

• Trim을 실행한다.

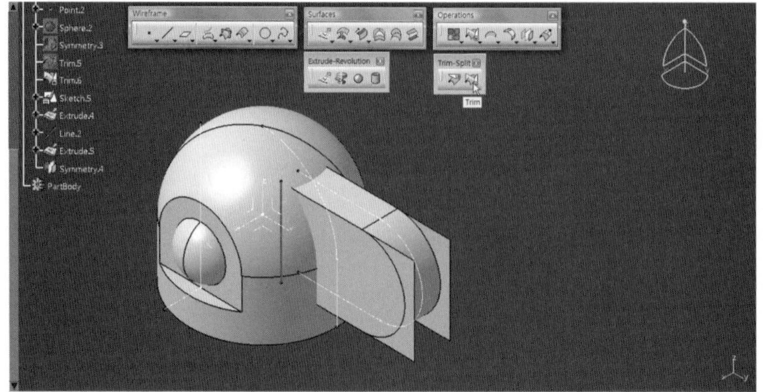

• 아래와 같이 Surface를 선택한다.

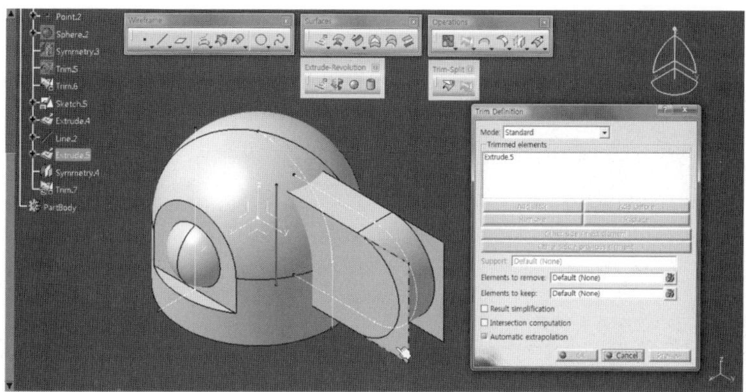

• "U"자 형상의 Surface를 선택한다.

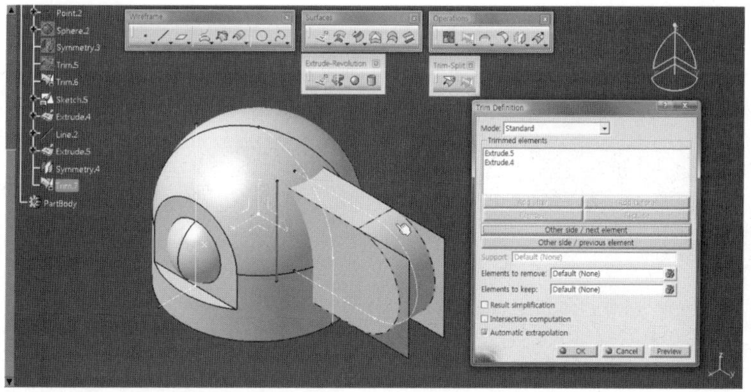

• 아래와 같은 형상으로 Surface를 편집한다.

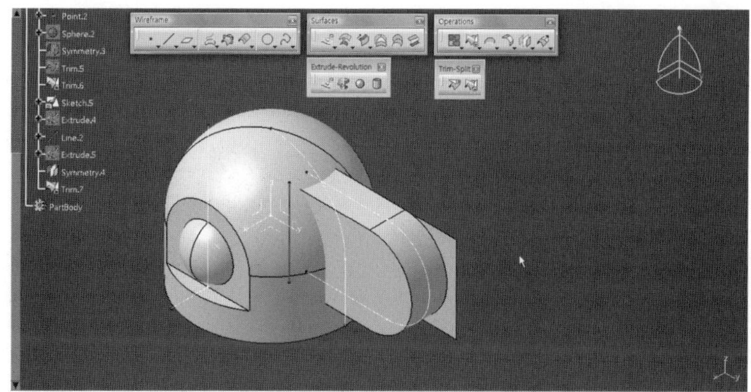

• Trim을 실행하여 반대편 Surface를 선택한다.

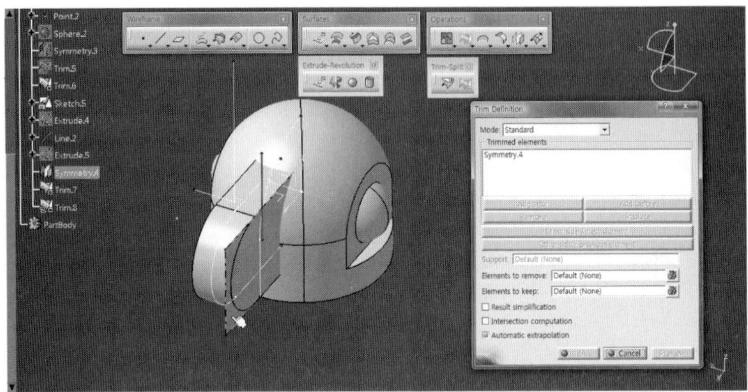

• 아래 그림과 같이 "U"자 형의 Surface를 선택한다.

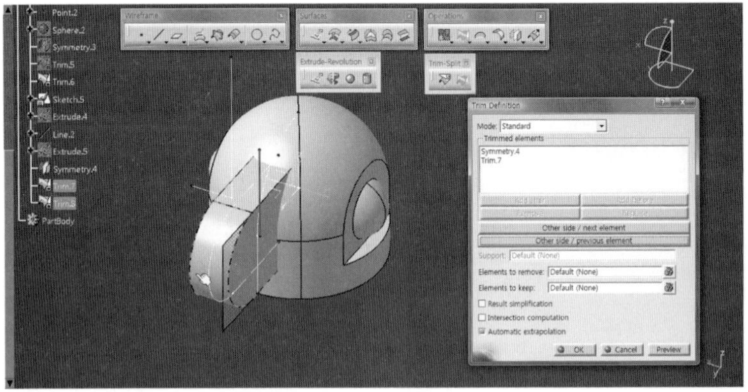

• 아래 그림과 같이 Surface가 수정되었다.

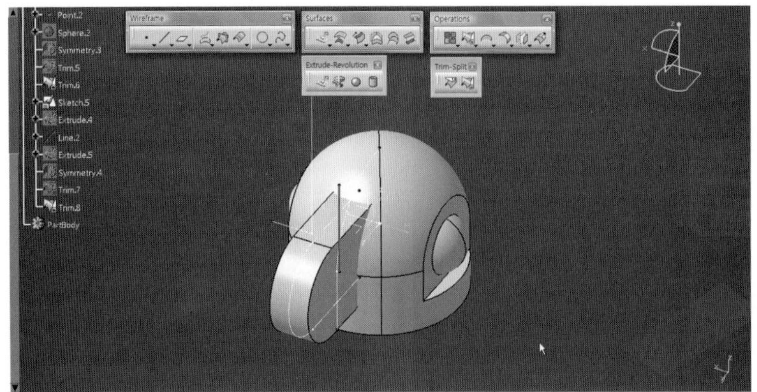

• 작업의 편의성을 위해 아래와 같이 스케치와 Line을 Hide하도록 하자.

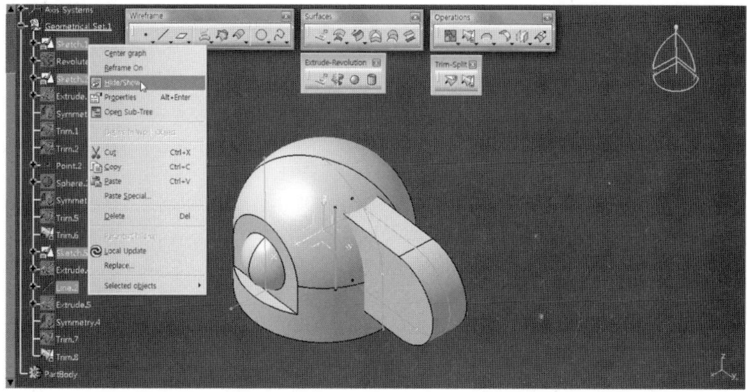

• Trim을 실행하여 편집이 완료된 Surface 2개를 아래와 같이 다시 수정을 한다.

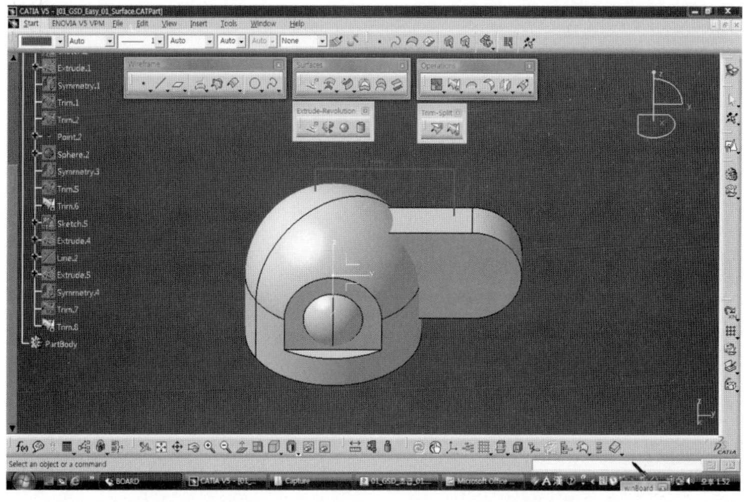

• Trim 실행 후 왼쪽에 있는 Surface를 선택한다.

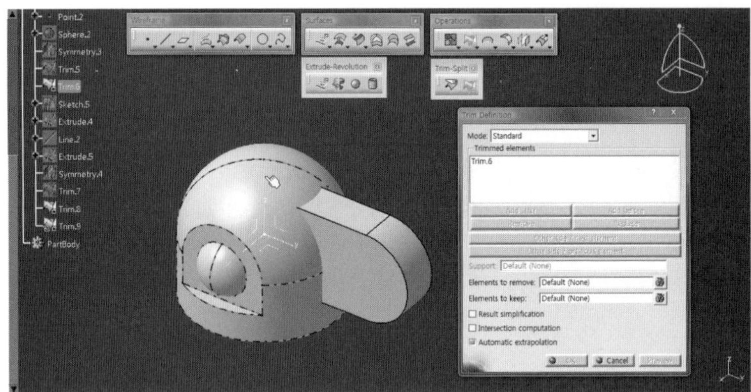

• 오른쪽에 있는 Surface를 선택한다.

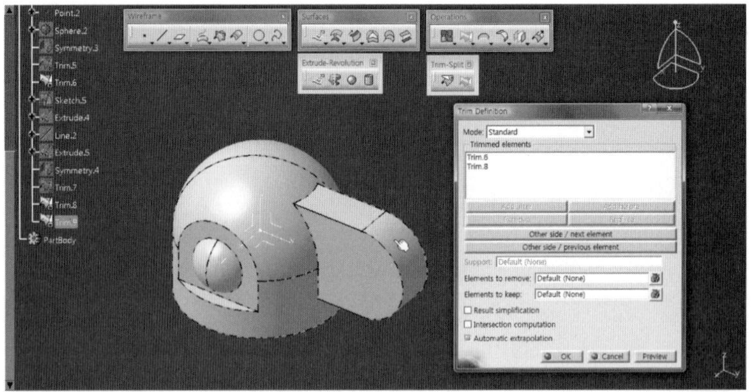

• Point를 실행한다.

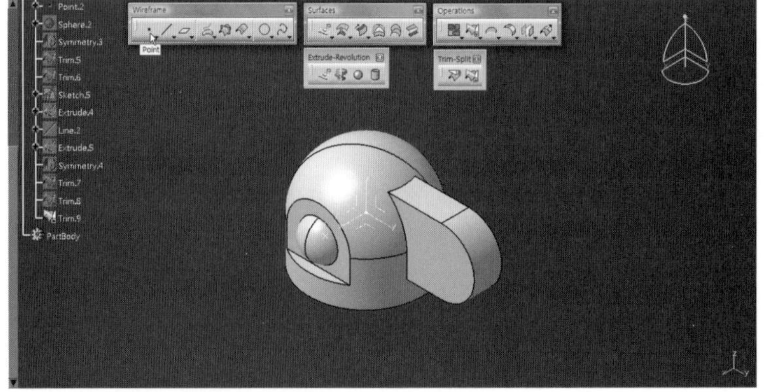

• Point type을 Circle/Sphere/Eillpse로 변경한 후 아래과 같이 원호 형상의 Edge를 선택한다.

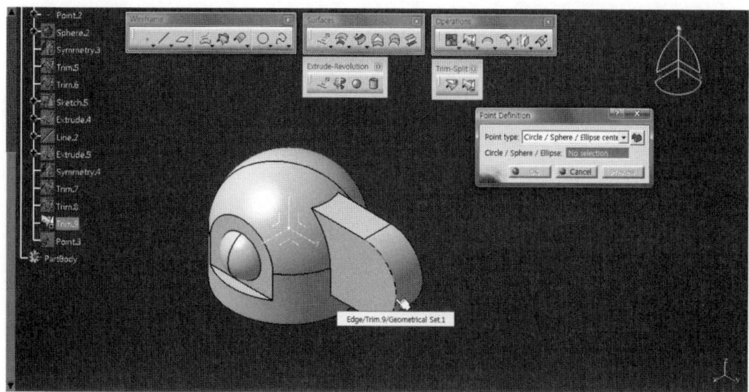

• 아래와 같이 원호 Edge의 중심점이 생성되었다.

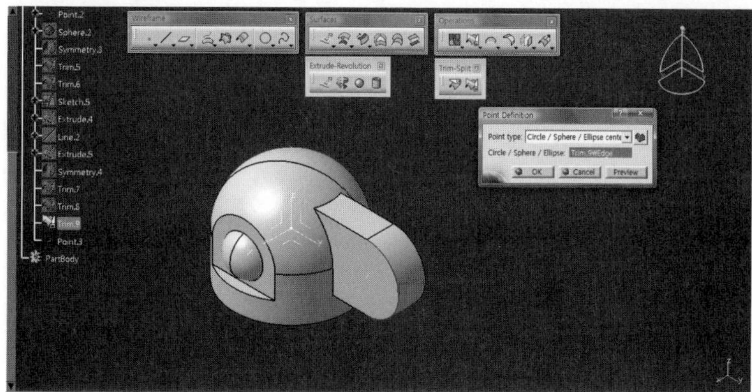

• Cylinder를 실행한다.

• Point를 선택한다.

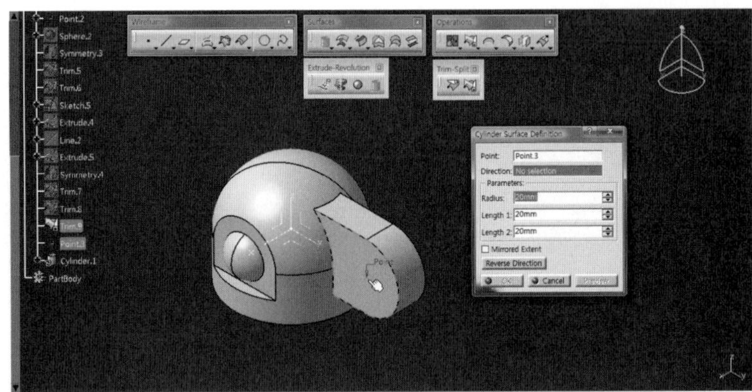

• Surface 방향성을 결정하기 위해 Axis System의 x축을 선택한다.

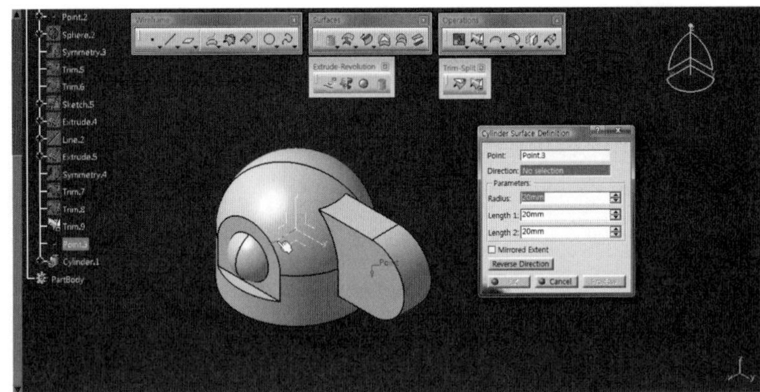

• 아래와 같은 형상의 Surface가 구현된다. 반지름과 길이 조절을 위하여 Radius 값은 10mm,
Length 1 값은 20mm, Length 2 값은 40mm로 입력한다.

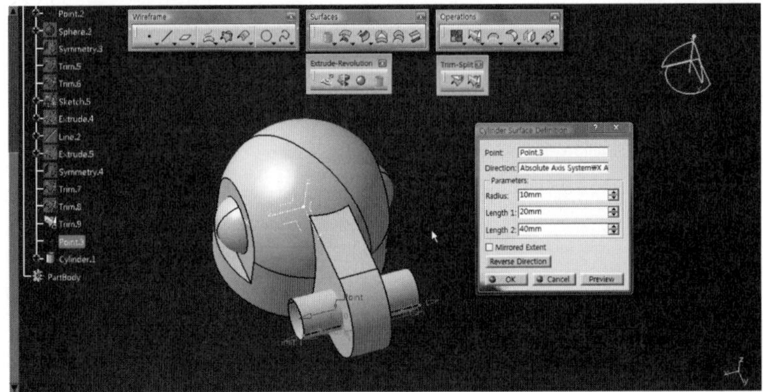

• Trim을 실행하여 Main Surface를 선택한다.

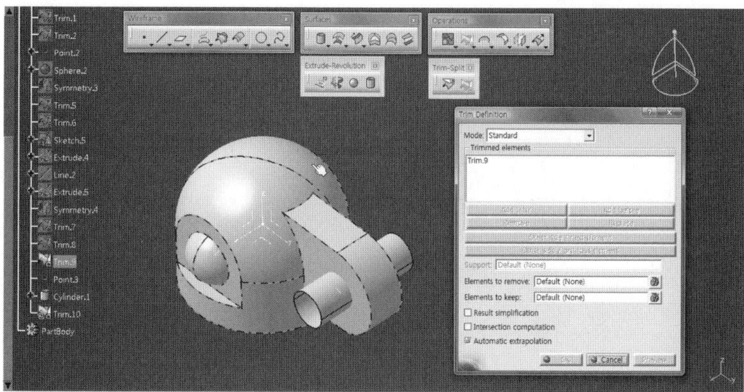

• Cylinder Surface를 선택한다.

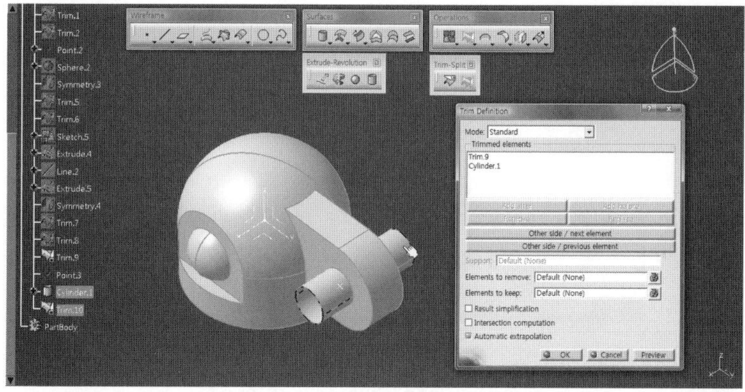

• 아래와 같은 형상이 되도록 Other side… 버튼을 클릭하여 형상을 만든다.

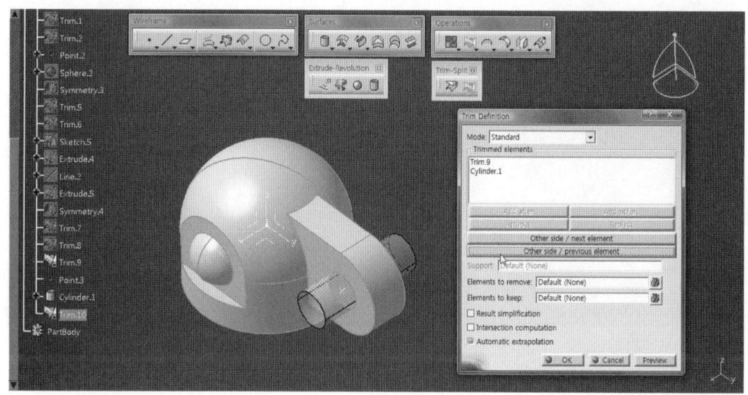

• 아래와 같은 형상이 되었다. Tree상의 PartBody를 마우스 오른쪽 클릭하여 Define In Work
  Obeject를 선택한다.

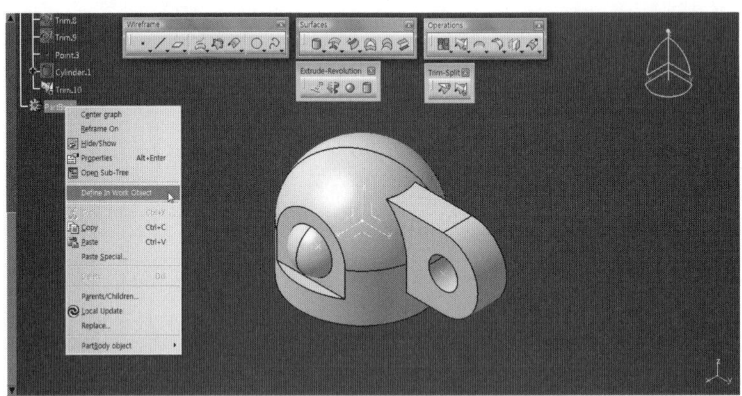

• Workbench Toolbar를 실행하여 Part Design 환경으로 변경한다.

• Surface Based Feature Toolbar의 Close Surface를 실행한다.

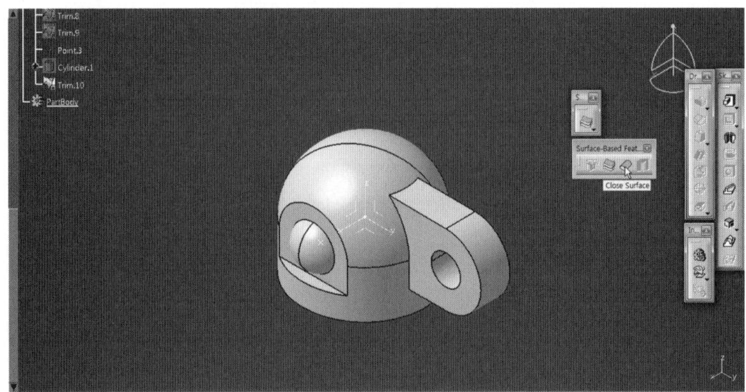

• Surface 형상구현을 위해 실행한 최종명령어를 Tree상에 선택 또는 직접 3차원상에서 해당 명령
  어의 Surface를 선택한다.

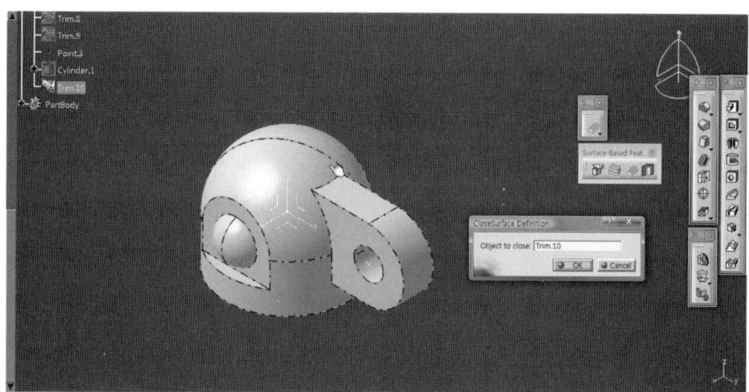

• 아래와 같이 Surface(최종 편집 명령어)를 Hide시킨다.

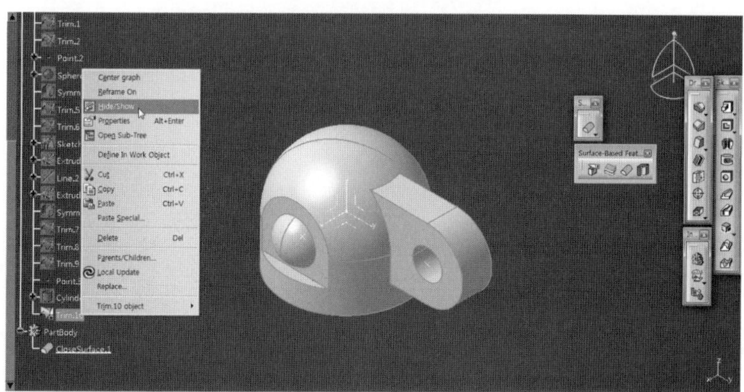

• 솔리드의 겉면인 Surface가 Hide되며 최종 솔리드 형상이 아래와 같이 구현되었다.

2.1 학습목표

본 따라하기 예제의 난이도는 초급 정도의 모델링 수준이다. Generative Shape Design(이후로는 GSD로 줄여서 명칭하도록 하겠다.) 전 도면에서는 주요 명령어가 Trim이였다면 본 도면은 Trim 후의 후처리 작업인 EdgeFillet 명령어를 경험하게 될 것이다.

2.2 모델링 진행방법

GSD 작업환경에서의 Surface 구현 순서 EdgeFillet 작업이 있을시 다음과 같다.
① Surface 생성, ② Surface간 수정, ③ Fillet(모서리의 라운딩) 작업, ④ Solid 化 작업

Surface의 Fillet 작업은 Part Design의 Fillet 작업과 똑같다. 본 예제를 통해서 경험하게 될 것이다.

2.3 주요 사용 툴 및 아이콘

Trim 작업을 완료 후 최종적으로 Fillet 처리를 하게 되는데 아래의 아이콘을 쓰게 될 것이다.

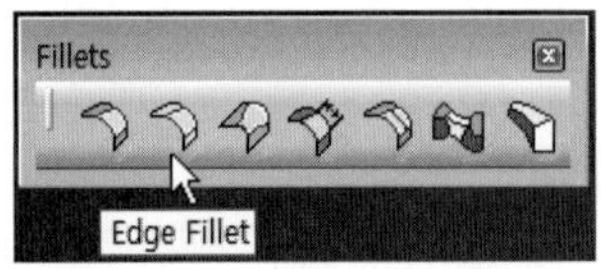

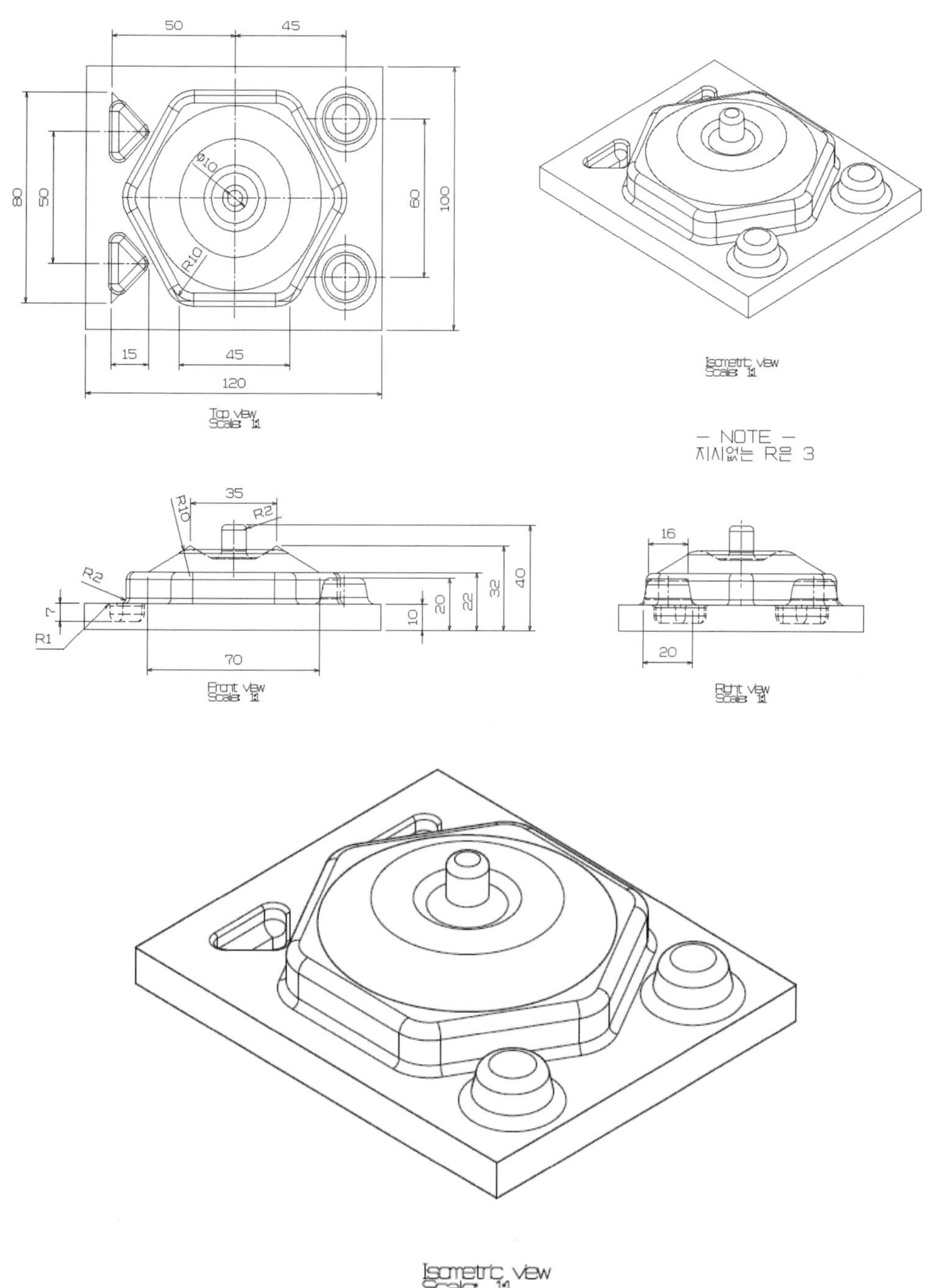

50
45
80
50
Φ10
R10
60
100
15
45
120
Top view
Scale: 1:1
Isometric view
Scale: 1:1
— NOTE —
지시없는 R은 3
35
R10
R2
R2
7
R1
70
40
32
22
20
10
Front view
Scale: 1:1
16
20
Right view
Scale: 1:1
Isometric view
Scale: 1:1

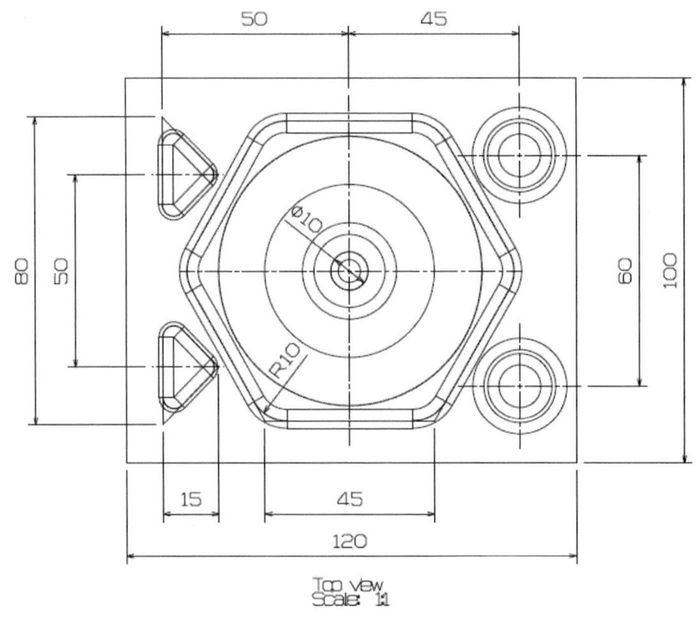

50
45
80
50
Ø10
R10
60
100
15
45
120
Top view
Scale: 1:1

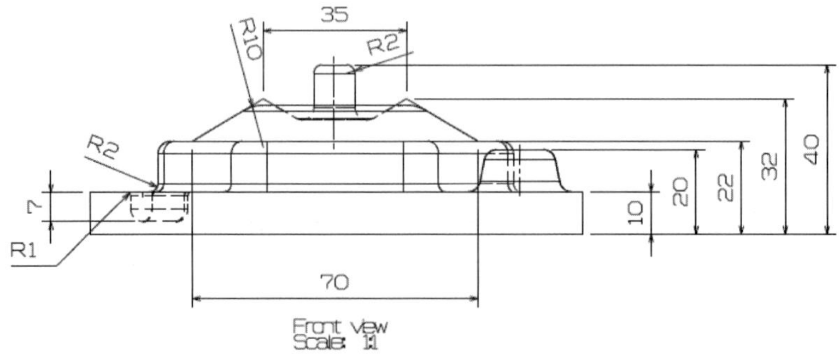

R10
35
R2
R2
7
R1
10
20
22
32
40
70
Front view
Scale: 1:1

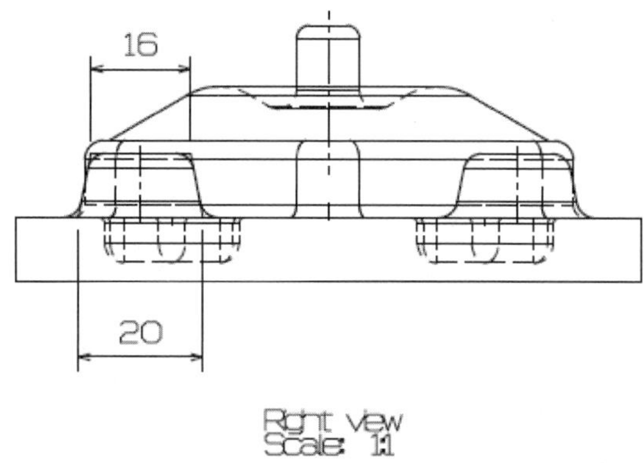

2.5 모델링 따라하기

Generative Shape Design을 사용하여 모델링을 하게 될 것이다.
특히, Extrude-Revolution Toolbar의 Extrude와 Revolve 아이
콘을 많이 사용하게 될 것이다.

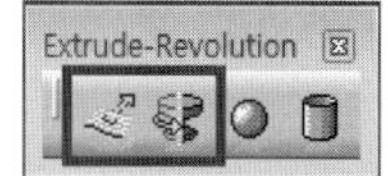

(1) Option 설정하기

Pull Down Menu의 Tools → Options로 진입한다.

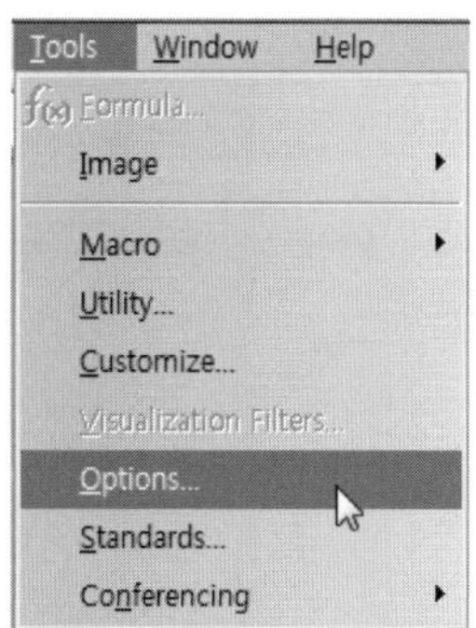

Infrastructure → Part Infrastructure → Part Document 탭의 밑줄 친 항목들의 체크를
아래와 같이 하도록 한다.

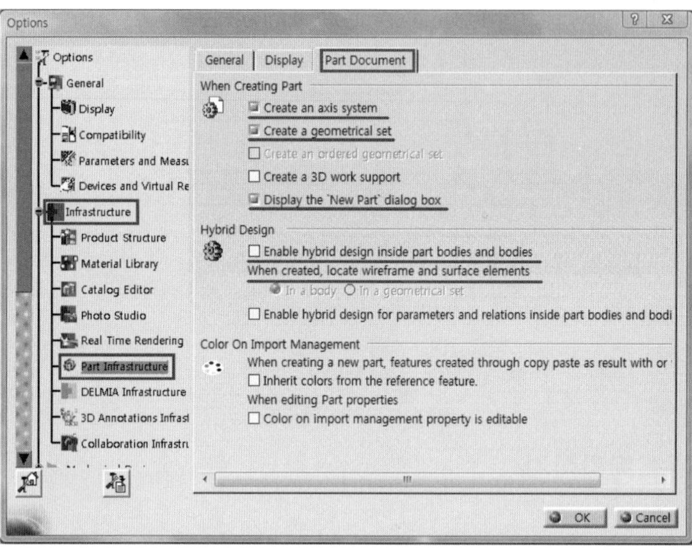

(2) Generative Shape Design 작업환경으로 진입하기

Start 메뉴에서 Generative Shape Design을 선택한다.

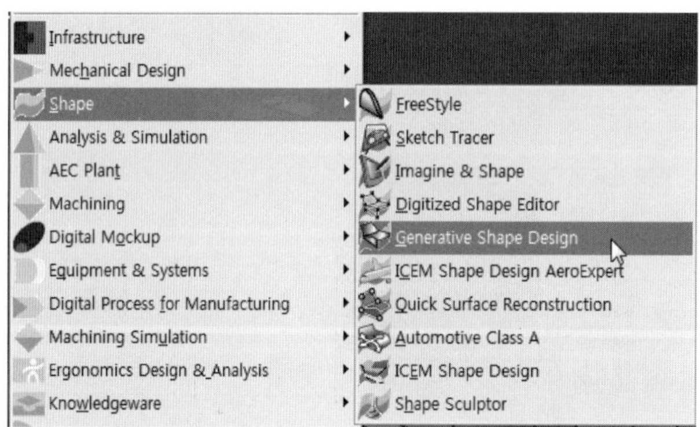

또는 Workbench Toolbar에서 선택하여도 된다.

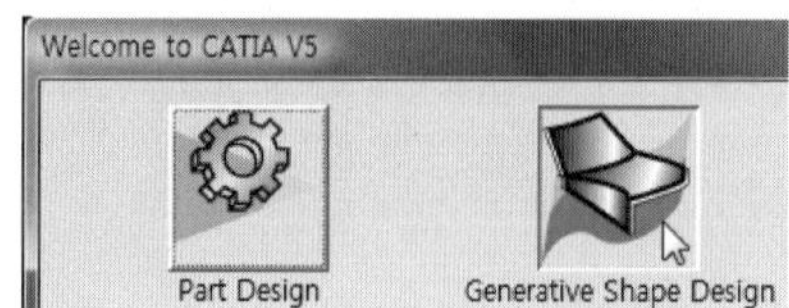

이렇게 Generative Shape Design 작업환경으로 진입하게 되면 New Part라는 대화창이 나타날 것이다.

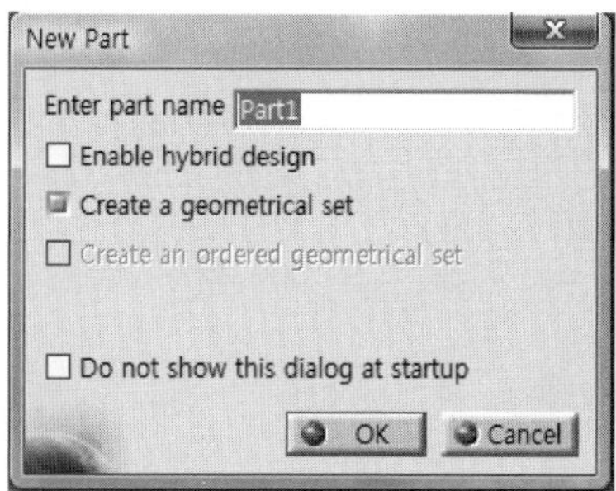

여기서 옵션사항은 여러분들이 미리 설정을 완료하였기 때문에 변경할 것은 없다.

Enter Part name에는 여러분들이 원하는 파일명을 적도록 한다. 반드시 영문으로 하길 바라며, 필자는 GSD TRAIN'G_02로 하도록 하겠다.

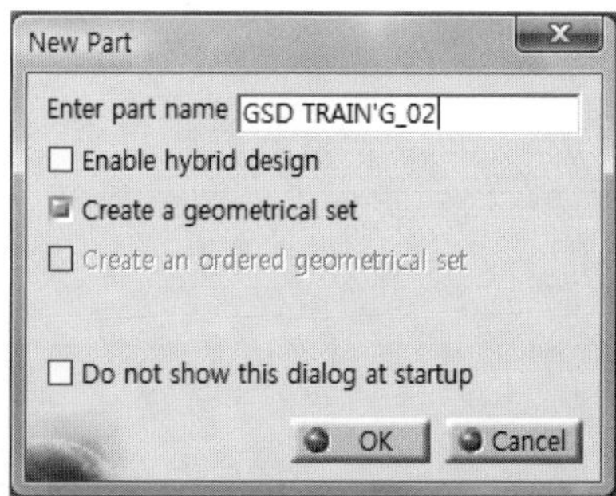

OK를 클릭하면 GSD 작업 환경으로 진입하게 된다. 진입 후 예기치 않은 강제종료를 대비해 저장을 꼭 하도록 하자.

이제 모델링 작업을 하기 위한 가장 기본적인 환경설정이 끝났다.

다음과 같이 Axis Systems이 있는 작업환경에서 GSD 모델링 작업을 하게 될 것이다.

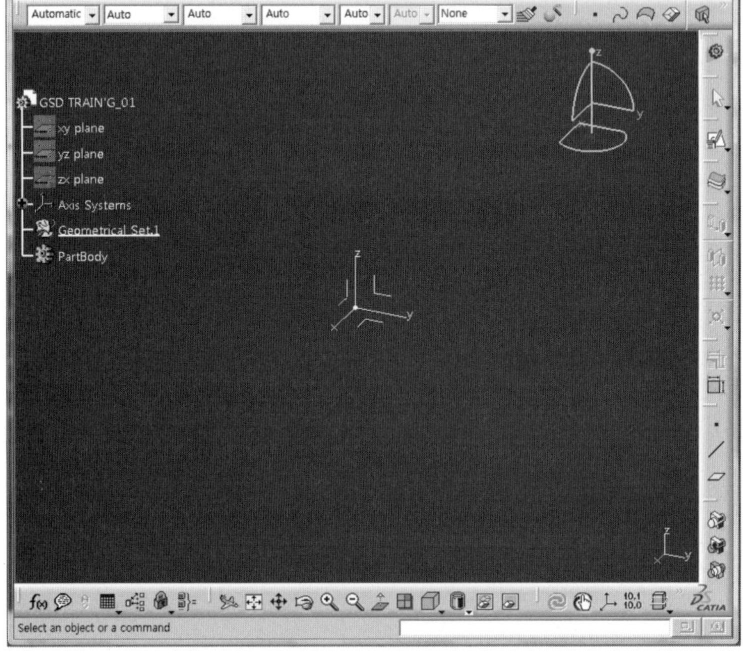

(3) 모델링 따라하기

• 스케치 툴바의 Positioned Skethch 아이콘을 사용하여 xy 평면을 선택한다.

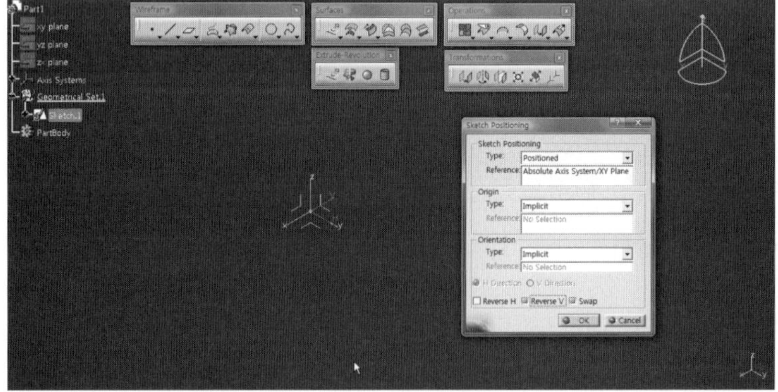

• Profile Toolbar의 Rectangle을 실행한다.

• 임의 크기의 사각형을 작도한다.

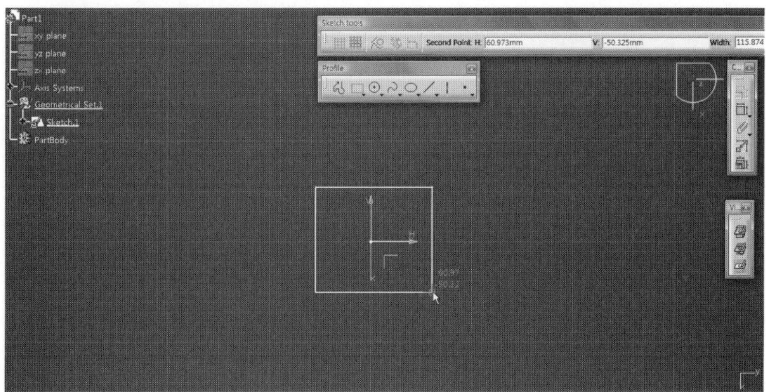

• 사각형 가로길이를 120mm로 치수 구속한다.

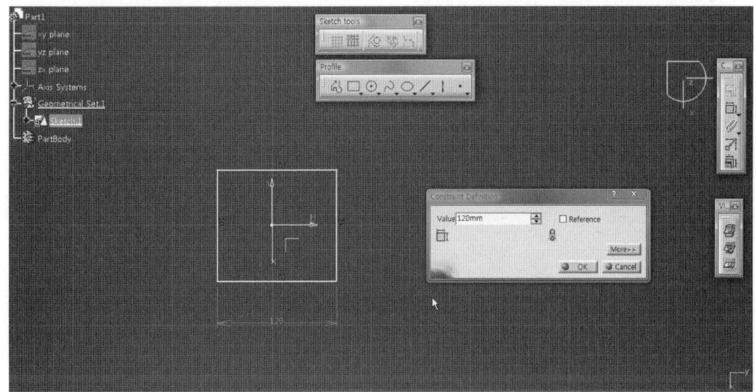

• 사각형 세로길이를 100mm로 치수 구속한다.

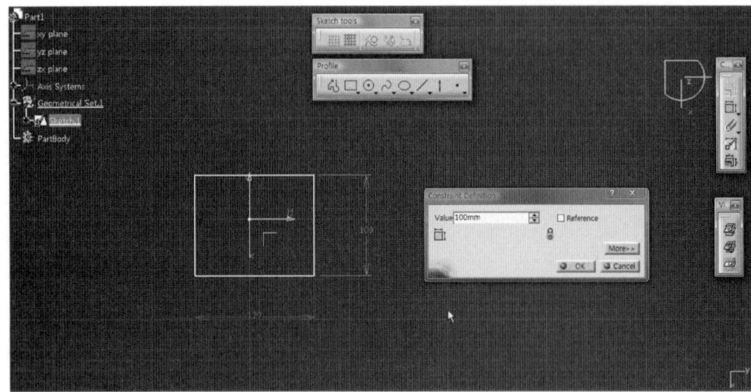

• 아래와 같이 V벡터와 오른쪽 세로선과 60mm로 치수구속을 한다.

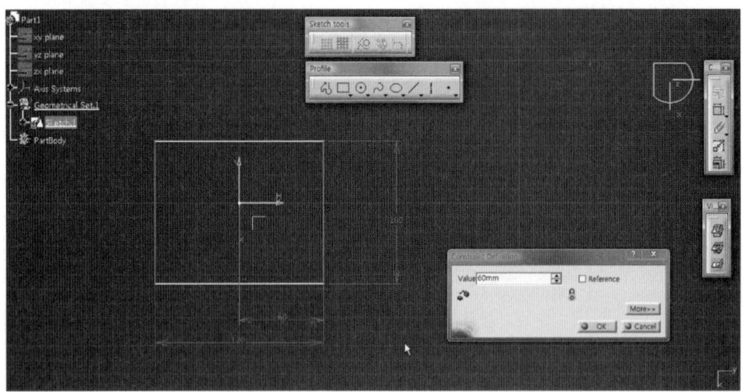

• H벡터와 아래쪽 가로선과 50mm로 치수구속을 한다.

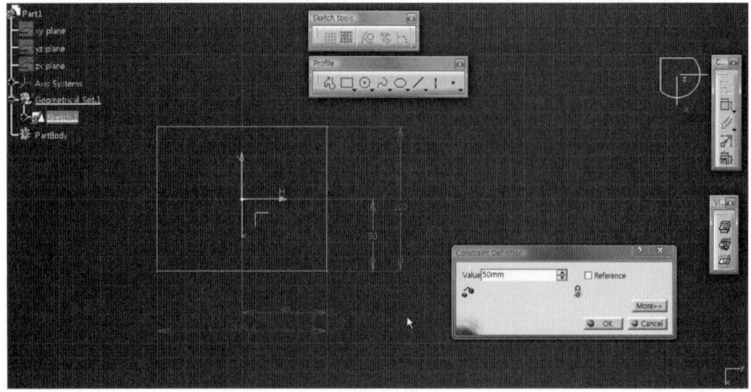

• 스케치 환경을 빠져나오고 Extrude를 실행한다.

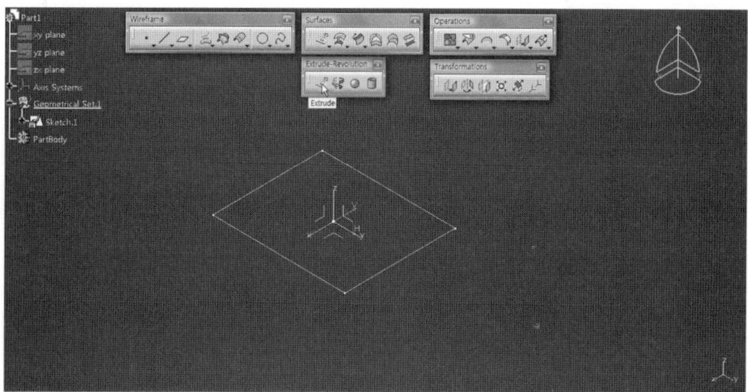

• 스케치를 선택한다.

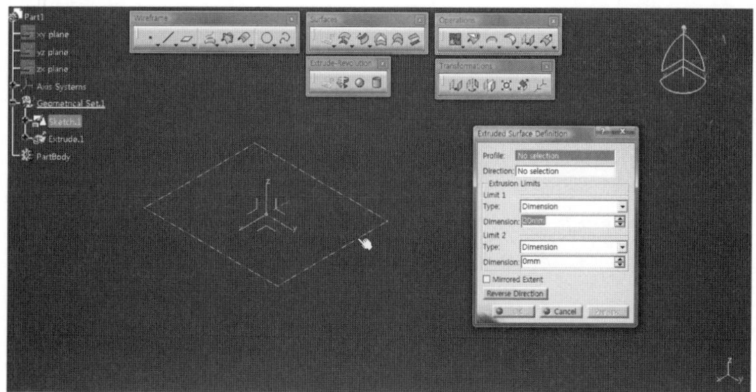

• Limit 1값은 10mm, Limit 2값은 0mm로 한다.

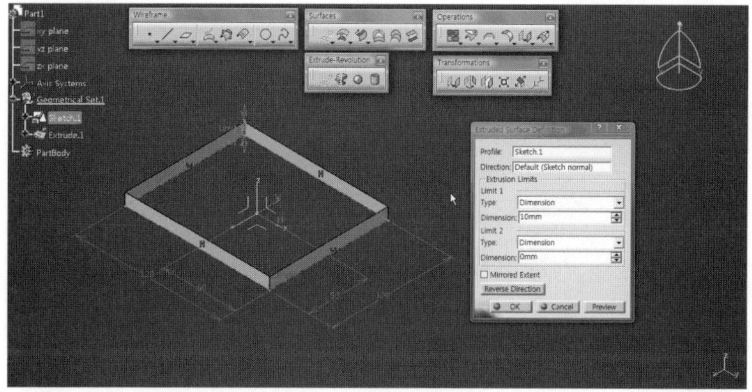

• 아래와 같은 형상의 Surface가 구현되었다. Operations Toolbar의 Boundary를 실행한다.

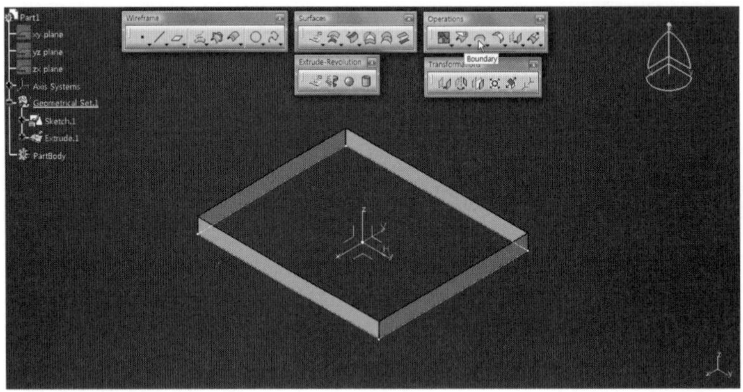

• Surface 상단의 Edge를 선택한다.

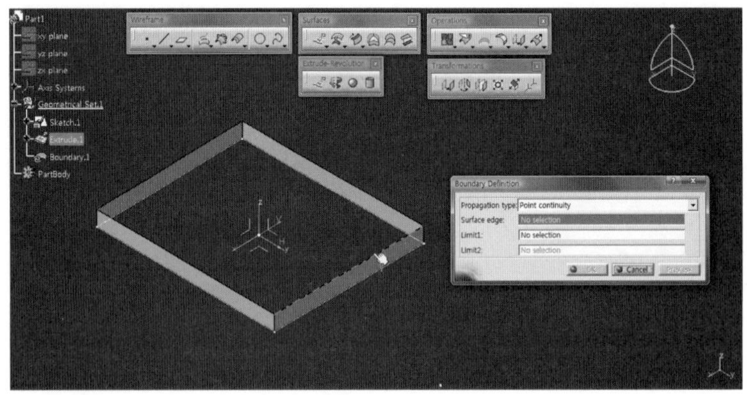

• 아래와 같이 사각형 형태의 Curve가 추출된다.

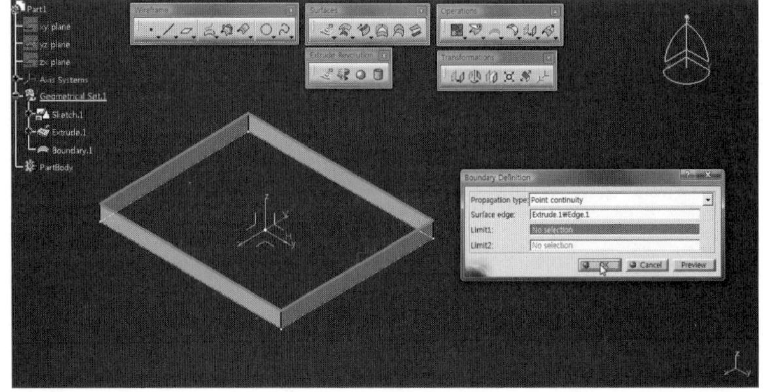

• Surface Toolbar의 Fill을 실행한다.

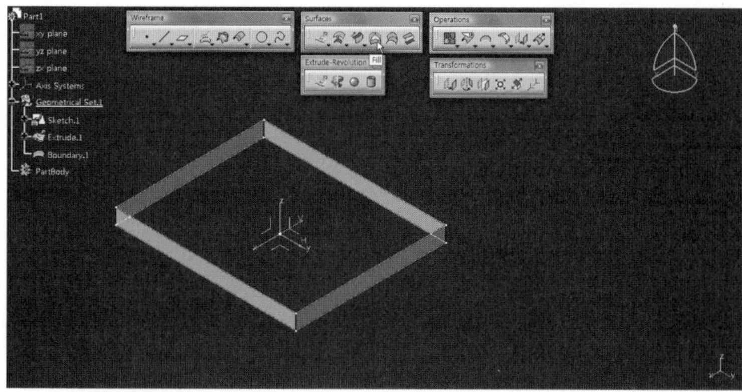

• 추출한 사각형 형태의 Curve를 선택한다.

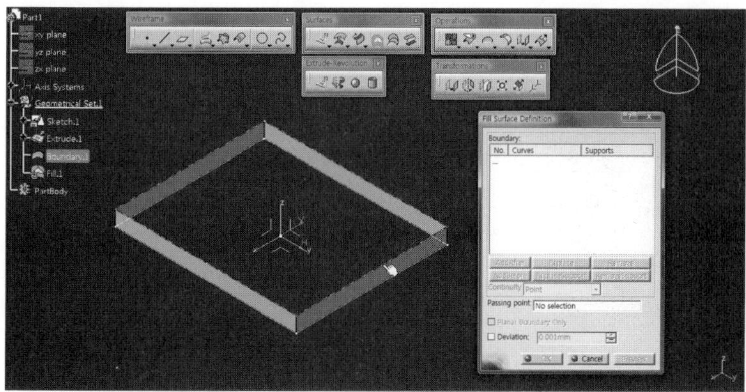

• 아래와 같이 Closed Contour라고 출력되면 OK를 클릭한다.

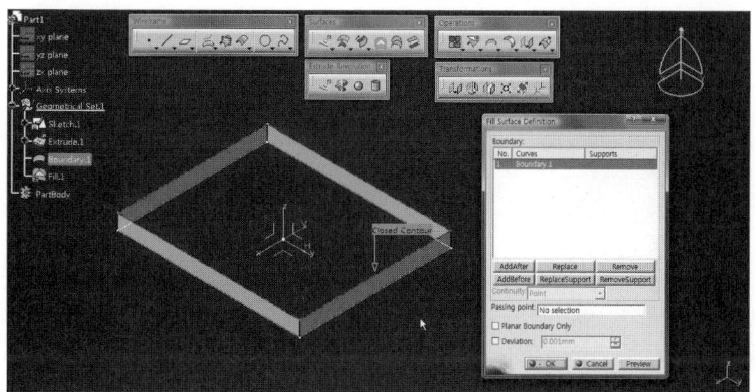

• 사각형 형상의 Surface가 구현된다. Operations Toolbar의 Join을 실행한다.

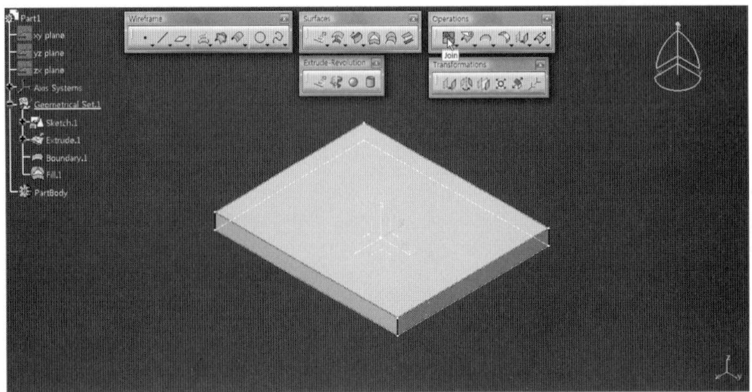

• 상단의 사각형 Surface를 선택한다.

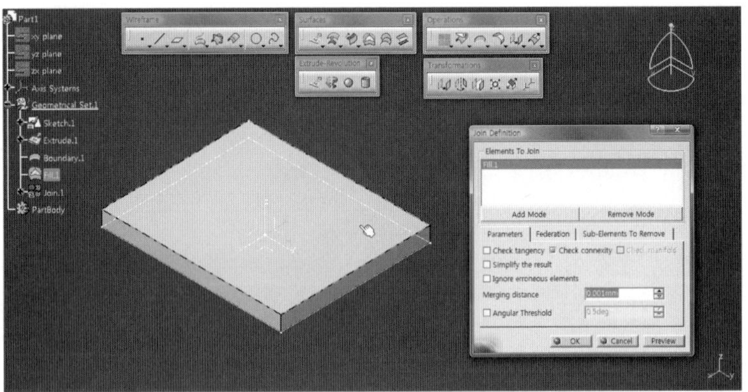

• 하단의 Surface를 선택한다.

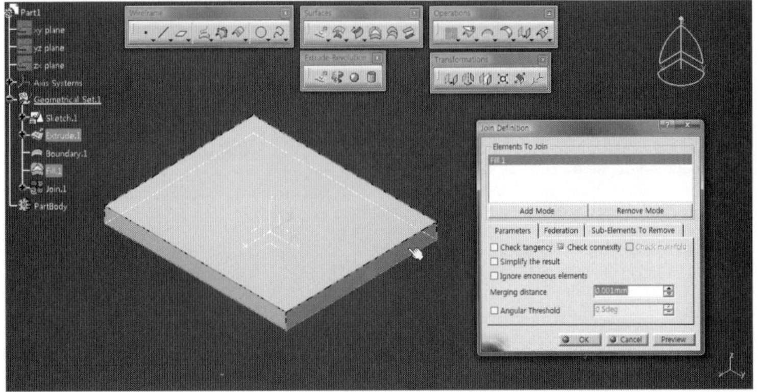

• OK를 클릭하여 상, 하단의 Surface를 Join한다.

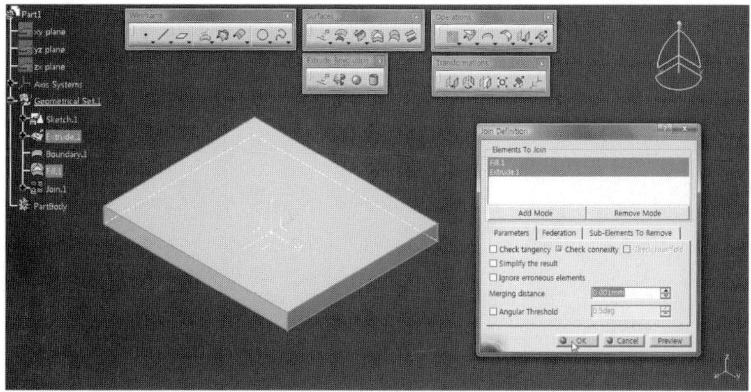

• Surface 상단의 평면을 선택한다. Reverse H와 Swap을 체크하여 스케치 환경으로 진입한다.

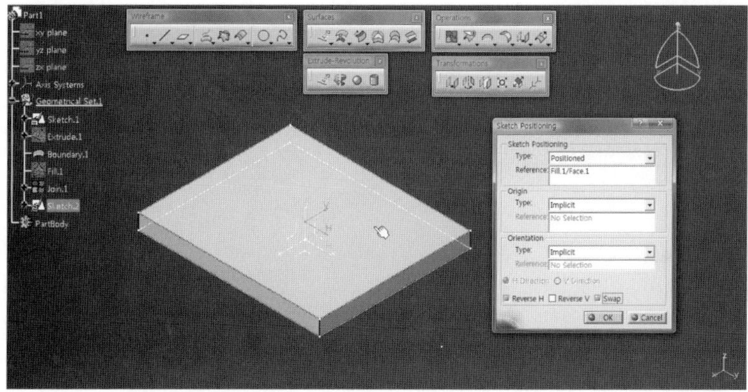

• Profile Toolbar의 Hexagon을 실행한다.

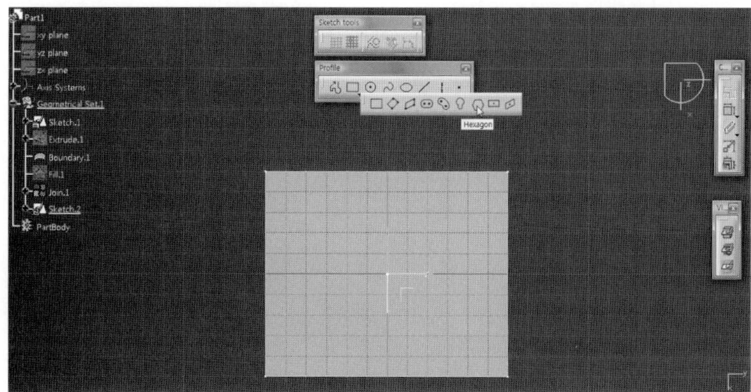

• 임의의 크기로 육각형을 만들고 Visu 3D Toolbar의 Low light를 활성화시킨다.

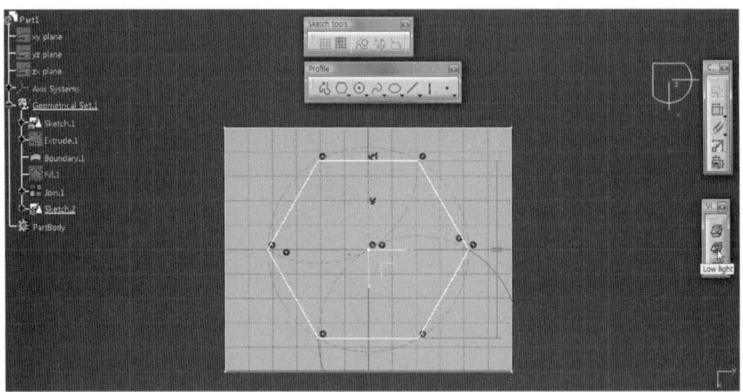

• 육각형 하단의 변의 길이를 아래와 같이 45mm로 치수구속한다.

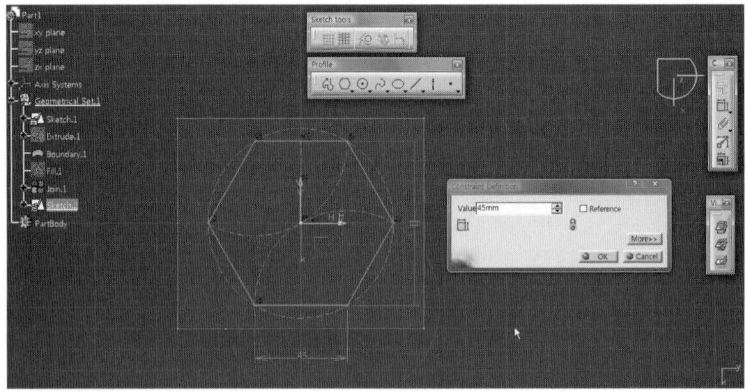

• Extrude를 실행한다.

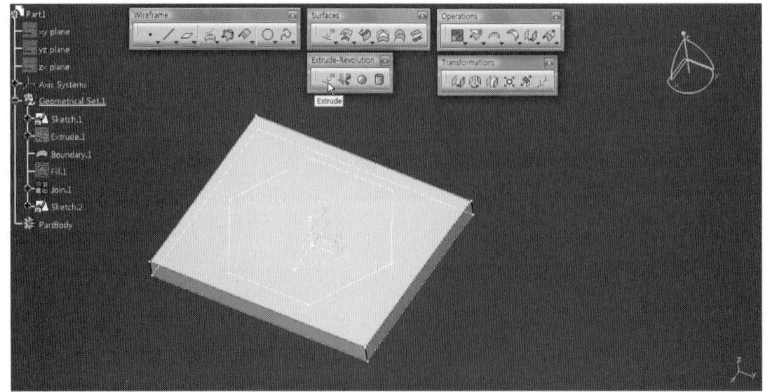

• 육각형 스케치를 선택한다.

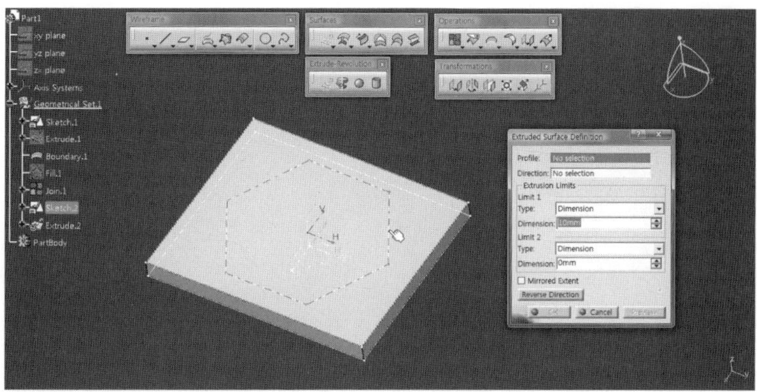

• 아래와 같은 형상의 Surface가 구현된 것을 볼 수 있을 것이다. Limit 1 값은 12mm, Limit 2 값
  은 0mm로 입력한다.

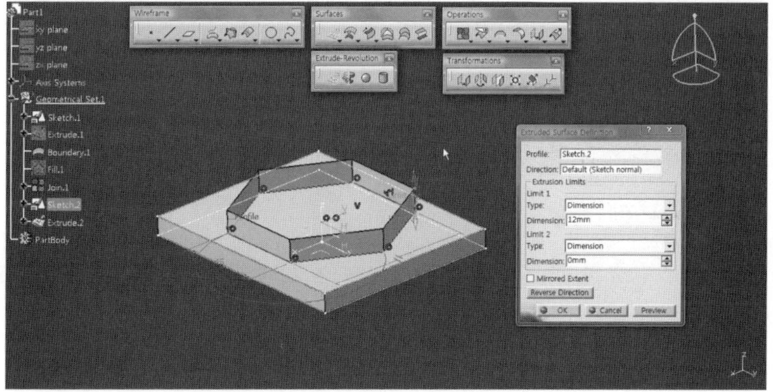

• 최종적으로 아래와 같이 Surface가 구현된다.

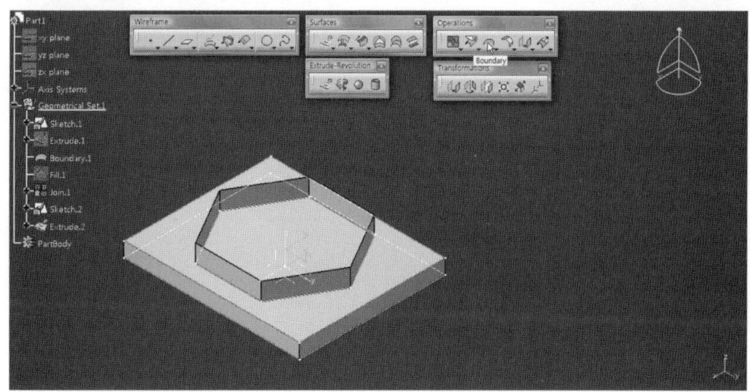

• Boundary를 실행하여 육각형 Surface의 임의의 상단 Edge 1개를 선택한다.

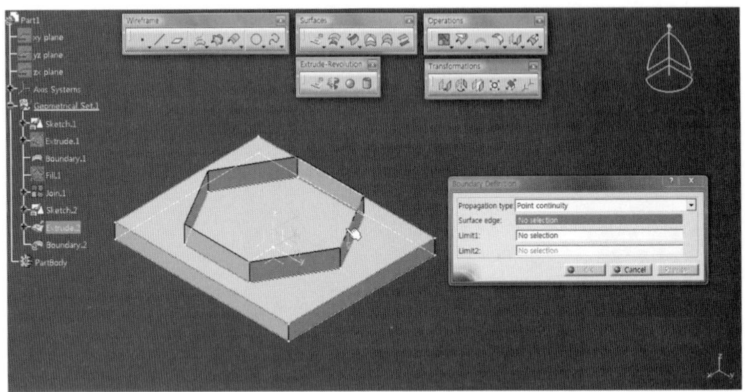

• 육각형태의 Curve가 아래와 같이 추출되었다.

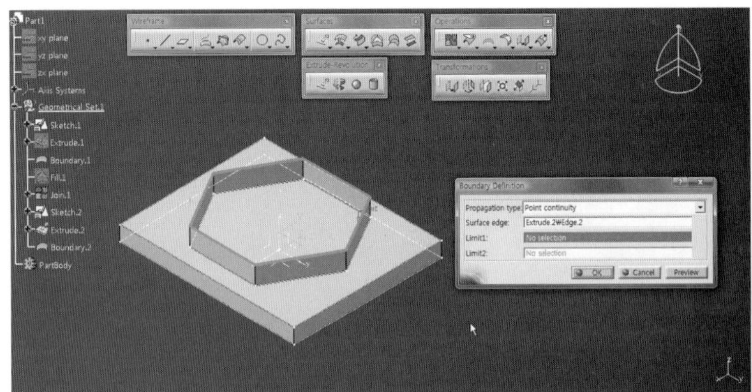

• Fill을 실행하여 추출한 육각형 Curve를 선택한다.

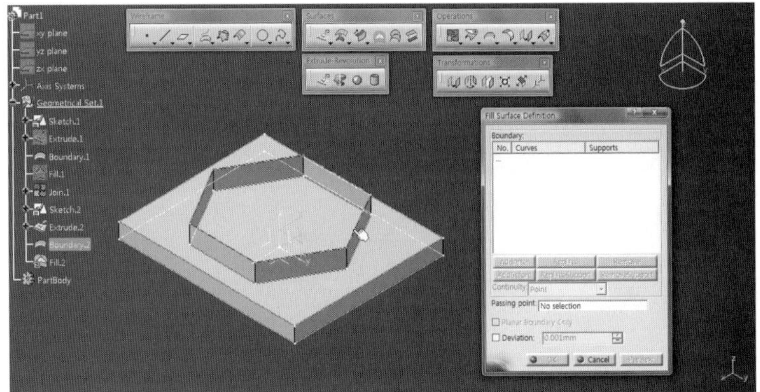

• Closed Contour 메시지가 출력되면 OK를 클릭한다.

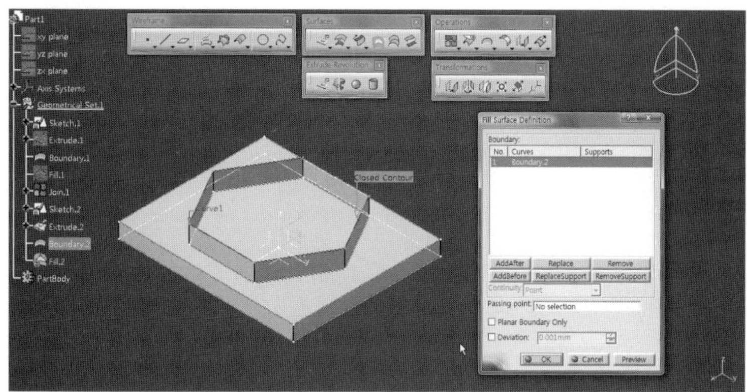

• 아래와 같이 육각형태의 Surface가 구현된다. Join을 실행한다.

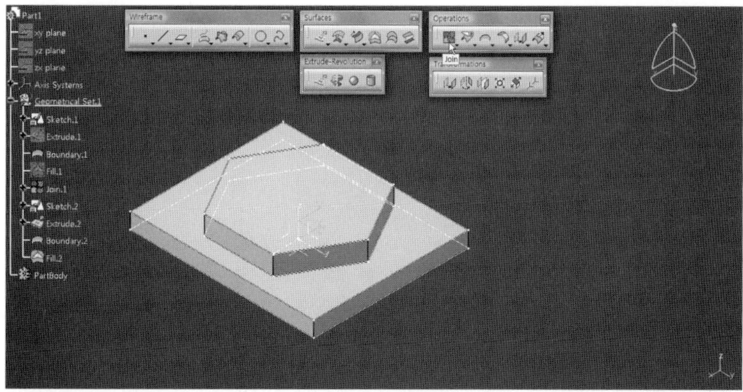

• 육각형 상단의 Surface를 선택한다.

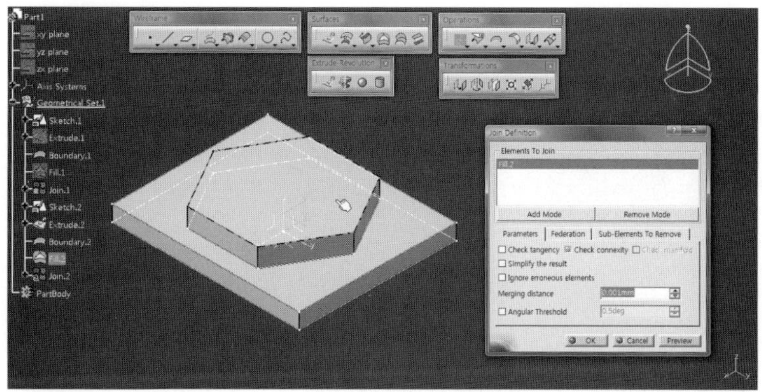

• 아래와 같이 육각형 Surface 하단부를 선택한 후 OK를 클릭한다.

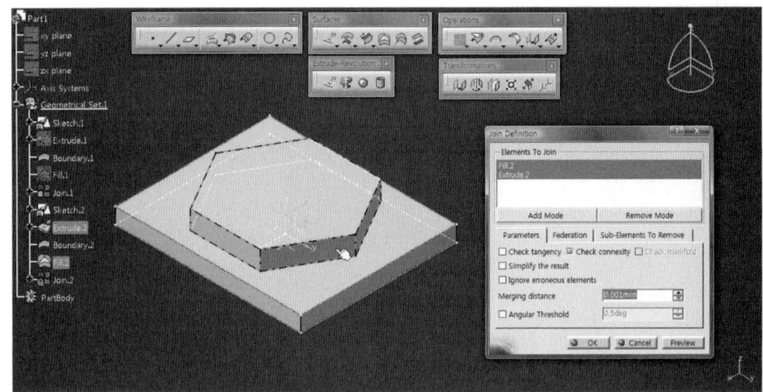

• 편집이 완료된 육각기둥 Surface와 사각박스 Surface를 Trim을 통해 합치도록 한다. Trim을 실
  행 후 상단부 육각기둥 Surface를 선택한다.

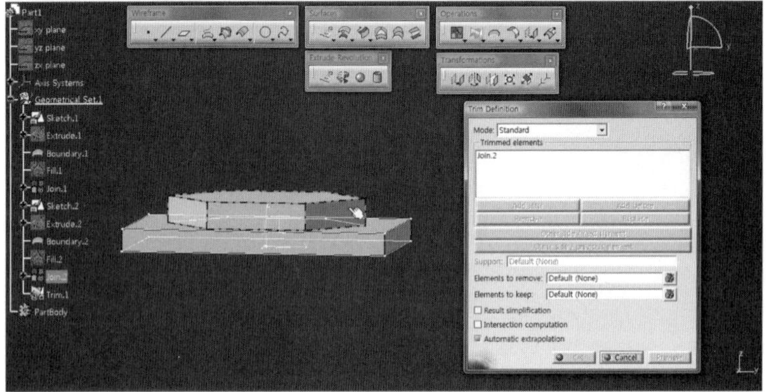

• 하단부 사각박스 형태의 Surface를 선택한다.

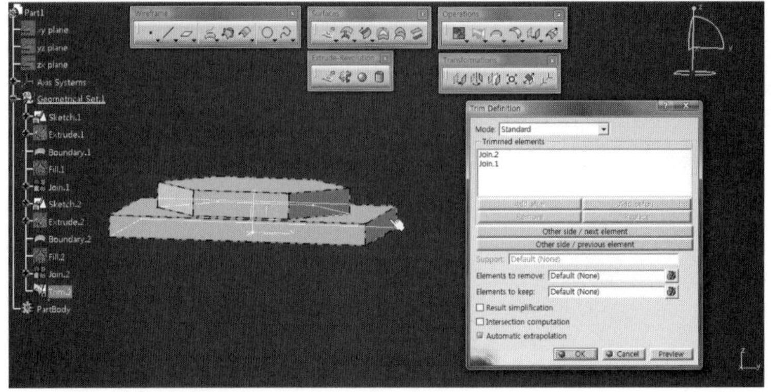

• Trim 편집이 완료되면 작업의 편의성을 위해 아래와 같이 Tree에서 Sketch와 Boundary를 Hide
  시키도록 한다.

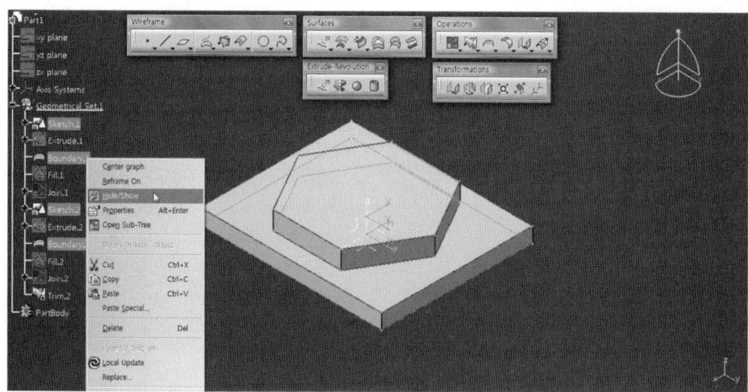

• 바닥을 관찰하면 Trim이 제대로 됐는지 확인할 수 있을 것이다.

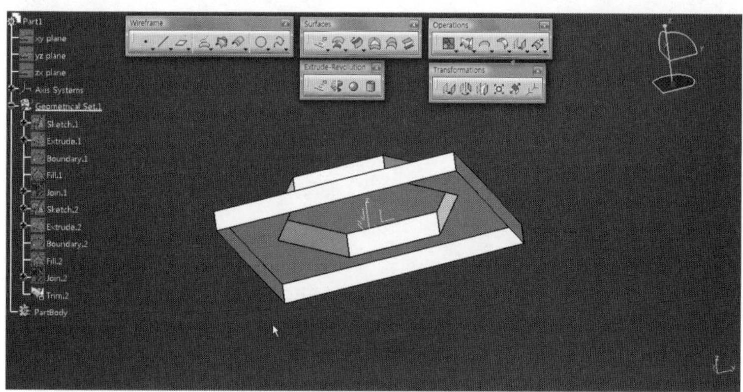

• yz Plane을 선택하여 스케치환경으로 진입하도록 한다.

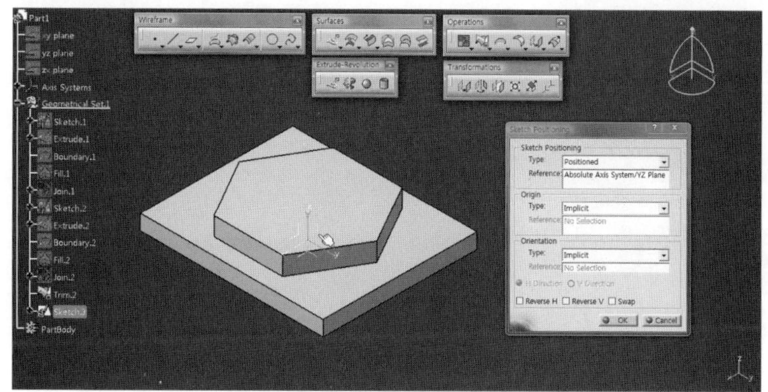

• Low light를 활성화하여 스케치 편의성을 높이도록 하자.

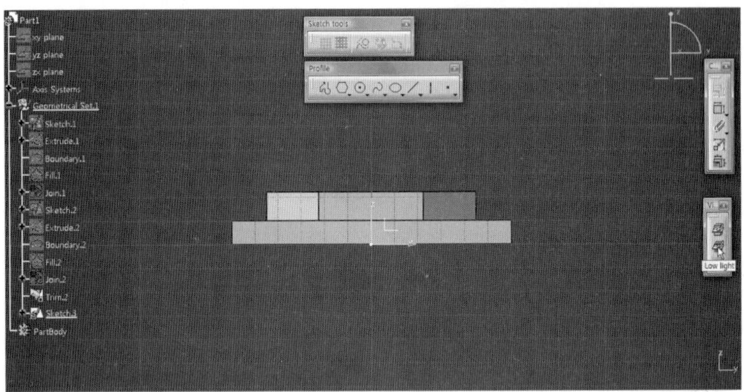

• Profile을 실행하여 아래와 같이 스케치를 작도한다.

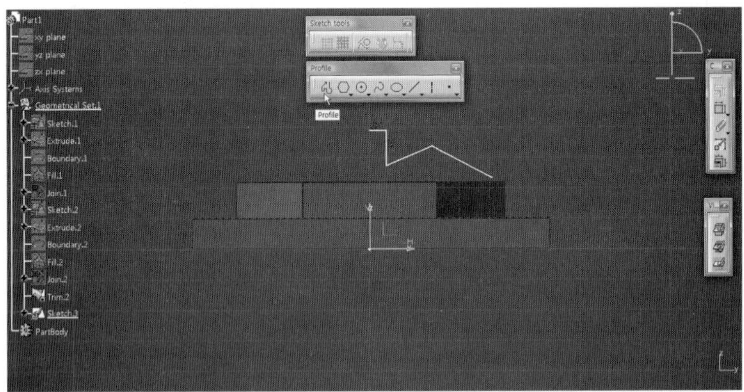

• 그림과 같이 H벡터와 상단 수평선을 40mm 치수구속을 한다.

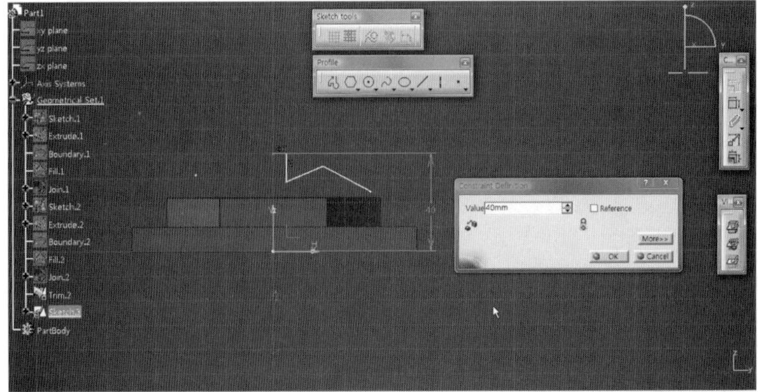

• 아래와 같이 수직선과 V벡터와 5mm 치수구속을 한다.

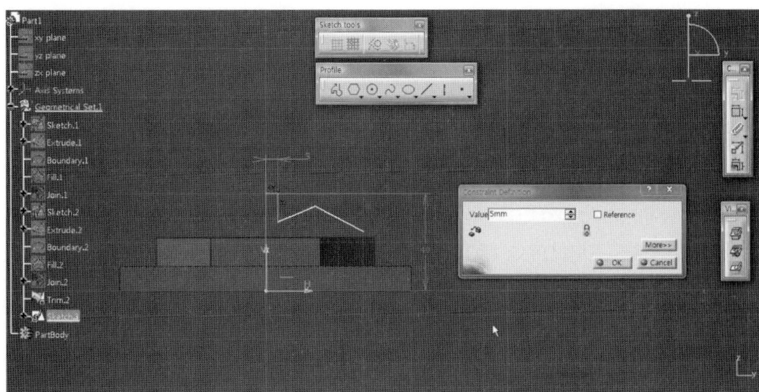

• V벡터와 아래와 같이 꼭짓점을 17.5mm로 치수구속을 한다.

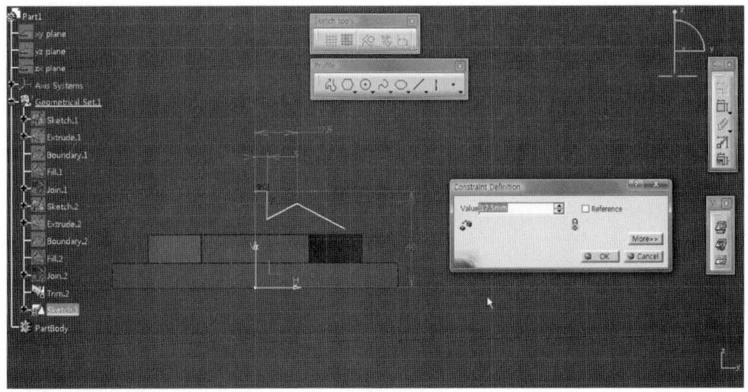

• 구속을 주었던 상기 꼭짓점을 H벡터와의 32mm 치수구속을 준다. Sketch tools의 Construction /Standard Element를 활성화시킨다.

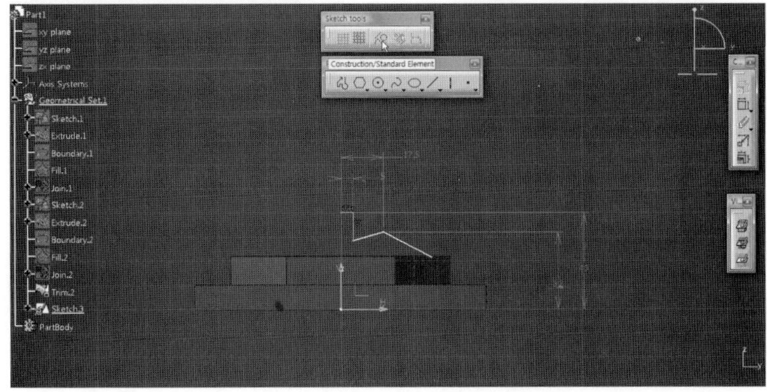

• Line을 실행한다.

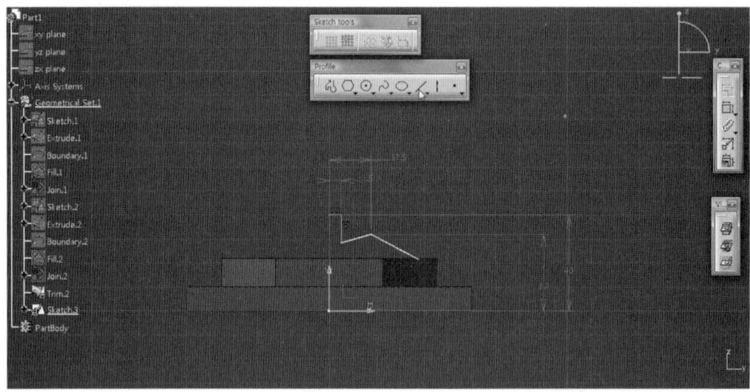

• 점선 형태의 Line을 작도한다. Line의 끝나는 점은 V벡터와 일치(Coincidence) 구속을 준다.

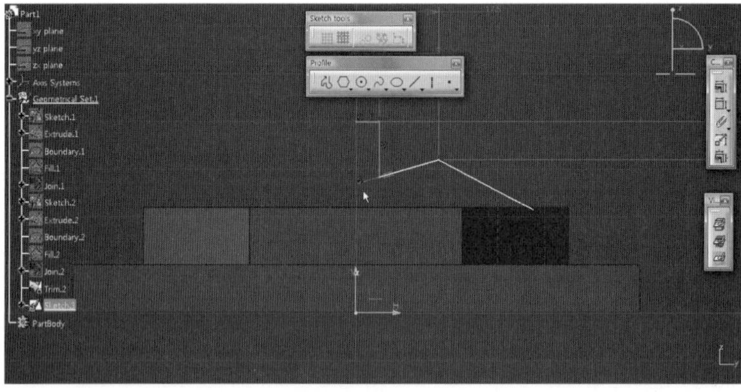

• 점선의 끝점을 H벡터와 22mm 치수구속을 준다.

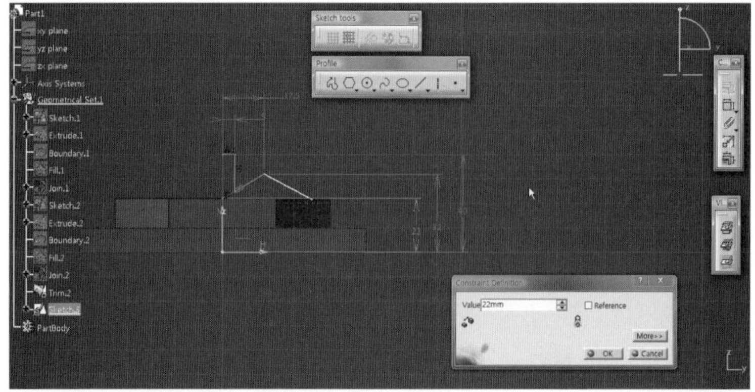

• Profile의 최우측 끝점을 V벡터와 35mm 치수구속을 준다.

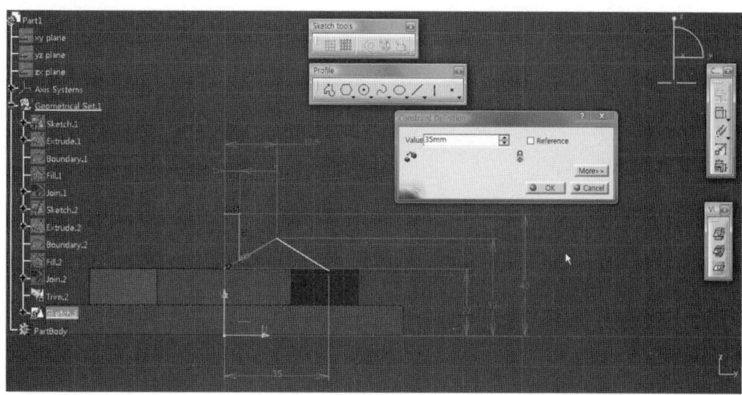

• 상기 끝점과 H벡터와 22mm 치수구속을 준다.

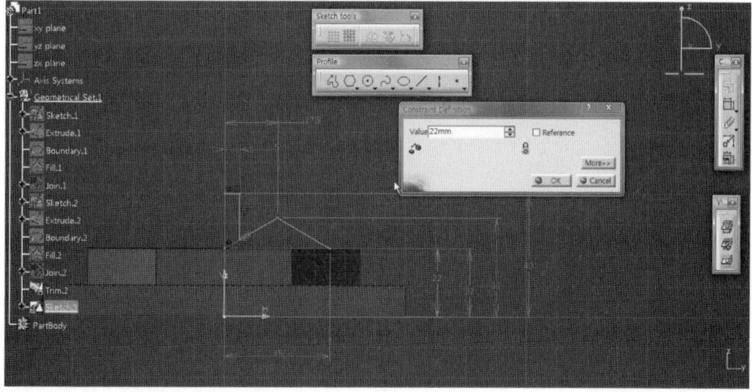

• 스케치 환경을 빠져나와 Revolve를 실행한다.

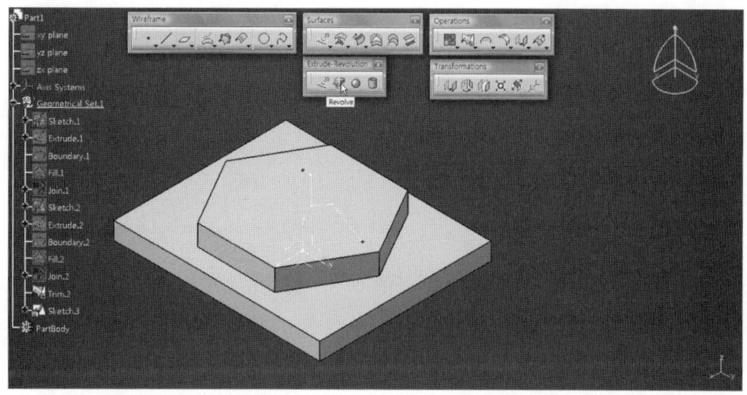

• 아래와 같이 스케치를 선택한다.

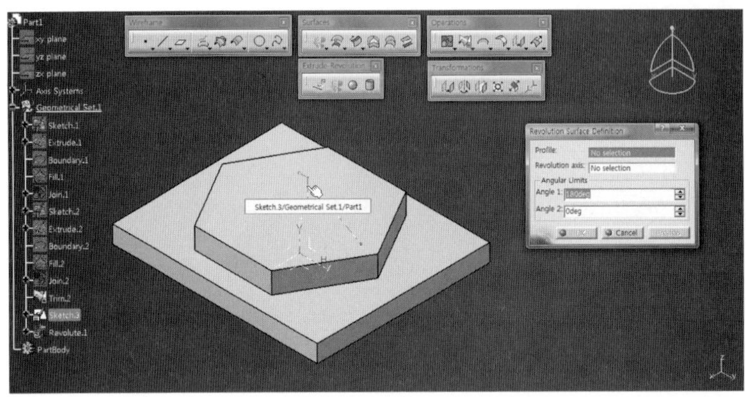

• 회전축 역할을 하는 Axis System의 z축을 선택한다.

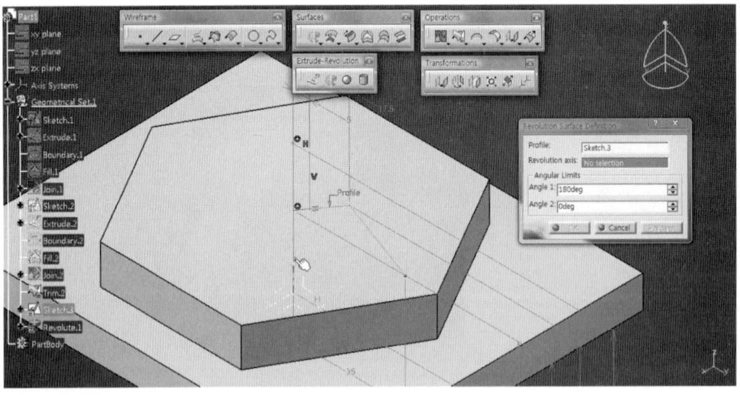

• Angular Limits의 Angle 1 값을 360, Angle 2 값은 0으로 한다.

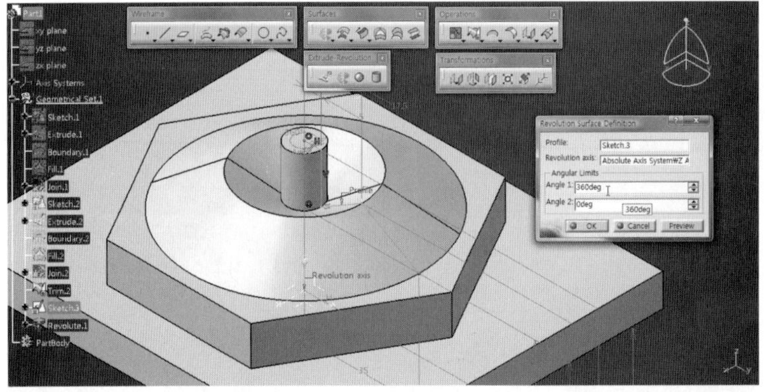

• Revolve로 구현한 Surface와 하단에 있는 Main Surface를 합치기 위해 Trim을 실행하자. Trim 실행 후 상단의 Surface를 선택한다.

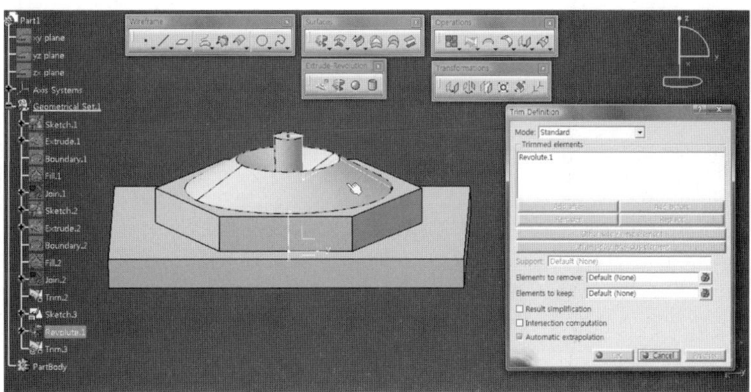

• 하단의 Trim을 하여 편집이 완료된 Surface를 선택한다. OK를 클릭한다.

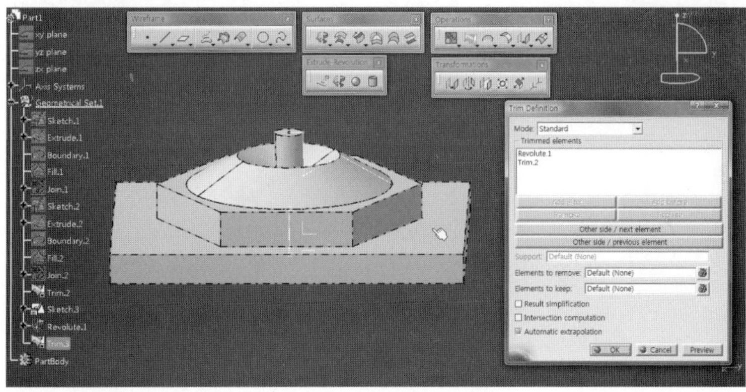

• Trim을 완료하고 바닥을 관찰하면 편집이 제대로 됐는지 확인할 수 있다.

• Wireframe Toolbar의 Plane을 실행한다.

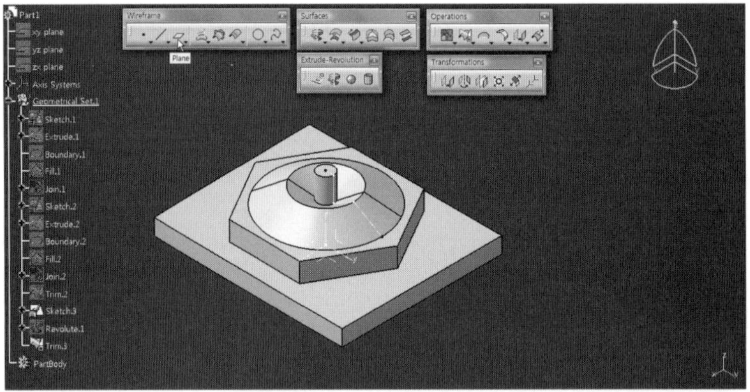

• Plane type은 Offset from plane, Reference는 yz plane을 선택한다.

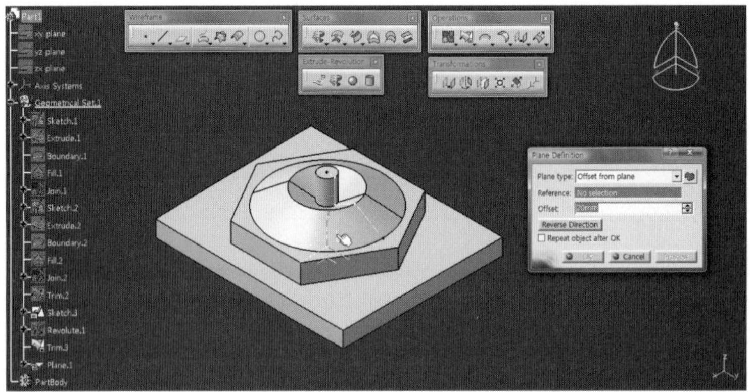

• Offset 값은 30mm로 입력한다.

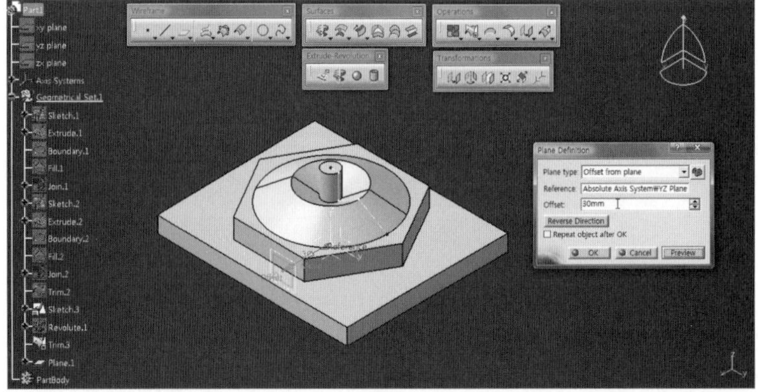

• 플랜의 Move를 클릭 드레그하여 아래와 같은 위치로 Plane을 이동시킨다.

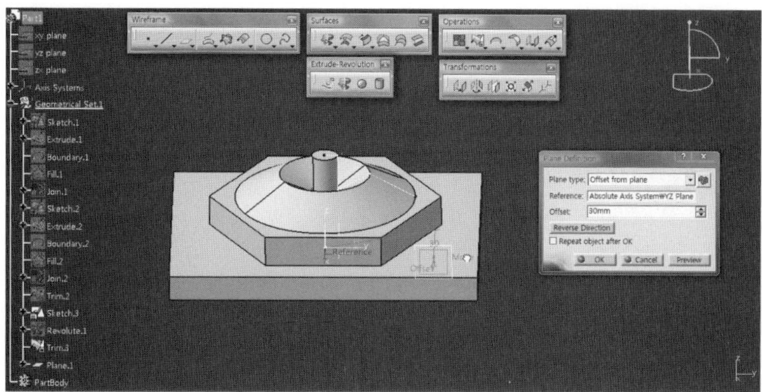

• 생성시킨 플랜을 선택하여 스케치 환경으로 진입한다.

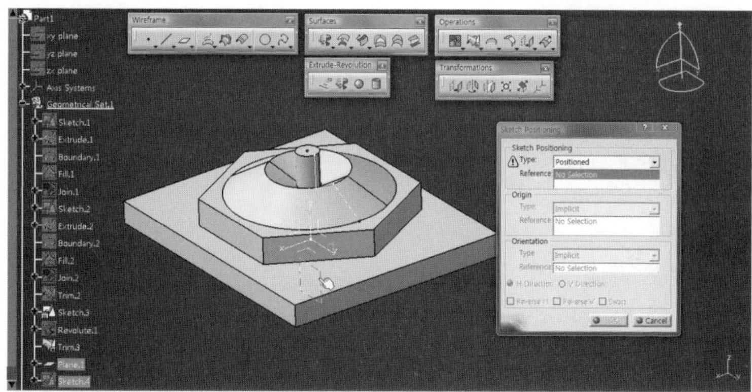

• Low light를 활성화한 후 Profile을 실행하여 아래의 위치에 대략적인 형상의 스케치를 그리도록
한다.

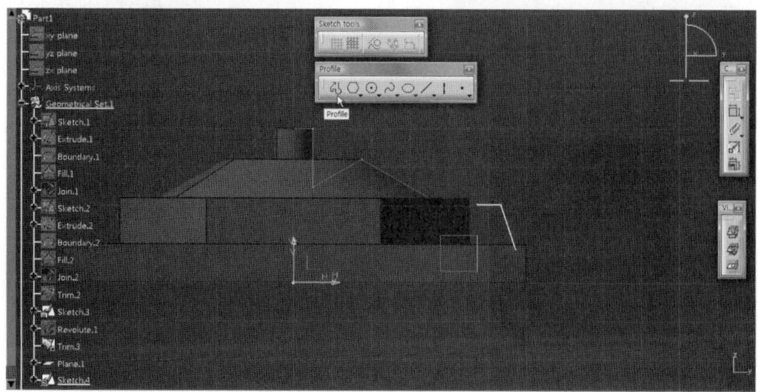

• Axis를 실행한다.

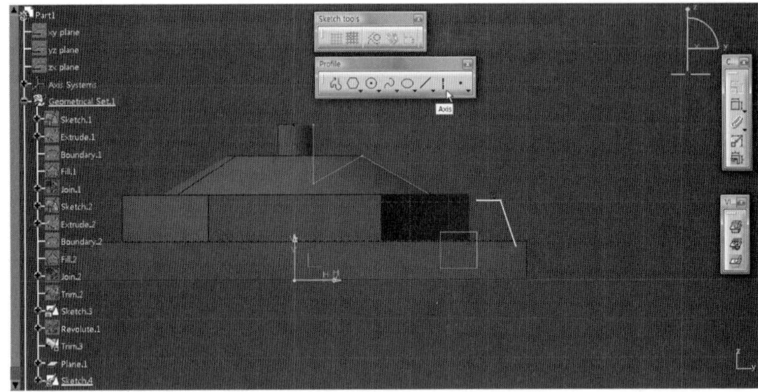

• 아래와 같이 수평선 왼쪽 끝점에서 수직방향 아래로 선을 작도한다.

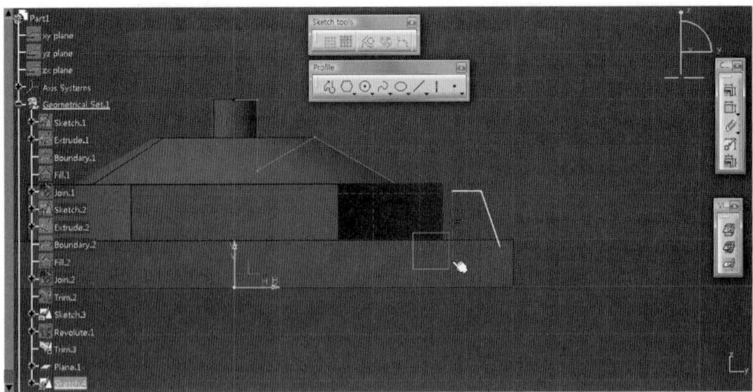

• V벡터와 조금 전 작도한 Line을 45mm 치수 구속을 한다.

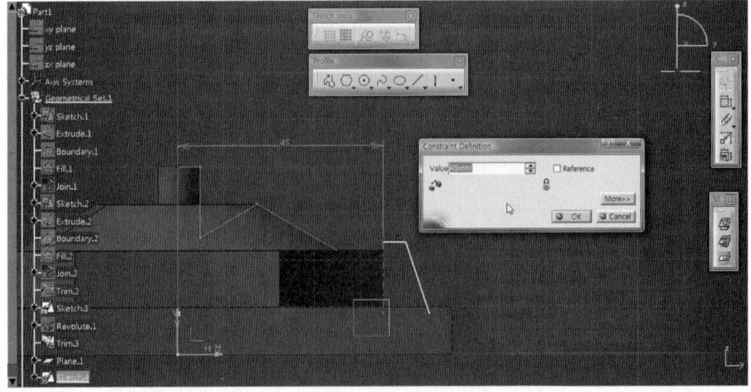

• 아래와 같이 H벡터와 수평선은 20mm, 스케치 하단부 끝점과는 10mm의 치수구속을 한다.

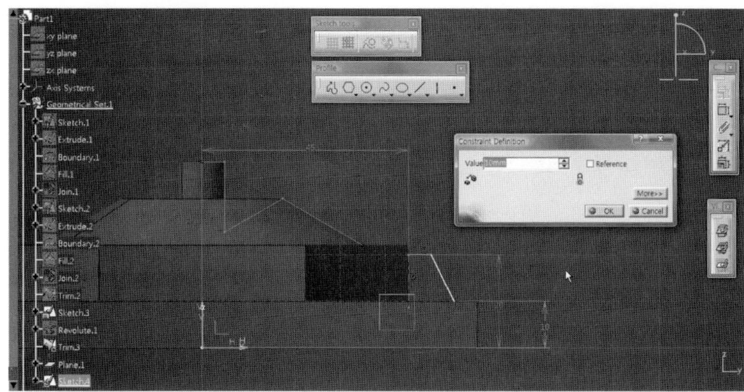

• 아래와 같이 Axis와 꼭지점을 8mm 치수구속을 한다.

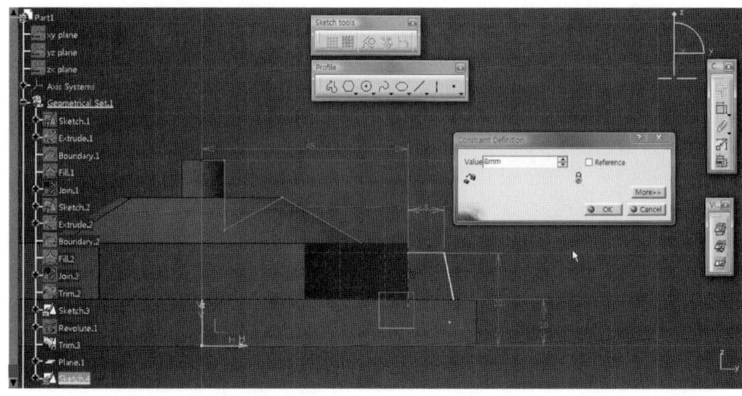

• Axis와 하단부 끝점을 10mm 치수구속을 한다.

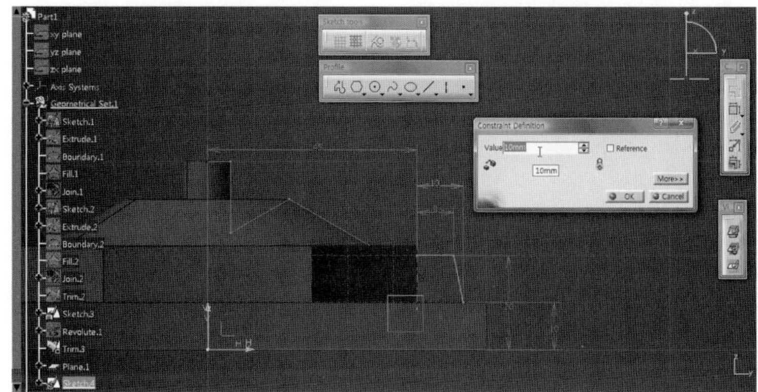

• Revolve를 실행한다.

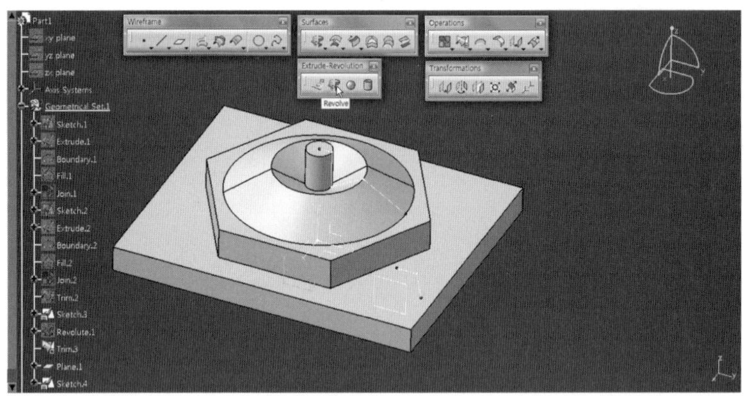

• 스케치를 선택한다.

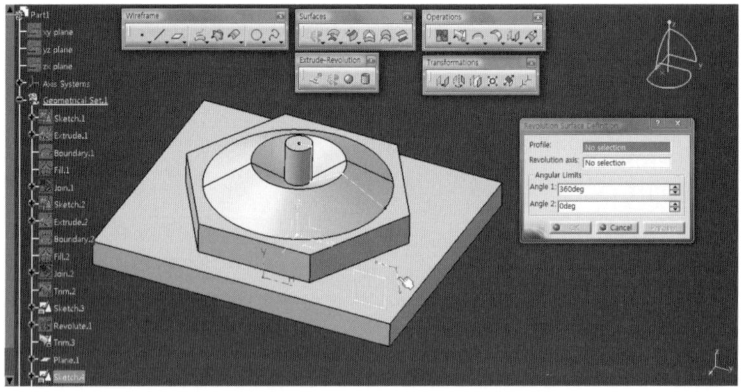

• Revolution axis는 스케치에서 작도한 Axis가 자동으로 선택된다. Angle 1 값은 360을 입력한다.

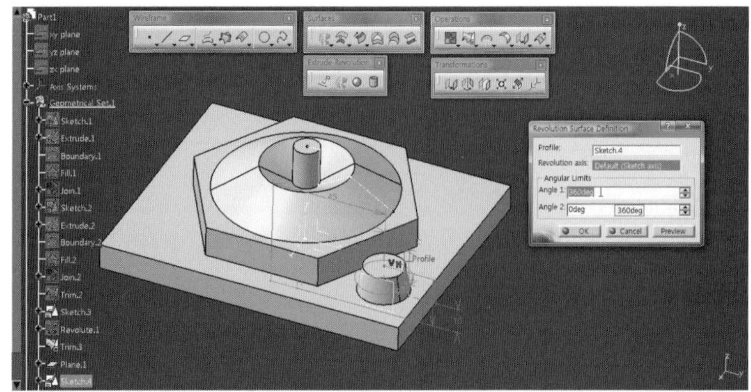

• 아래와 같이 컵모양의 Surface가 구현되었다.

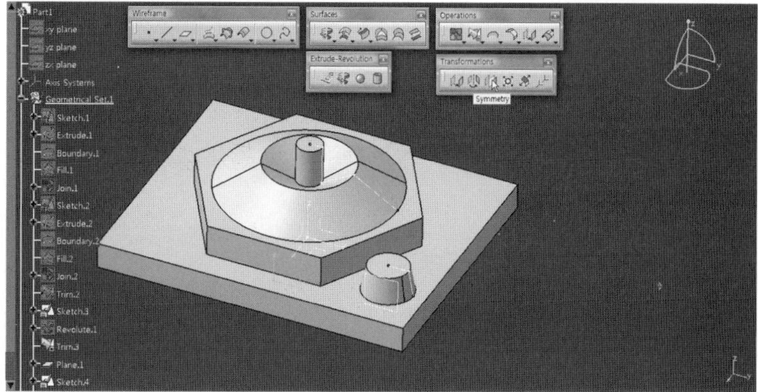

• Transformations Toolbar의 Symmetry를 실행한다. 조금 전 구현한 Surface를 선택한다.

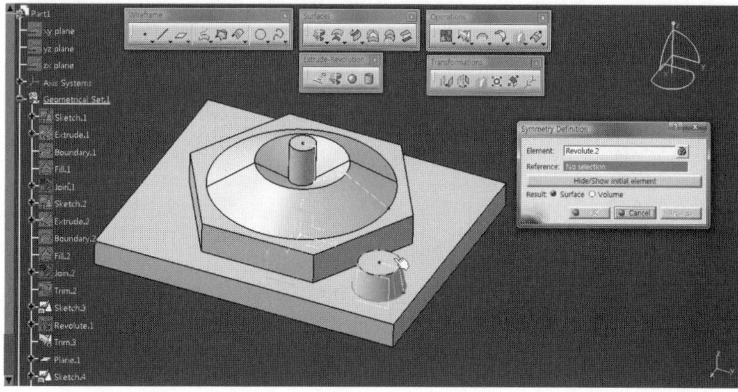

• 기준 Plane인 yz plane을 선택한다.

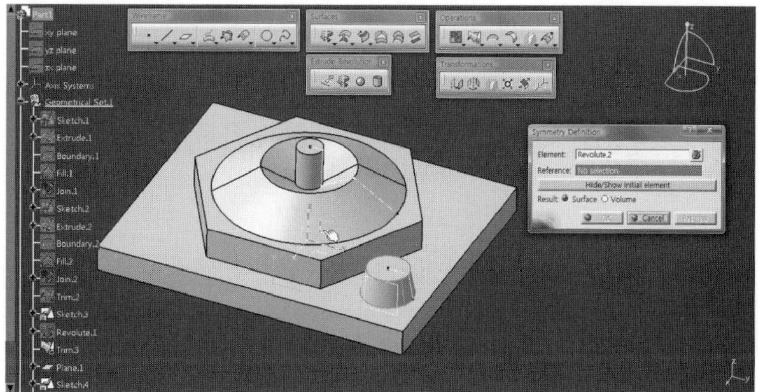

• 아래와 같이 yz plane 기준으로 대칭으로 복사되었다.

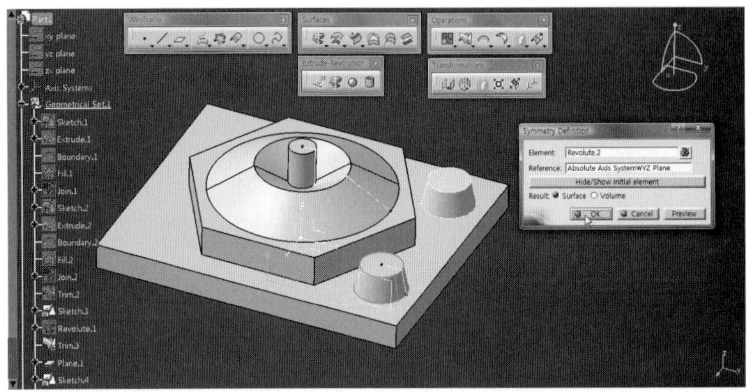

• Trim 실행 후 좌측에 있는 Surface를 선택한다.

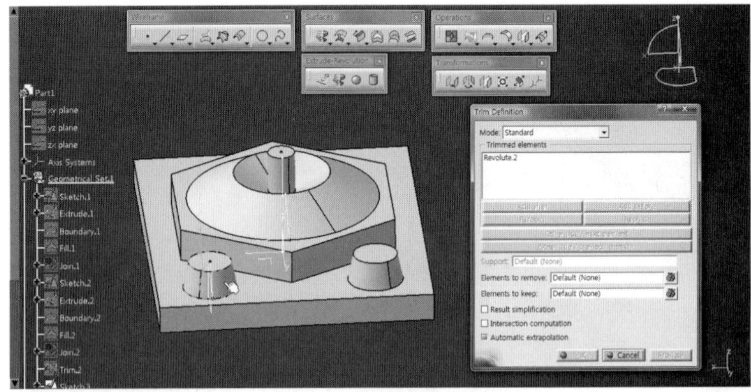

• Main Surface(본체)를 선택한다. Other/next element, Other side/previous element 버튼을 클릭
해서 원하는 형상을 선택한다.

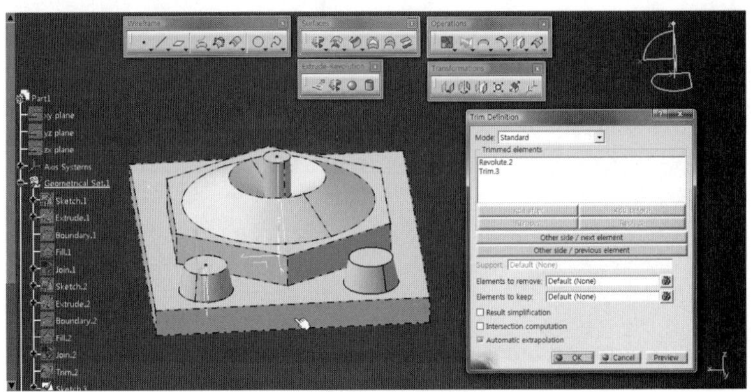

• Trim을 실행한다. 대칭 복사한 오른쪽의 Surface를 선택한다.

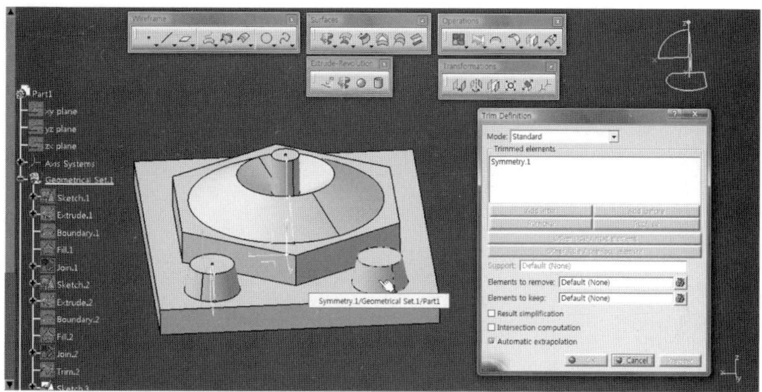

• Main Surface를 선택한다. Other/next element, Other side/previous element 버튼을 클릭하여
원하는 형상을 선택한다.

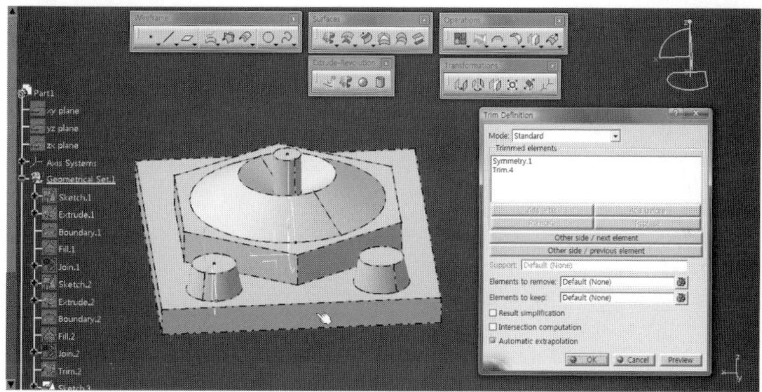

• 2개의 컵모양 Surface가 제대로 Trim되었는지 바닥면을 관찰해 보자.

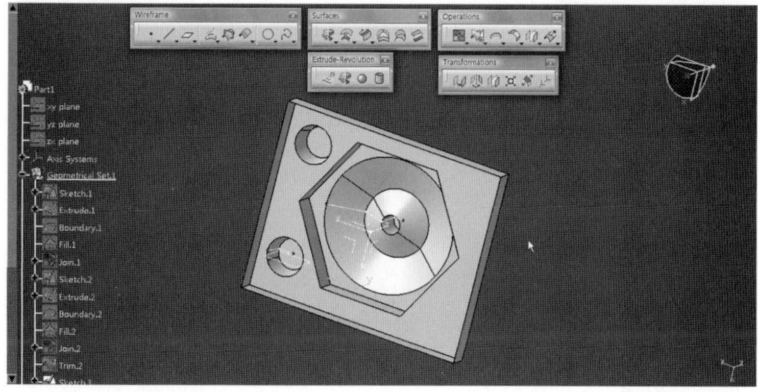

• 작업의 편의성을 위해 Tree에서 스케치와 Plane을 Hide하도록 하자.

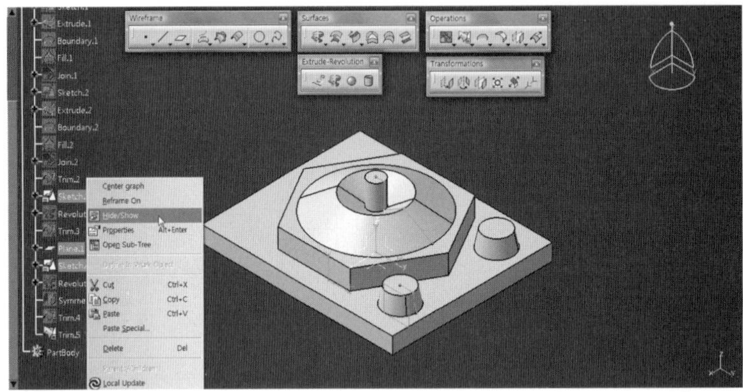

• 사각박스 Surface 윗면을 선택하여 스케치 환경으로 진입한다.

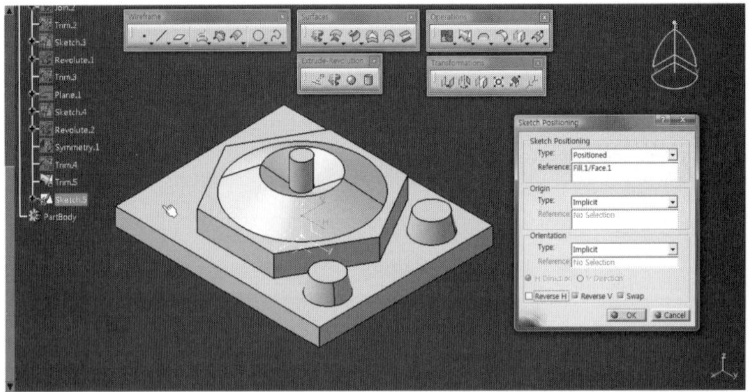

• Visualization Toolbar의 Low light를 활성화시킨다.

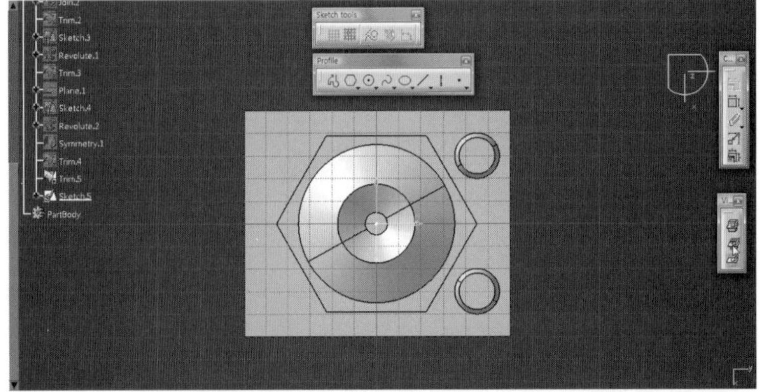

• Profile을 실행하여 아래와 같이 삼각형 형태의 스케치를 작도한다.

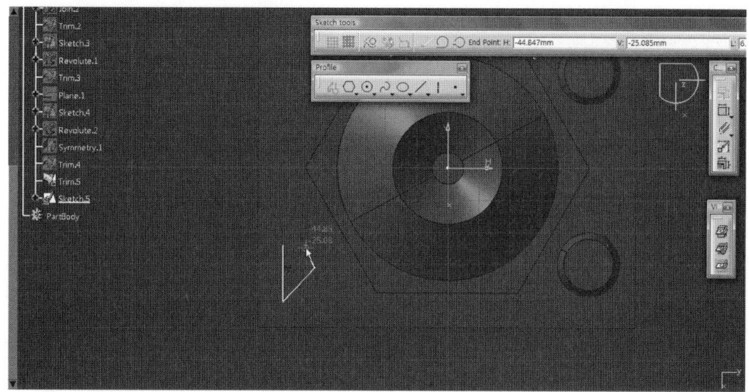

• 끝점을 연결하여 폐곡선의 삼각형을 완성한다.

• 아래와 같이 15mm 치수구속을 한다.

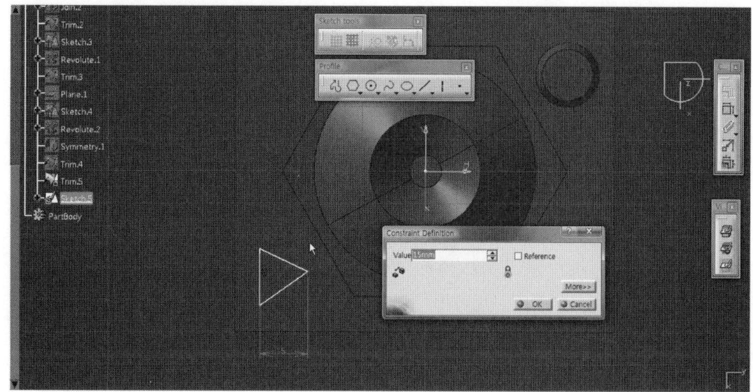

• H벡터와 삼각형의 하단 끝점을 40mm 치수구속을 한다.

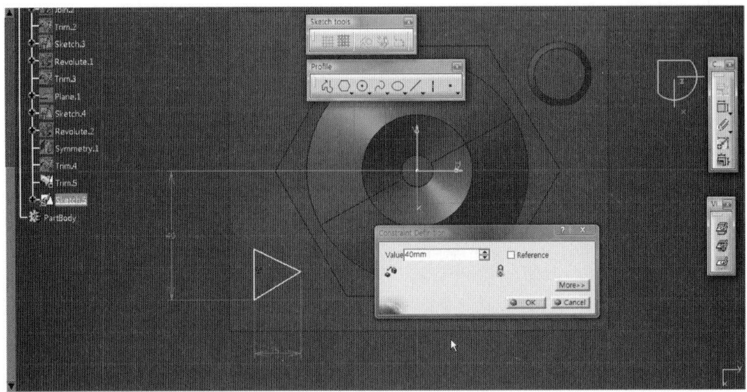

• H벡터와 삼각형의 아래의 끝점을 25mm 치수구속을 한다.

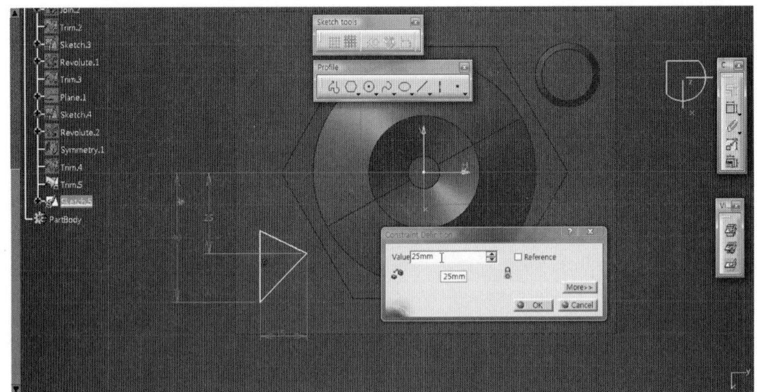

• Sketch tools의 Construction/Standard Element를 활성화시킨다.

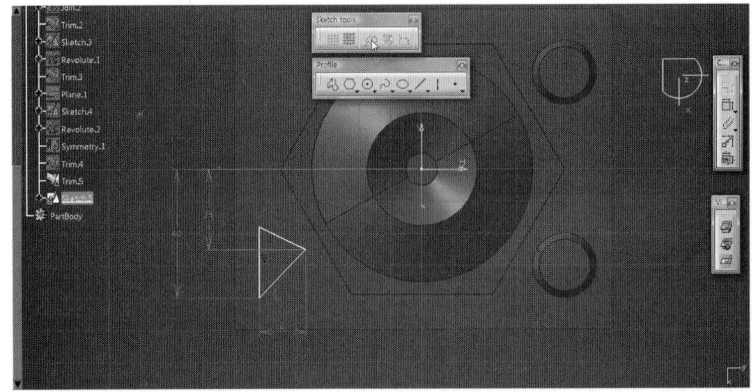

• Line을 실행하여 아래와 같이 수직선의 중간에 작도하도록 한다.

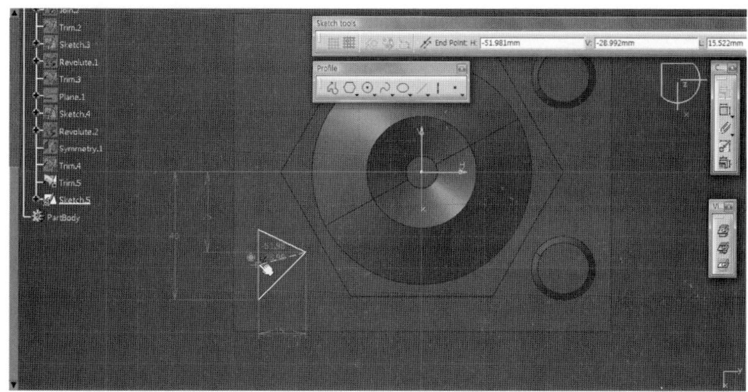

• 작도한 Line을 아래와 같이 수평구속을 한다.

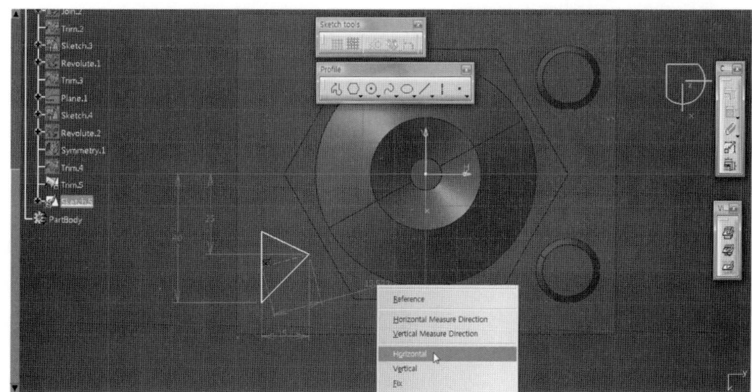

• 아래와 같이 V벡터와 수직선을 50mm 치수구속을 한다.

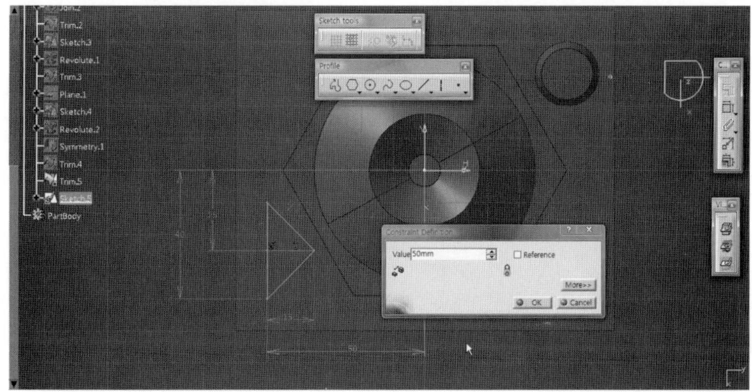

• Extrude를 실행한다.

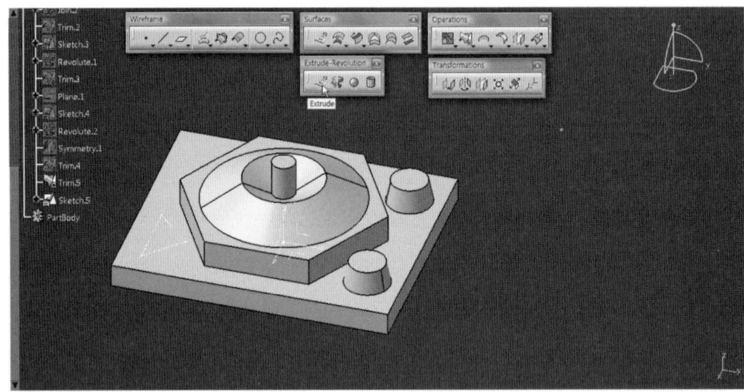

• 삼각형 형상의 스케치를 선택한다.

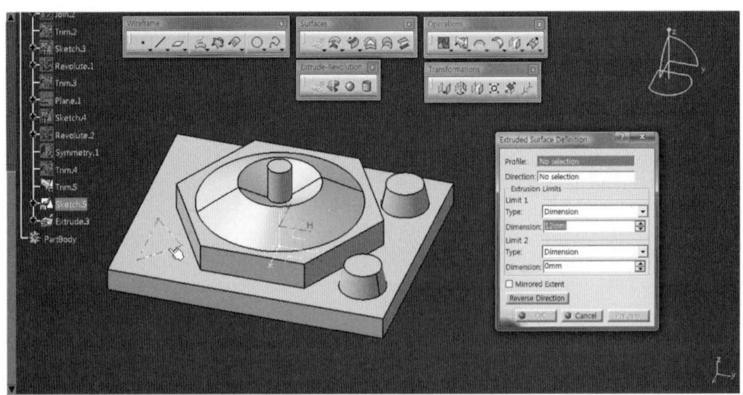

• 스케치를 선택하면 위쪽으로 Surface가 구현되기 때문에 Reverse Direction을 클릭한다.

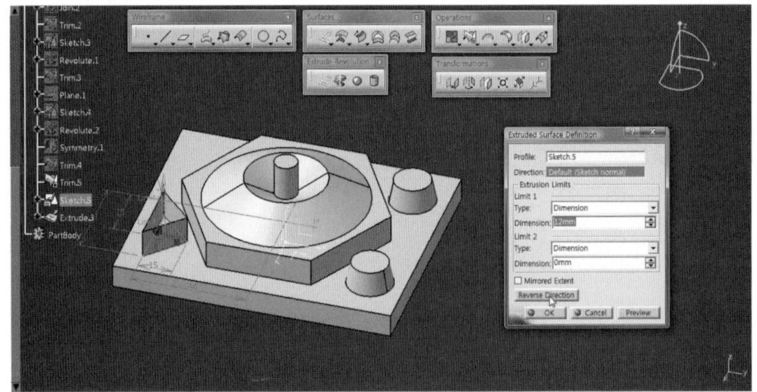

• 아래방향으로 Surface가 구현되며 Limit 1값의 Dimension 값을 7mm 입력한다.

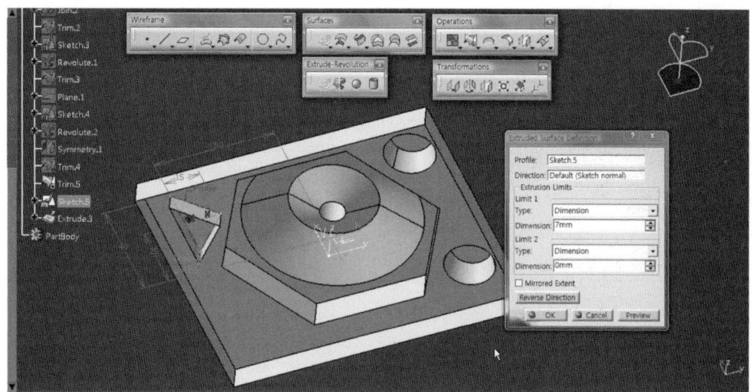

• Surface Toolbar의 Fill을 실행한다.

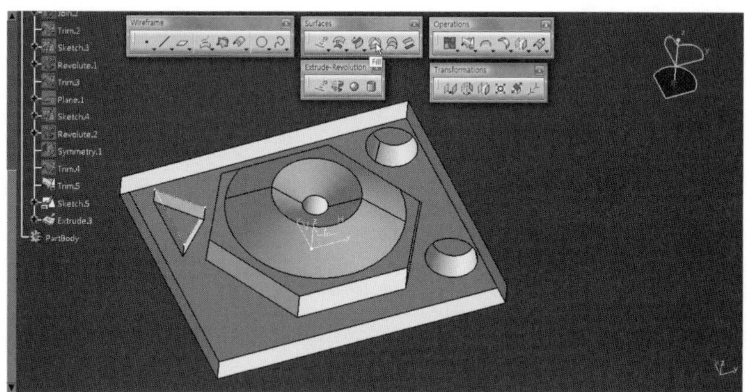

• 삼각형 Surface의 3개의 Edge 중 아래와 같이 1개의 Edge를 선택한다.

• 다음 Edge를 선택한다.

• 마지막 Edge를 선택하면 Closed Contour란 메시지가 나타난다.

• OK를 클릭한다.

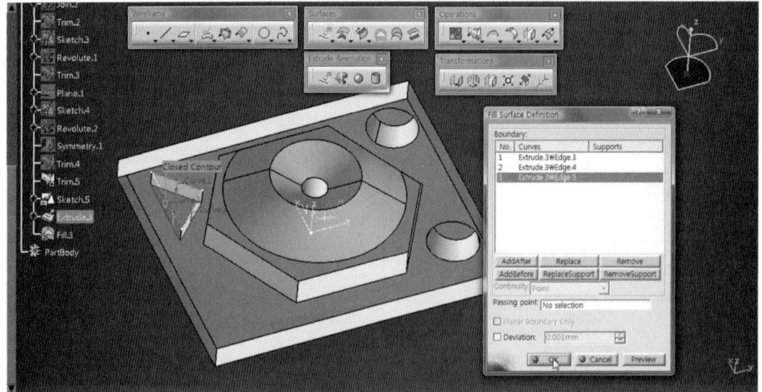

• 삼각형 형상의 Surface가 채워지는 것을 볼 수 있다.

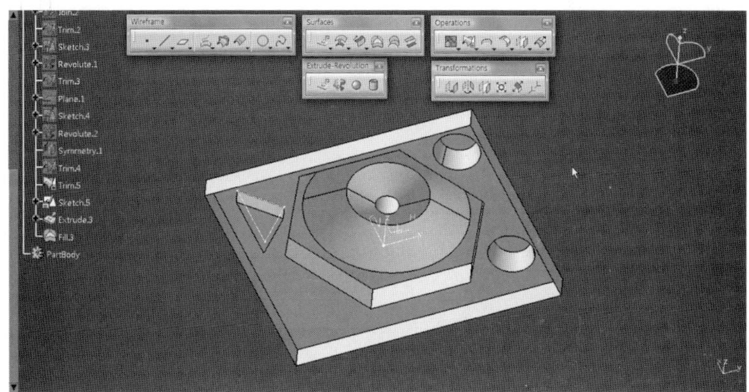

• Join을 실행한다.

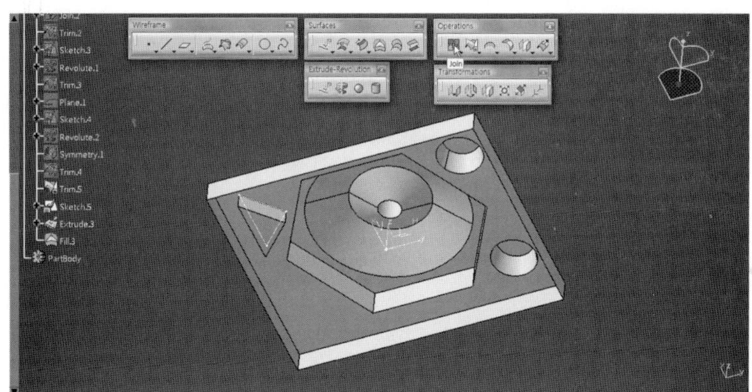

• 삼각형 형상의 Surface를 선택한다.

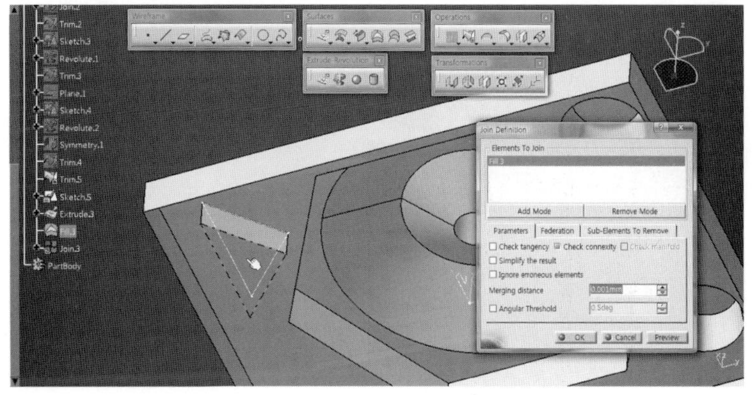

• Extrude로 구현한 삼각형의 Surface를 선택한다.

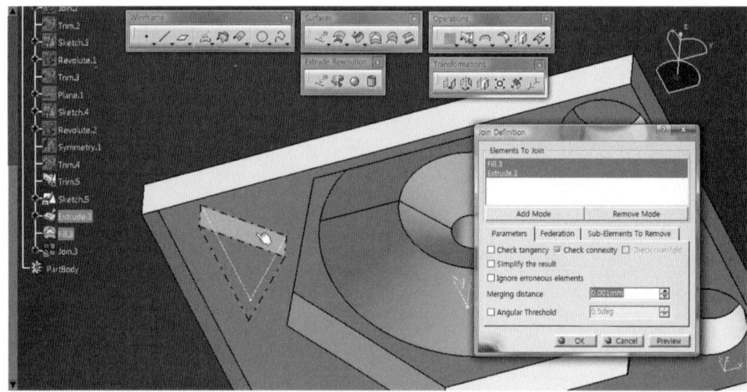

• Transformations Toolbar의 Symmetry를 실행한다.

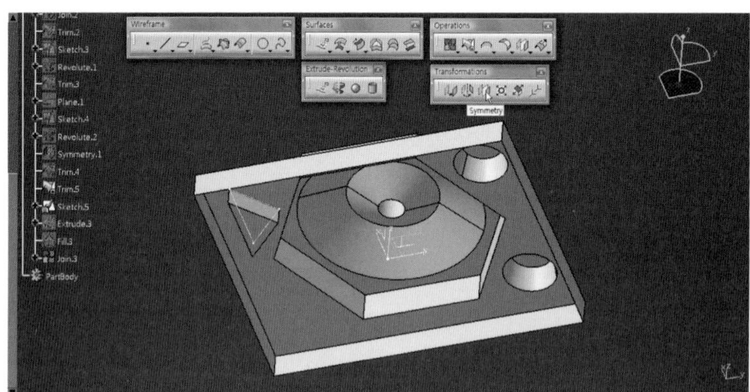

• 삼각기둥 형상의 Surface를 선택한다.

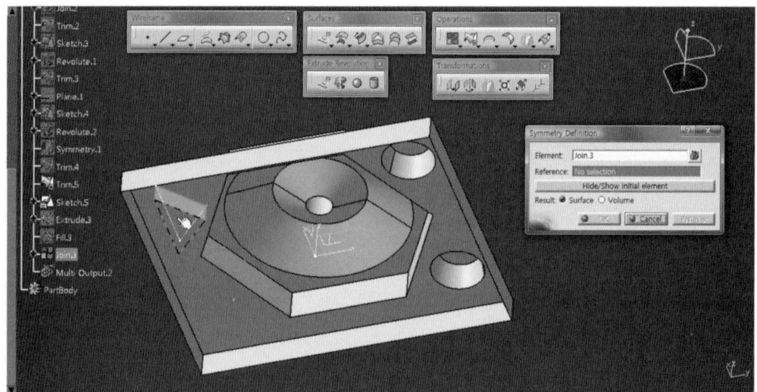

• Reference를 yz plane으로 선택한다.

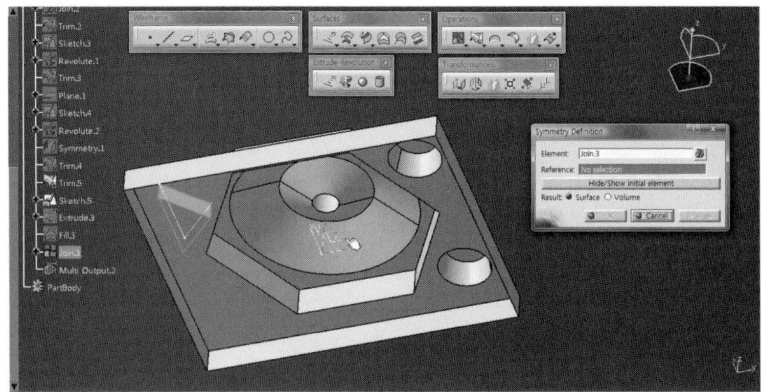

• 대칭으로 복사가 된 Surface를 볼 수 있다.

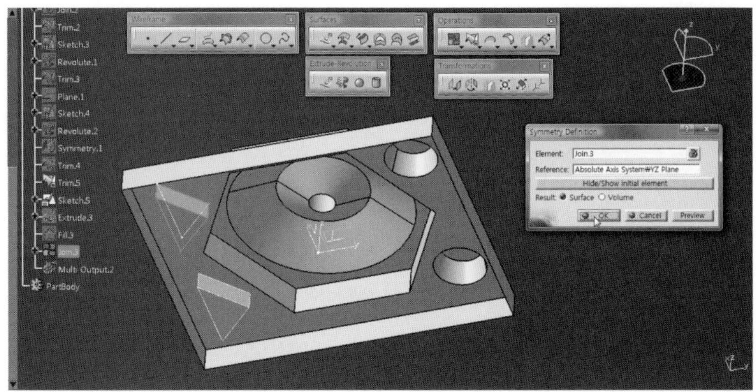

• Trim을 실행하여 2개의 삼각기둥 형상의 Surface를 Main Surface와 합쳐주도록 한다. 아래와
같이 삼각기둥 Surface를 선택한다.

• Main Surface를 선택한다.

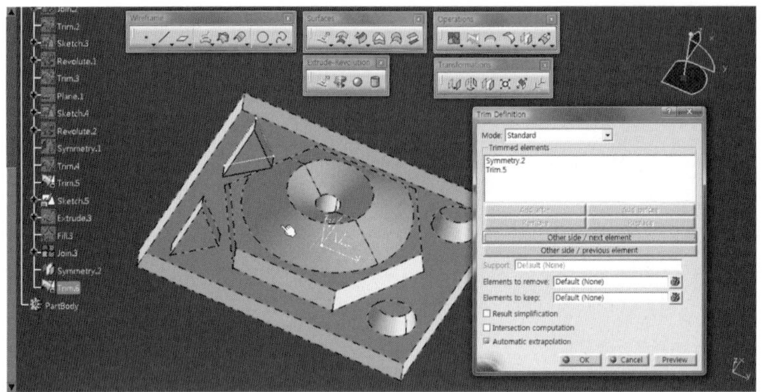

• Other/next element, Other side/previous element 버튼을 클릭하여 원하는 형상을 구현한다.

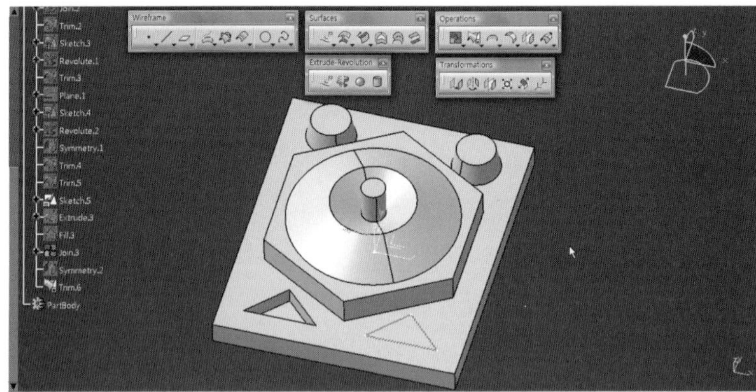

• 반대편 삼각기둥 Surface도 마찬가지로 Trim을 실행하여 Main Surface와 합쳐주도록 한다. 나
  머지 삼각기둥 Surface를 선택한다.

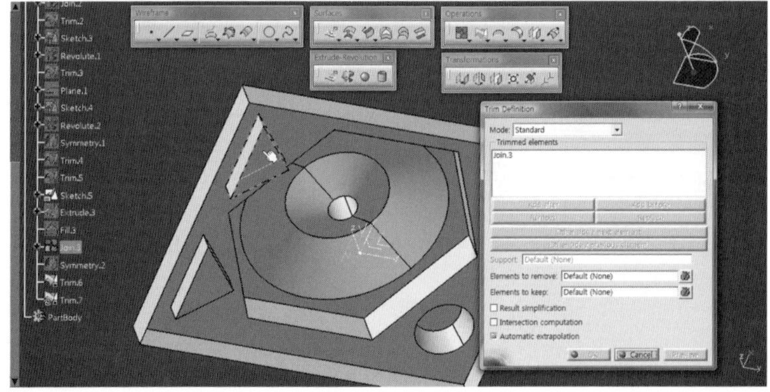

• Main Surface를 선택한다.

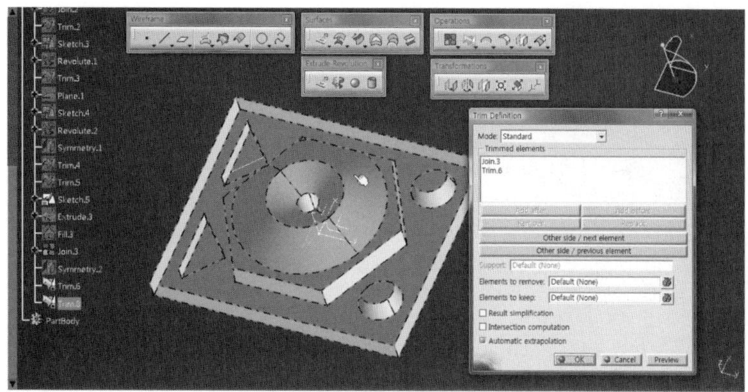

• 2개의 삼각기둥 Surface를 Main Surface와 Trim으로 합쳐 아래같이 결과물을 얻었다.

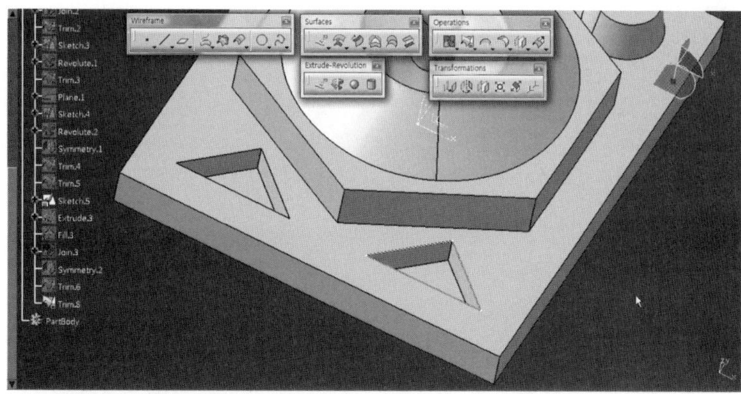

• 작업의 편의성을 위해서 Tree상에서 삼각형 스케치를 Hide시키도록 하자.

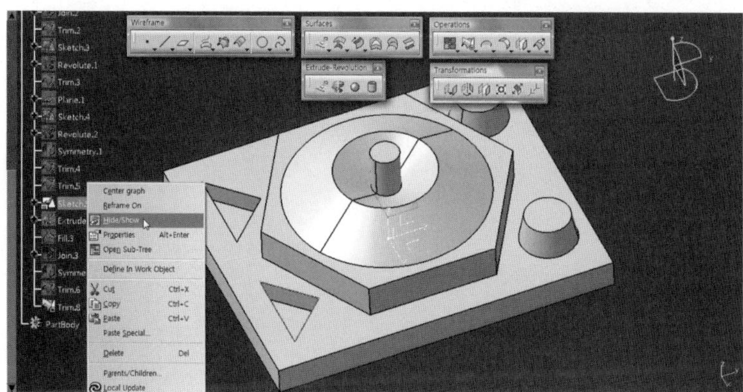

• Trim 편집이 완료됐으면 Edge Fillet을 실행하여 모서리 라운딩 작업을 한다.

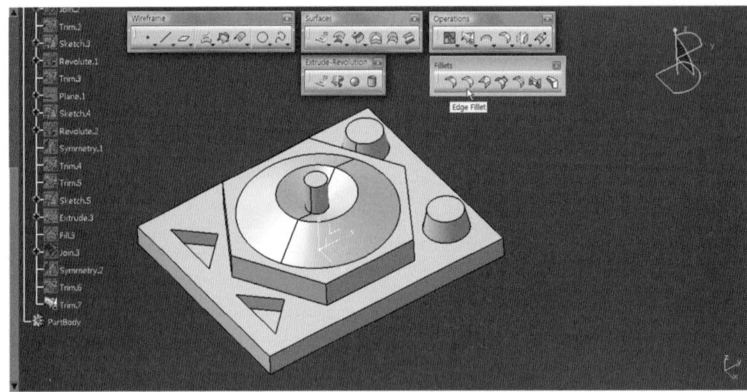

• 아래와 같이 Edge를 선택한다.

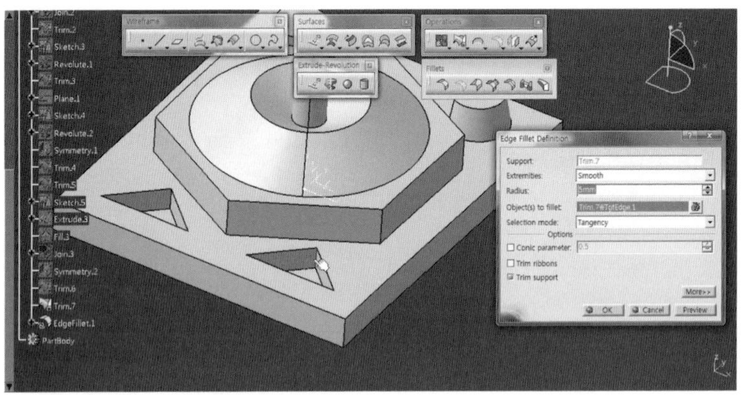

• 시점을 변경하여 다른 Edge를 선택한다.

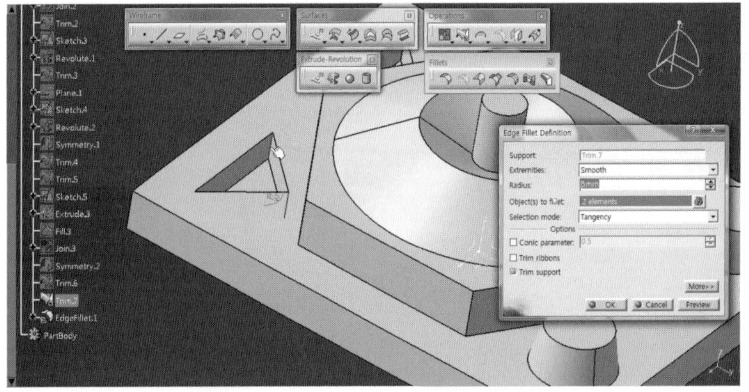

• 시점을 변경하여 삼각 기둥의 마지막 Edge를 선택한다.

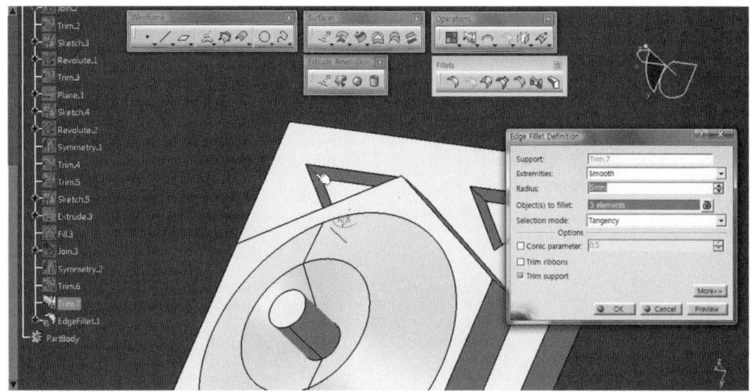

• Radius 값을 3mm 입력한다.

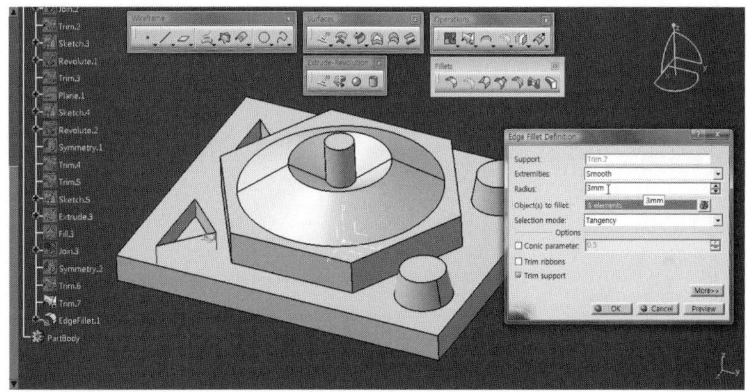

• 반대편 삼각기둥의 3개의 Edge도 마찬가지로 선택한다.

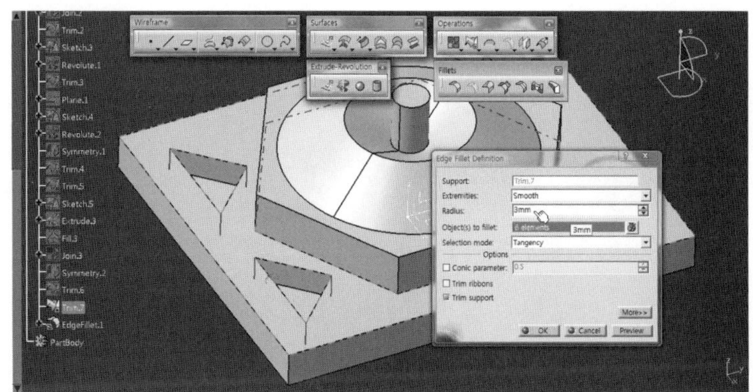

- OK를 클릭하면 아래와 같은 형상으로 Fillet이 구현된다.

- 아래와 같이 삼각형 형상의 바닥 Edge를 2군데 선택한 후 Radius 3mm를 입력한다.

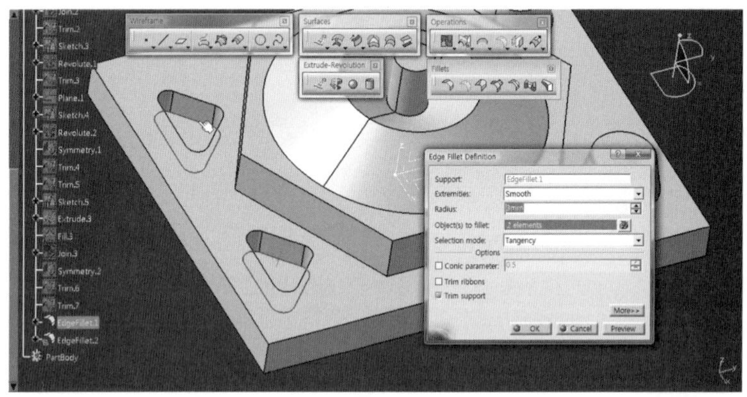

- 아래와 같이 Fillet이 구현되었다.

• 삼각기둥 윗부분 Edge 2군데를 선택한 후 Radius 값 1mm를 입력한다.

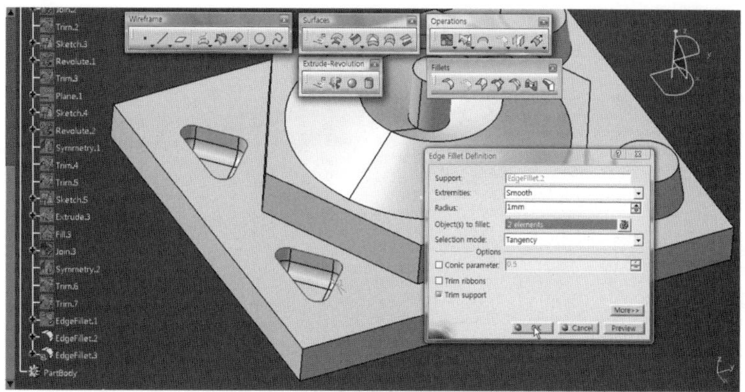

• 아래와 같이 Fillet이 구현되었다.

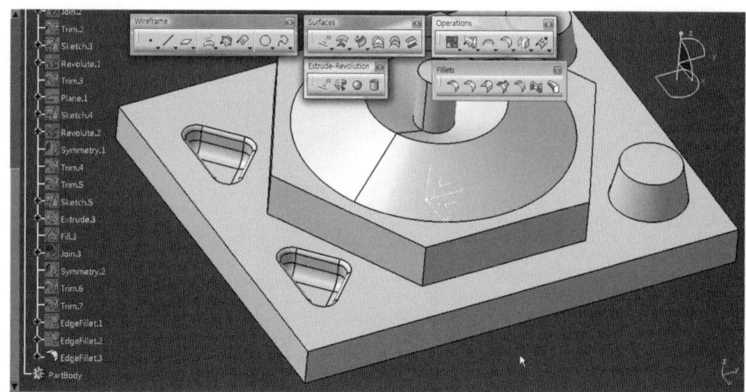

• Edge Fillet을 실행 후 아래와 같이 Edge를 선택한다.

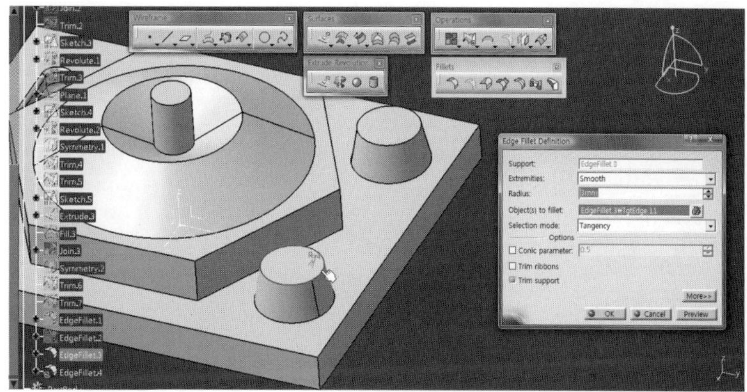

• 바로 밑에 있는 Edge도 선택한다.

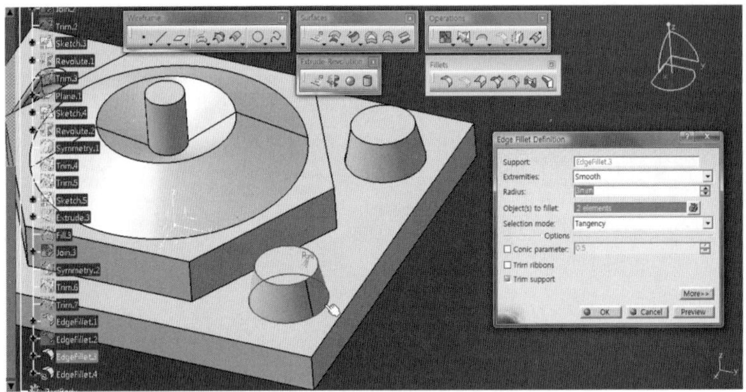

• 우측에 있는 기둥도 마찬가지로 Edge 2개를 선택한다.

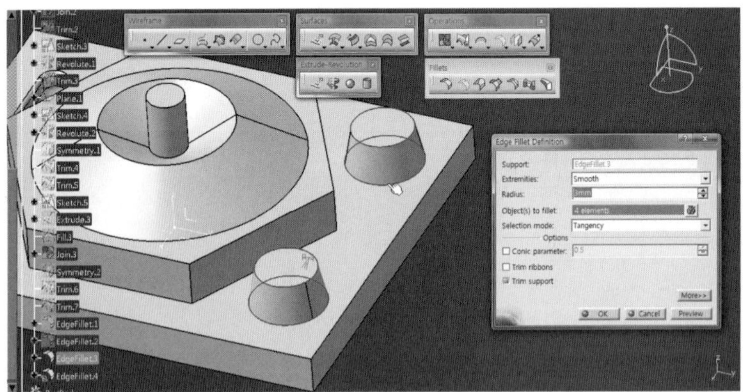

• Radius 값을 3mm로 입력하면 아래와 같은 형상으로 Fillet이 구현된다.

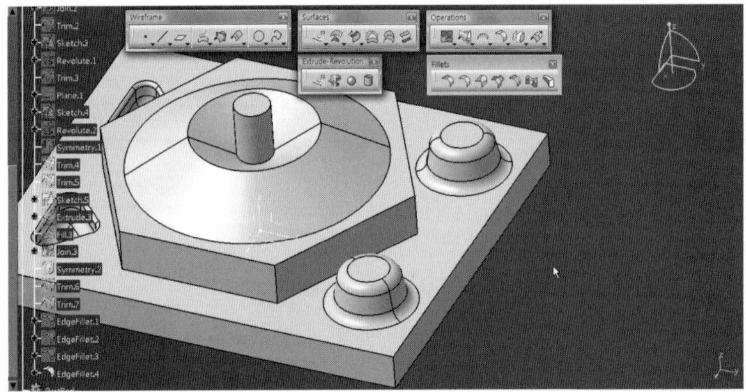

• Edge Fillet을 실행한다. 육각기둥의 Edge 6개를 선택한 후 Radius 값을 10mm 입력한다.

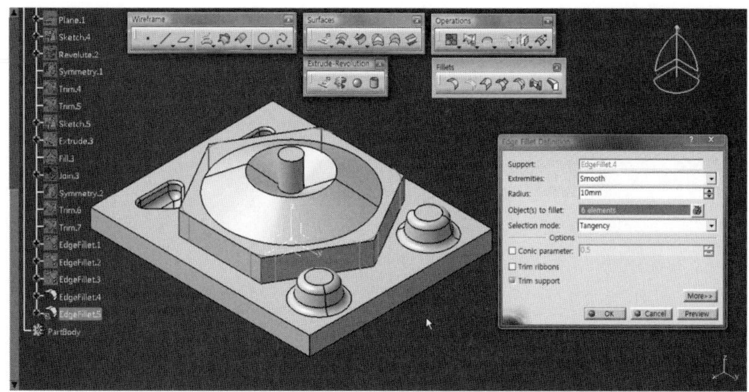

• 아래와 같이 Fillet이 구현되었다.

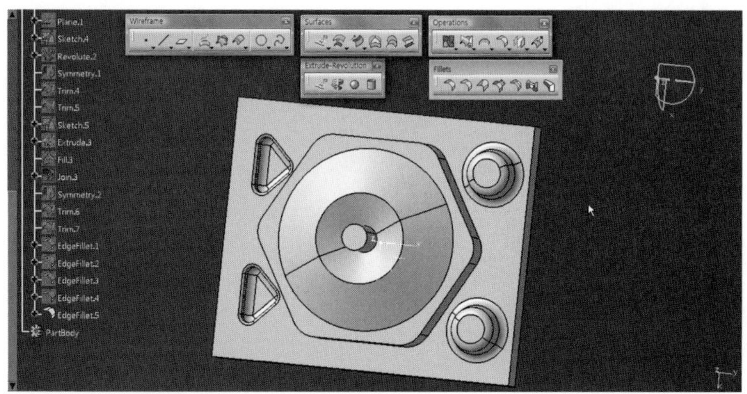

• 아래와 같이 육각기둥 하단의 Edge를 선택한다.

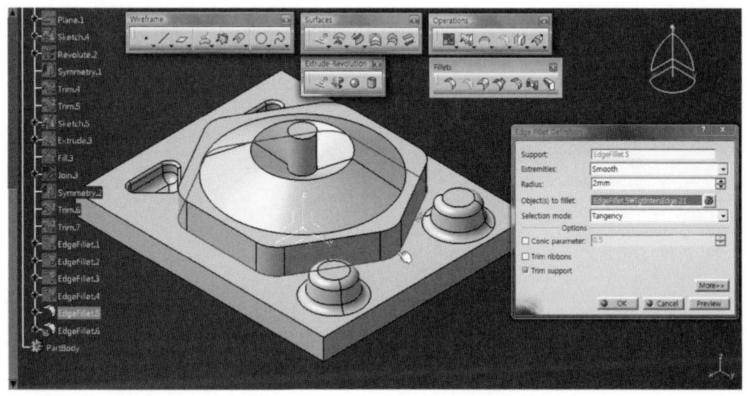

• Radius 값 2mm를 입력하여 OK를 클릭하면 아래와 같이 형상이 구현된다.

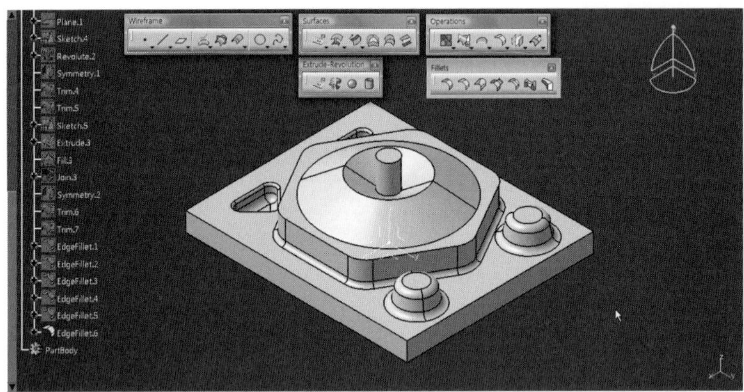

• 상단 Edge를 선택한 후 Radius 값 3mm를 입력한다.

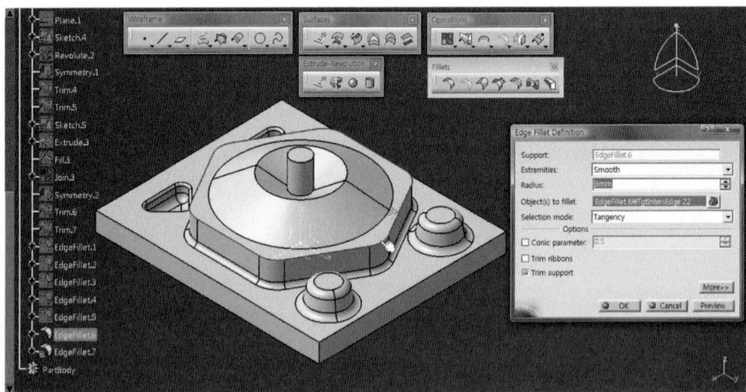

• 아래와 같이 Fillet이 구현된다.

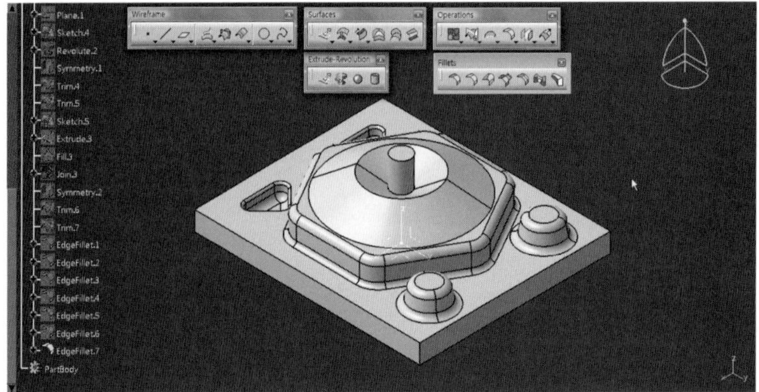

• 아래와 같이 Edge를 선택한 후 Radius 값을 2mm 입력한다.

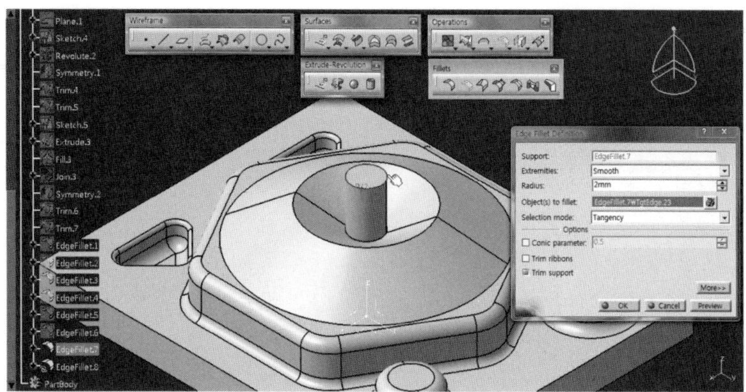

• 아래와 같이 Edge를 선택한 후 Radius 값을 10mm 입력한다.

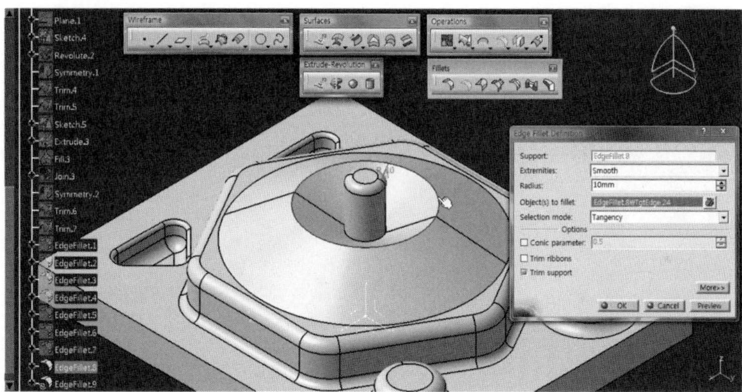

• 아래와 같이 형상 구현이 되었다.

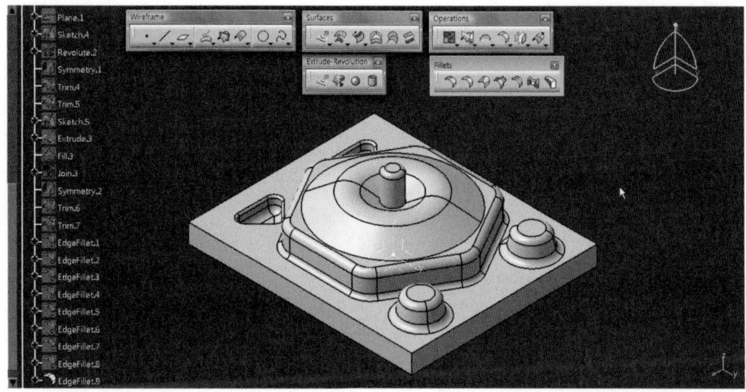

• PartBody에 오른쪽 클릭을 하여 Define In Work Object를 선택한다.

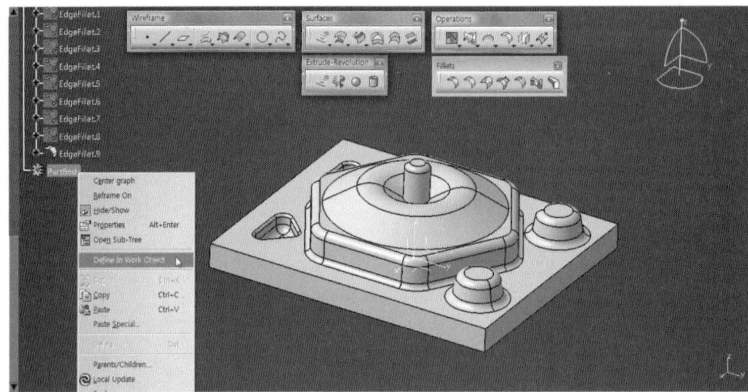

• Part Design 환경으로 변경한다.

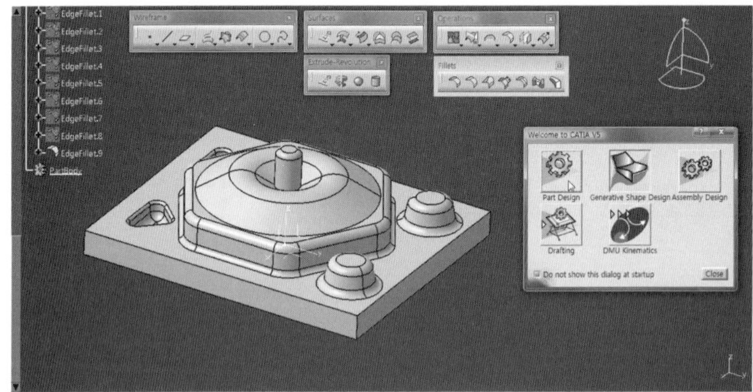

• Close Surface를 실행한다.

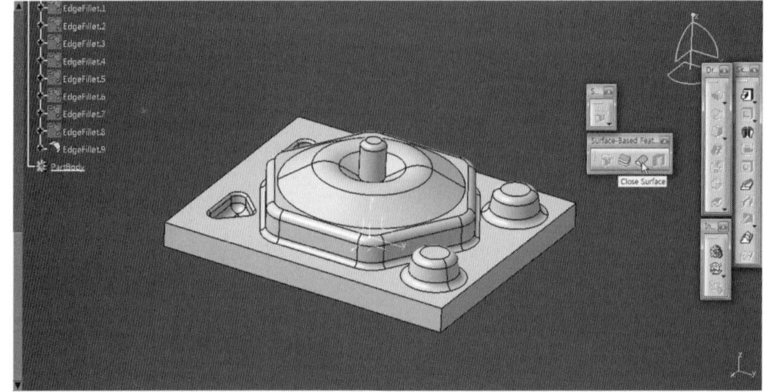

• Surface를 선택한다.

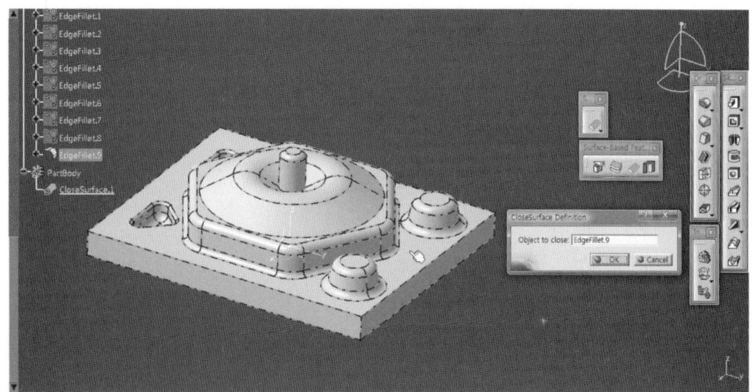

• 마지막 편집명령어 Edge Fillet을 Hide시킨다.

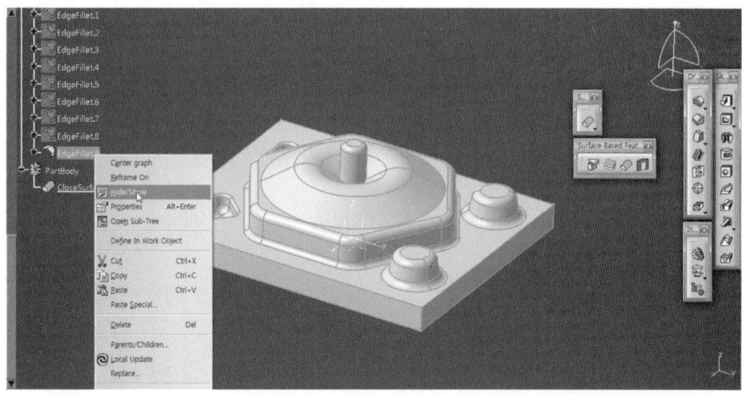

• 아래과 같이 솔리드가 구현되었다.

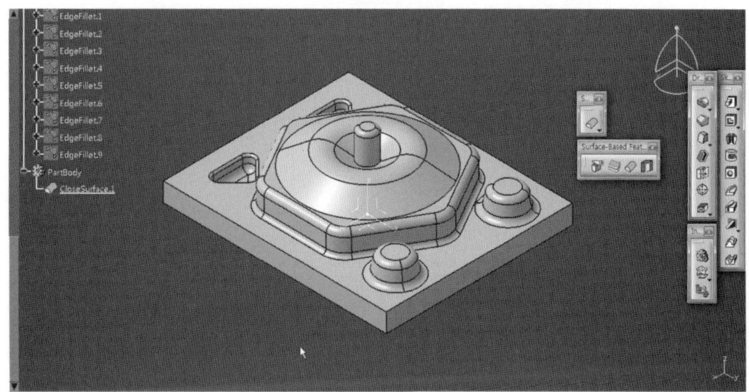

3.1 학습목표

본 따라하기 예제의 난이도는 중급 정도의 모델링 수준이다. Generative Shape Design(이후로는 GSD로 줄여서 명칭하도록 하겠다.) 본 도면에서는 복잡한 모델링을 하기 위해 SPEC TREE 정리법을 배우게 될 것이다.

3.2 모델링 진행방법

GSD 작업환경에서의 SPEC TREE 정리는 다음과 같다.
① 스케치의 정리, ② Reference Elements의 정리, ③ 편집 명령어에 대한 정리

상기와 같이 정리하는 것이 꼭 정답은 아니다. User 또는 회사에 따라 TREE의 구조는 다르다. 연습을 통해서 익숙해지면 본인에 맞게 구조를 바꾸거나 회사의 양식대로 정리하면 된다.

3.3 주요 사용 툴 및 아이콘

SPEC TREE 구조 편집을 위해 아래의 Geometrical Set을 활용하게 될 것이다.

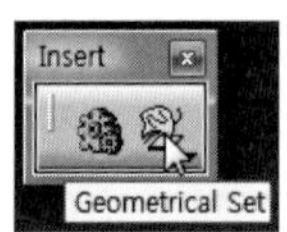

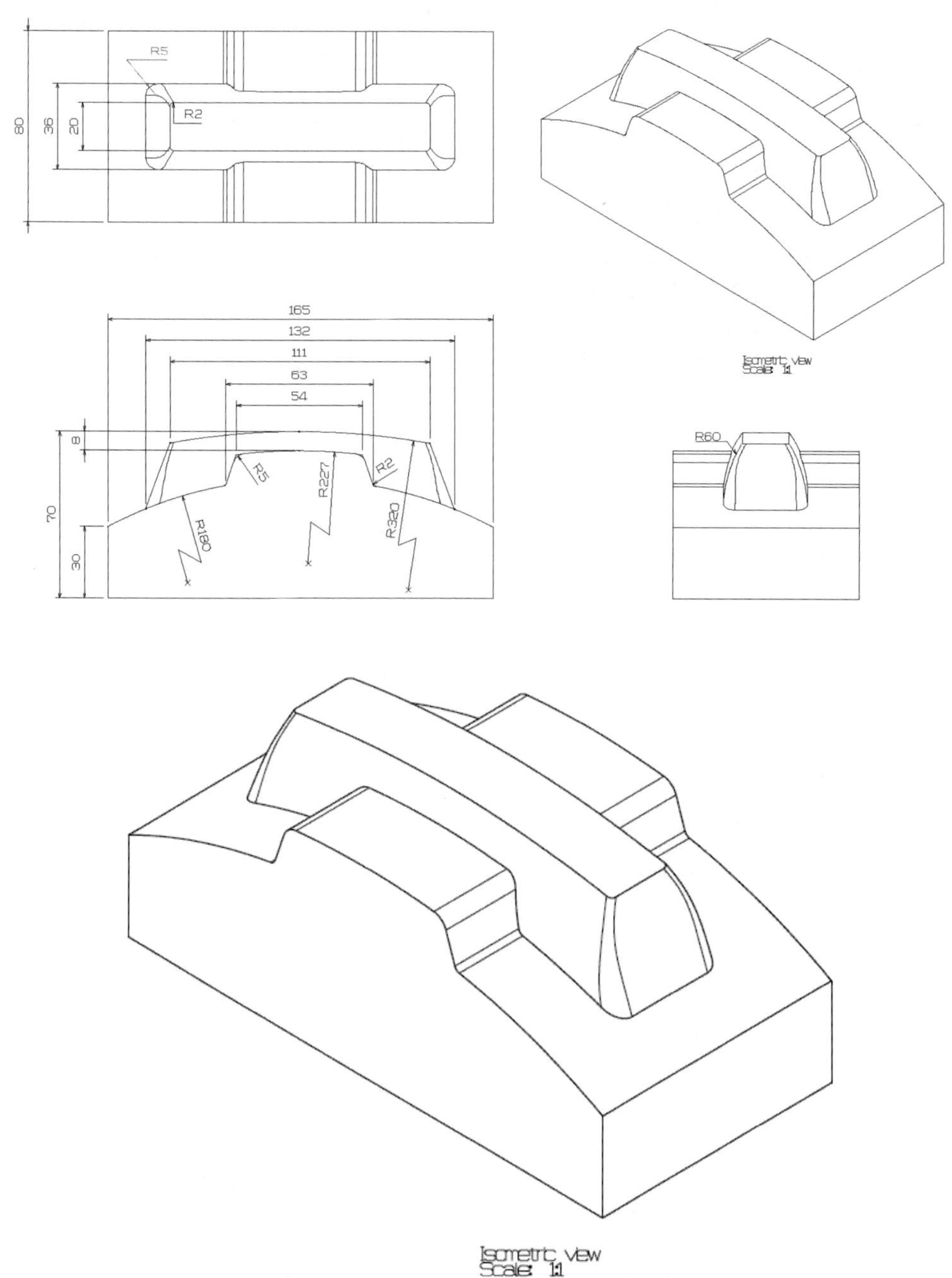

R5
R2
80
36
20
165
132
111
63
54
8
70
30
R5
R227
R2
R180
R320
Isometric view
Scale 1:1
R60
Isometric view
Scale 1:1

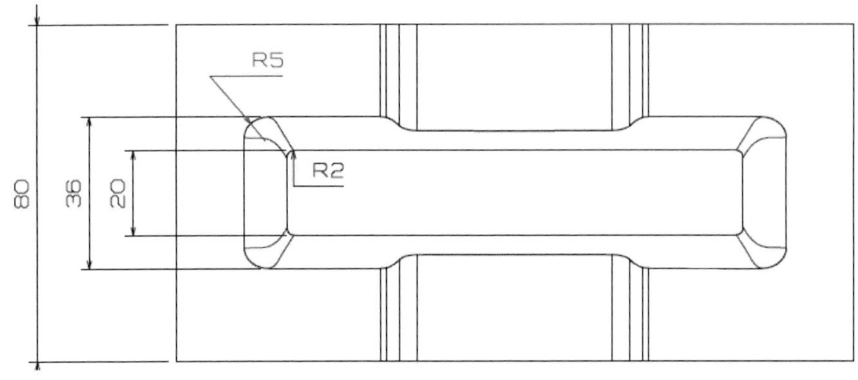

R5
R2
80
36
20

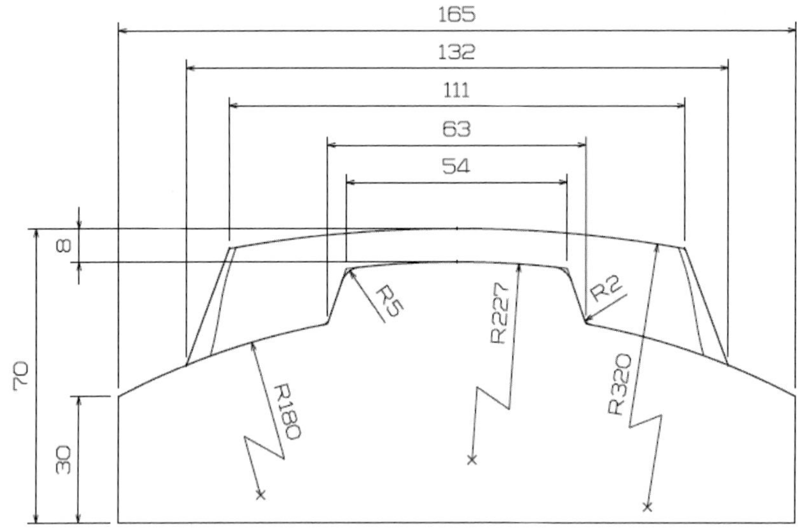

165
132
111
63
54
8
70
30
R5
R227
R2
R180
R320

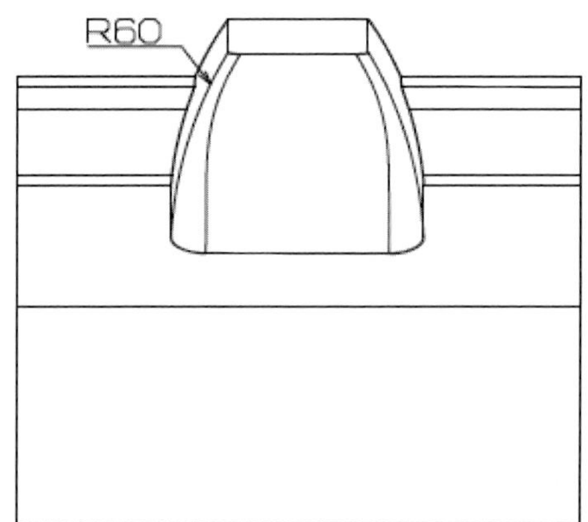

R60

Generative Shape Design을 사용하여 모델링을 하게 될 것이다.

Extrude-Revolution Toolbar의 Extrude와 Sweep을 주로 사용하게 될 것이다.

본 도면은 중급이기 때문에 아이콘의 사용법은 숙지하고 있다는 가정 하에 명령어 사용순서는 자세한 설명이 생략될 수도 있다. TREE 관리법 위주의 설명임을 미리 알리는 바이다.

(1) Option 설정하기

Pull Down Menu의 Tools → Options로 진입한다.

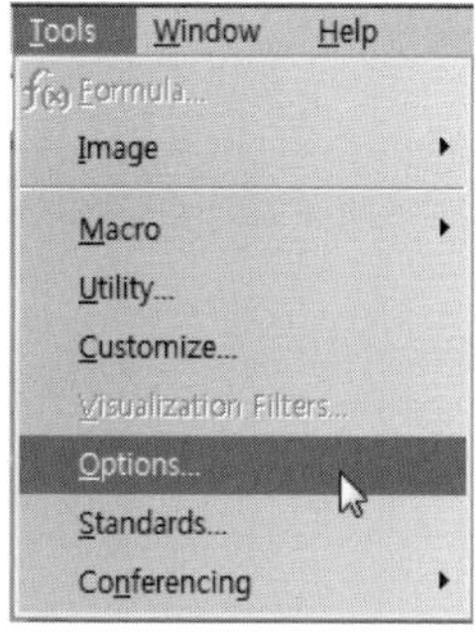

Infrastructure → Part Infrastructure → Part Document 탭의 밑줄 친 항목들의 체크를 아래와 같이 하도록 한다.

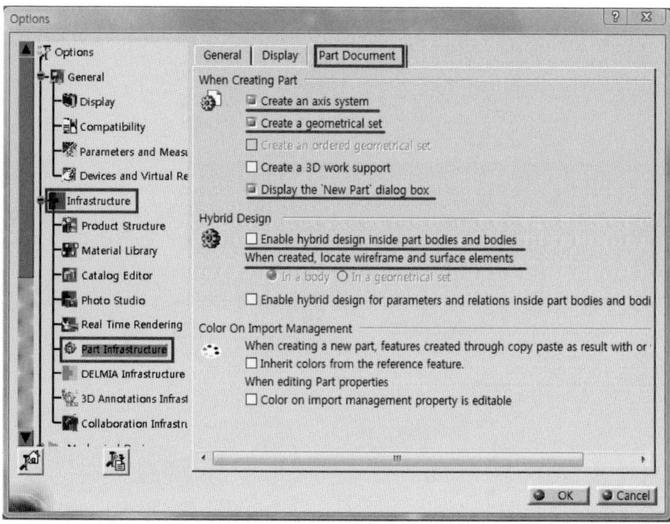

(2) Generative Shape Design 작업환경으로 진입하기

Start 메뉴에서 Generative Shape Design을 선택한다.

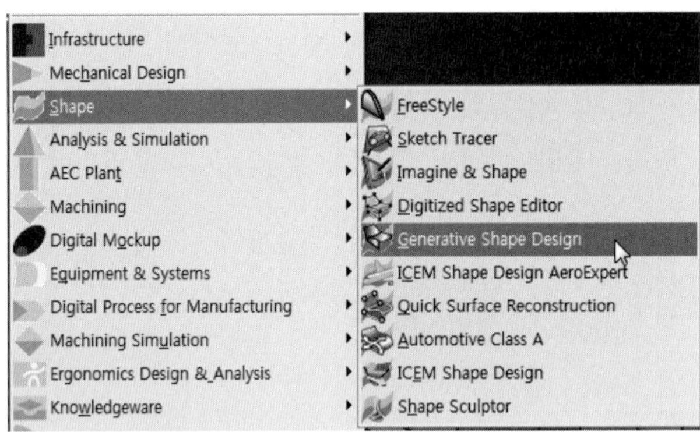

또는 Workbench Toolbar에서 선택하여도 된다.

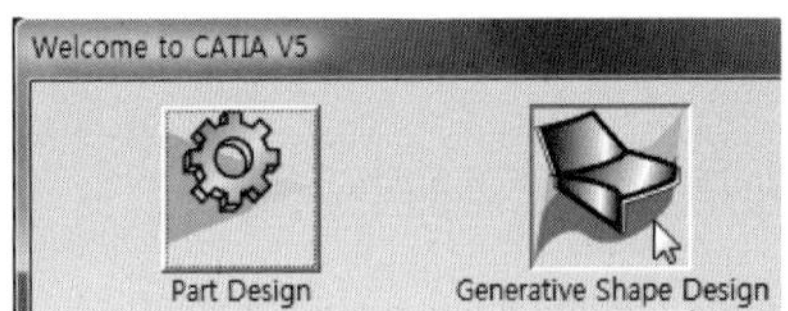

Start 메뉴에서 시작해도 되지만 상기 Workbench Toolbar에서 하면 GSD 작업환경으로 좀 더 빠르게 진입할 수 있을 것이다. 설정 방법은 아래와 같다.

Tools → Customize에서 Start Menu 탭의 Available 항목에서 Workbench Toolbar에 노출되게끔 할 작업환경을 Favorites 항목으로 보내면 된다.

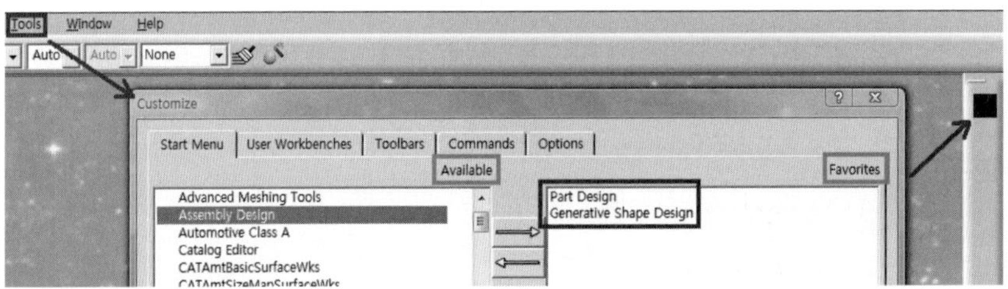

상기와 같이 설정하면 Start Menu로 시작하는 것보다 편리하게 원하는 작업환경으로 진입할 수 있을 것이다.

이렇게 Generative Shape Design 작업환경으로 진입하게 되면 New Part라는 대화창이 나타날 것이다.

여기서 옵션사항은 여러분들이 미리 설정을 완료하였기 때문에 변경할 것은 없다.

Enter Part name에는 여러분들이 원하는 파일명을 적도록 한다. 반드시 영문으로 하길 바라며, 필자는 GSD TRAIN'G_01로 하도록 하겠다.

OK를 클릭하면 GSD 작업 환경으로 진입하게 된다. 진입 후 예기치 않은 강제종료를 대비해 저장을 꼭 하도록 하자.

이제 모델링 작업을 하기 위한 가장 기본적인 환경설정이 끝났다.
다음과 같이 Axis Systems이 있는 작업환경에서 GSD 모델링 작업을 하게 될 것이다.

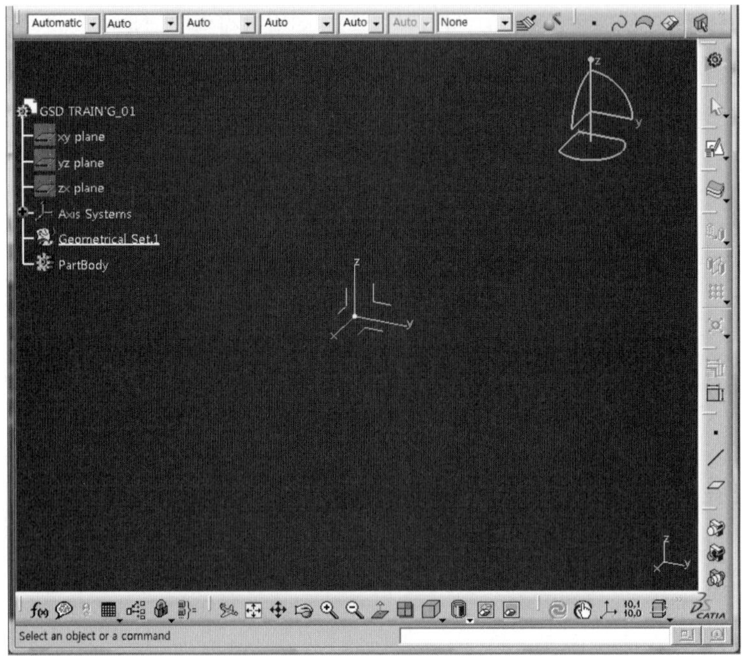

(3) 모델링 따라하기

• Geometrical Set.1를 마우스 오른쪽 클릭하여 속성으로 진입한다.

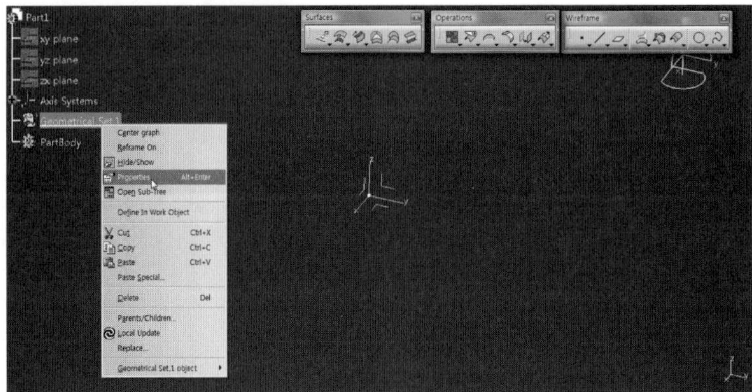

• Feature Name을 Shape Definition으로 변경
  한다.

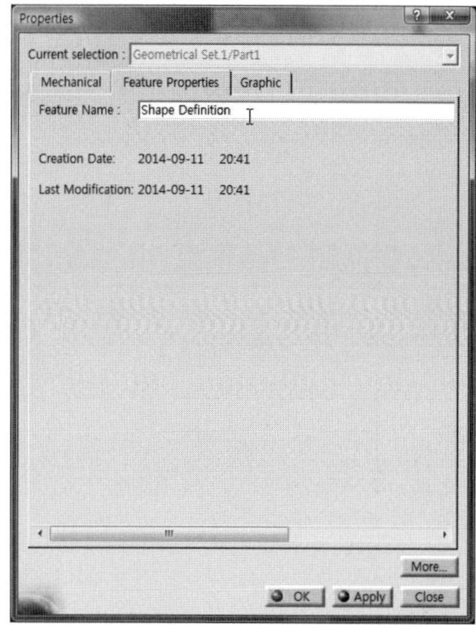

• Insert Toolbar의 Geometrical Set을 실행한
  다.

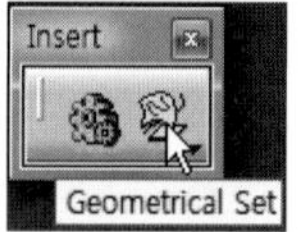

• Father를 Shape Definition으로 변경한다.

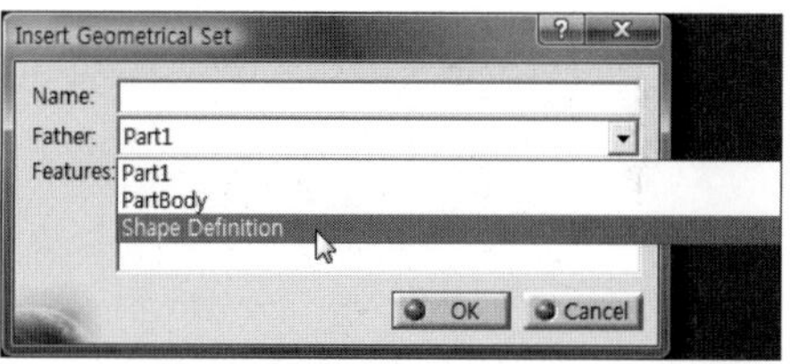

• Name에 Sketch를 입력한다.

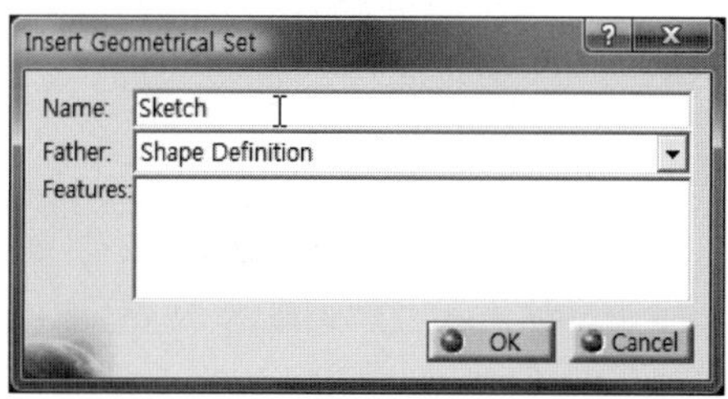

• Father를 Shape Definition으로 변경한다.

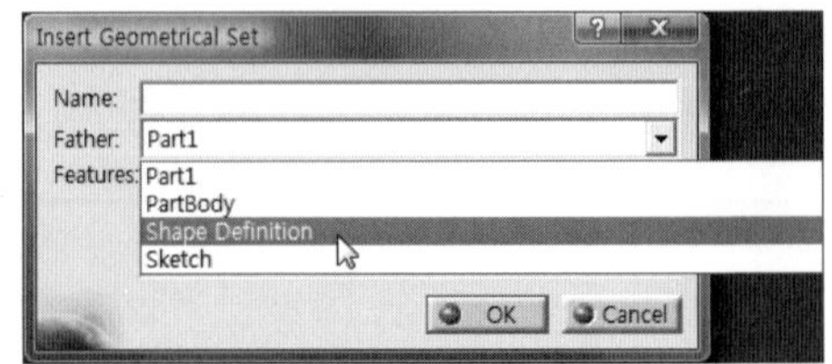

• Name에 Reference Elements를 입력한다.

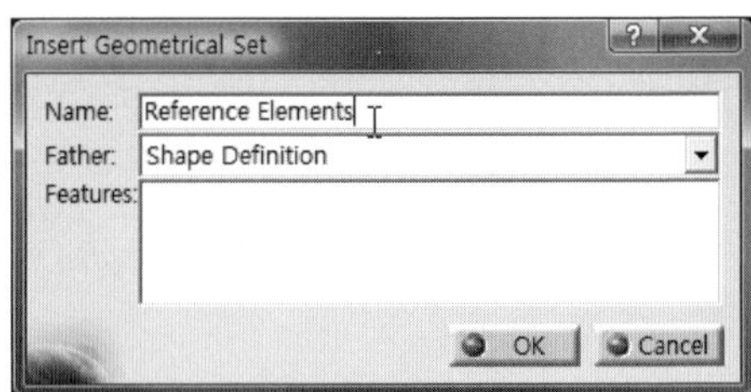

• Father를 Shape Definition으로 변경 후 Name
에 Surface를 입력한다.

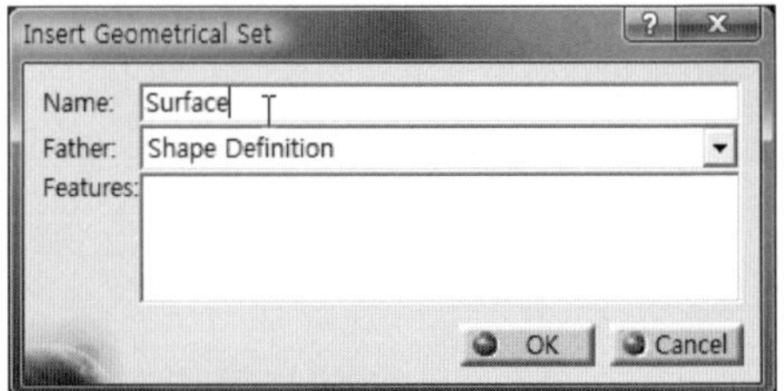

• 지금까지 TREE 구조는 아래와 같이 구성되
었다.

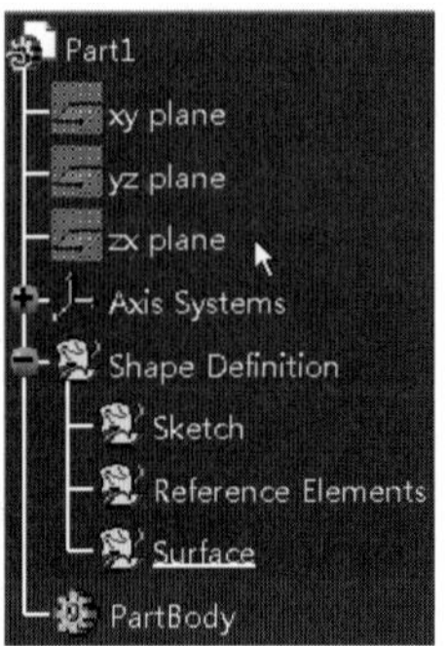

• Geometrical Set을 다시 추가하도록 하자.
Father는 Part1으로 선택 후 Name에 Shape
Operation을 입력한다.

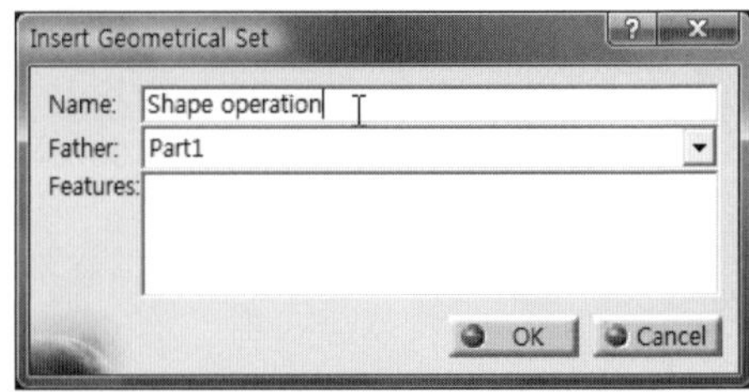

- Father는 Shape Operation으로 변경 후 Name에 Sketch & Wire를 입력한다.

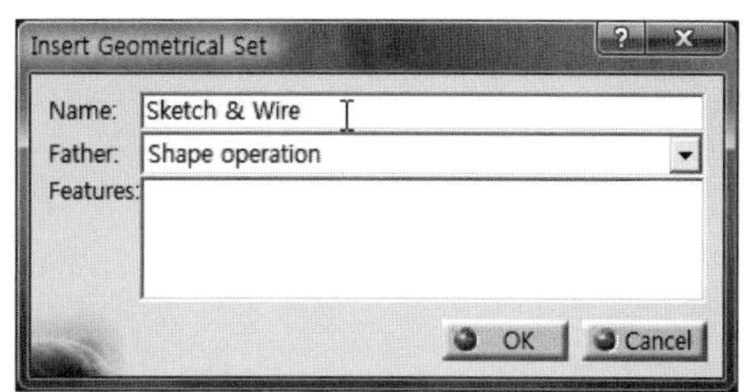

- Father는 Shape Operation으로 변경 후 Name에 Surface를 입력한다.

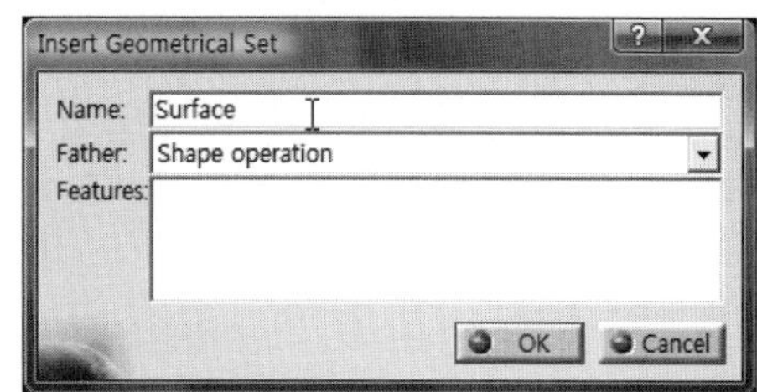

- 다음과 같이 SPEC TREE가 완성되었으나 Part Body가 중간에 있으므로 맨 밑으로 이동을 시켜 보겠다.

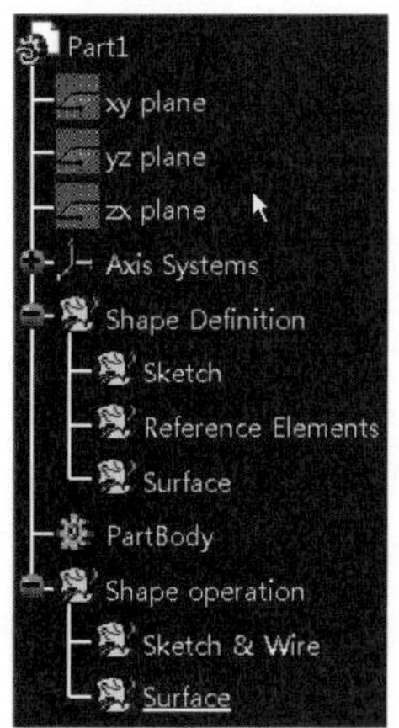

- Part1에 마우스 오른쪽 클릭을 하여 Reorder Children을 실행한다.

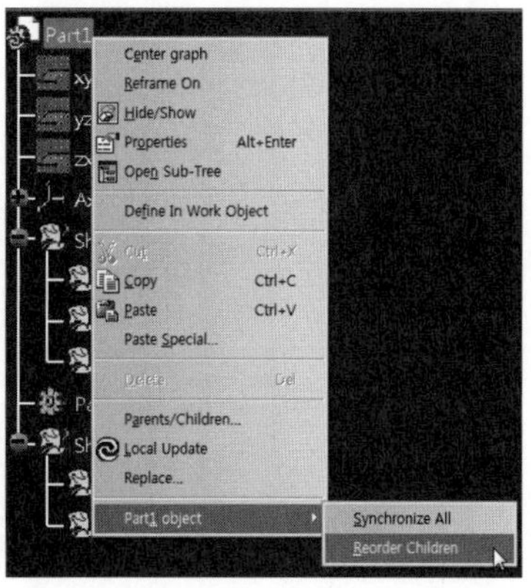

• 좌기와 같이 PartBody를 선택 후 아래방향 화살표를 클릭한다.

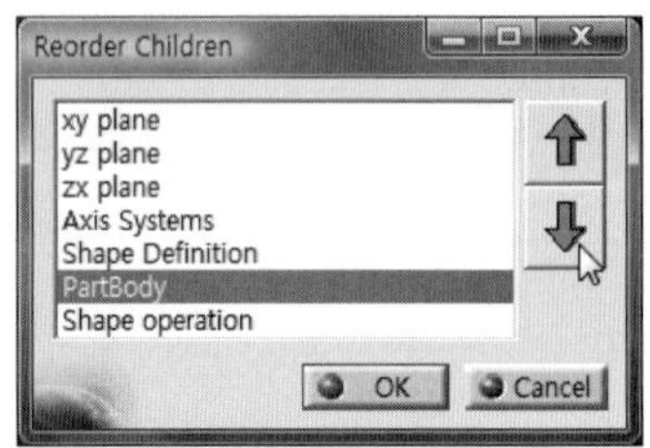

• 최종적으로 좌기와 같이 SPEC TREE가 구축되었다.
도입부에서 말씀드렸지만 이 구조는 정답이 아니다.
User 혹은 회사에 따라 그 구조는 차이가 있기 때문에
TREE 사용법을 익히는데 중점을 두도록 하자.

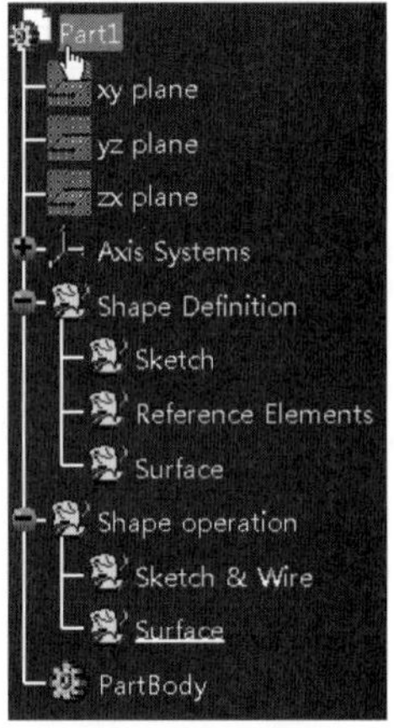

• 해당 Geometrical Set에 User가 원하는 요소를 Insert하는 방법을 알아보도록 하자.
아래와 같이 Sketch에 밑줄이 있는 것을 볼 수 있을 것이다.

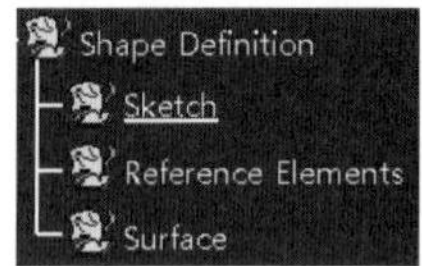

• yz plane을 선택하여 스케치 환경으로 진입한다.

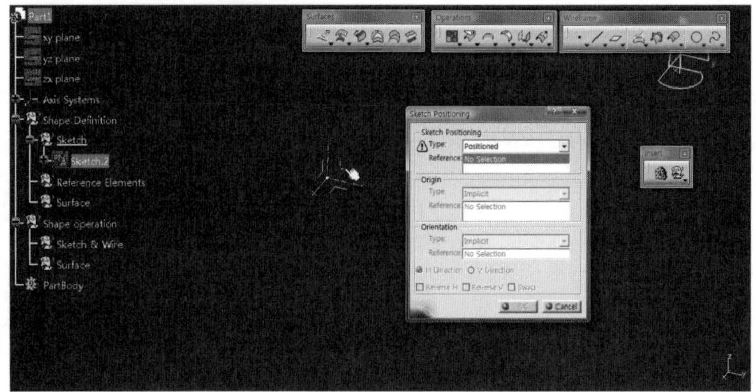

• 임의 크기의 사각형을 작도 후 스케치 환경을 나온다. Surface에 오른쪽 클릭을 한 후 Define In Work Object를 선택한다.

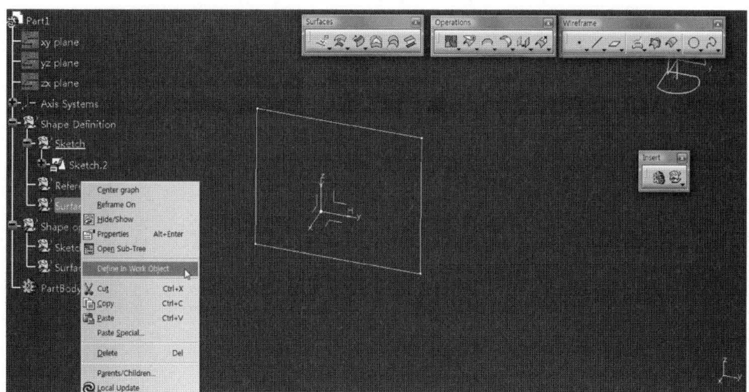

• Surface에 밑줄이 이동한 것을 볼 수 있을 것이다.

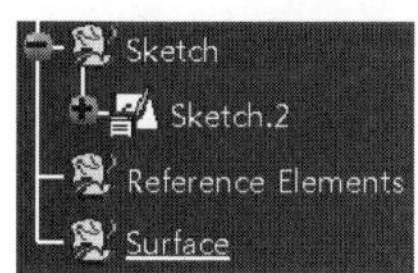

• yz plane을 선택하여 스케치 환경으로 진입한다.

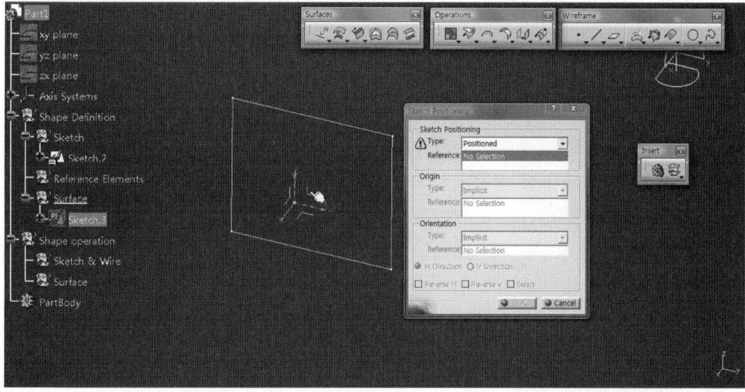

• 아래와 같이 삼각형의 스케치는 Surface Geometrical Set에 Insert되었다.

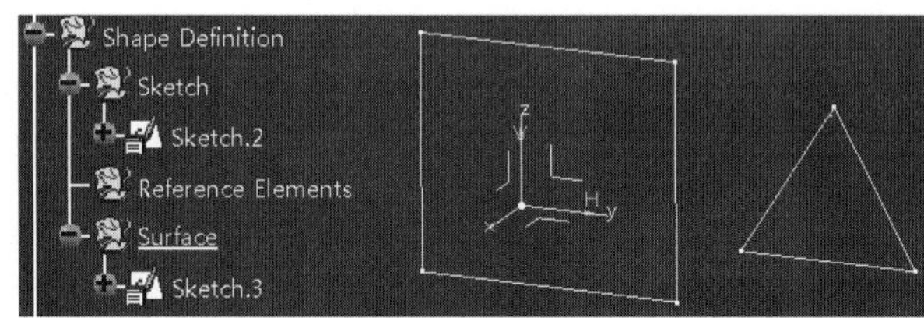

• 위와 같이 해당요소를 원하는 Geometrical Set에 Insert하기 위해서는 Define In Work Object를 정의하면 된다.
Shape Definition에는 형상구현의 재료들 Sketch, Reference Elements, Surface 요소를 넣어주면 되고 Shape operation에는 상기 재료들의 편집을 하기 위해 쓰였던 명령어를 정리하면 된다.
TREE 정리를 하지 않고 1개의 Geometrical Set에 형상정의와 편집을 한다면 모델링 수정이 어려워지며 복잡한 형상 구현을 하기가 힘들어짐을 명심하자.

• 다시 본론으로 돌아오자. Sketch에 Define In Work Object를 정의하자.

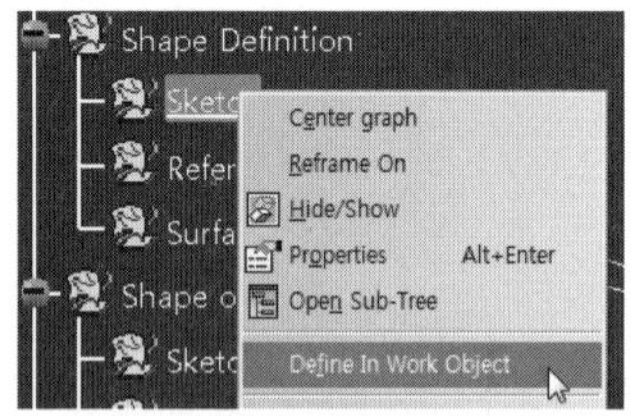

• Positioned Sketch를 실행하여 yz plane을 선택한다.

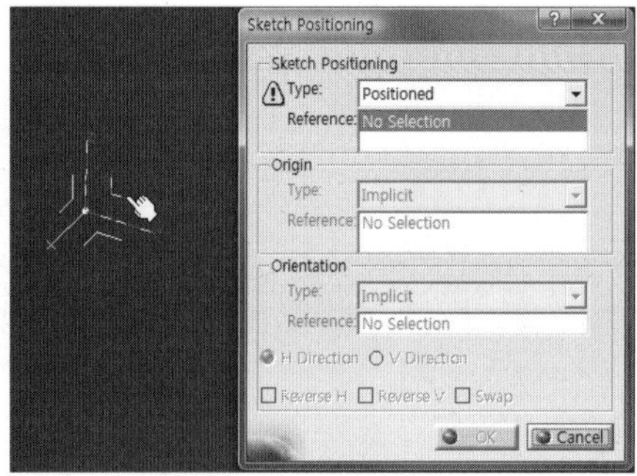

• Arc를 실행한다.

• 임의 크기의 원호를 작도한다. 이때 원호의 중심점은 V벡터와 일치구속이 되도록 하자.

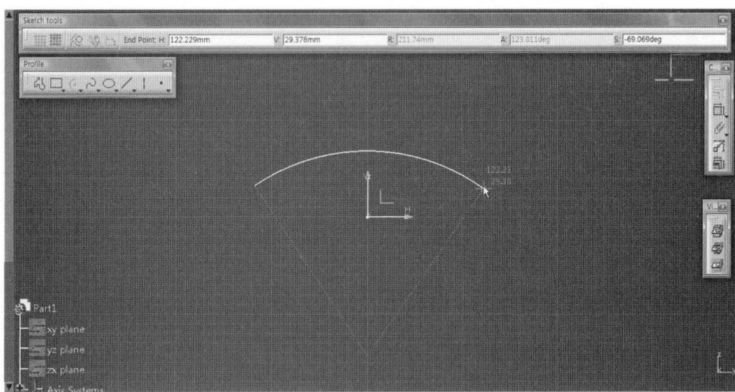

• 원호의 반지름을 R180으로 치수구속한다.

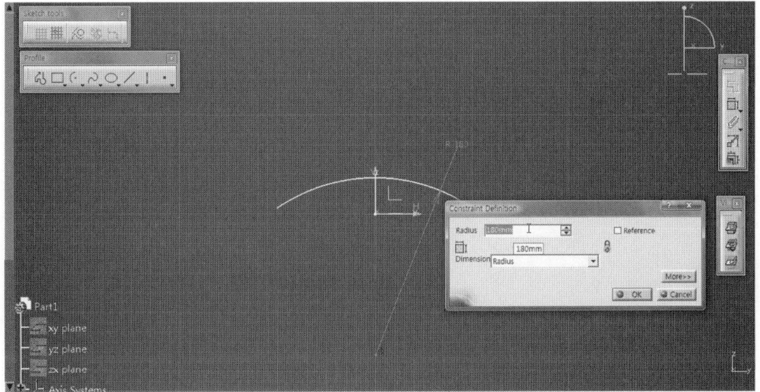

• 원호의 좌측 끝점에 수직선을 작도한다. 선이 끝나는 점은 H벡터와 일치구속이 되도록 하자.

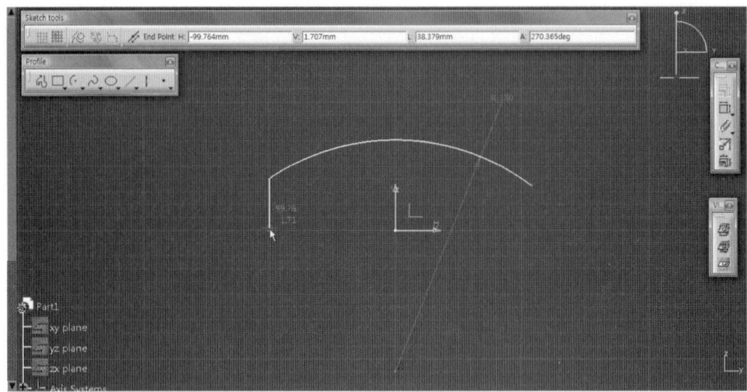

• 원호의 우측 끝점에도 수직선을 하나 작도하도록 한다.

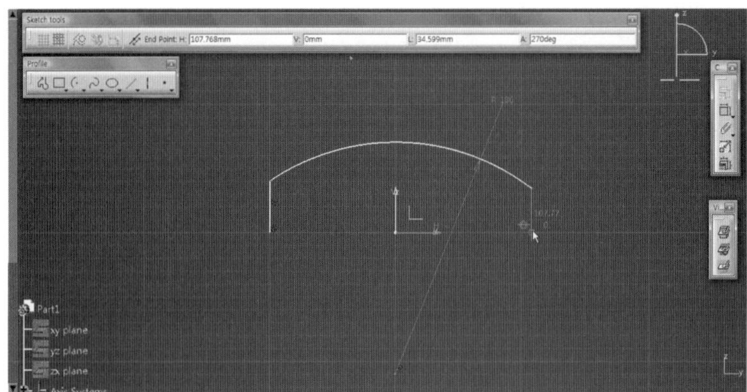

• 좌, 우측 수직선의 길이를 30mm로 치수구속하도록 한다.

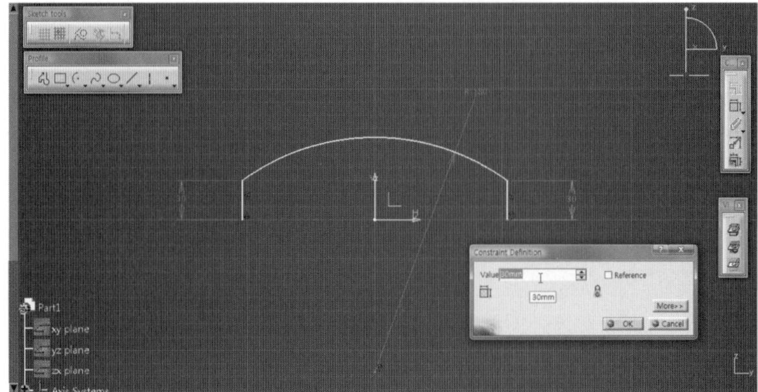

• 두 개의 수직선을 165mm로 치수구속을 한다.

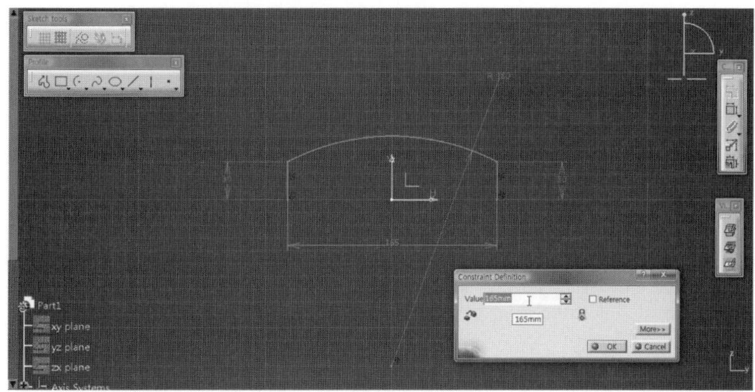

• Profile을 실행하여 첫번째 점이 원호에 일치구속이 되도록 하여 아래와 같이 Line을 작도하도록 한다.

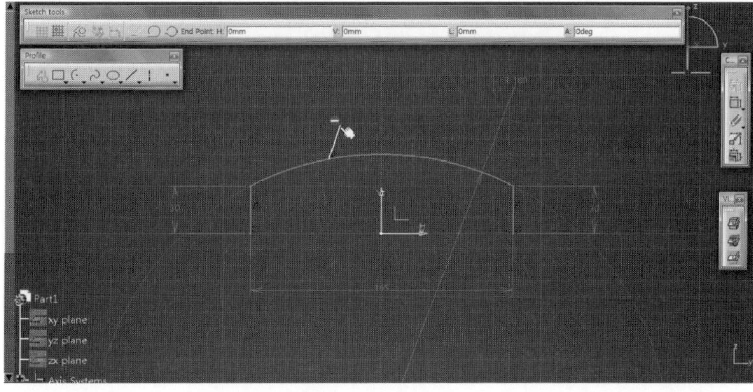

• Sketch tools의 Tangent Arc를 활성화한다.

• 아래와 같이 임의 크기의 원호를 작도한다.

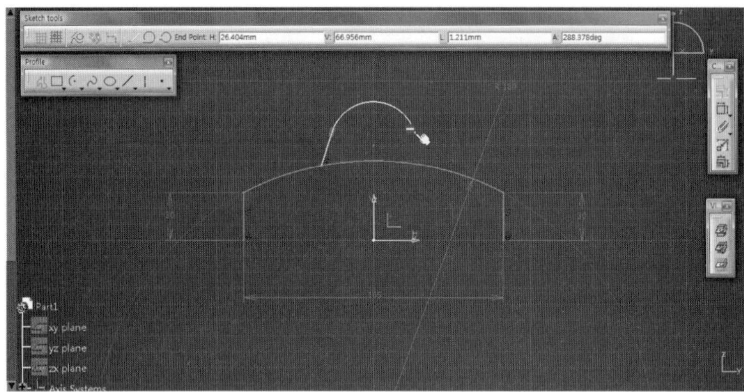

• Profile의 끝점은 원호와 일치가 되도록 작도한다.

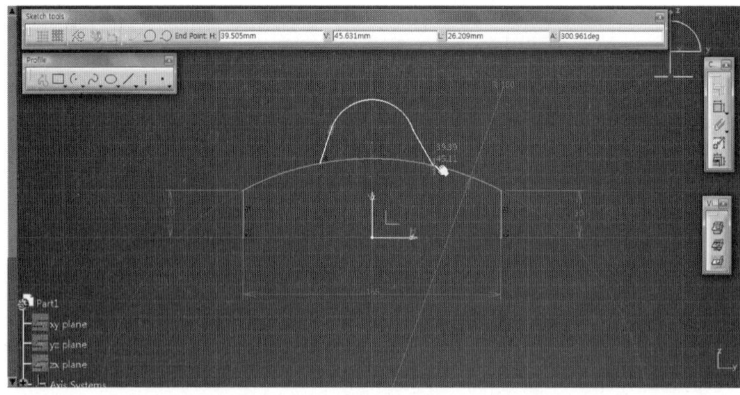

• 아래와 같이 양끝점의 일치구속이 성립되었다.

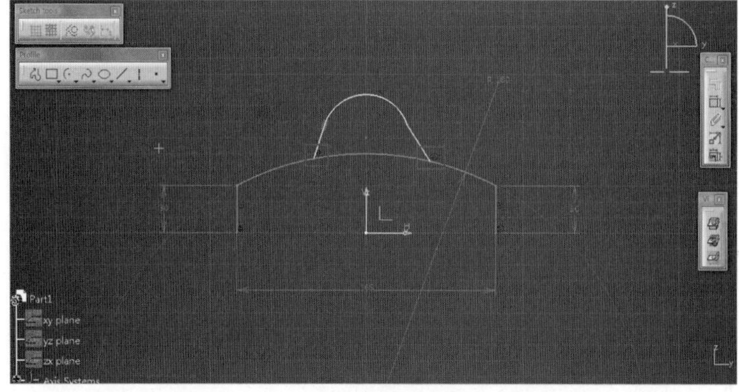

• Tangency 구속을 선택하여 삭제한다.

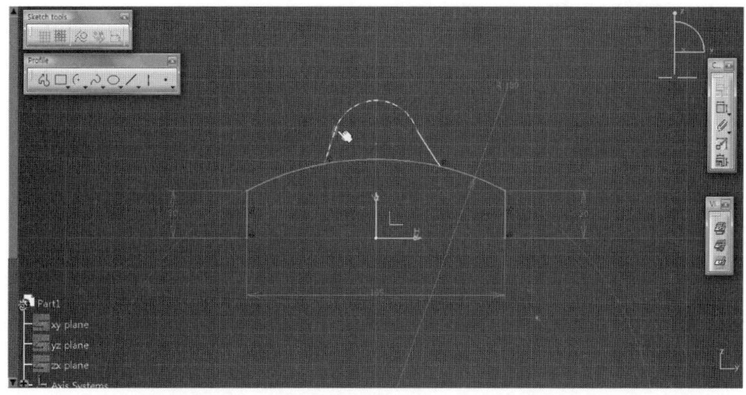

• 원호의 중심점과 V벡터간 일치구속을 부여한다.

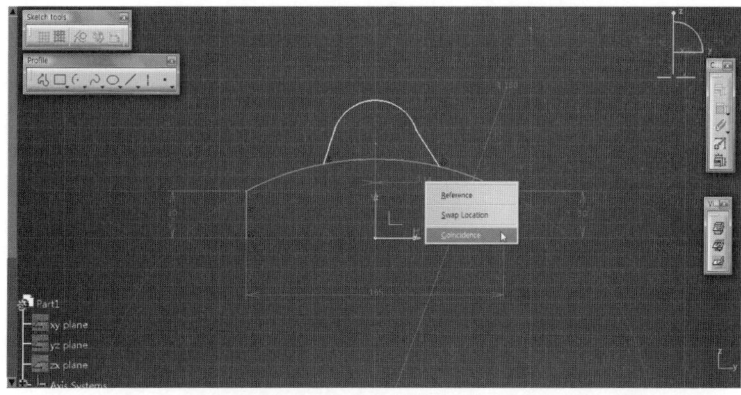

• 원호의 상단 사분점과 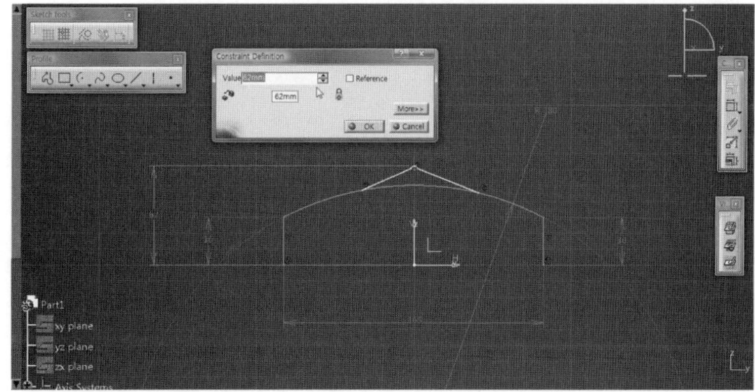 H벡터간 거리를 62mm로 한다.

• 아래와 같이 Profile의 양 끝점에 치수를 부여하면 수평이 아닌 기울어진 치수가 나오므로 치수 구속을 준 후 마우스 오른쪽 클릭을 하여 Horizontal Measure Direction을 선택한다.

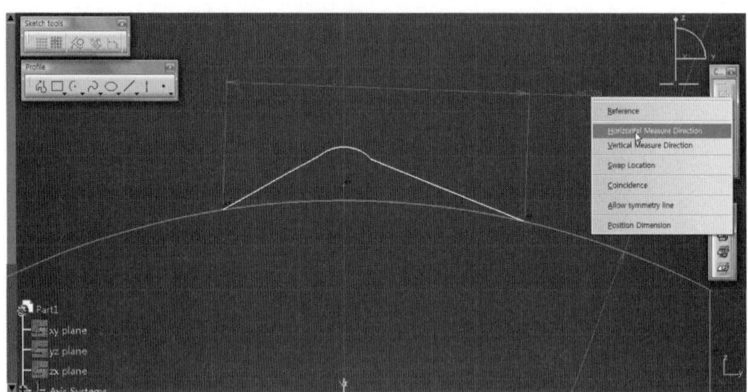

• 치수선이 수평이 되었다.

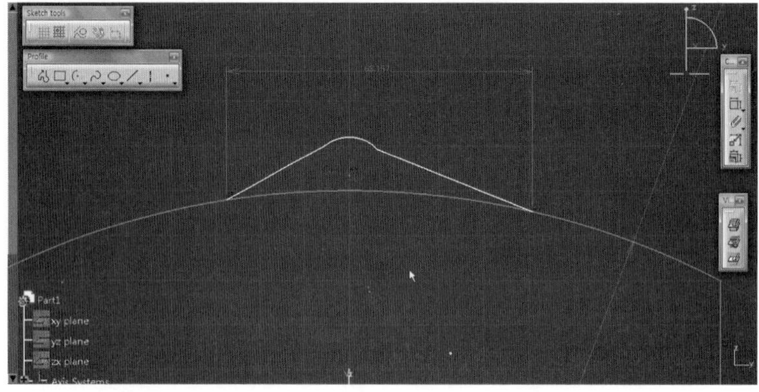

• 63mm 치수구속을 준다.

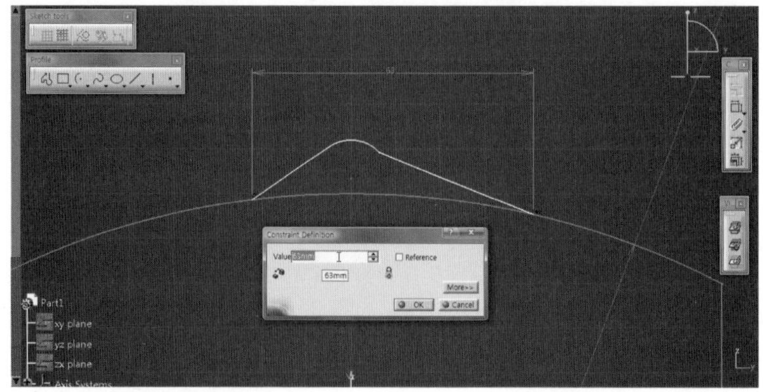

• 좌측 끝점과 V벡터와 31.5mm 치수구속을 한다.

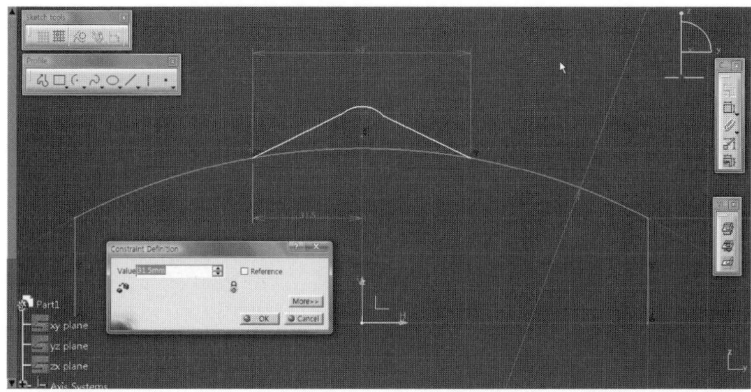

• 원호의 양끝점을 치수구속을 준 후 마우스 오른쪽 클릭을 하여 Horizontal Measure Direction을
  택한다.

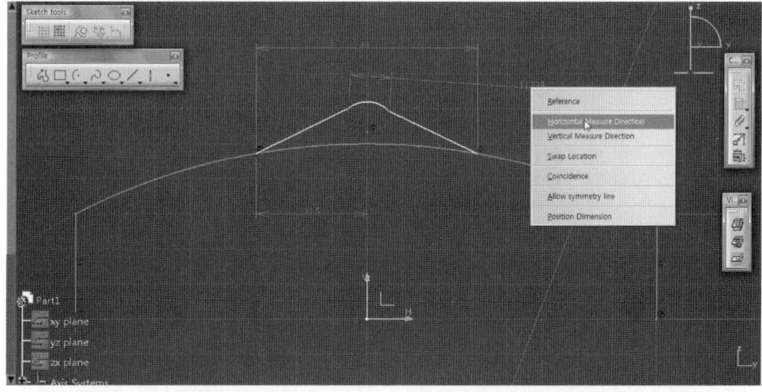

• 치수선이 수평이 되었다.

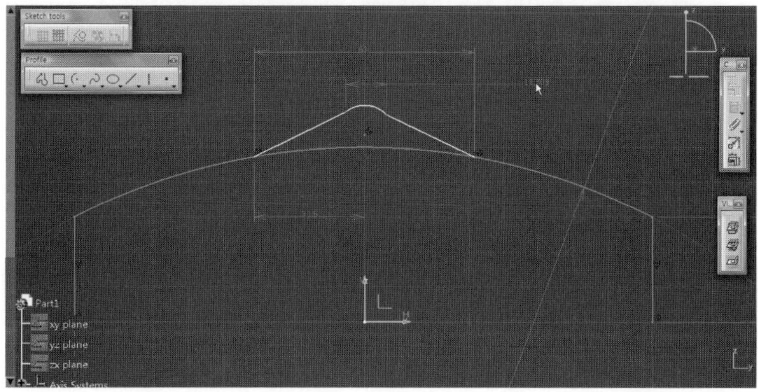

• 54mm 치수구속을 주면 상황에 따라 형상이 아래와 같이 급격히 변형될 수도 있다. 초보자분들이 치수구속을 주다보면 간혹 스케치의 급격한 형상변형을 경험하게 되는데 이때 당황하는 경우가 종종 있다. 그럴 때는 당황하지 말고 스케치의 꼭지점을 잡고 구현하려던 형상의 모양을 잡아가며 치수를 부여하면 된다.

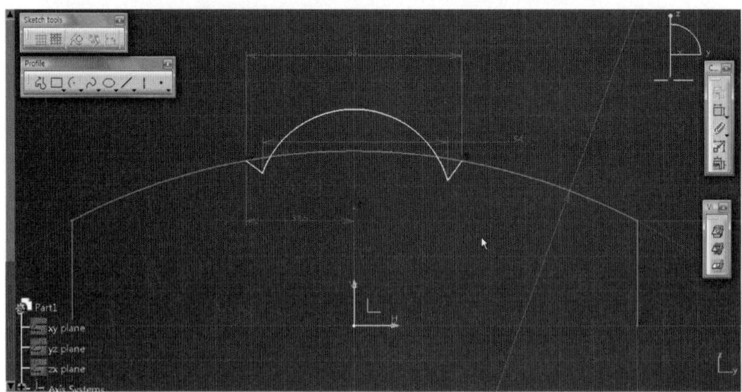

• 아래와 같이 꼭지점을 클릭한다.

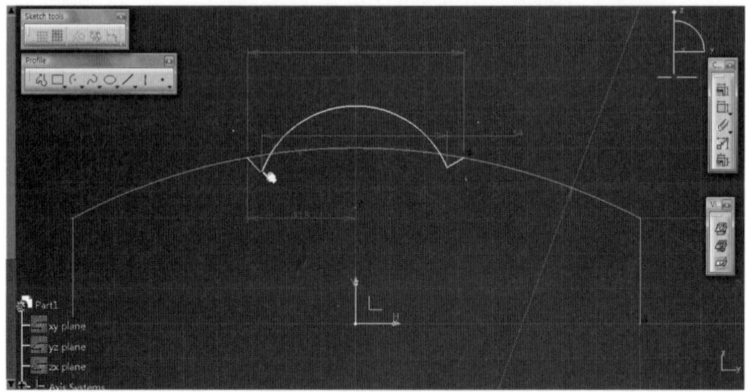

• 꼭지점을 드래그하여 상단으로 올려 구현하려 하는 형상과 비슷하게 만들도록 한다.

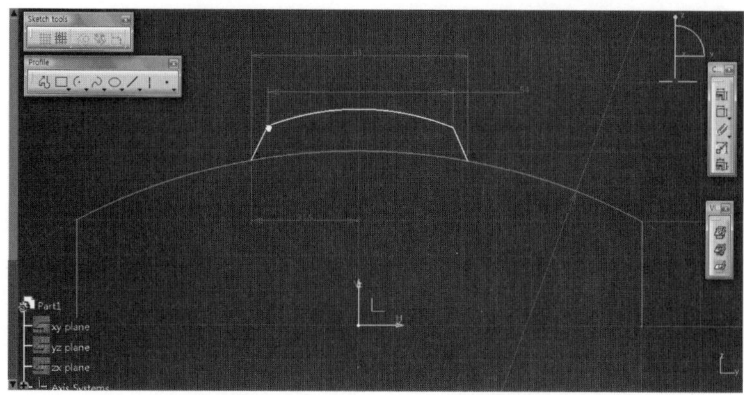

• 원호의 좌측 끝점과 V벡터와 27mm 치수구속을 한다. 지금처럼 점요소를 수평선상에 좌우대칭
으로 치수구속을 하는 경우가 의외로 많이 발생한다. 이 Solution도 한 방편이지만 좀더 간편한
해결방법이 있으니 뒤에 설명하도록 하겠다.

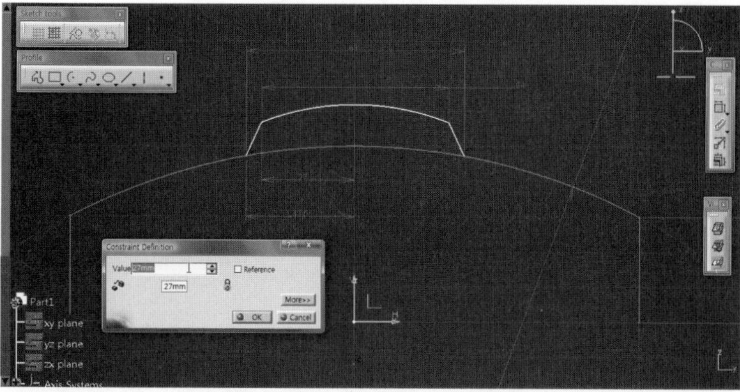

• 원호의 반지름 값을 227mm로 한다.

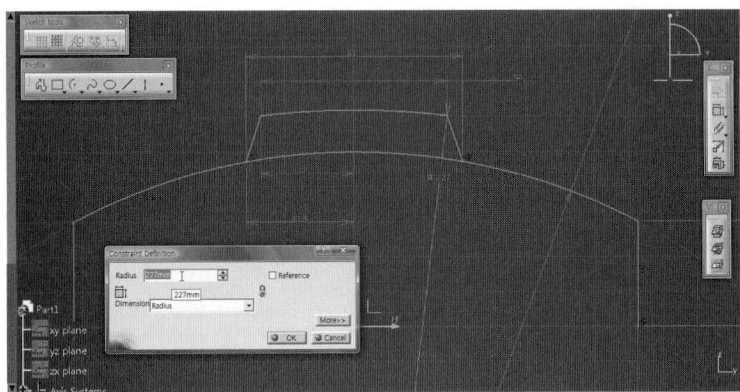

• Quick Trim을 실행한다.

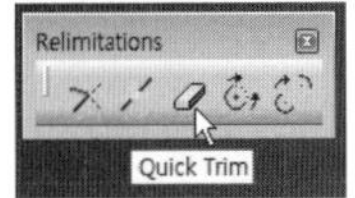

• 스케치의 아래와 같은 부분을 클릭한다.

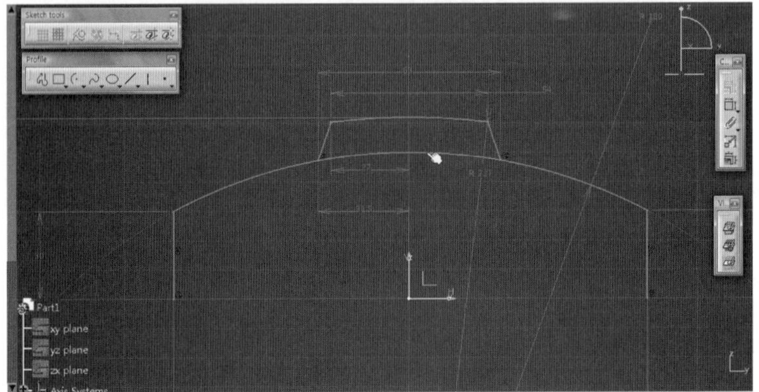

• 아래와 같이 스케치 중단이 삭제된 것을 볼 수 있다.

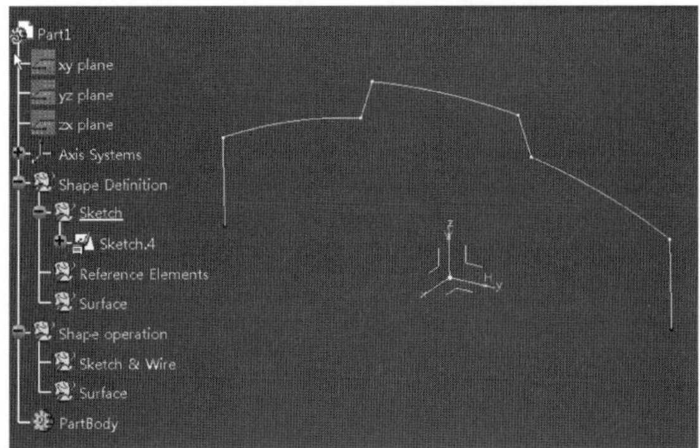

• SPEC TREE의 Shape Definition → Surface에 Define In Work Object를 정의한다.

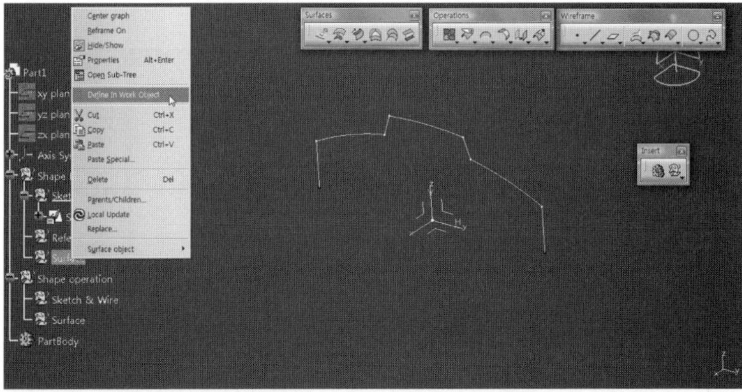

• Suface의 Geometrical Set에 Extrude.1이 Insert되었다. Limt1, 2 값은 40mm로 한다.

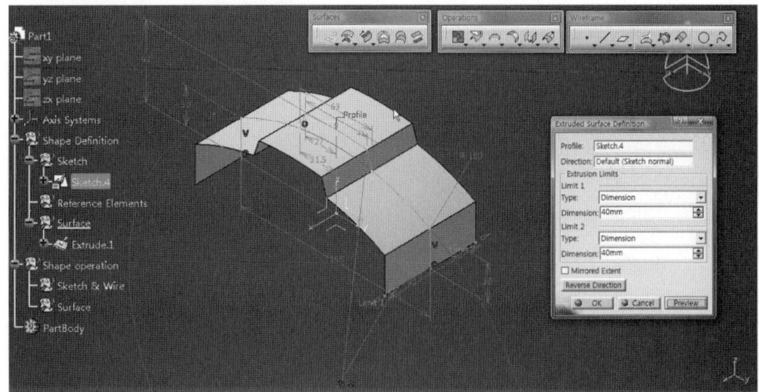

• Shape Definition → Reference Elements에 Define In Work Object를 정의한다.

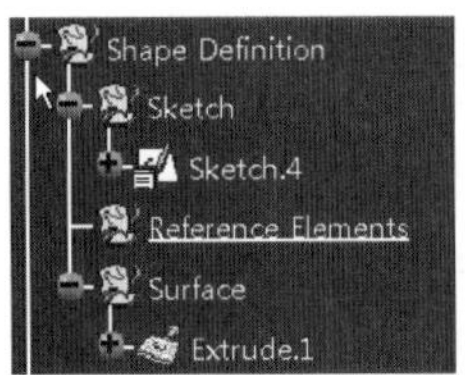

• Line을 실행한다.

• Line type은 Point − Point으로 변경 후 아래와 같이 Surface의 끝점을 클릭한다.

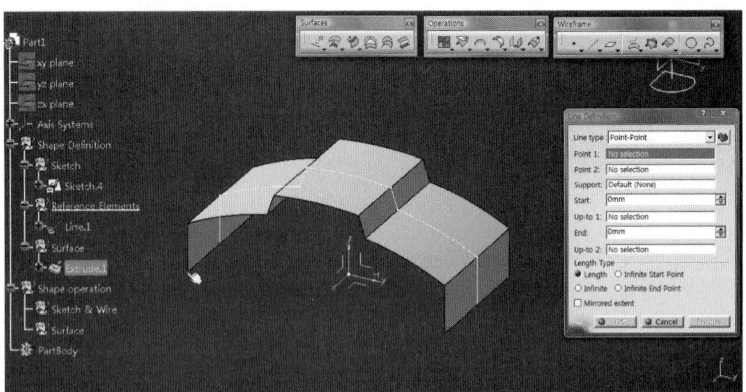

• 반대편 끝점을 클릭한다.

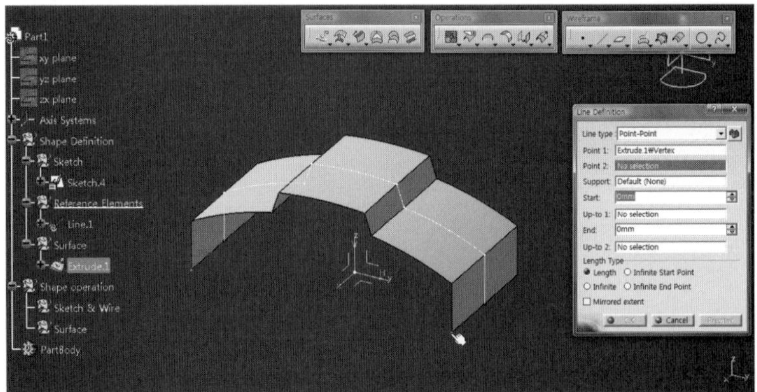

• 아래와 같이 Line이 생성되었다.

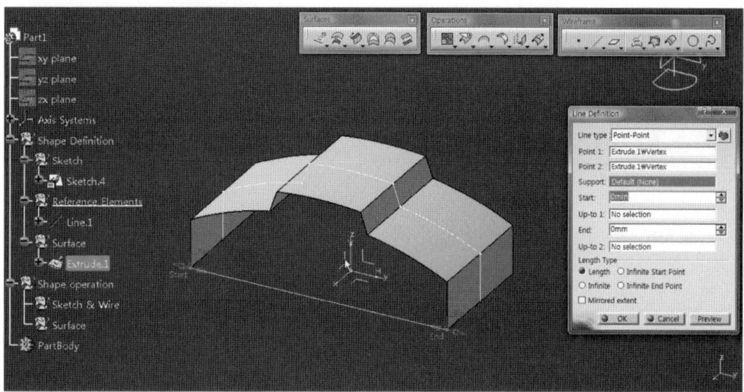

• Shape Definition → Sketch에 Define In Work Object를 정의한다.

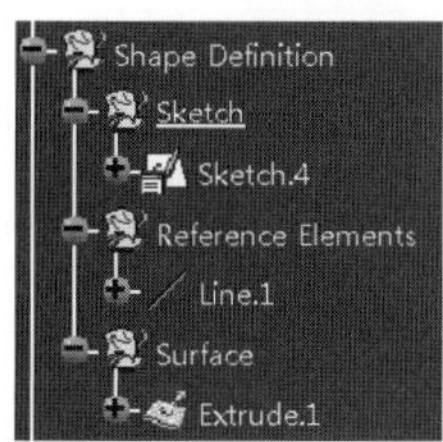

• Boundary를 실행한다.

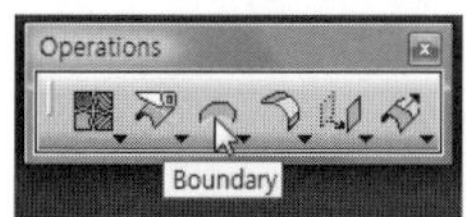

• Propagation type은 point continuity로 변경한다.

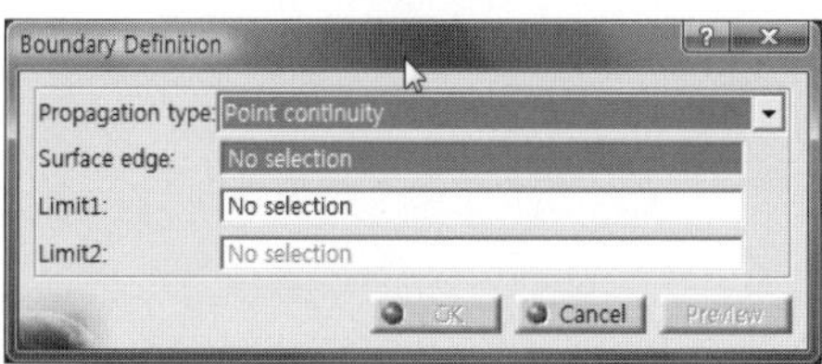

• 아래와 같이 Surface의 Edge를 선택한다. Boundary를 Sketch Geometrical Set에 넣은 이유는 속성상 Curve에 해당하지만 Sketch와 같이 Surface의 재료가 되므로 굳이 Geometrical Set 구성을 하지 않았음을 미리 밝힌다.

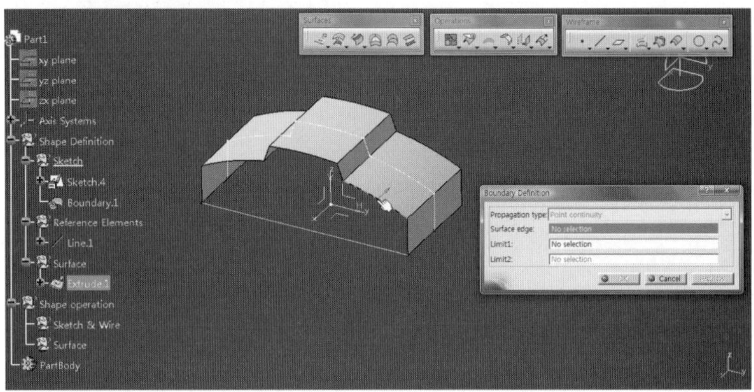

• 아래와 같이 Curve가 추출되지만 필요한 부위만 추출하기 위해 Limit 지정을 하도록 하자. 아래와 같이 끝점을 클릭한다.

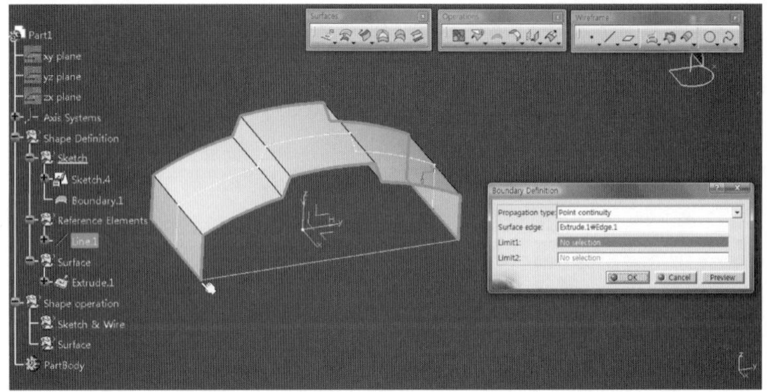

• 이때 클릭한 점에 적색 화살표가 생성되는데 그림과 같은 방향이 되도록 유의하자. Curve가 추출되는 방향성을 결정하기 때문이다.

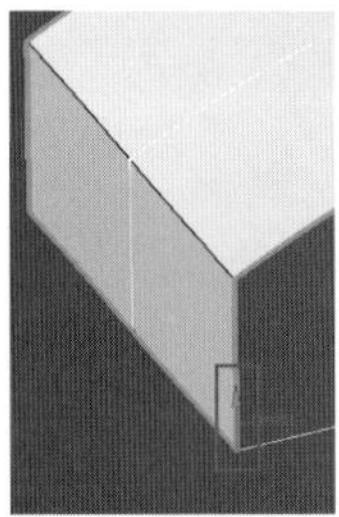

• 아래와 같이 반대편 끝점을 클릭한다.

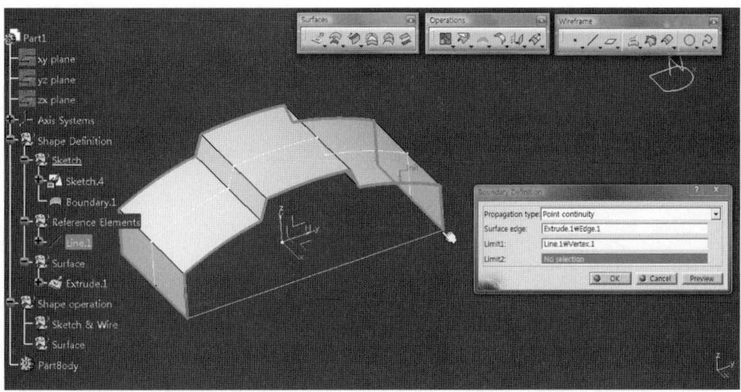

• 아래와 같은 형상의 Curve가 추출되었다.

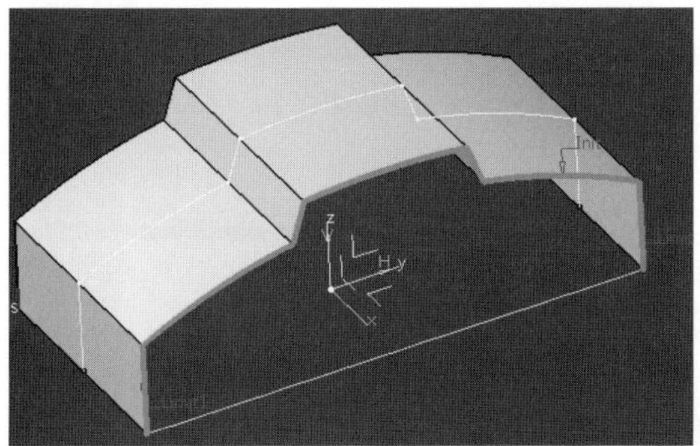

• Shape Definition → Surface에 Define In Work Object를 정의한다.

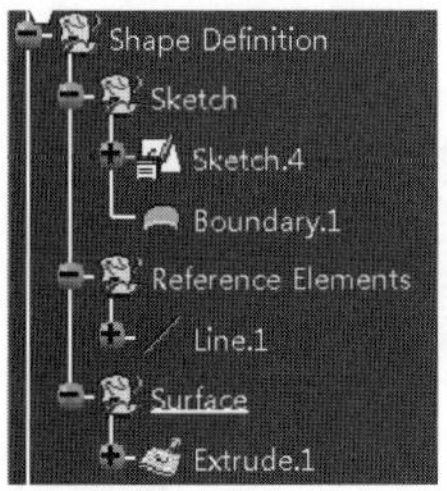

• Fill을 실행하여 추출한 Boundary를 선택한다.

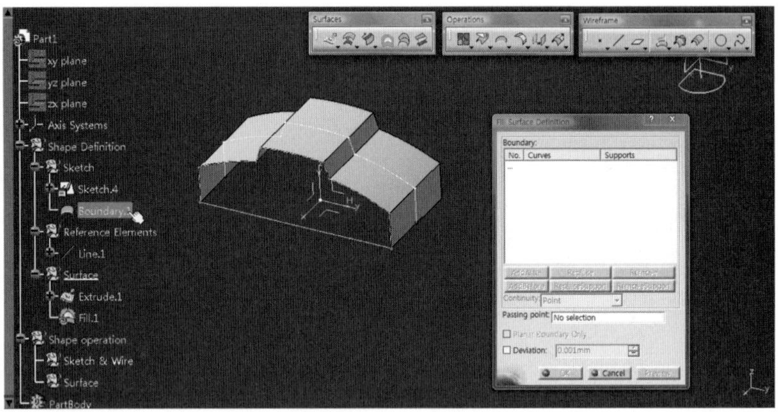

• Line을 선택한다.

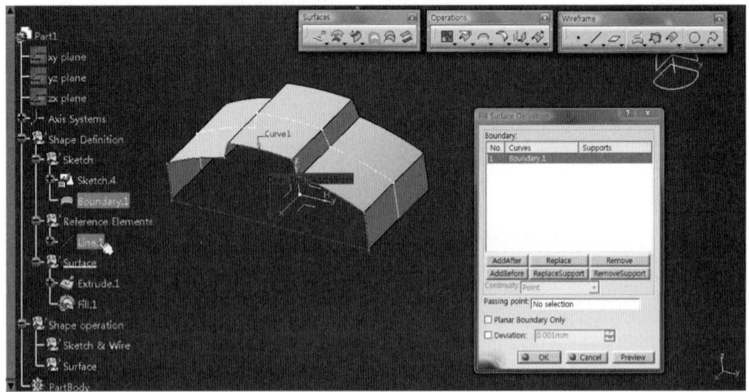

• Closed Contour 메시지가 출력되면 OK를 클릭한다.

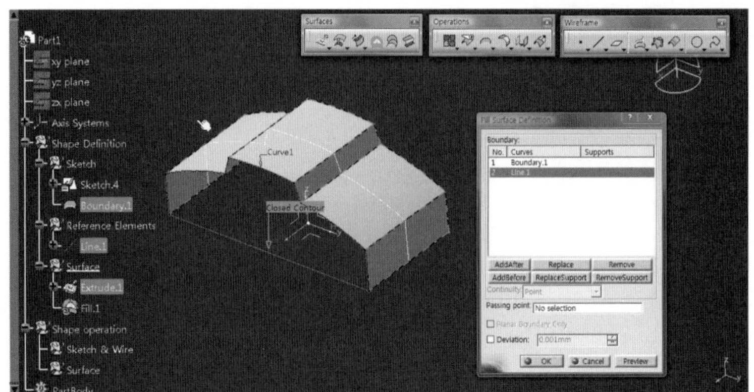

• 아래와 같이 Surface가 생성되었다.

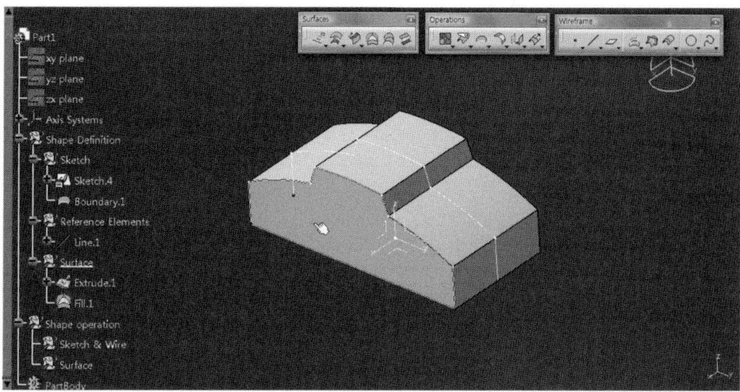

• Symmetry를 실행한다.

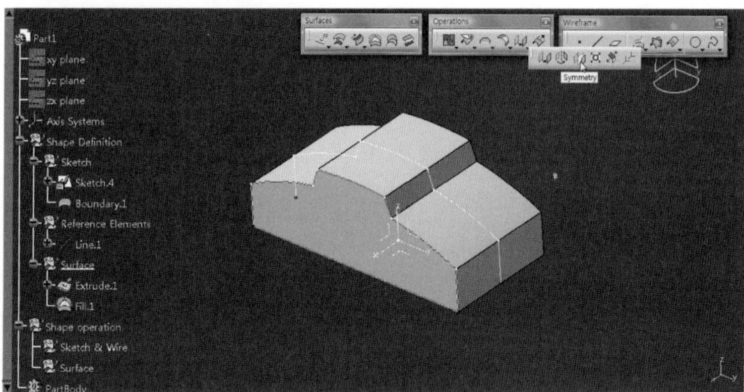

• Fill로 생성된 Surface를 선택한다.

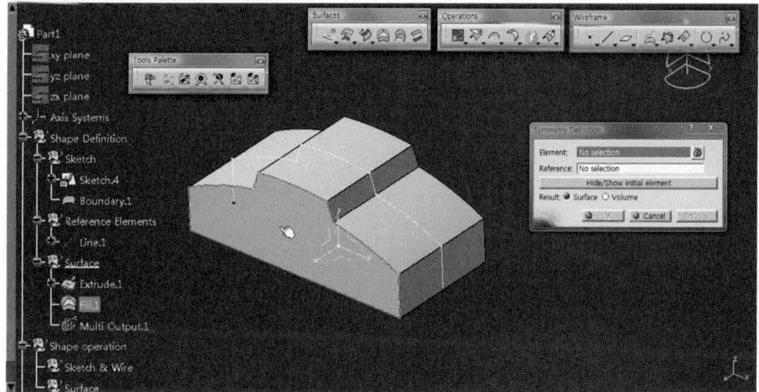

• yz plane을 선택한다.

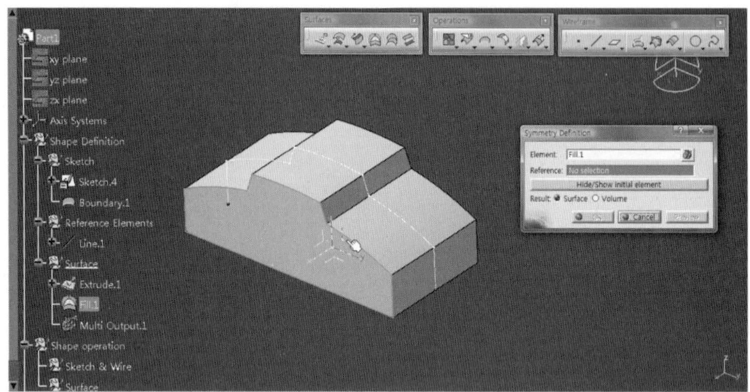

• 아래와 같이 Surface가 대칭 복사되었다.

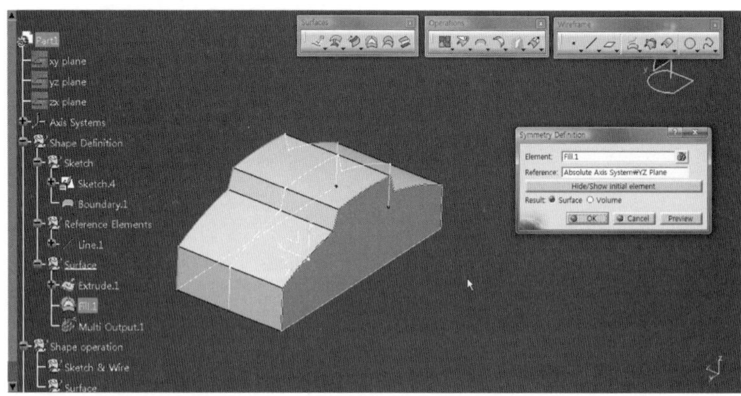

• Shape operation → Surface에 Define In Work Object를 정의한다.

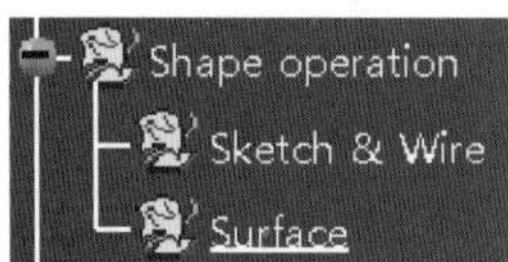

• Join을 실행한다.

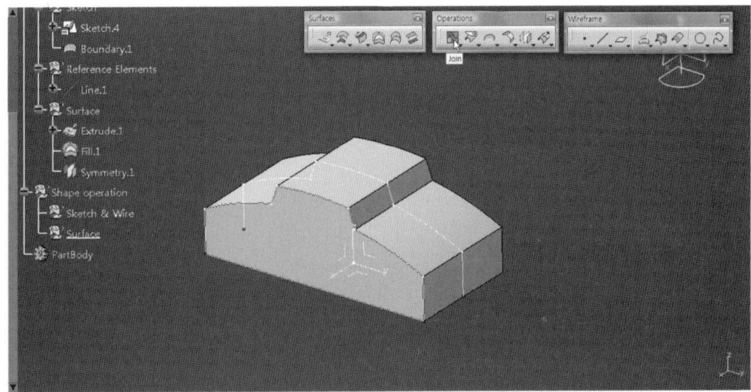

• Extrude.1을 선택한다.

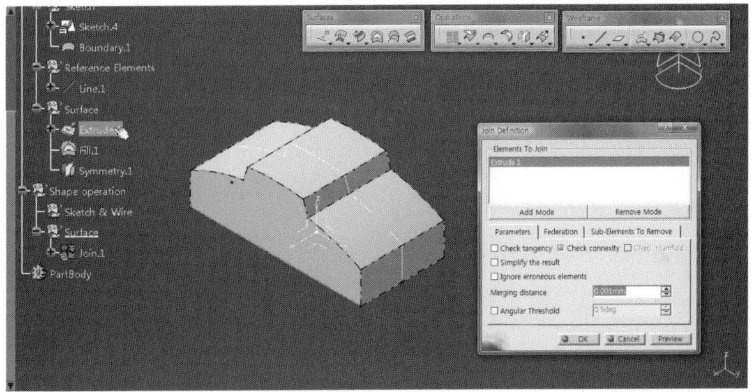

• Fill.1을 선택한다.

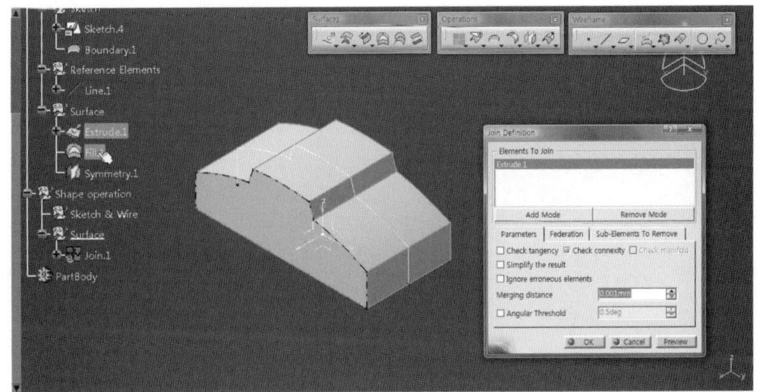

• Symmetry.1을 선택한다.

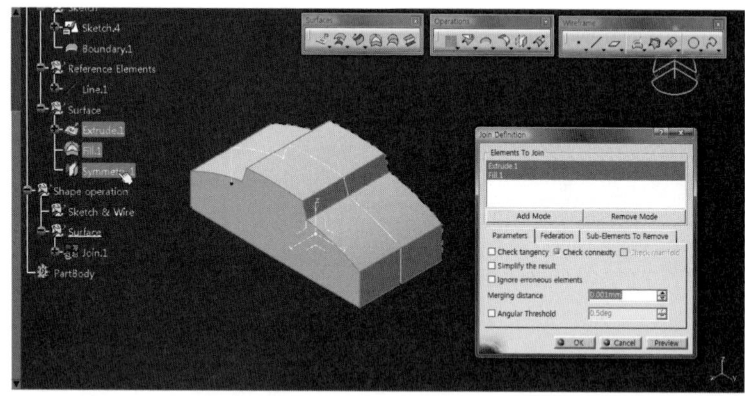

• 3개의 Surface를 선택하였으면 OK를 클릭하여 1개의 Surface로 만들도록 하자.

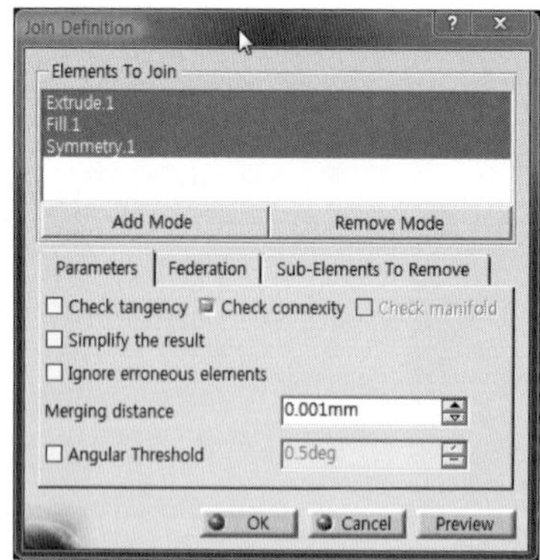

• 아래와 같이 Shape operation → Surface에 Join.1이 생성되었다. 재료가 된 Surface의 편집 결
과물을 아래의 Geometrical Set에 정리한 것이다.

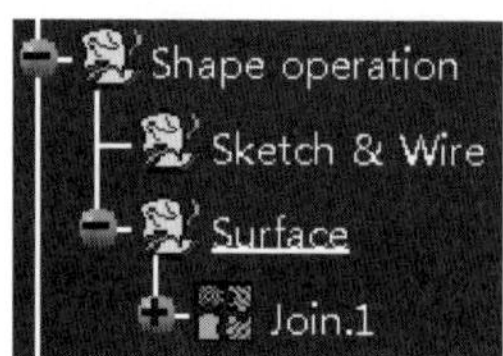

- 만약 수정사항이 발생되면 어떻게 할 것인가? 편집결과물의 재료가 됐던 요소들을 찾기란 기억력이 매우 좋은 사람이라도 힘들 것이다. 그때에는 편집명령어를 오른쪽 클릭하여 아래의 Parents/Children 클릭하여 보자. 재료와 결과물의 인과관계를 보여주는 창이 아래와 같이 생성된다. 역추적을 하기 위해 TREE를 찾아 헤매는 수고를 덜 수 있을 것이다.

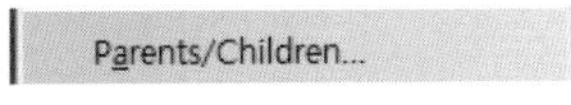
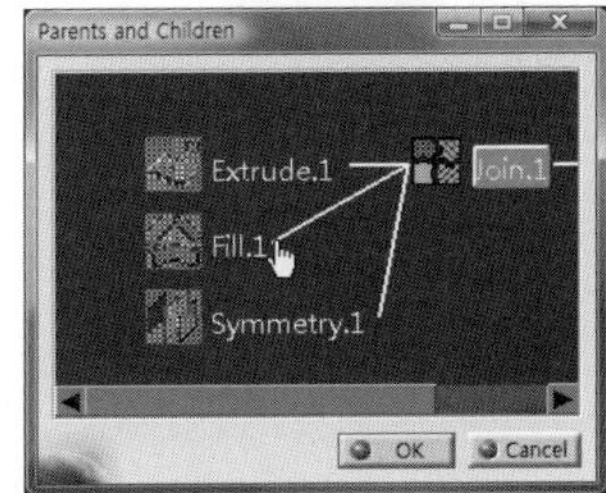

- 다시 본론으로 돌아와 모델링을 진행하도록 하자. Plane을 실행하여 Plane type은 Offset from plane으로 하도록 한다.

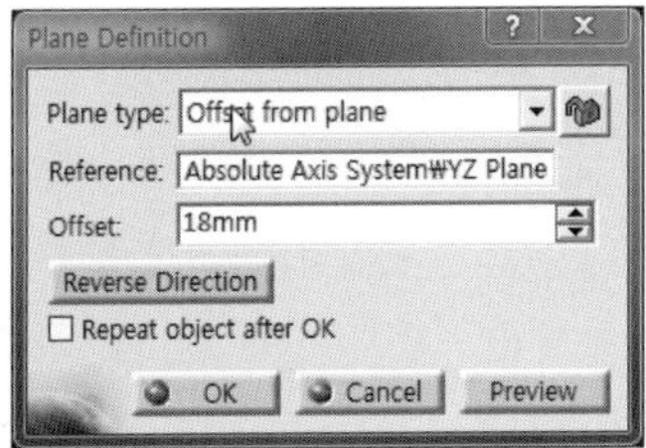

- Shape Definition → Reference Elements에 Define In Work Object를 정의한다.

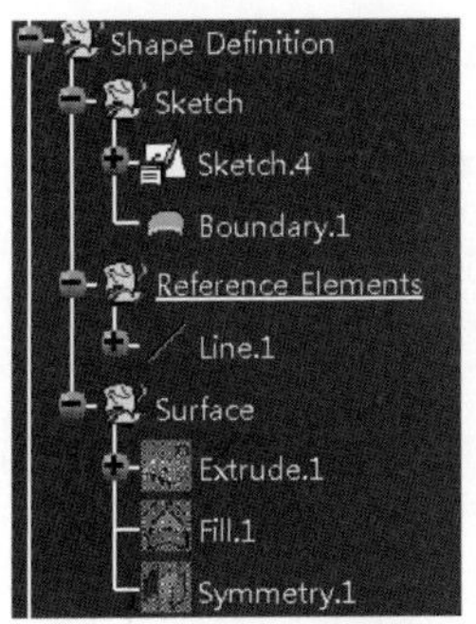

• yz plane을 선택한다. Offset 값은 18mm로 입력한다.

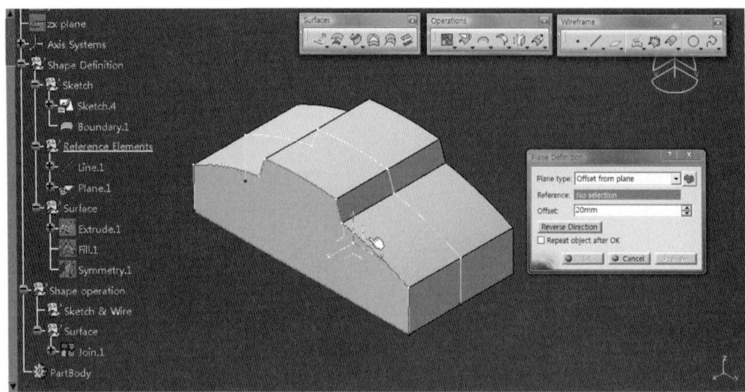

• Shape Definition → Sketch에 Define In Work Object를 정의한다.

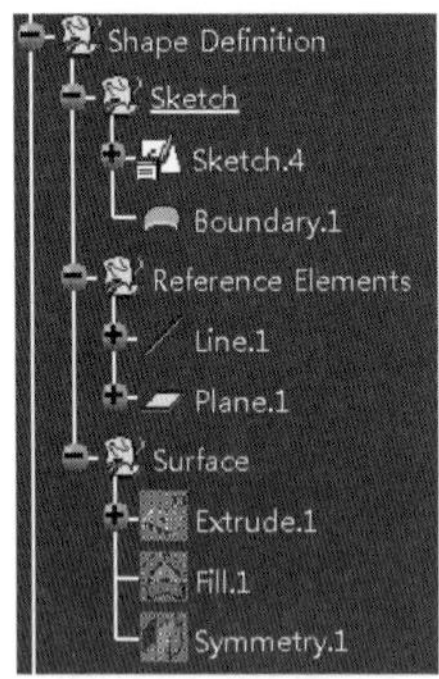

• Positioned Sketch를 실행하여 Plane.1을 선택한다.

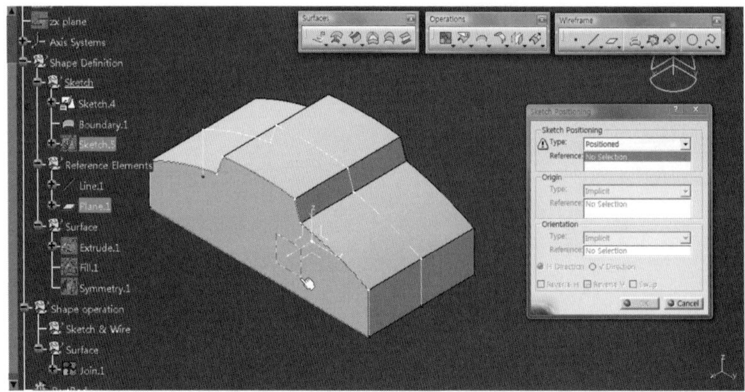

• 스케치 환경으로 진입하였다.

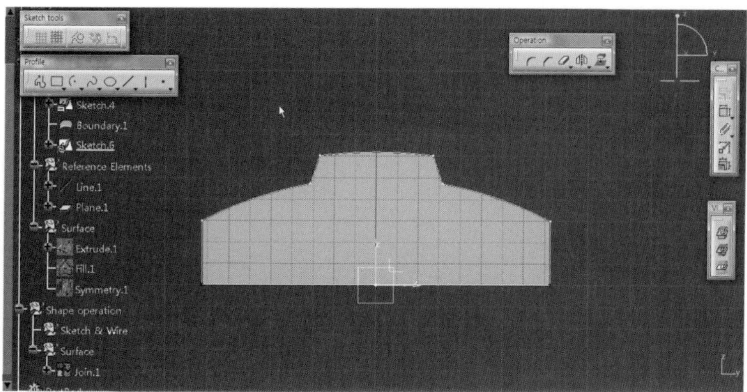

• 스케치 환경에서 아래와 같은 시점으로 모델링의 위치를 조정하자.

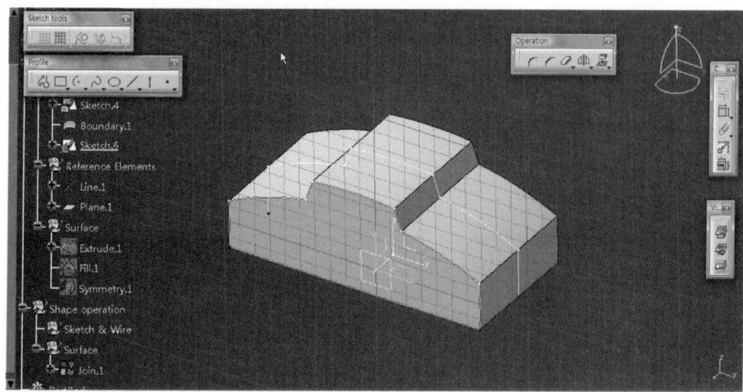

• Project 3D Elements를 실행한다.

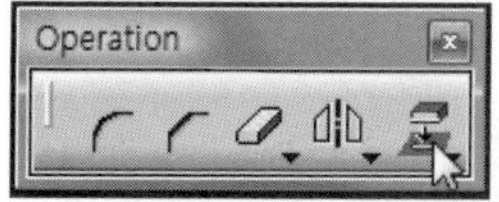

• 아래와 같이 스케치를 클릭하도록 한다.

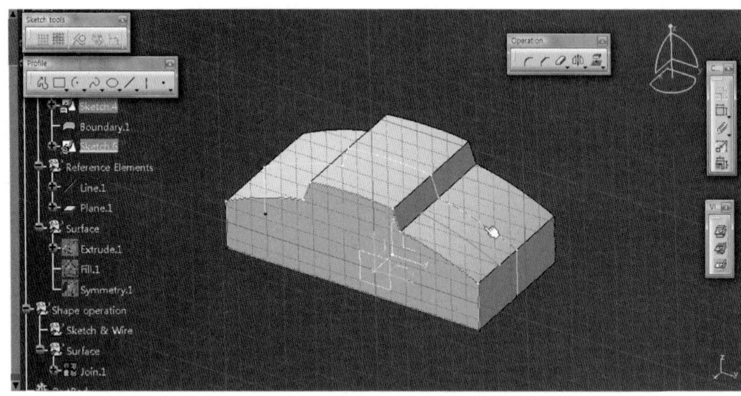

• Normal View를 실행하여 시점을 정면이 되도록 한다.

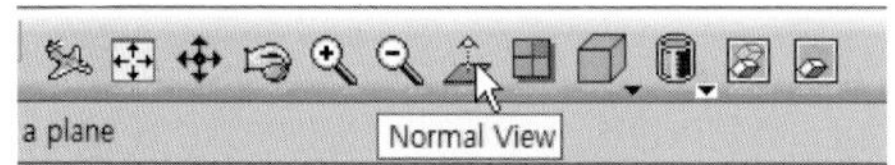

• Low light를 활성화시킨다.

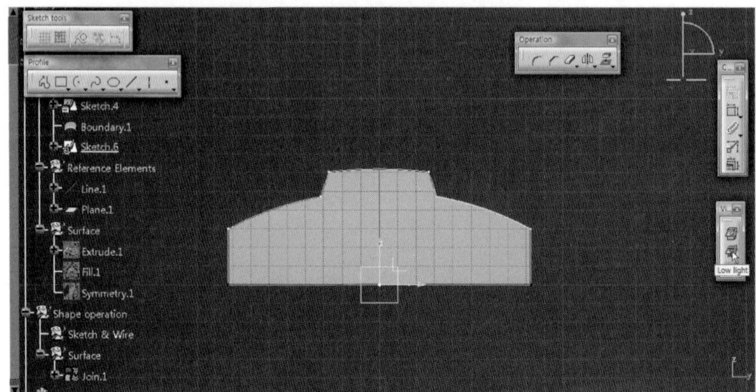

• Trim을 실행한다.

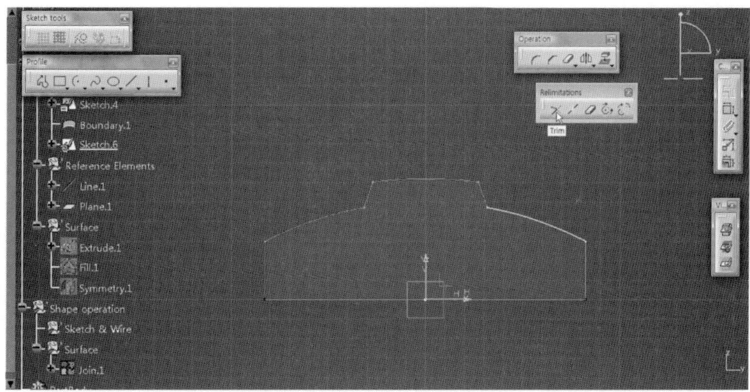

• 투영된 스케치의 아래의 부분을 클릭한다.

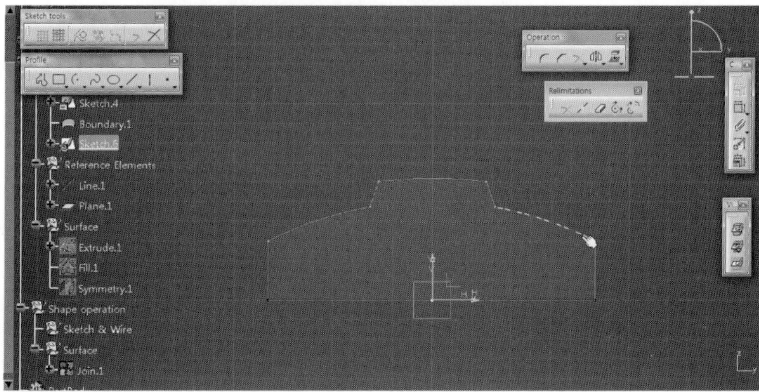

• 아래와 같이 마우스를 드래그해서 좌측으로 이동하면 원호의 형상으로 선이 연장되는 것을 볼
  수 있을 것이다.

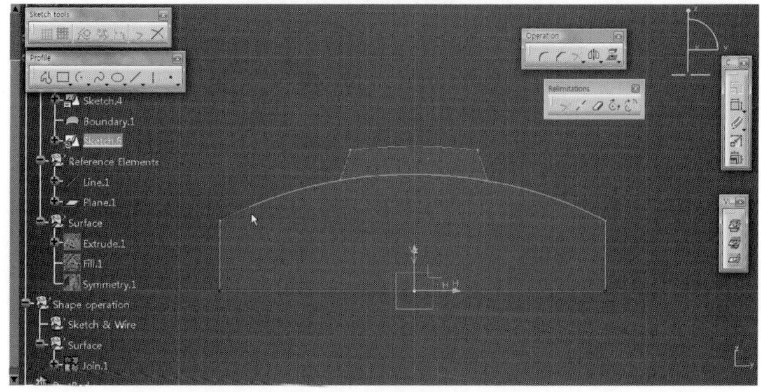

• Sketch tools의 Construction/Standard Element을 활성화시킨다.

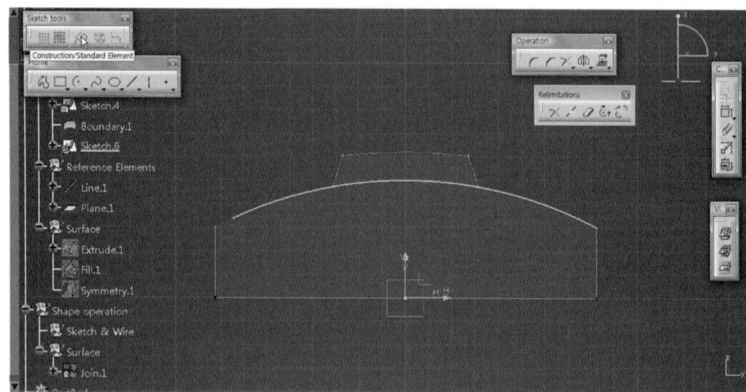

• Line을 실행한다.

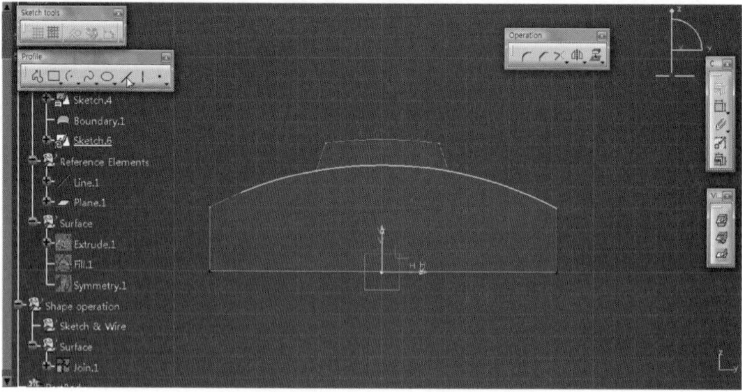

• 아래와 같은 대략적 위치에 Line 2개를 작도한다.

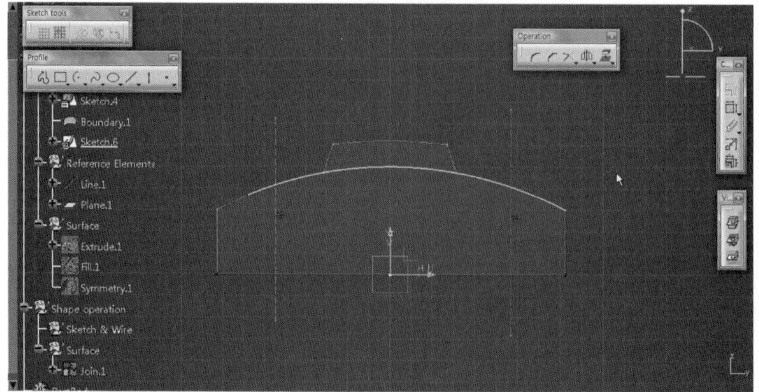

• Line 사이의 거리를 132mm로 치수구속한다.

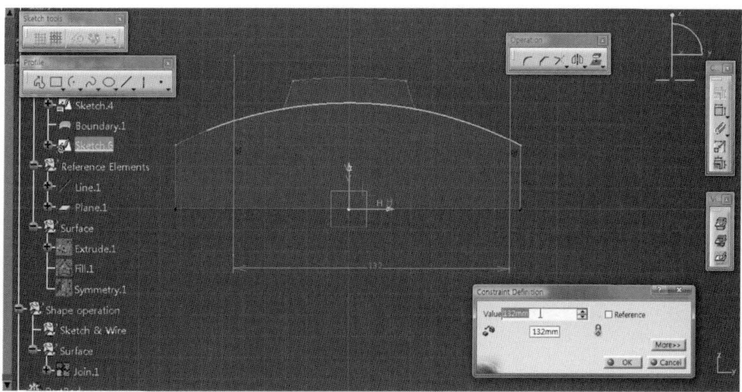

• 왼쪽 Line과 V벡터와의 거리를 66mm 입력한다.

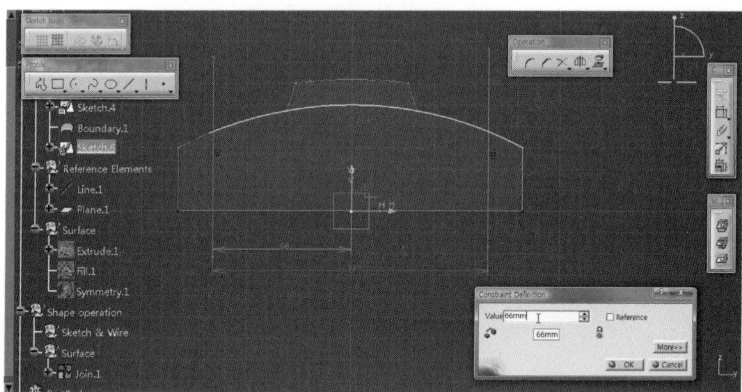

• Quick Trim을 실행한다.

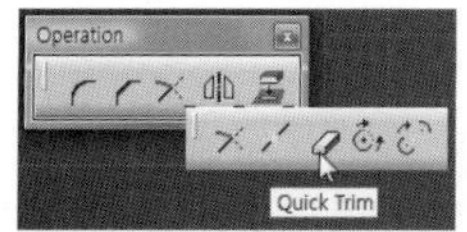

• 원호의 오른쪽 부분을 클릭한다.

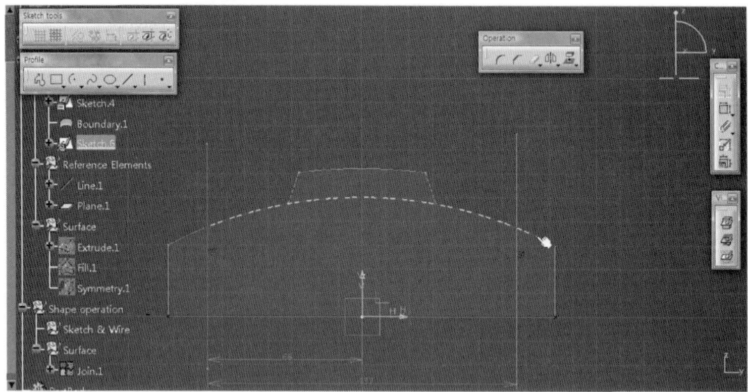

• 오른쪽 Line을 기준으로 오른쪽 부분이 제거되고 점선으로 처리되었다.

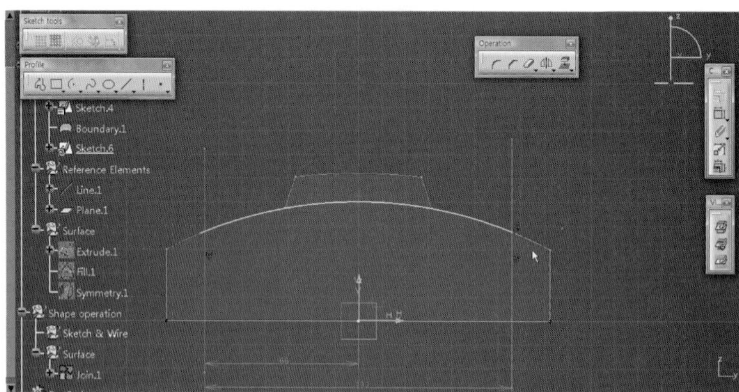

• 원호의 왼쪽 부분을 클릭한다.

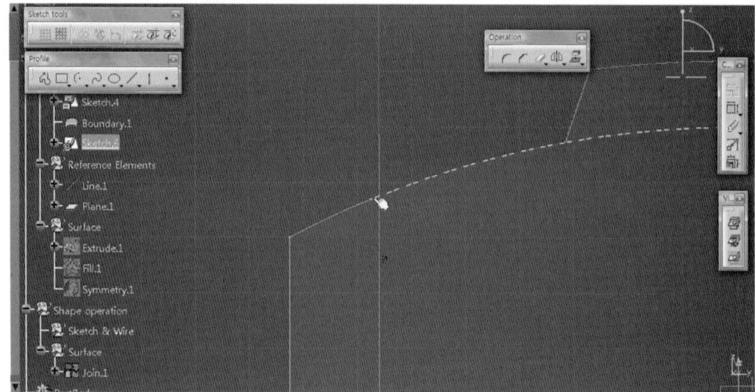

• Shape Definition → Reference Elements에 Define In Work Object를 정의한다.

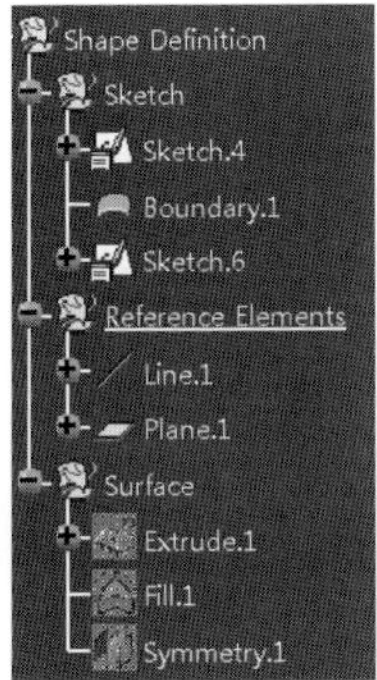

• yz plane 기준 offset값 10mm 떨어진 plane을 생성시킨다.

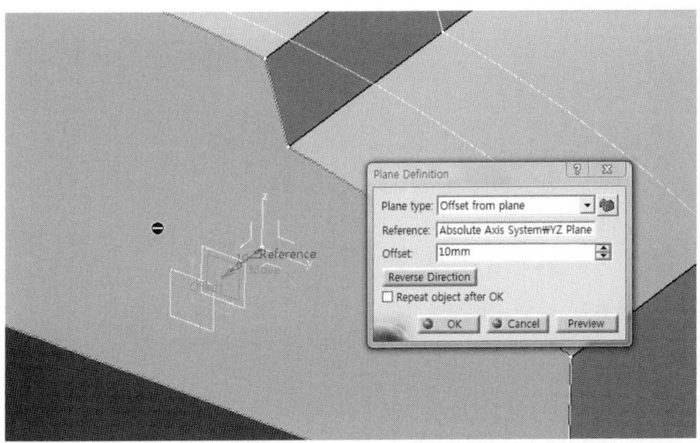

• 작업의 편의성을 위해 plane 위치를 상단으로 옮기도록 한다.

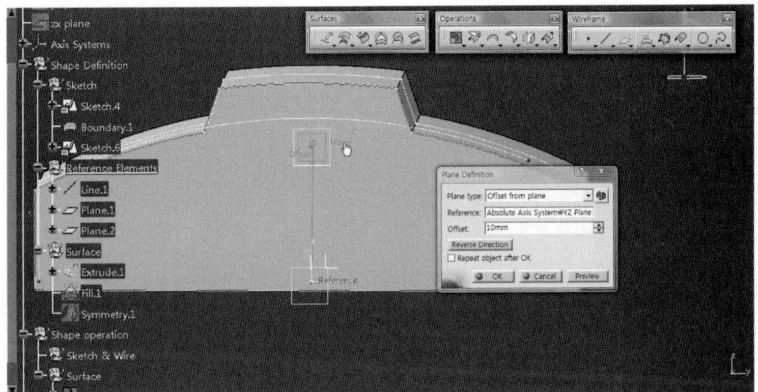

• Shape Definition → Sketch에 Define In Work Object를 정의한다.

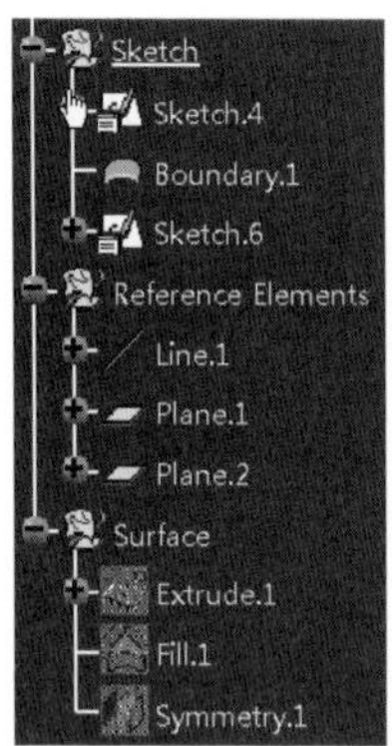

• 작업의 편의성을 위해 Low light를 활성화시키도록 한다.

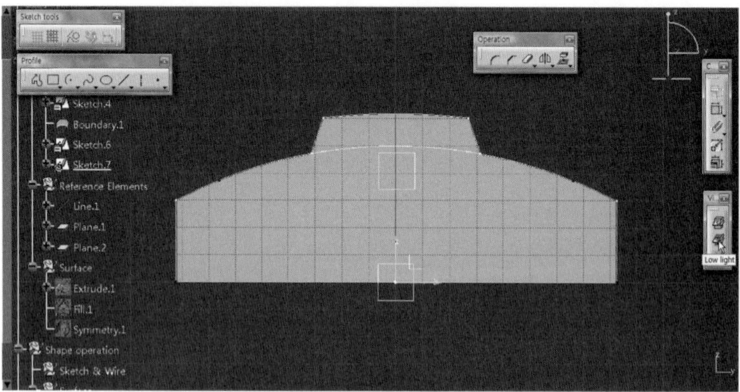

• Three Point Arc를 실행한다.

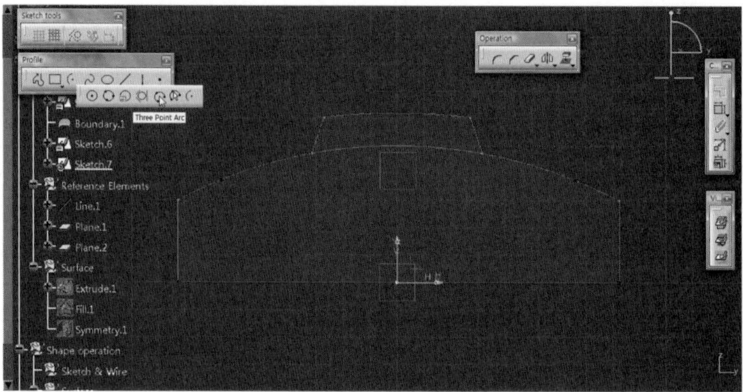

• 아래와 같이 좌측에서부터 점을 클릭하도록 한다.

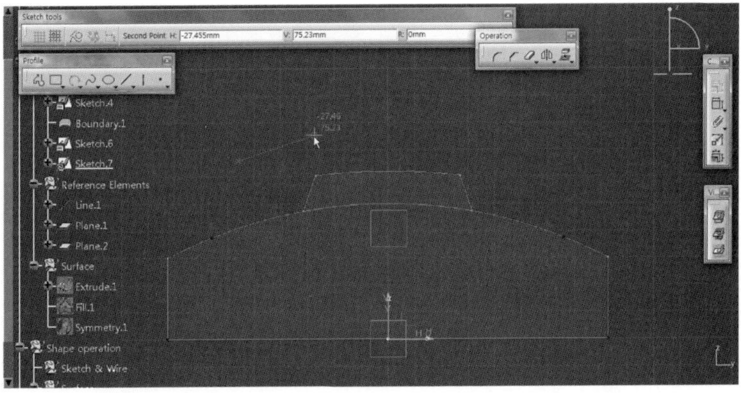

• 두 번째 점을 클릭할 때에는 V벡터와의 일치구속을 주도록 한다.

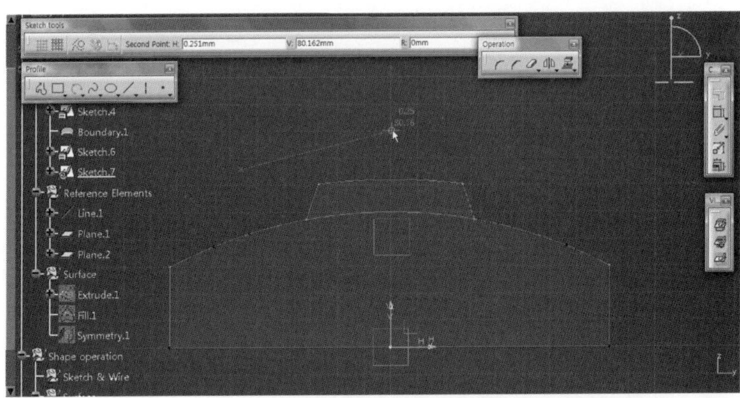

• 마지막 세 번째 점을 오른쪽에 클릭하여 원호를 완성한다.

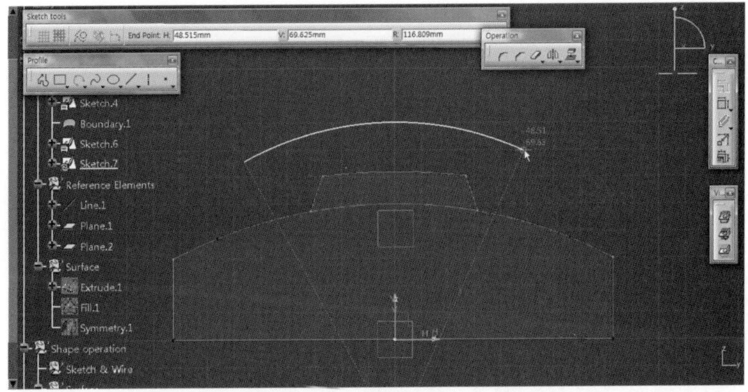

• 원호의 중심점과 V벡터에 일치구속을 부여한다.

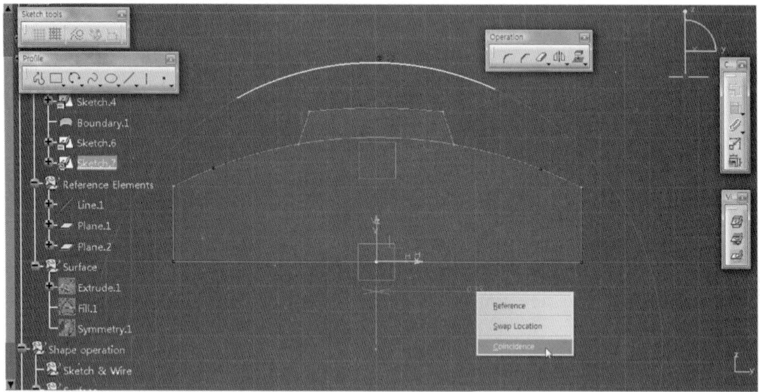

• 원호의 양끝점을 클릭하여 치수를 생성시킨후 마우스 오른쪽 클릭을 하면 Allow symmetry line
이라는 항목이 있다. 클릭하도록 한다.

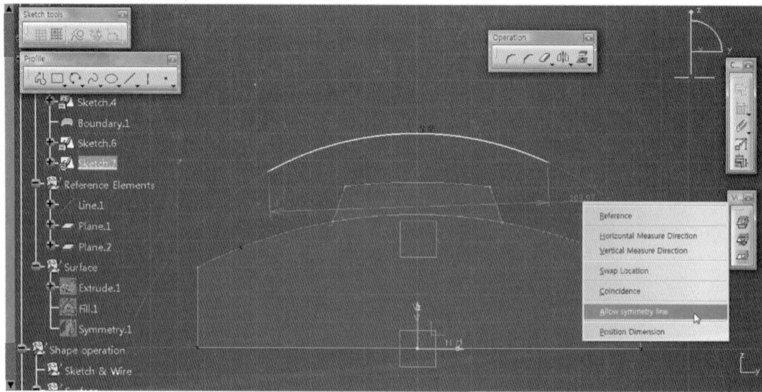

• V벡터를 클릭한다.

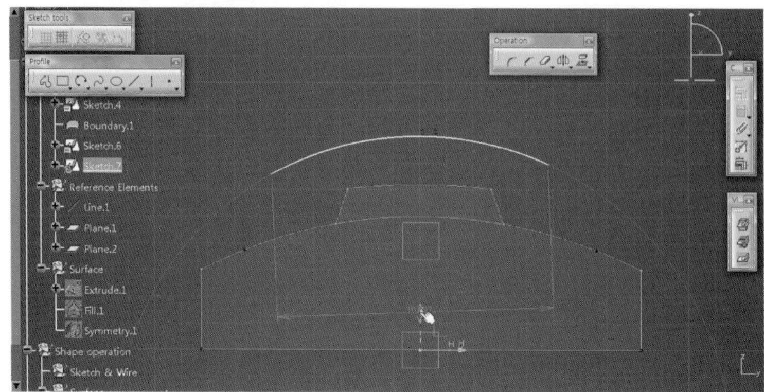

• 원호의 양끝점에 대칭마크가 생성되었다. V벡터 기준으로 양끝점의 거리는 항상 같은 값을 가지
게 된다. 오른쪽 끝점과 V벡터에 55.5mm 치수구속을 주도록 한다.

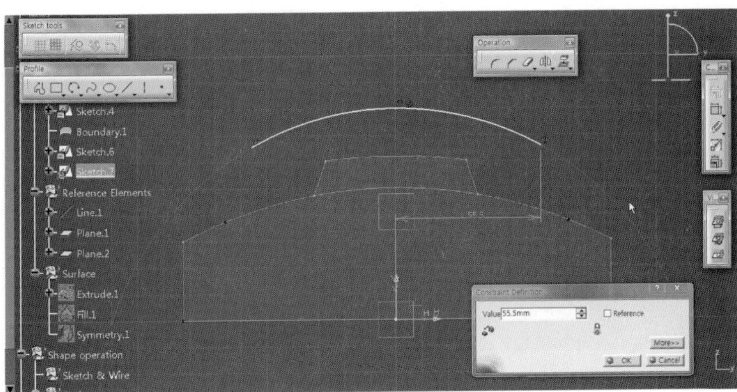

• 원호의 사분점 상단과 H벡터간 치수구속 70mm를 주도록 한다.

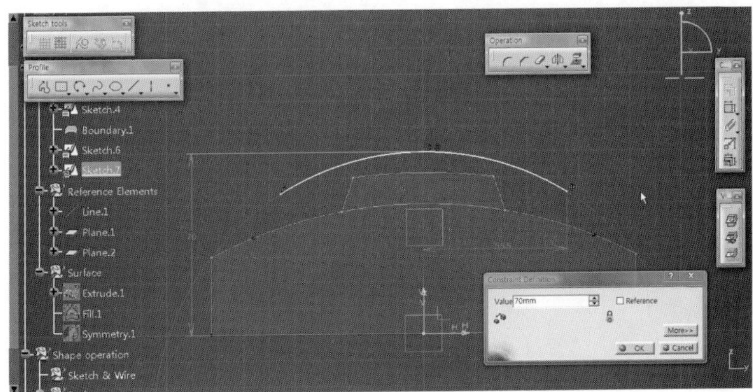

• 원호의 Radius 값을 320mm 입력한 후 스케치 환경을 나가도록 하자.

• 아래와 같이 Curve 2개가 만들어졌다.

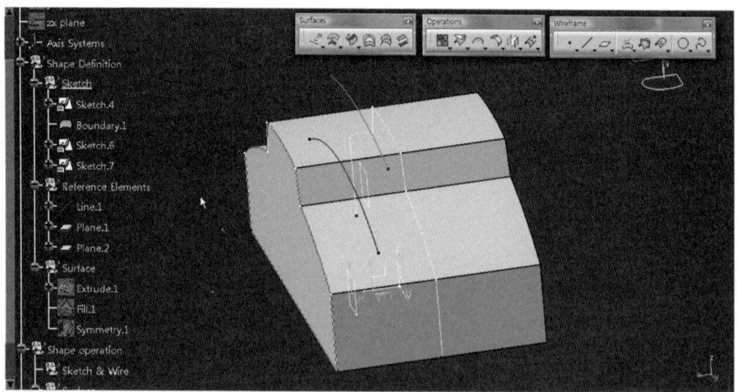

• 작업의 편의성을 위해 스케치와 plane을 Hide시키도록 하자.

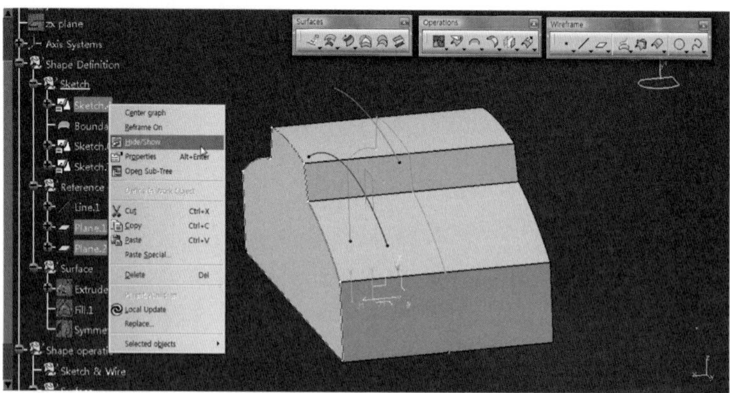

• Positioned Sketch을 실행하여 zx plane을 선택하도록 한다.

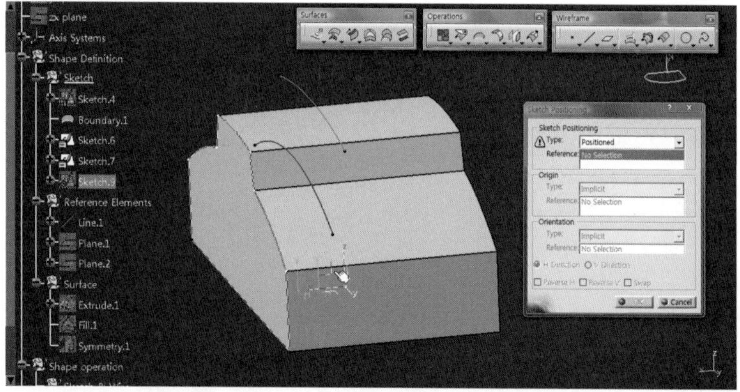

• 스케치 진입 시 Orientation의 Reverse H와 Swap을 체크하도록 한다.

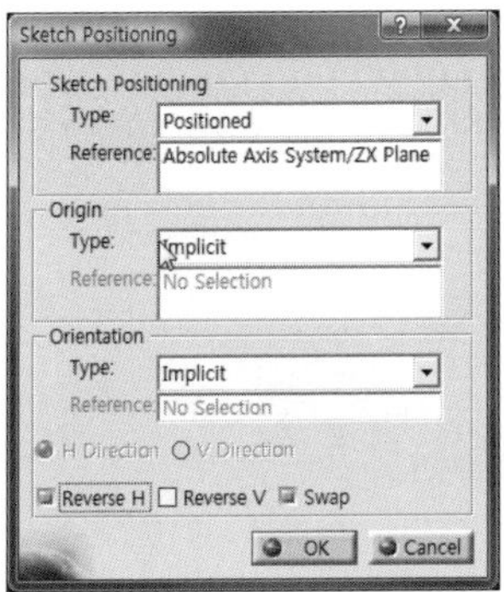

• Construction/Standard Element를 활성화시킨다.

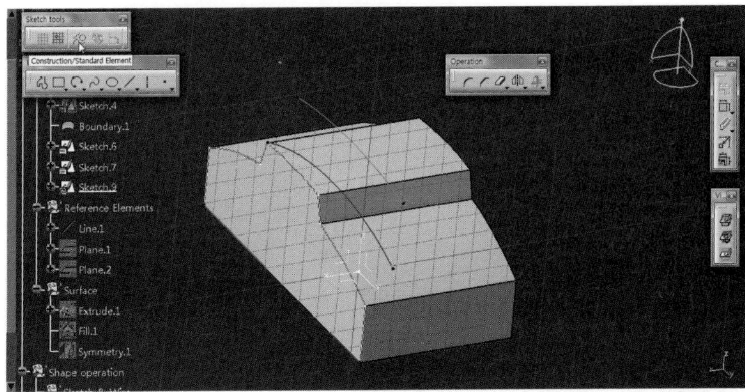

• Intersect 3D Elements를 실행한다.

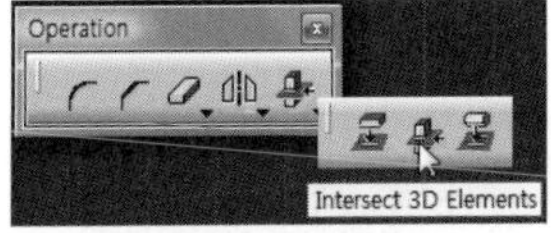

• 아래와 같이 상단에 있는 스케치를 선택한다.

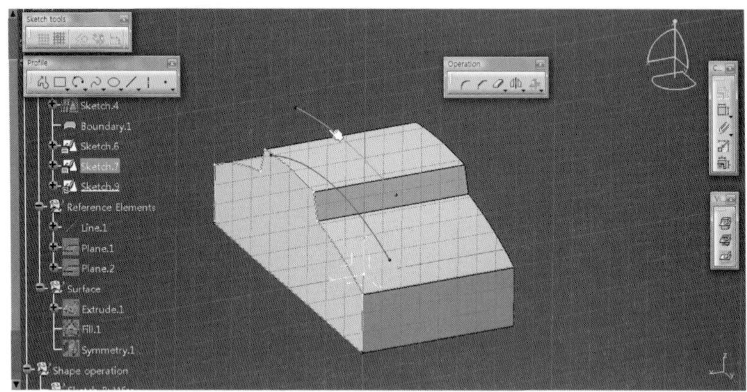

• Intersect 3D Elements를 실행 후 하단에 있는 스케치를 선택한다.

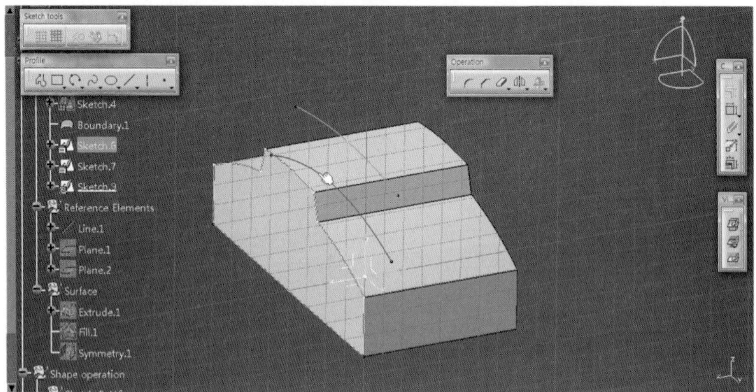

• Low light를 활성화한다.

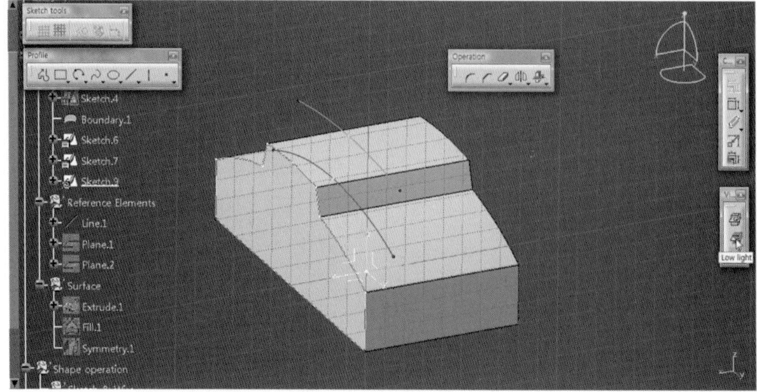

• Construction/Standard Element를 활성화시킨 후 Point를 작도하면 십자가 마크가 아니라 점으로 표현된다. 물론 스케치 환경을 나오면 3차원 환경에서의 영향력은 없다.

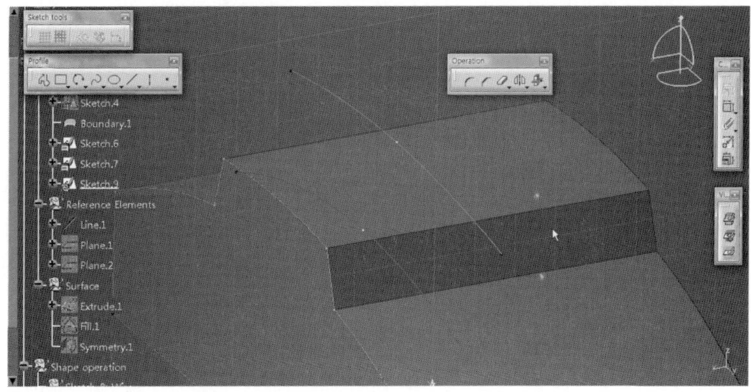

• Construction/Standard Element를 비활성화시킨다.

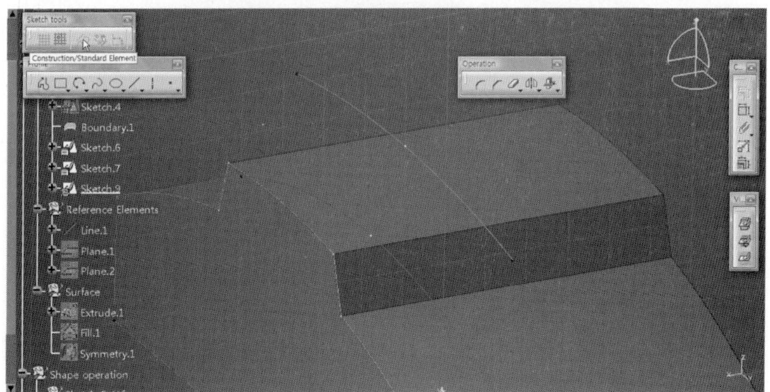

• Three Point Arc를 실행시킨다.

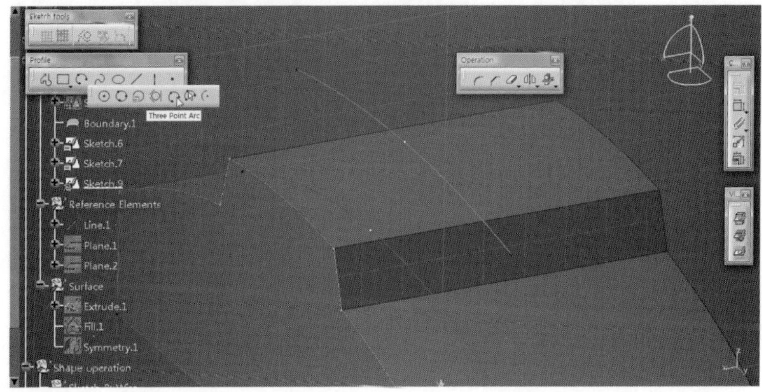

• 2개의 Point를 이어주는 Three Point Arc를 작도한다.

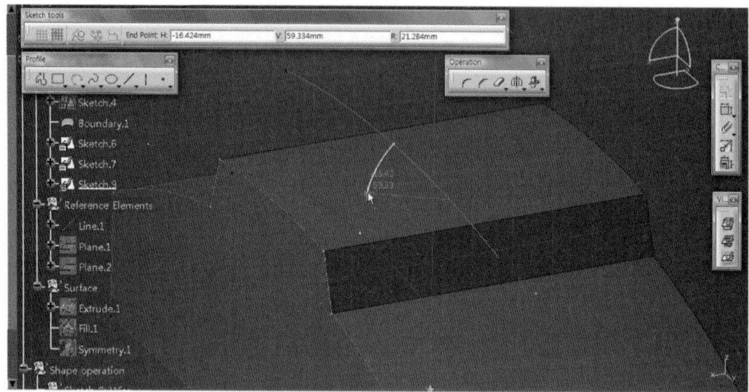

• 아래와 같이 원호가 완성되었다.

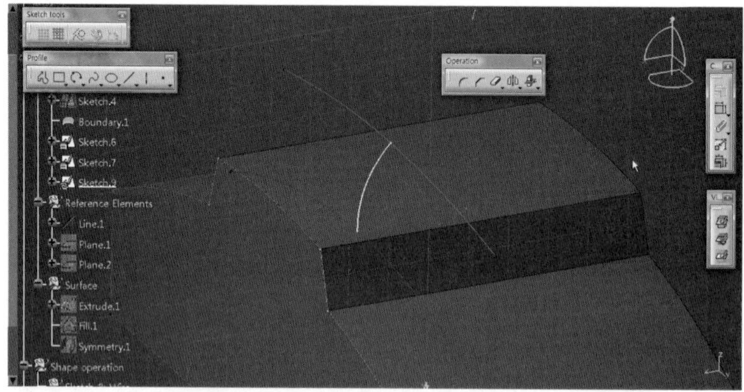

• 원호에 반지름 값 60mm를 입력한다.

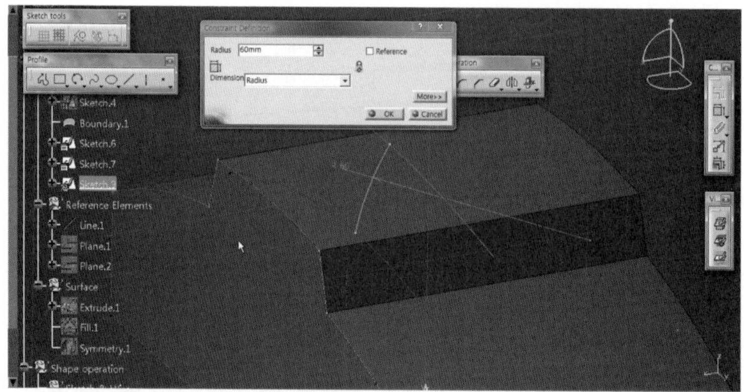

• 스케치 환경에서 나오도록 한다.

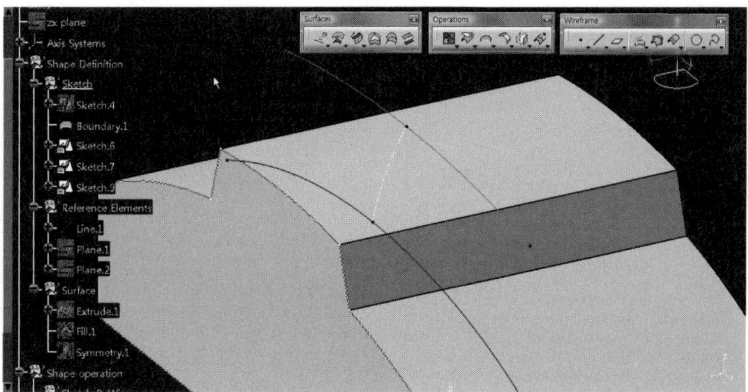

• Sweep을 실행한다. Profile type은 Explicit, Subtype은 With two guide curves로 설정한다.

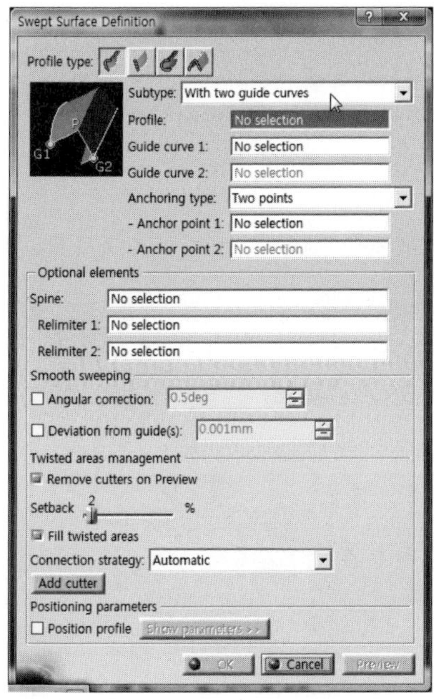

• Profile은 흰색 Curve를 선택한다.

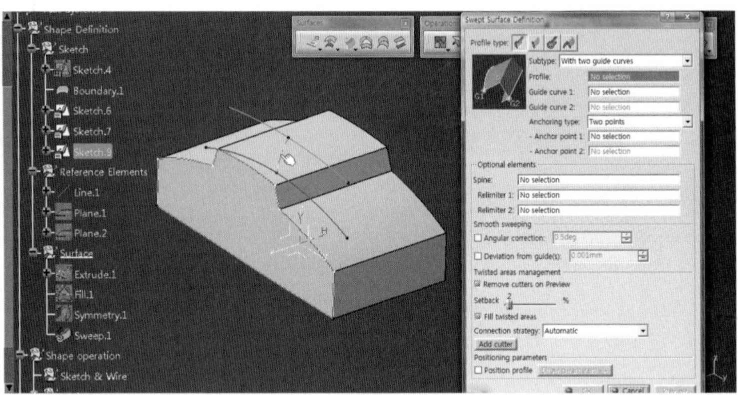

• Guide curve 1은 녹색 Curve를 선택한다.

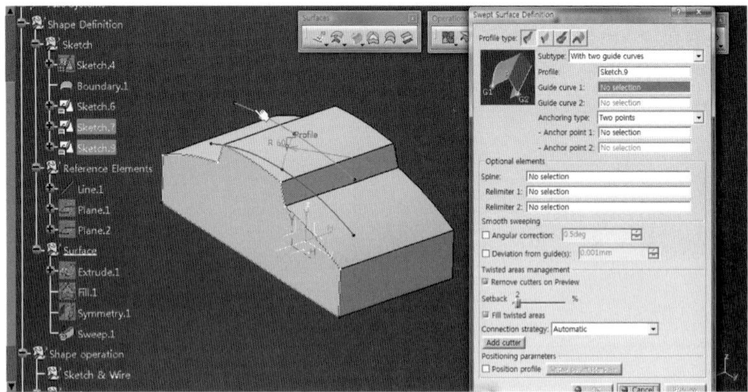

• Guide curve 2은 적색 Curve를 선택한다.

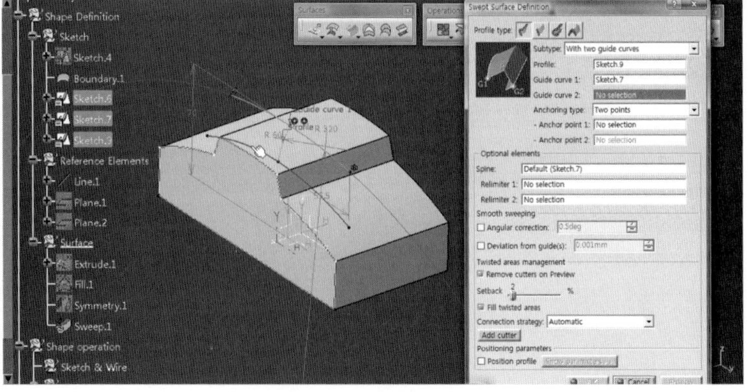

• Spine에서 마우스 오른쪽 클릭을 한다. Create Spine을 선택한다.

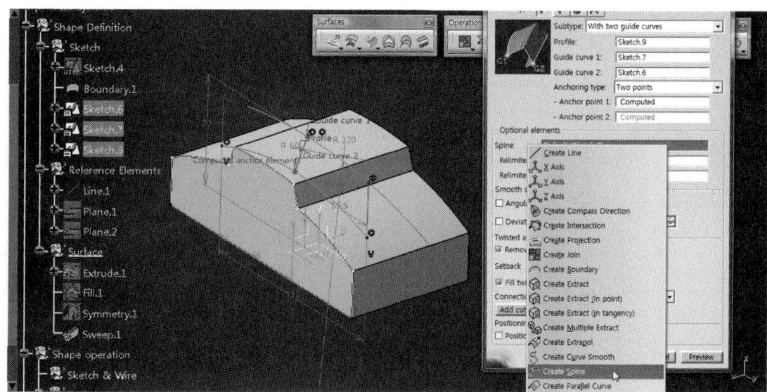

• Definition 창의 Guide에 2개의 Gurve를 Insert하도록 한다.

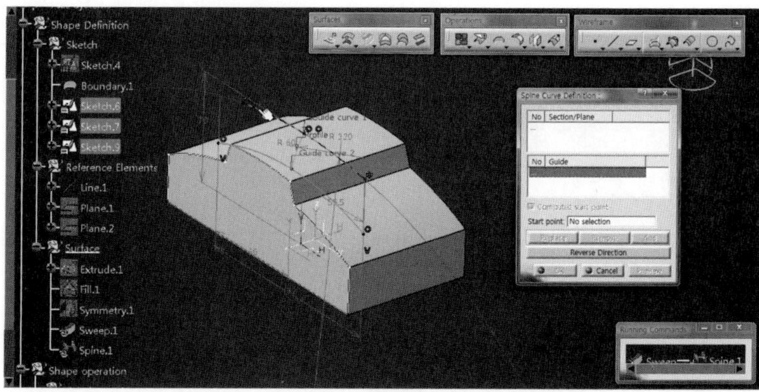

• Curve를 선택 후 OK를 클릭한다. 다시 OK를 클릭한다.

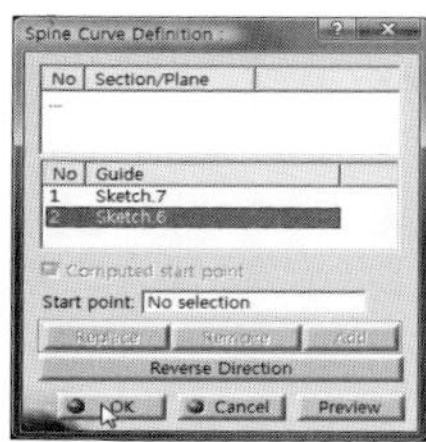

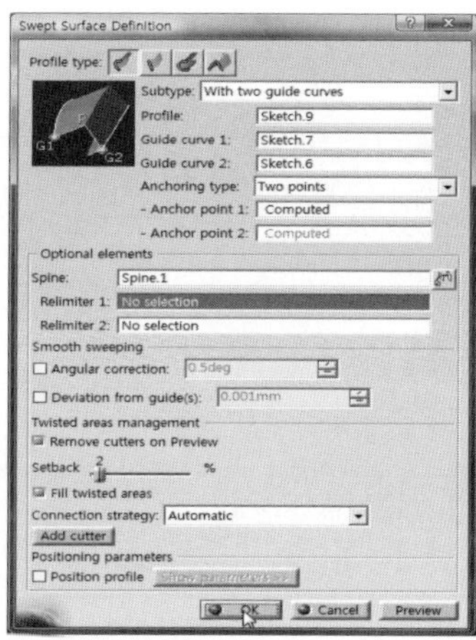

• 아래와 같이 Surface가 구현되었다. Symmetry를 실행한다.

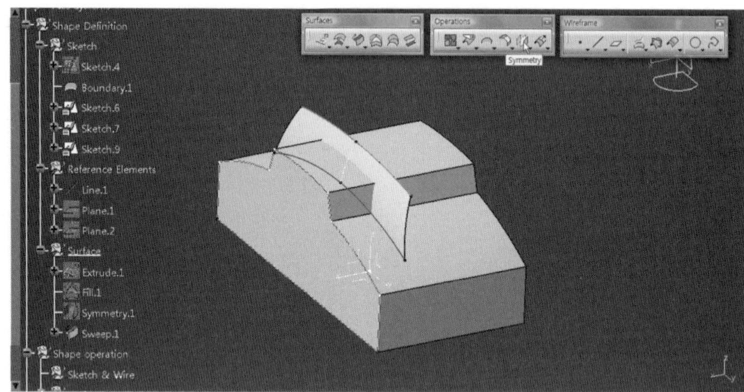

• Surface를 선택한다.

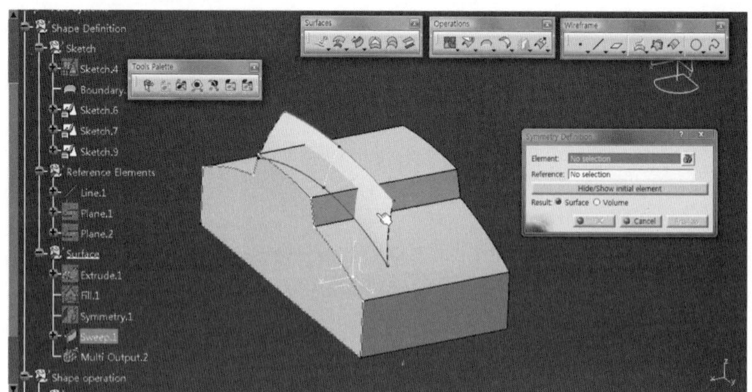

• yz plane을 선택한다.

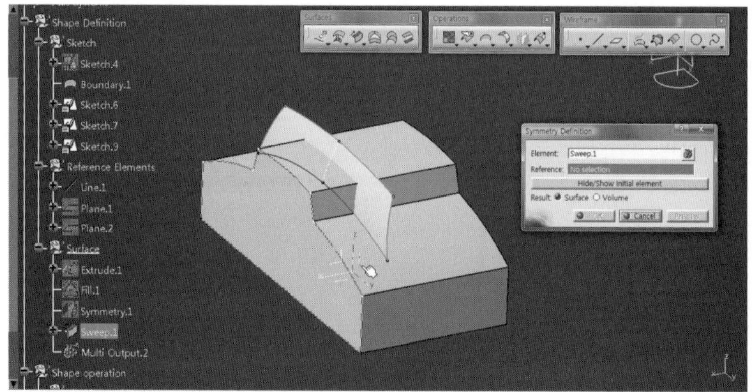

• 아래와 같이 반대편에 Surface가 대칭 복사되었다.

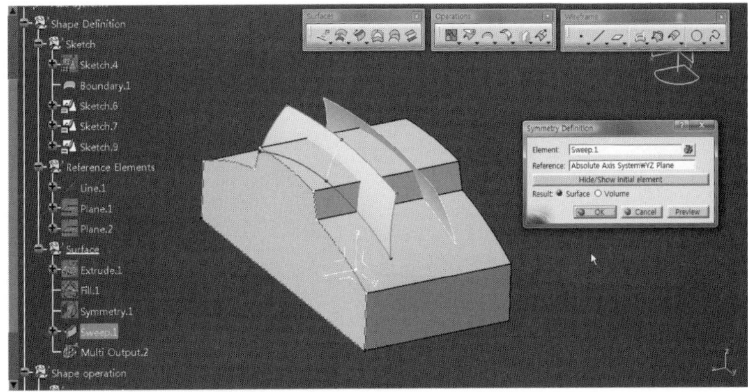

• Line을 실행하여 아래와 같이 직선 Curve 2개를 만들도록 한다.

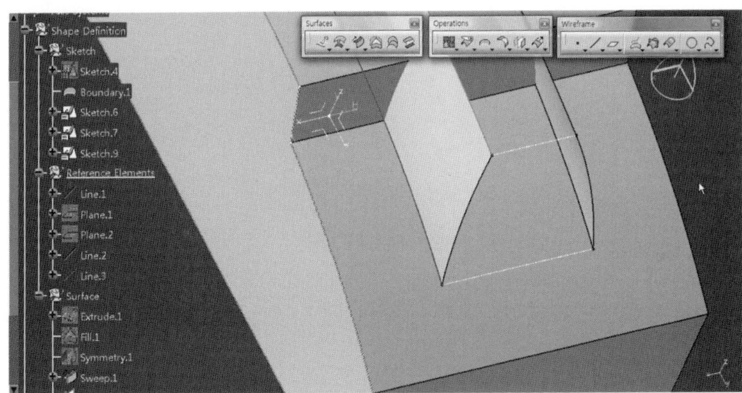

• Fill을 실행하여 Line 및 Surface의 Edge들을 선택한다.

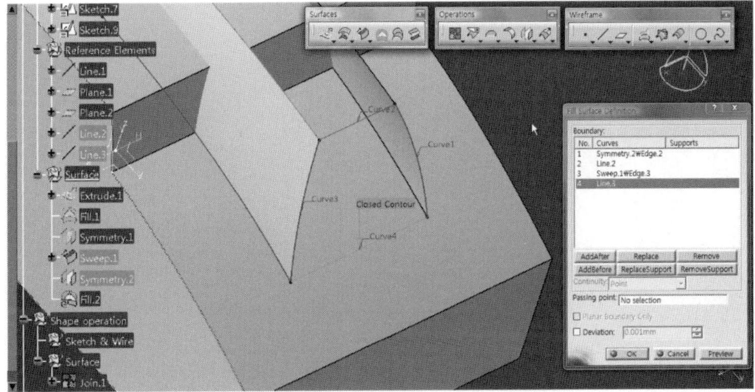

• 아래와 같이 Surface가 구현된다.

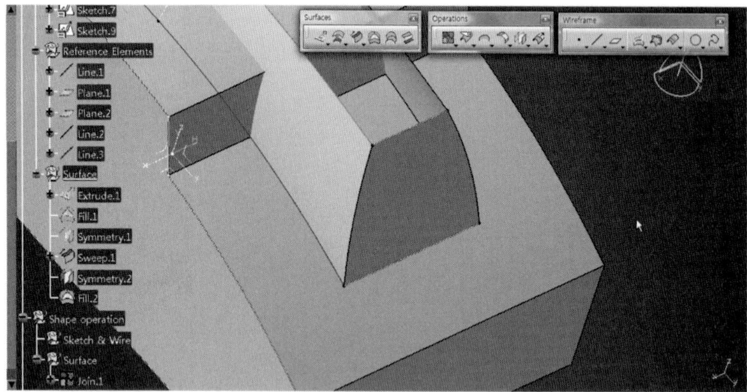

• Symmetry를 실행 후 Surface를 선택한다.

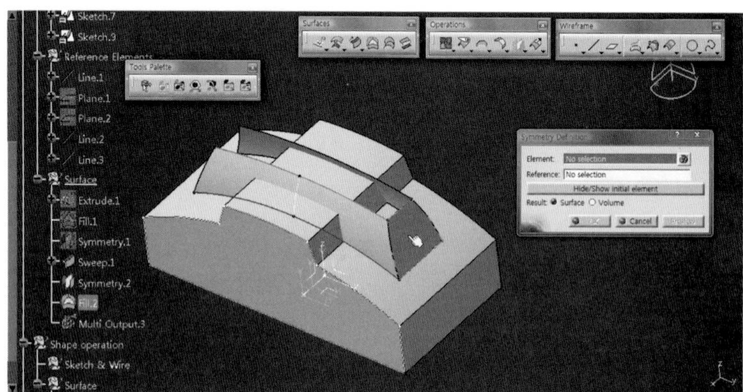

• zx plane을 선택한다.

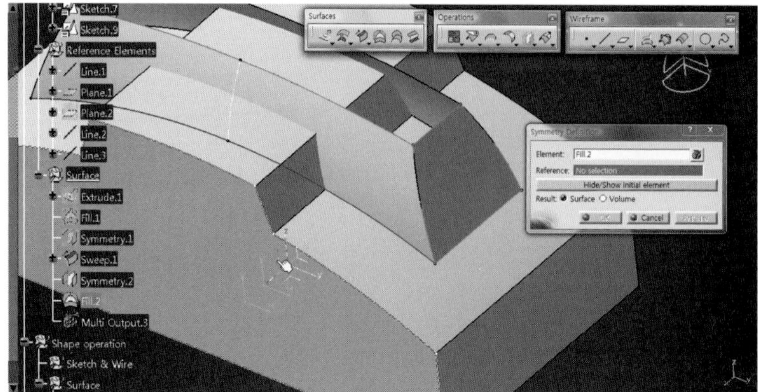

• 반대편에 Surface가 대칭복사되었다.

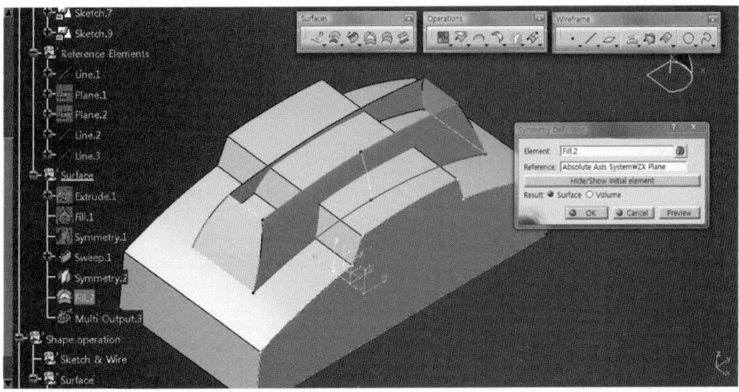

• Sweep을 실행한다.

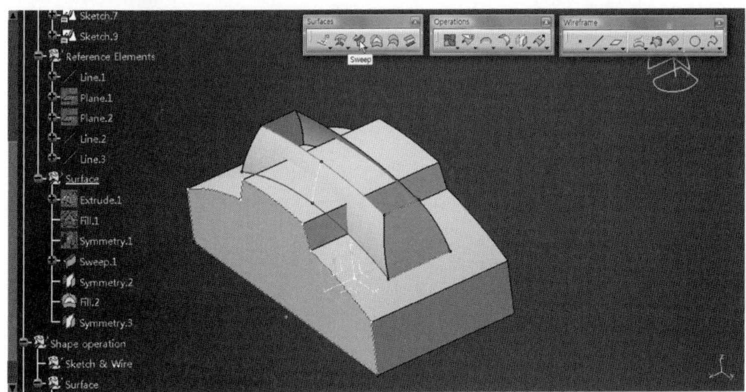

• Sweep을 실행한다. Profile type은 Line, Subtype은 Two limits로 설정한다.

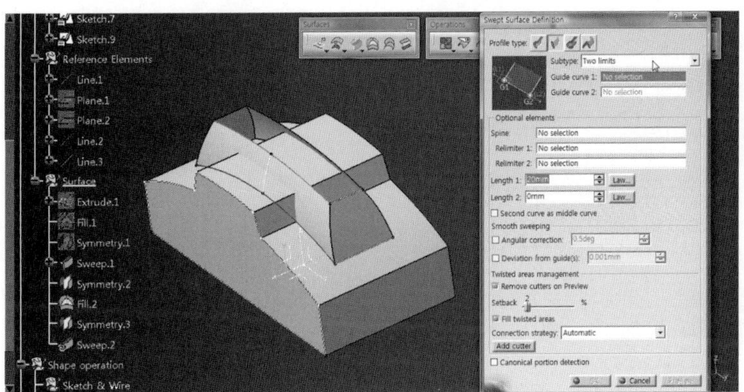

• 녹색 Curve를 선택한다.

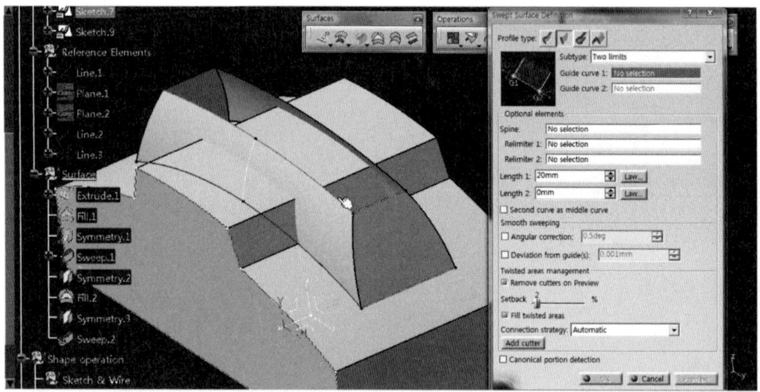

• 맞은편 Surface의 Edge를 선택한다.

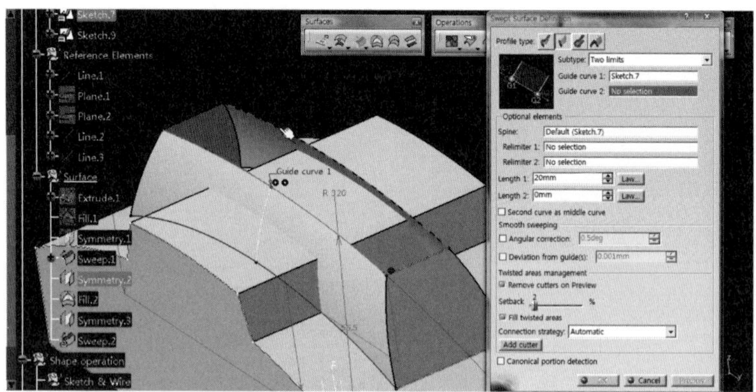

• Length 1, 2 값은 모두 0mm로 한다.

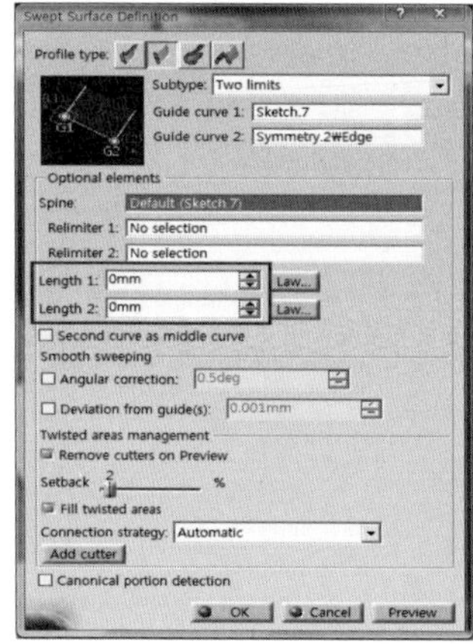

• 아래와 같이 Open된 사각 Edge가 Surface로 채워졌다.

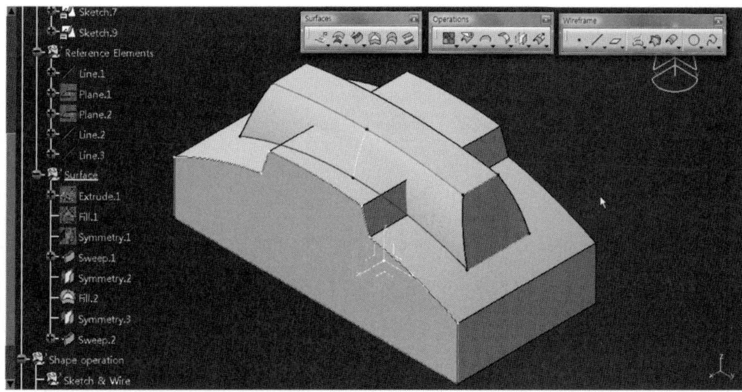

• Shape operation → Surface에 Define In Work Object를 정의한다.

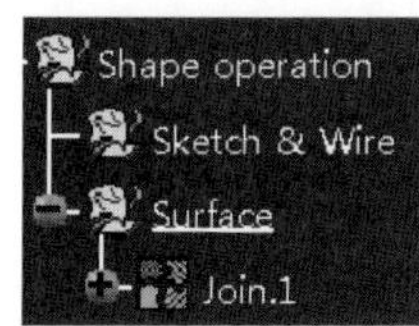

• Join을 실행하여 지금까지 만든 Surface들을 조합하도록 한다.

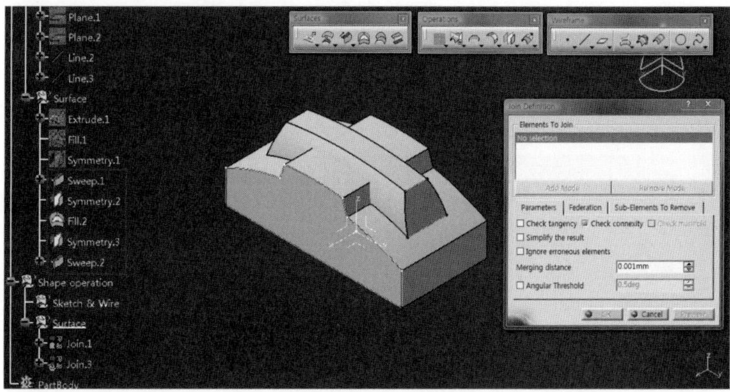

• 5개의 Surface를 모두 선택한다.

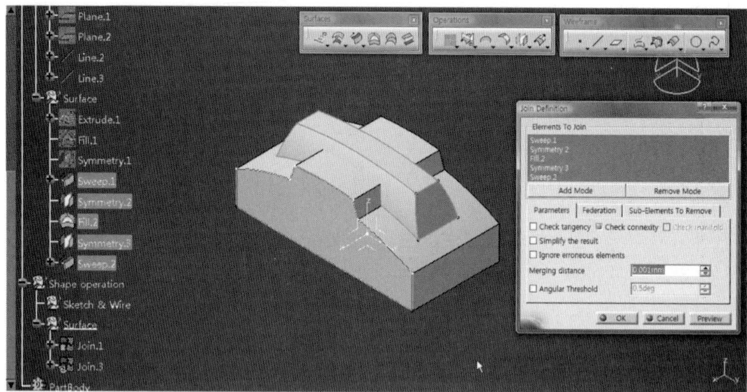

• Trim을 실행하여 상, 하단의 Join을 편집하도록 한다.

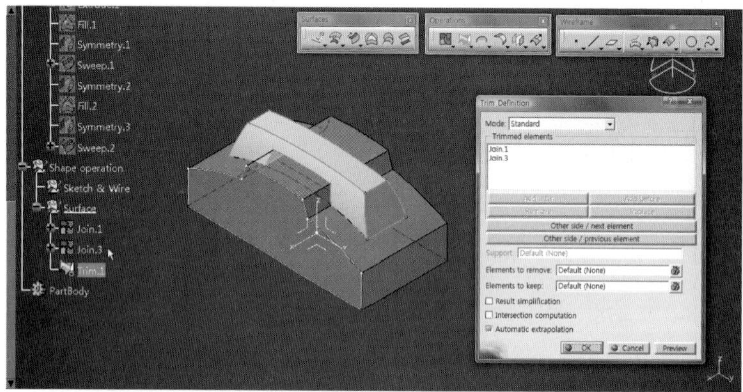

• Surface의 저면의 시점에서 보면 Trim이 정상적으로 되는지 확인할 수 있다.

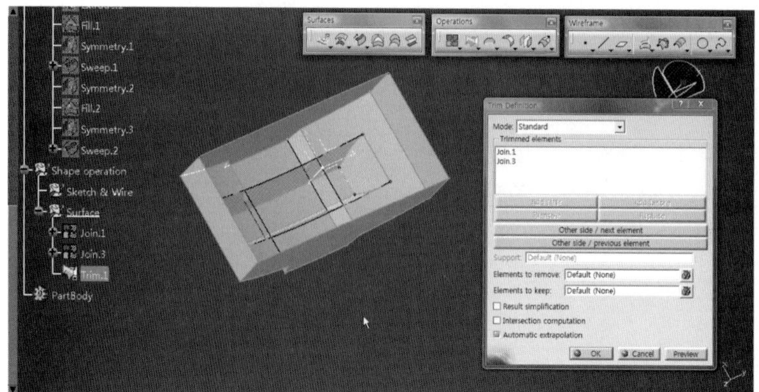

• Trim을 실행하면 다음과 같이 Surface가 구현된다.

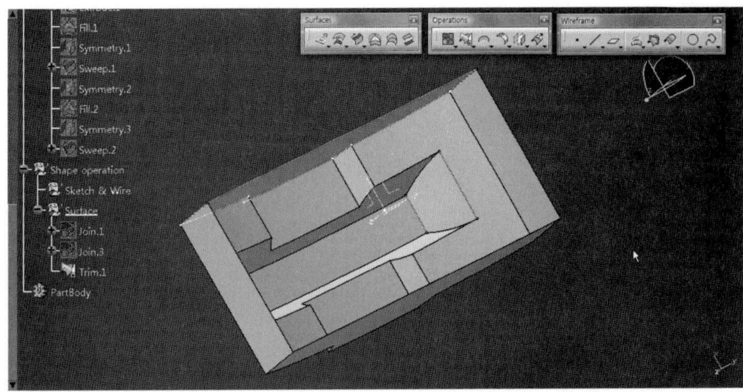

• 작업의 편의성을 위해서 Boundary를 Hide하도록 하자.

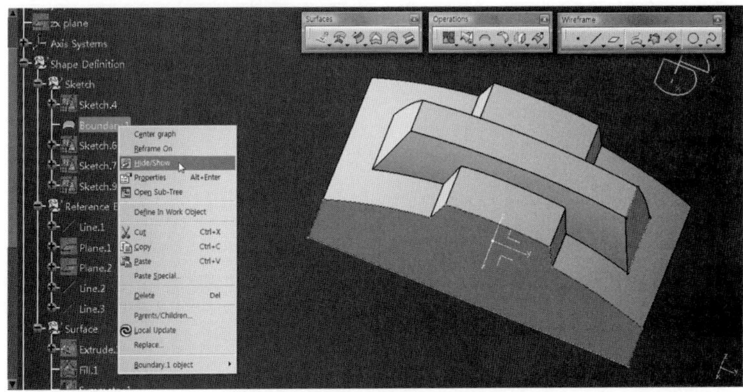

• Edge Fillet을 실행하여 아래와 같이 4개의 Edge를 선택한다. Radius값은 5mm로 한다.

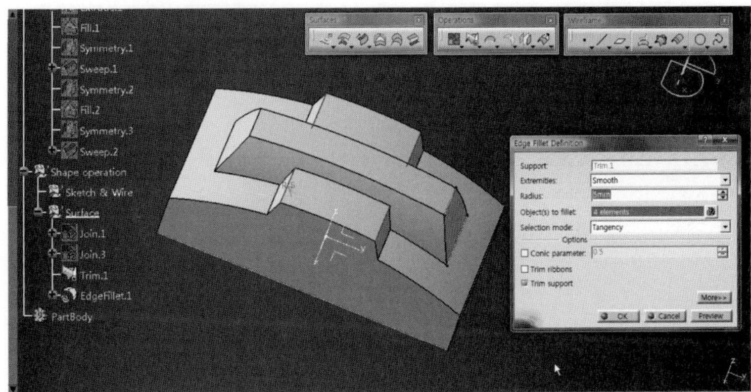

• Edge Fillet의 실행 결과는 아래와 같다.

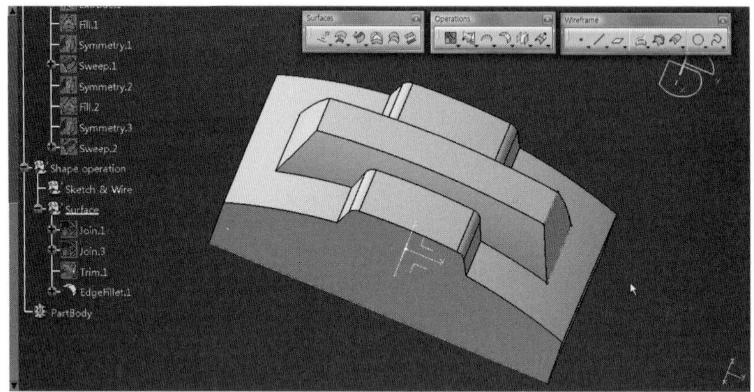

• Edge Fillet을 실행하여 아래와 같이 4개의 Edge를 선택한다. Radius값은 2mm로 한다.

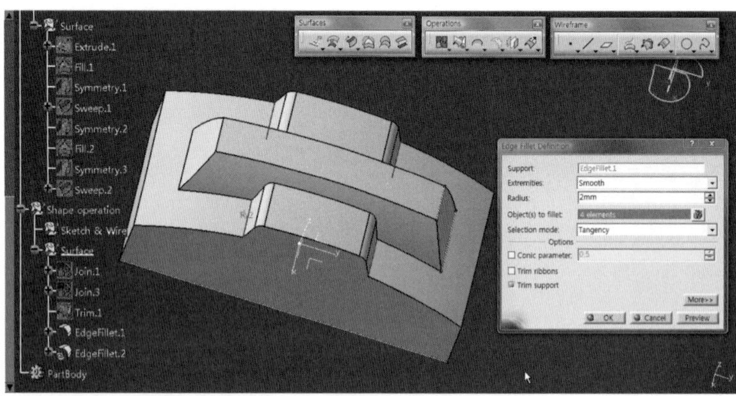

• Edge Fillet의 실행 결과는 아래와 같다.

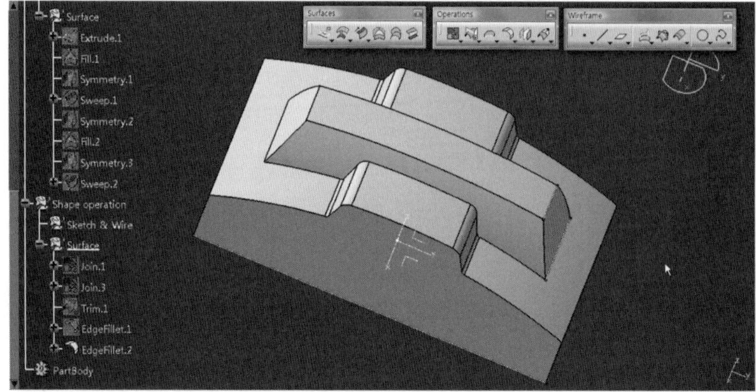

• Variable Fillet을 실행한다.

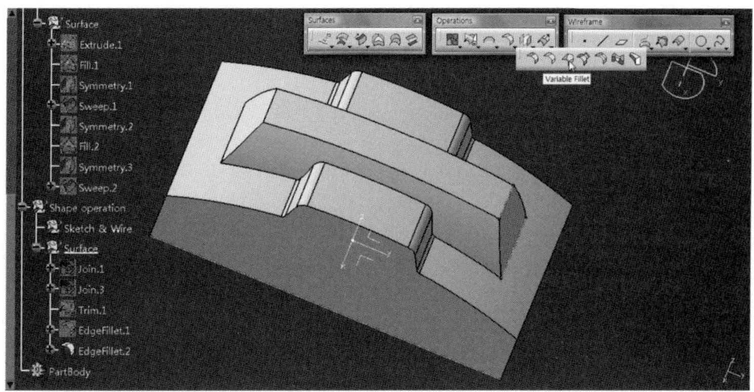

• 아래와 같이 4개의 Edge를 선택한다.

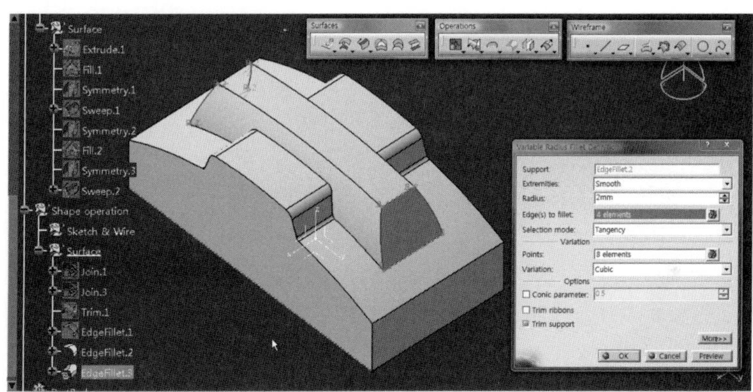

• Edge를 선택하면 Edge당 2개의 초록색 Radius값이 보인다. 먼저 하단에 있는 Radius값을 더블
클릭한다.

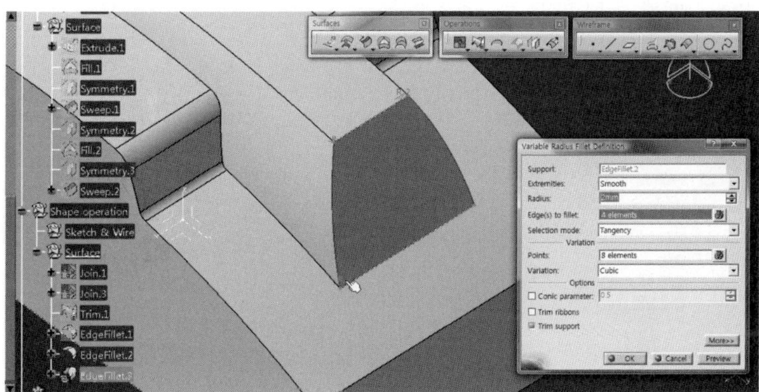

• Value는 5를 입력한다.

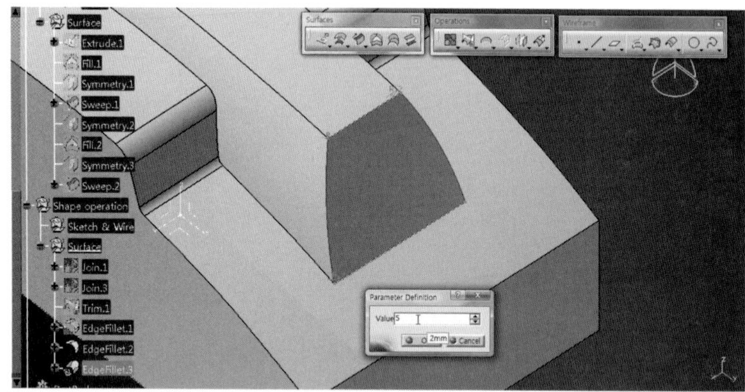

• 반대편 오른쪽 Value도 5를 입력한다.

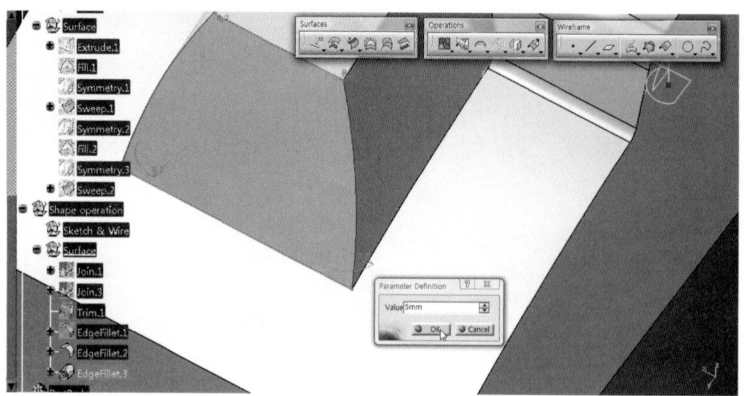

• 반대편 Edge 2개의 하단 Radius 값도 5mm로 변경한다.

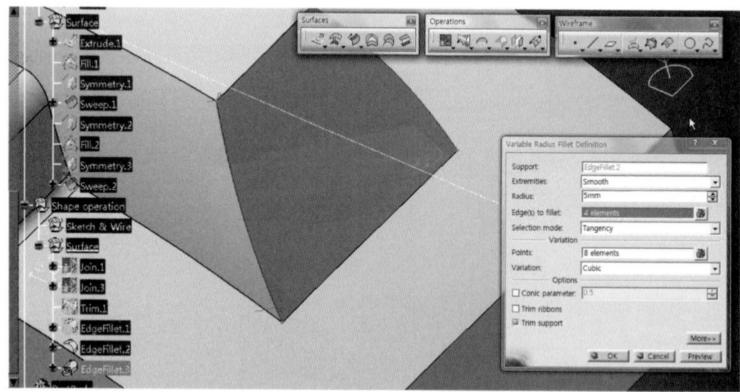

• 하단의 Radius값을 5mm로 모두 변경했다면 상단 Radius값도 같은 방법으로 모두 2mm로 변경한다.

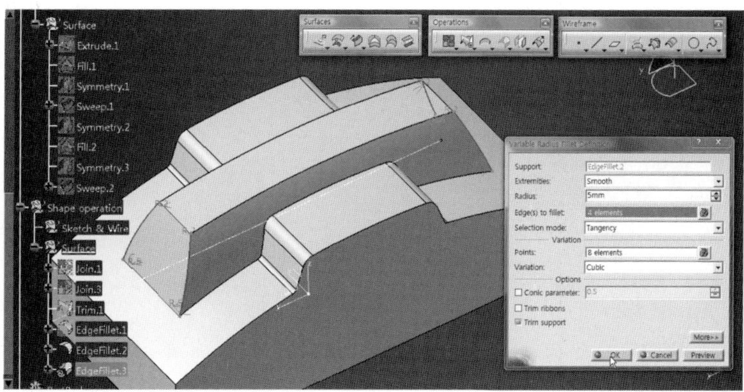

• OK를 클릭하면 아래와 같이 Fillet이 구현된다.

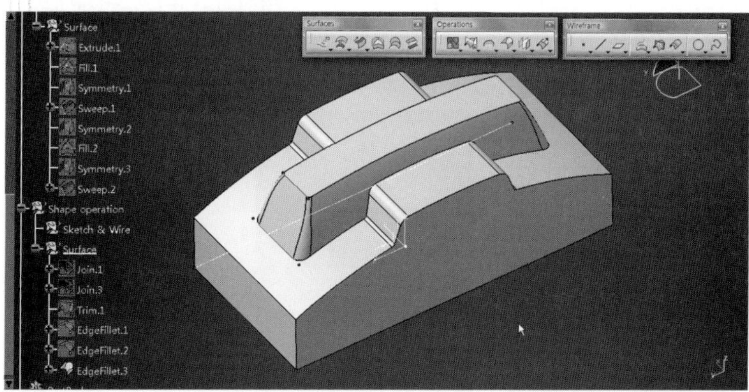

• 모든 Surface 편집이 완료됐으므로 Line을 Hide하도록 하자.

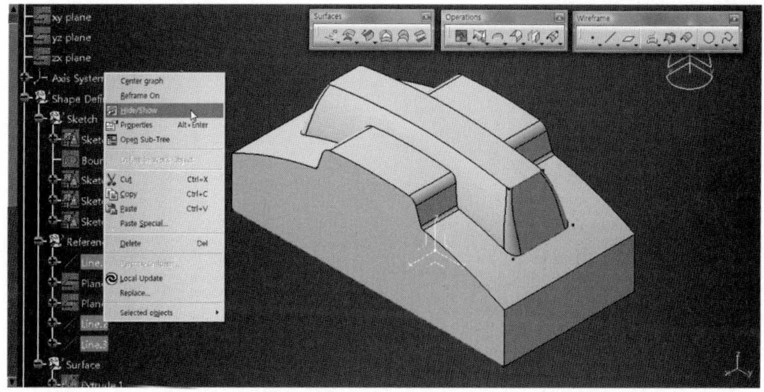

• 아래와 같이 모델링이 완료됐다. 내부를 Solid로 변화시키는 것은 생략하도록 하겠다.

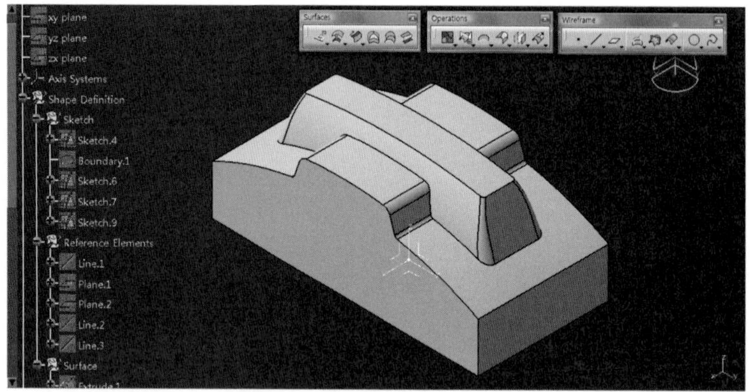

• 좌기와 같이 SPEC TREE를 모두 OPEN해 보도록 하자. Part Design과 달리 GSD는 형상구현을
하기 위해서 너무나 많은 요소들이 필요하다. 나름대로 정리를 하지 않는다면 모델링이 매우 힘
들어질 수 있음을 명심하도록 하자. 필자와 똑같이 하지 않더라도 나름대로 규칙을 세워 꼭
TREE 정리를 할 것을 권장한다.

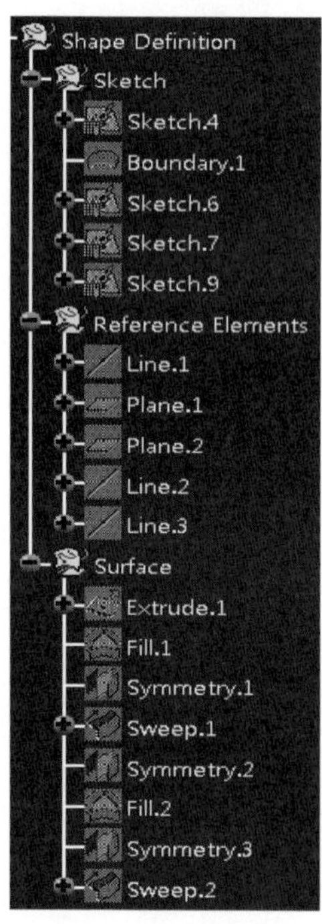

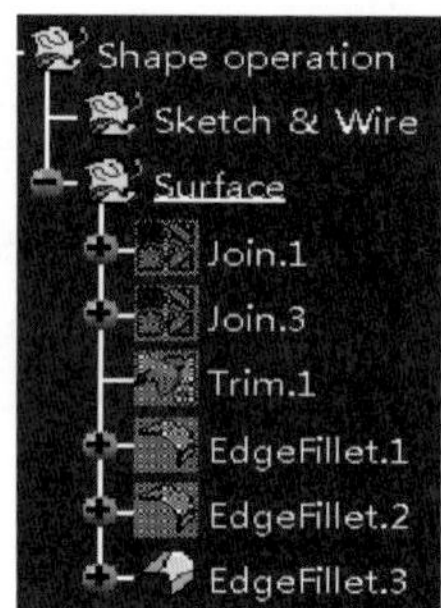

4.1　학습목표

본 따라하기 예제의 난이도는 중급 정도의 모델링 수준이다. Generative Shape Design(이후로는 GSD로 줄여서 명칭 하도록 하겠다.) 본 도면에서는 복잡한 모델링을 하기 위해 SPEC TREE 정리법을 배우게 될 것이다.

4.2　모델링 진행방법

GSD 작업환경에서의 SPEC TREE 정리는 다음과 같다.
① 스케치의 정리, ② Reference Elements의 정리, ③ 편집 명령어에 대한 정리

상기와 같이 정리하는 것이 꼭 정답은 아니다. User 또는 회사에 따라 TREE의 구조는 다르다. 연습을 통해서 익숙해지면 본인에 맞게 구조를 바꾸거나 회사의 작업기준으로 정리하면 된다.

4.3　주요 사용 툴 및 아이콘

SPEC TREE 구조 편집을 위해 아래의 Geometrical Set을 활용하게 될 것이다.

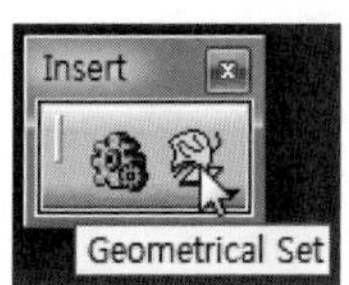

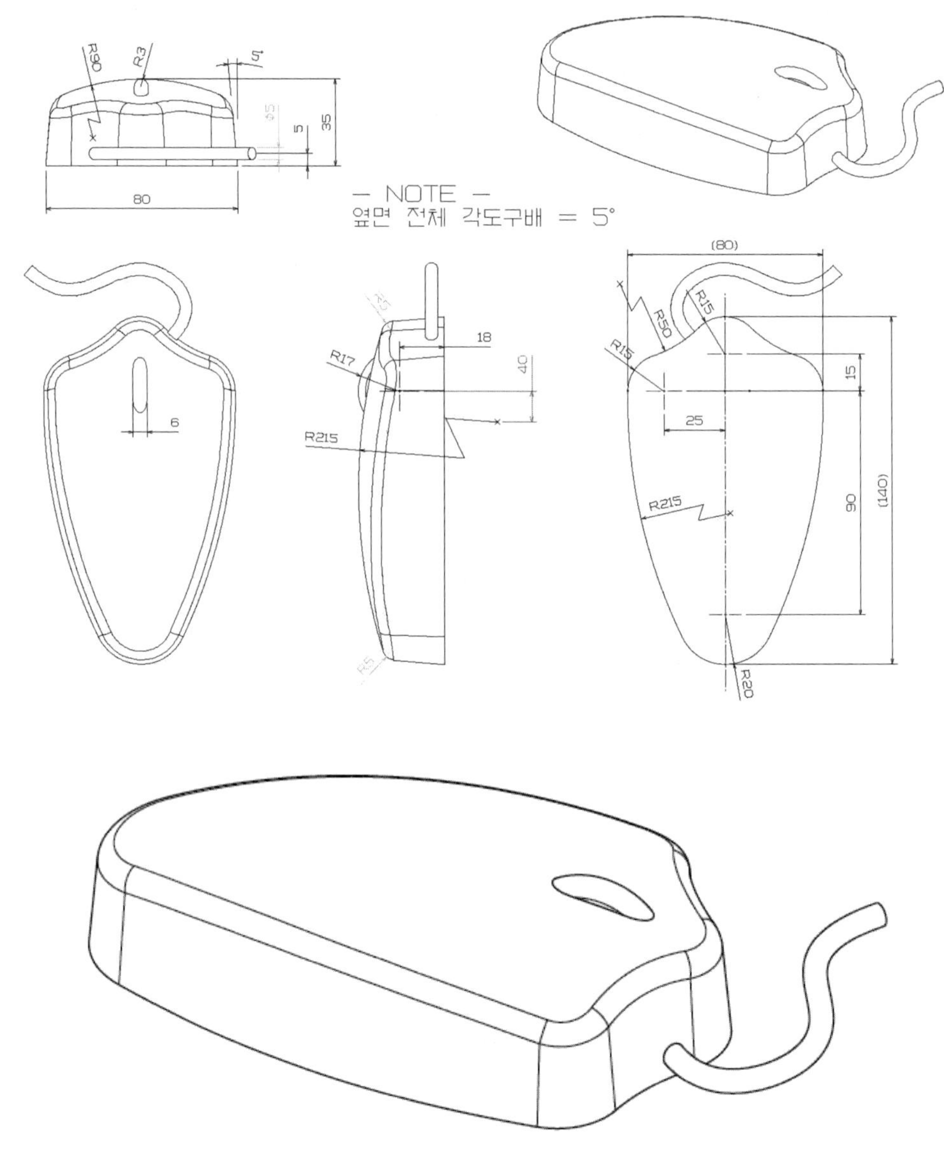
R90
R3
5°
35
∅5
5
35
80
— NOTE —
옆면 전체 각도구배 = 5°
6
R17
R215
18
40
R5
(80)
R15
R50
R15
R215
25
15
90
(140)
R20
— NOTE —
옆면 전체 각도구배 = 5°

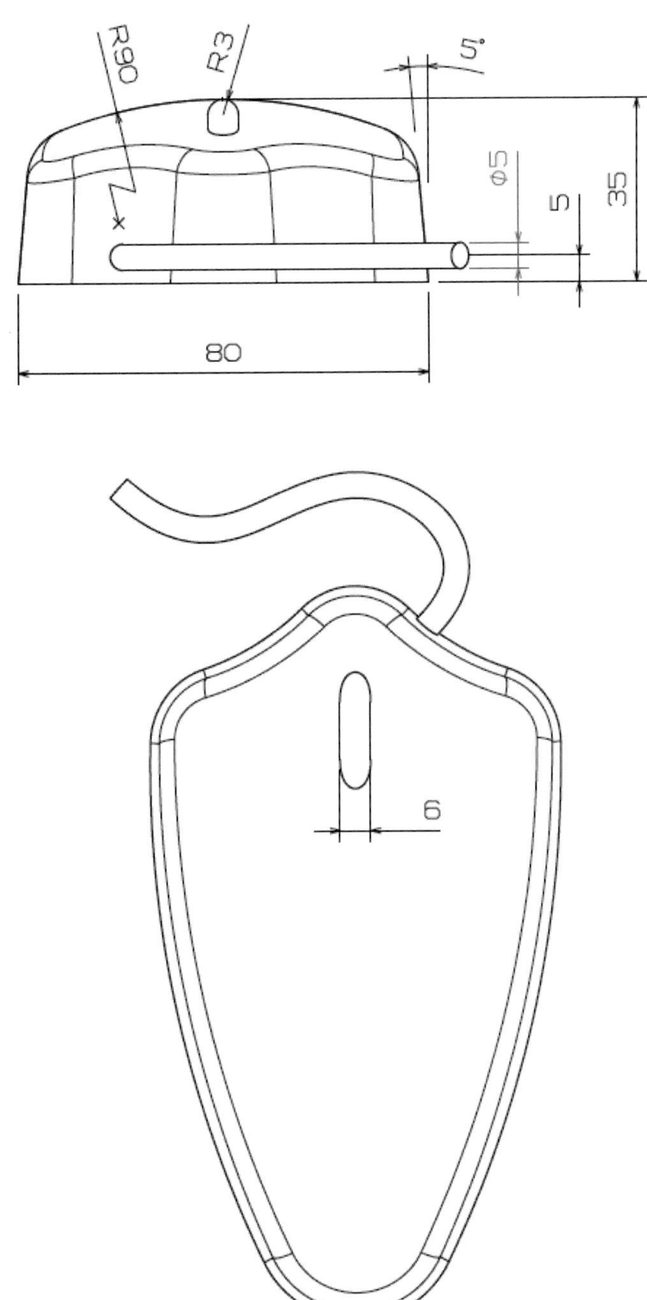
R90
R3
5°
ø5
5
35
80
6

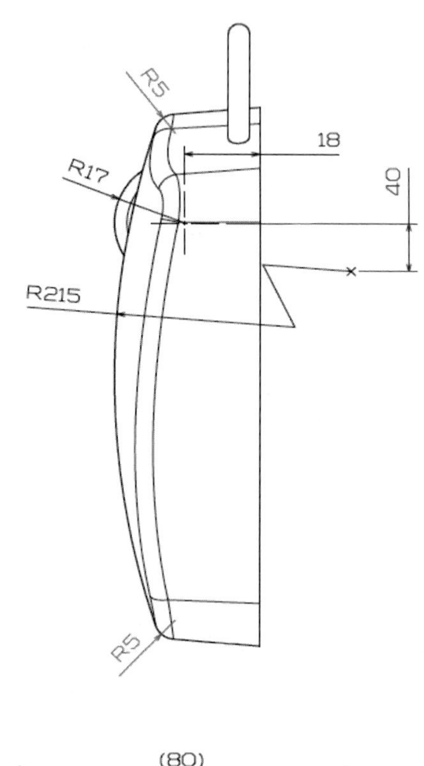

R5
18
R17
40
R215
R5

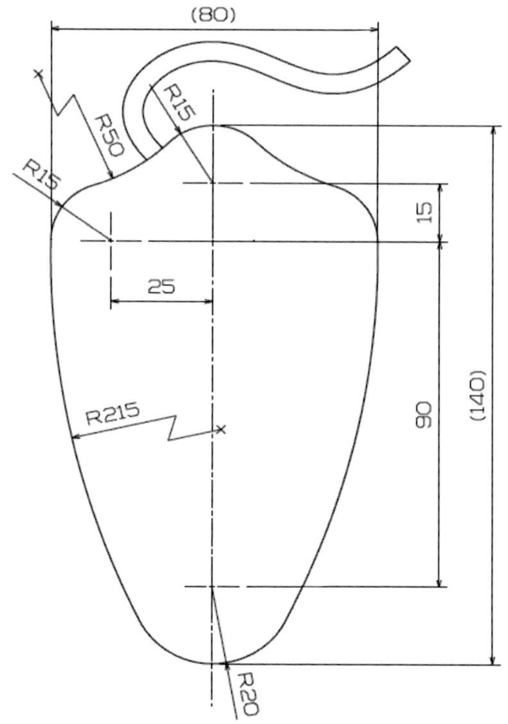

(80)
R15
R50
R15
15
25
90
(140)
R215
R20

4.5 **모델링 따라하기**

Generative Shape Design을 사용하여 모델링을 하게 될 것이다.

주로 Sweep을 사용하게 될 것이다.

본 도면은 중급이기 때문에 아이콘의 사용법은 숙지하고 있다는 가정 하에 명령어 사용순서
는 자세한 설명이 생략될 수도 있다. TREE 관리법 위주의 설명임을 미리 알리는 바이다.

(1) Option 설정하기

Pull Down Menu의 Tools → Options로 진입한다.

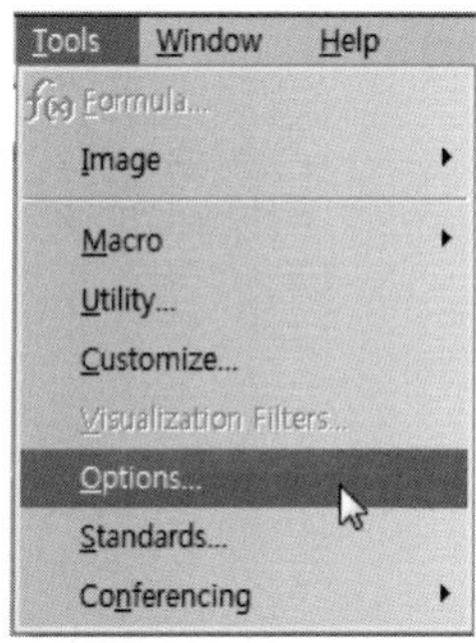

Infrastructure → Part Infrastructure → Part Document 탭의 밑줄 친 항목들의 체크를
아래와 같이 하도록 한다.

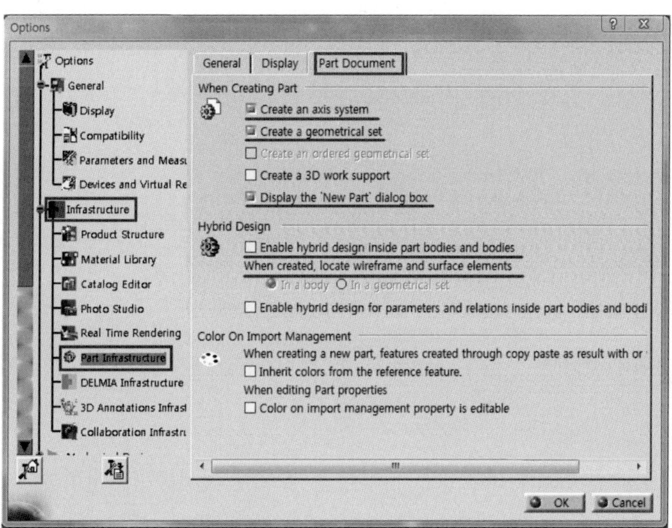

(2) Generative Shape Design 작업환경으로 진입하기

Generative Shape Design 작업환경으로 진입하기

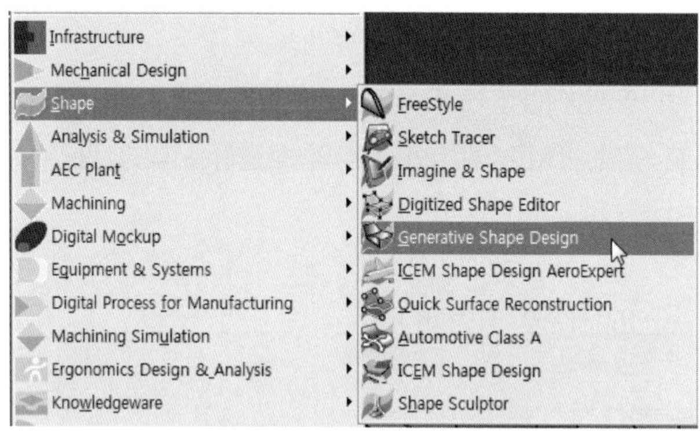

또는 Workbench Toolbar에서 선택하여도 된다.

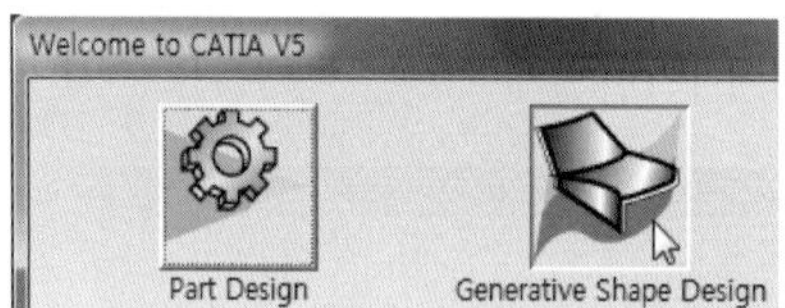

Start 메뉴에서 시작해도 되지만 상기 Workbench Toolbar에서 하면 GSD 작업환경으로 좀
더 빠르게 진입할 수 있을 것이다. 설정 방법은 아래와 같다.

Tools → Customize에서 Start Menu 탭의 Available 항목에서 Workbench Toolbar에 노
출되게끔 할 작업환경을 Favorites 항목으로 보내면 된다.

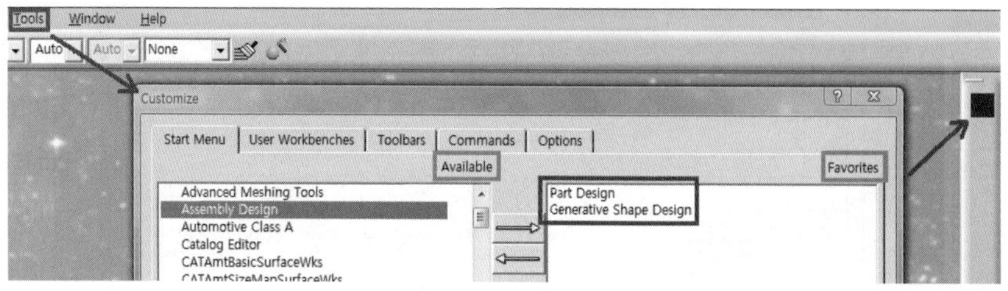

상기와 같이 설정하면 Start Menu로 시작하는 것보다 편리하게 원하는 작업환경으로 진입
할 수 있을 것이다.

이렇게 Generative Shape Design 작업환경으로 진입하게 되면 New Part라는 대화창이 나
타날 것이다.

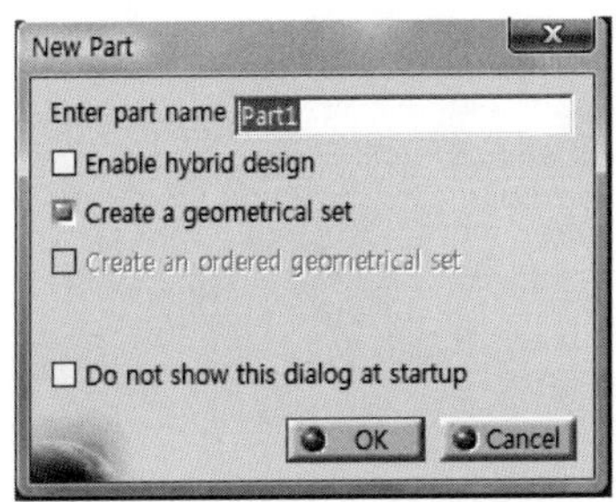

여기서 옵션사항은 여러분들이 미리 설정을 완료하였기 때문에 변경할 것은 없다.

Enter Part name에는 여러분들이 원하는 파일명을 적도록 한다. 반드시 영문으로 하길 바라
며 필자는 GSD TRAIN'G_01로 하도록 하겠다.

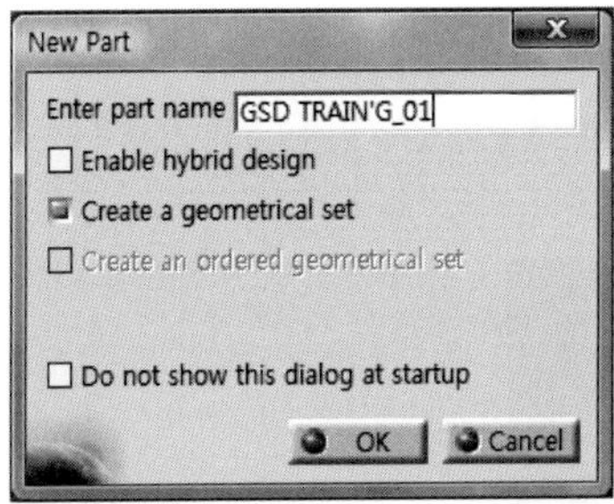

OK를 클릭하면 GSD 작업 환경으로 진입하게 된다. 진입 후 예기치 않은 강제종료를 대비해
저장을 꼭 하도록 하자.

이제 모델링 작업을 하기 위한 가장 기본적인 환경설정이 끝났다.
다음과 같이 Axis Systems이 있는 작업환경에서 GSD 모델링 작업을 하게 될 것이다.

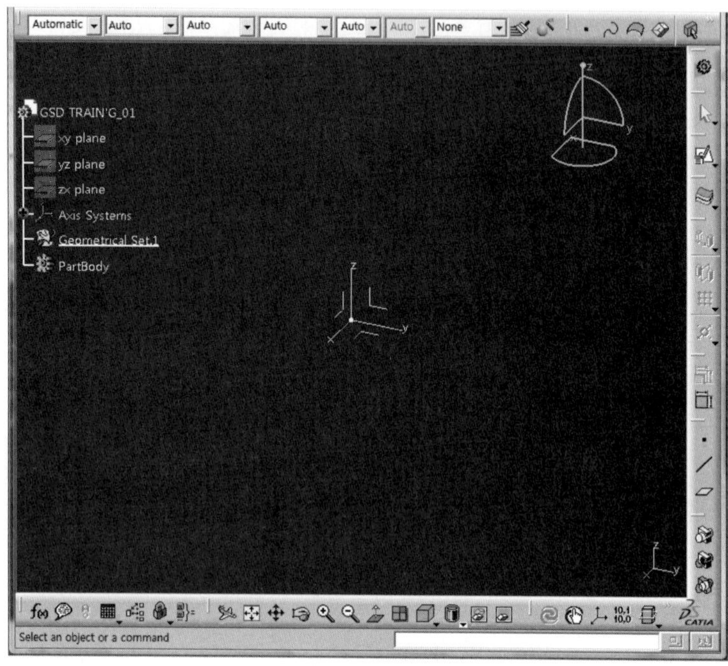

(3) 모델링 따라하기

• TREE 구조를 아래와 같이 편집한다.

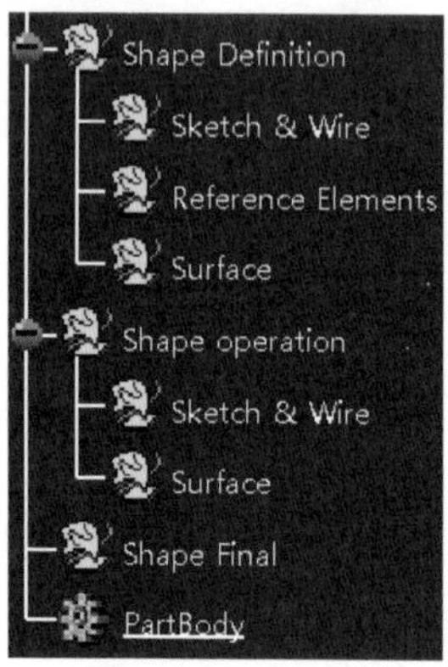

• xy plane을 선택하여 스케치 환경으로 진입한다(SPEC TREE의 Define In Work Object 정의는 생략하도록 하겠다).

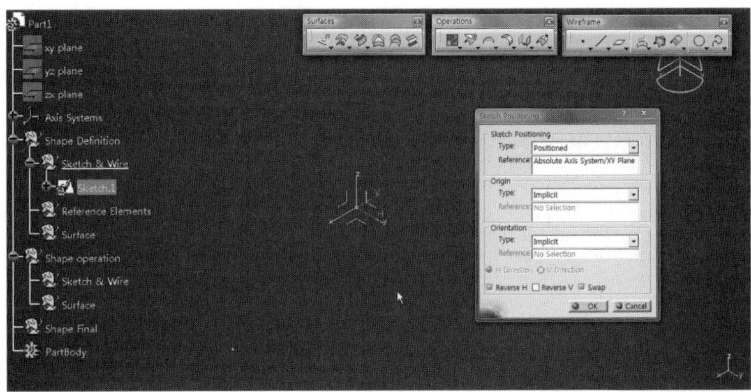

• Arc를 실행한다.

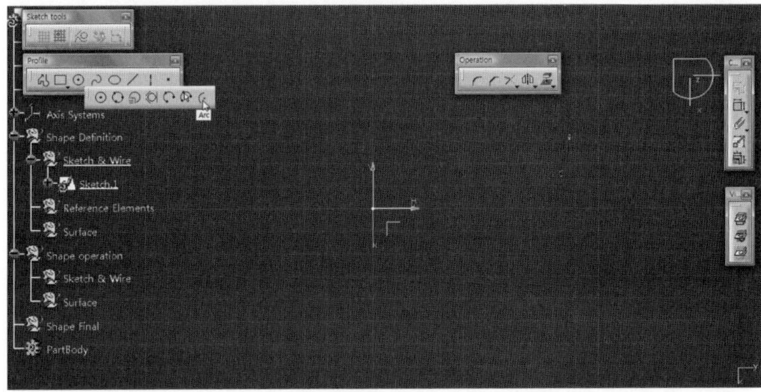

• 아래와 같이 원호를 작도하고 치수구속을 한다.

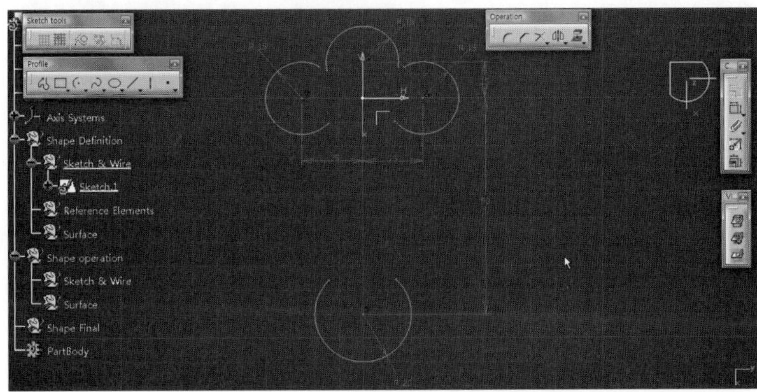

• Corner를 실행한다.

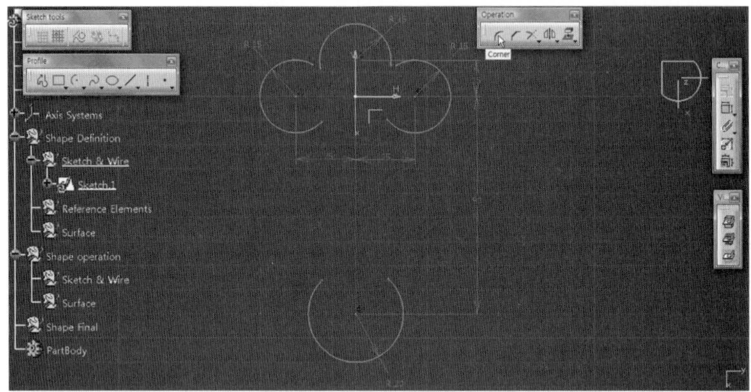

• 좌측 원호와 상단 중간 원호를 Corner 처리한다.

• 우측 원호와 상단 중간 원호를 Corner 처리한다.

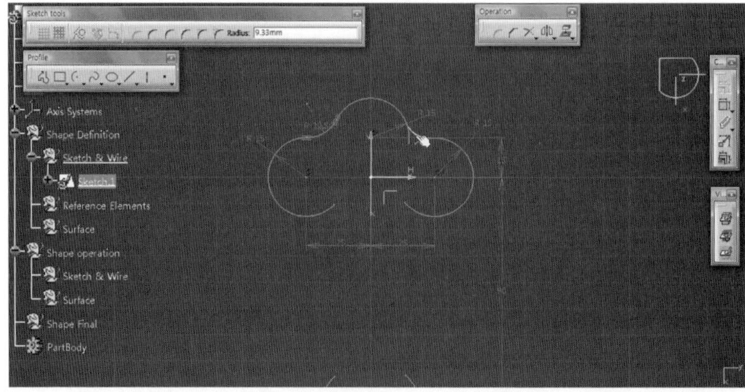

• 양쪽 Corner R값을 50mm를 입력하도록 한다.

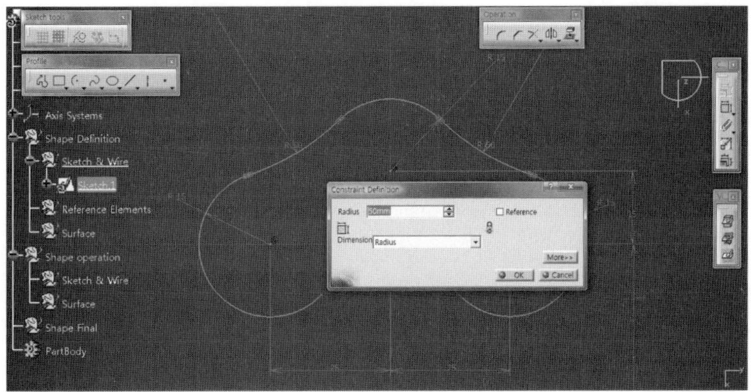

• Three Point Arc를 실행한다.

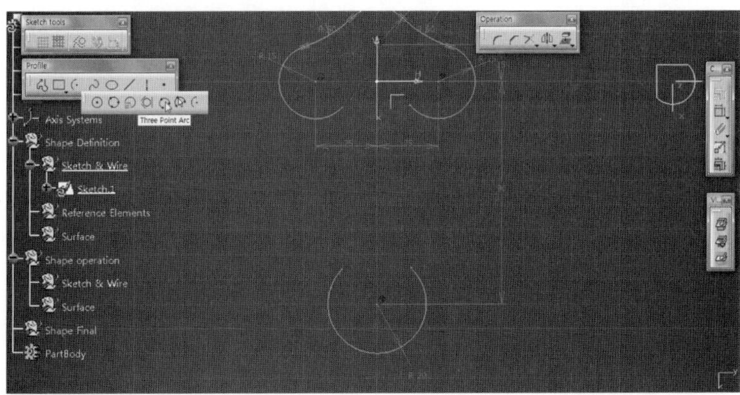

• 아래와 같이 좌측에 대략적인 원호를 작도한다.

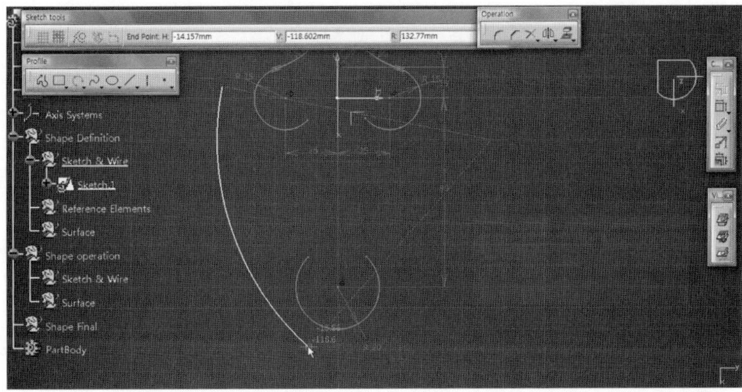

•우측에 대략적인 원호를 작도한다.

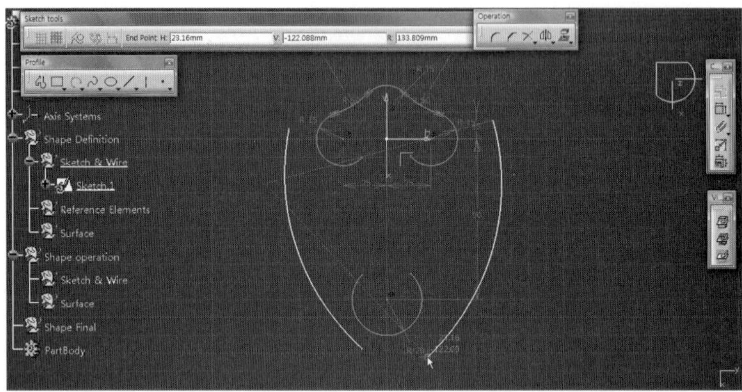

•아래와 같이 Tangency 구속을 주도록 한다.

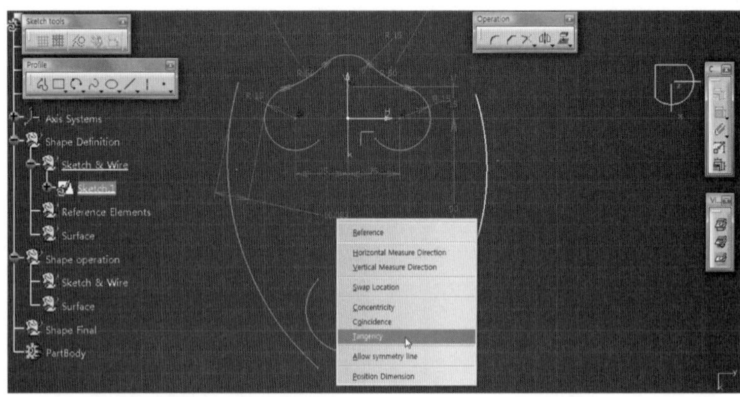

•Tangency 구속이 성립되었다.

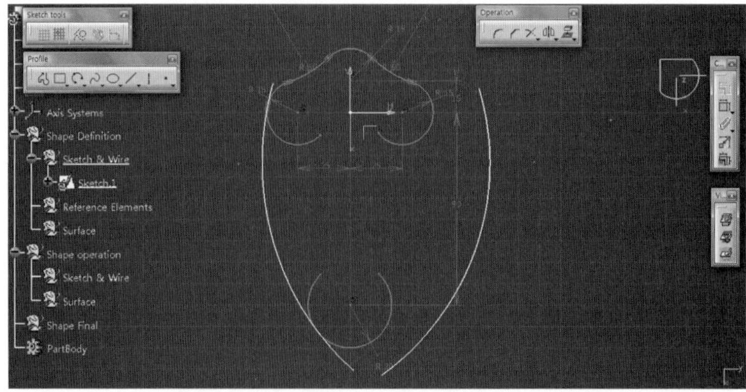

• 우측 하단도 Tangency 구속을 준다.

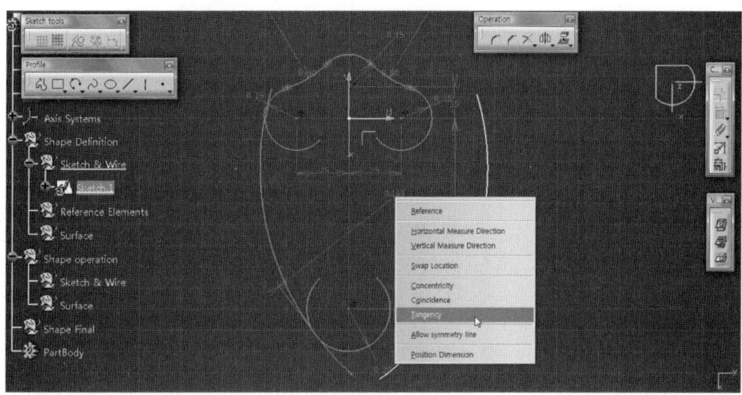

• Tangency 구속이 성립되었다.

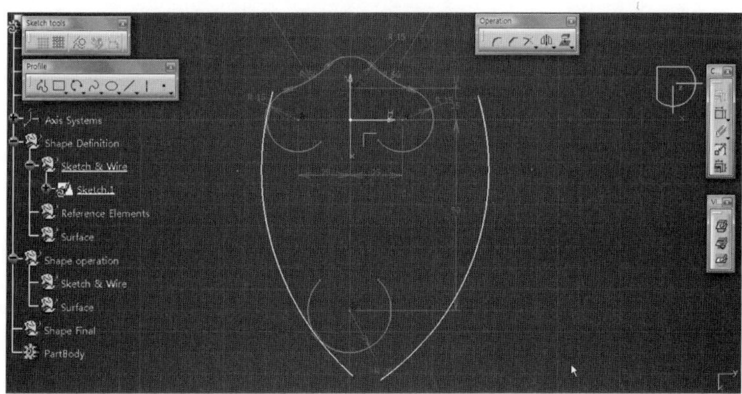

• 우측 상, 하단도 Tangency 구속을 주도록 한다.

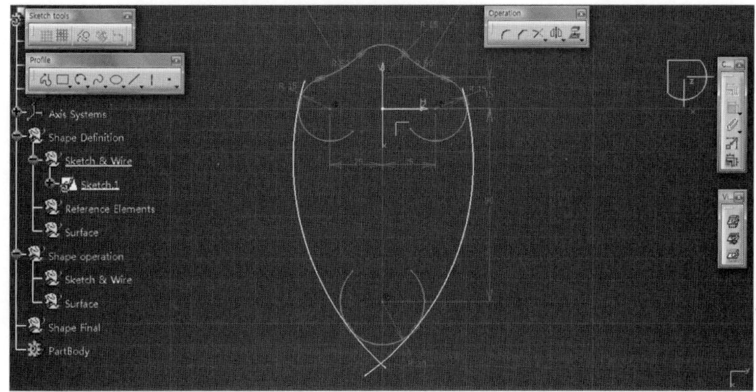

• 구속이 완료된 좌, 우 원호에 215mm 반지름 구속을 준다.

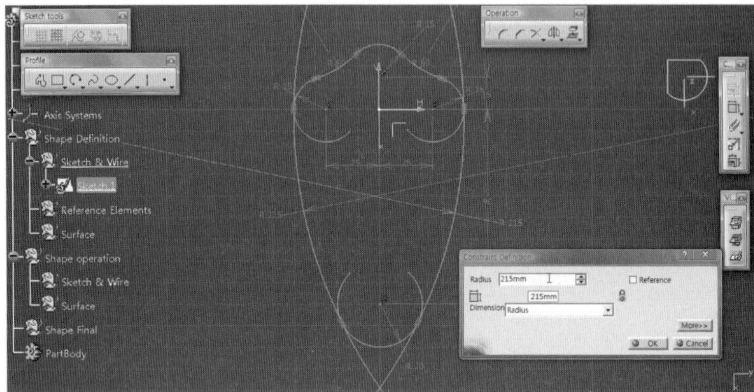

• Trim을 실행한다.

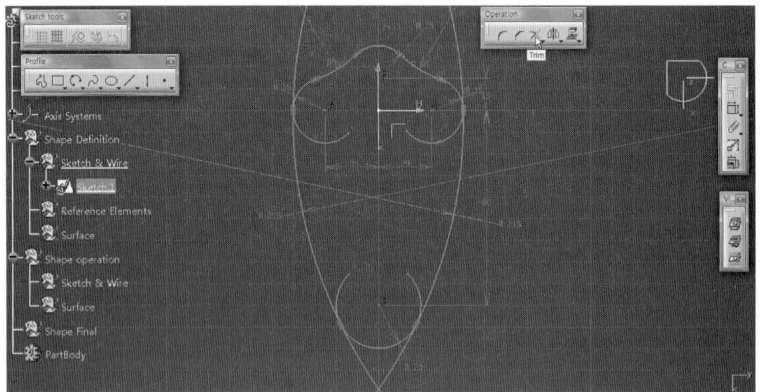

• 아래의 위치를 클릭하도록 한다.

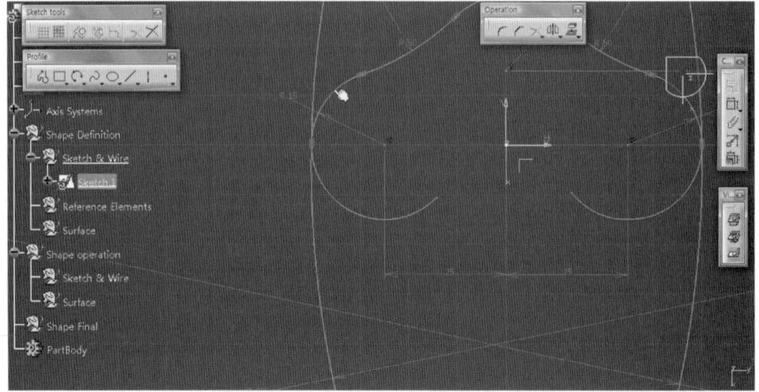

• 아래의 위치를 클릭하면 불필요한 부분이 제거되면서 연결이 되는 것을 볼 수 있다.

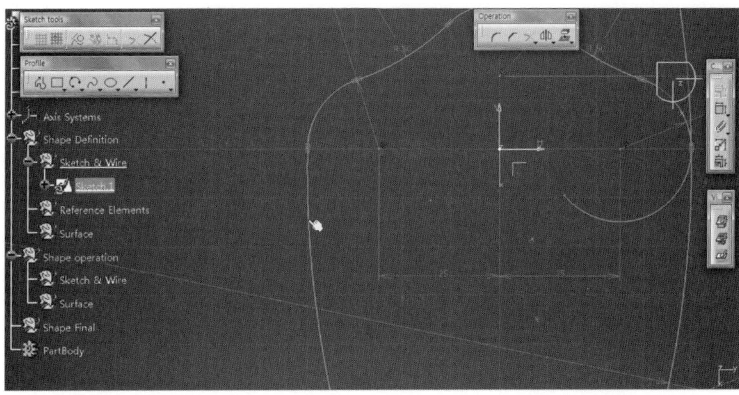

• 아래의 위치를 클릭하도록 한다.

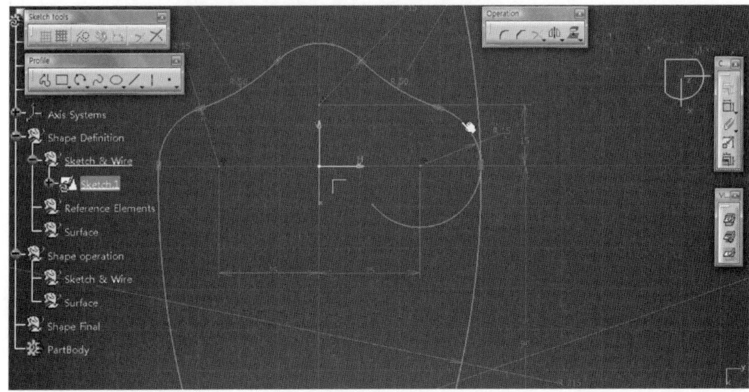

• 아래의 위치를 클릭하여 불필요한 부분이 제거되면서 연결이 되었다.

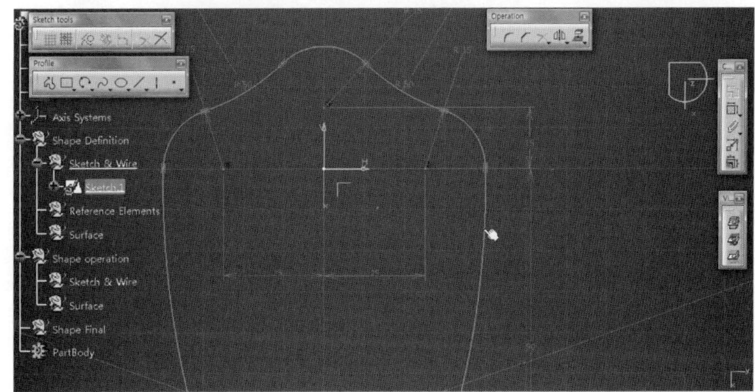

•별도의 설명 없이 Trim 과정을 그림으로 보여주겠다.

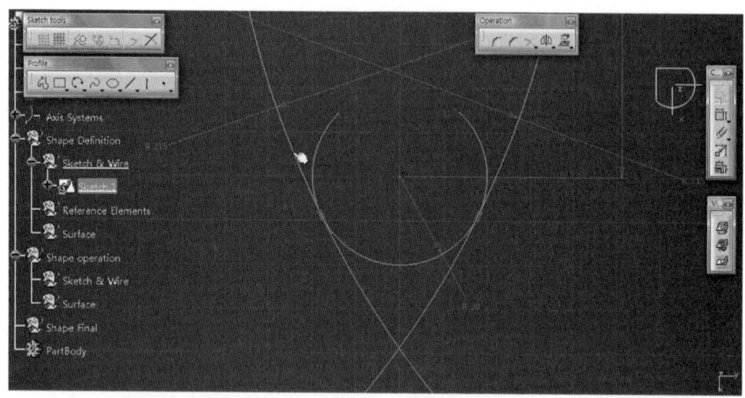

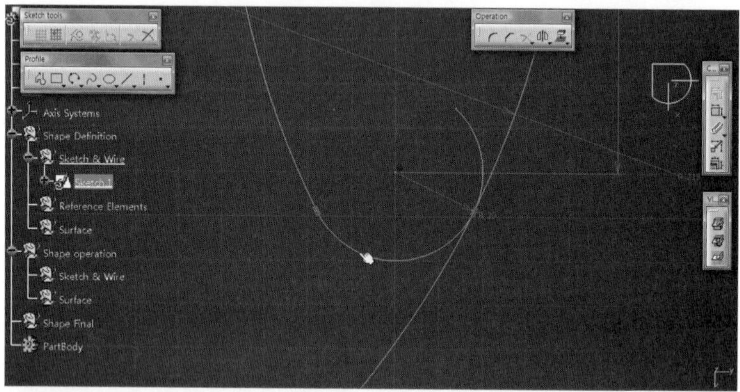

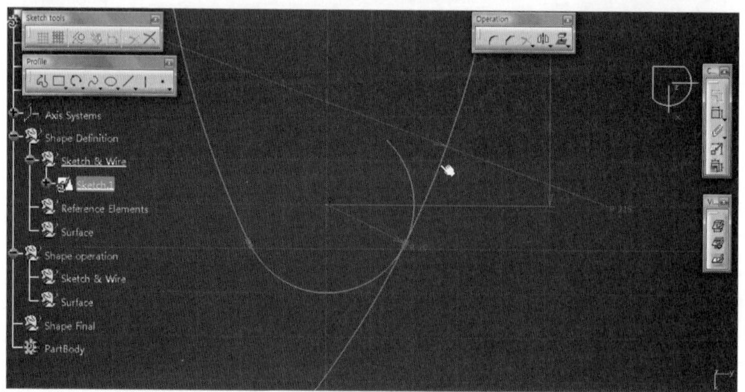

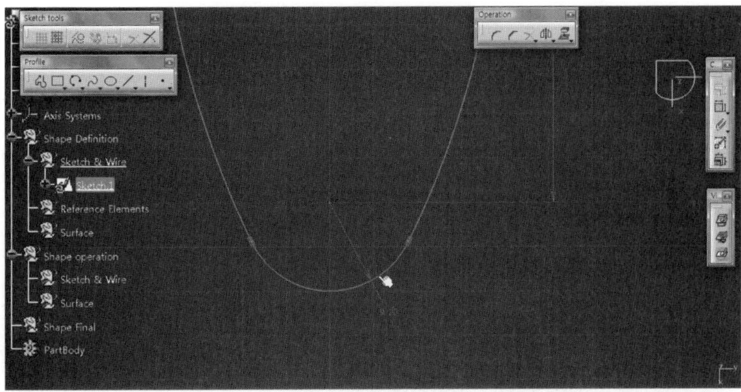

• 아래와 같이 치수 구속을 주도록 한다.

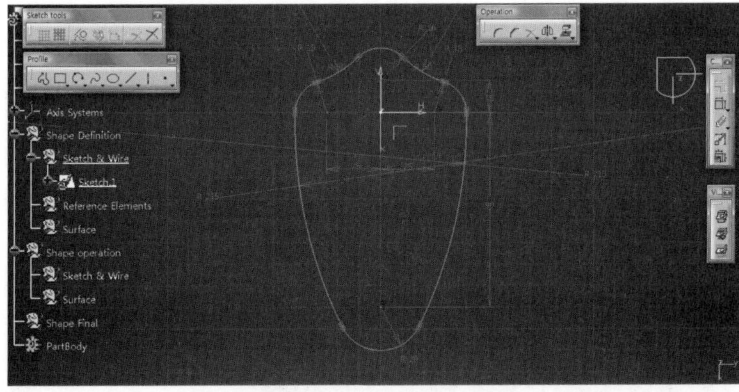

• 스케치 환경을 나와서 Sweep을 실행한다. Profile type은 Line, Subtype은 With draft direction 이다.

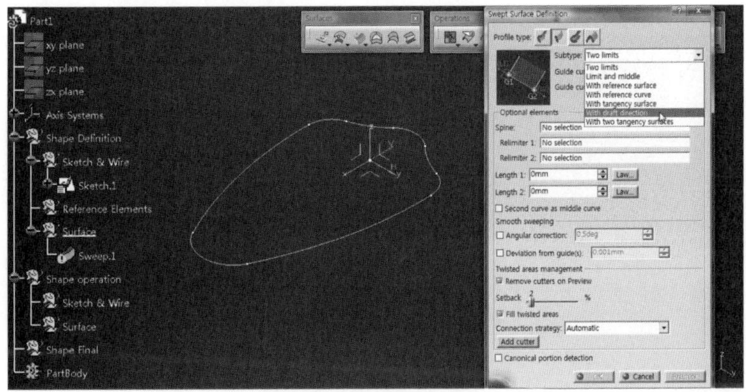

• 스케치를 선택한다.

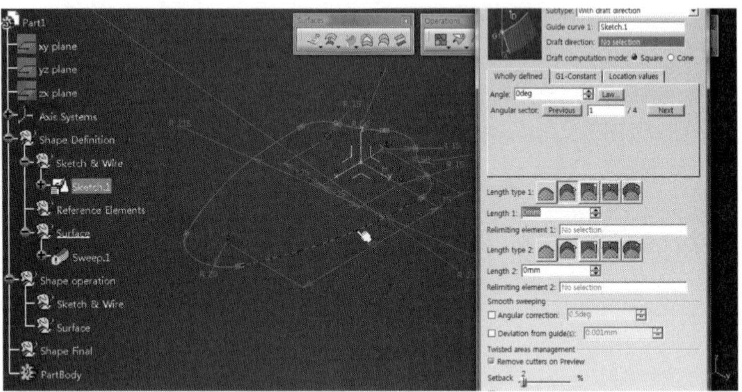

• Draft direction은 z축을 선택한다.

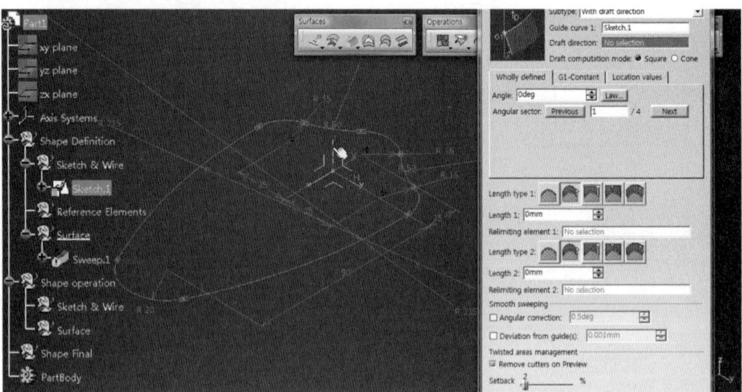

• 4개의 화살표 중 아래 그림의 화살표를 선택한다.

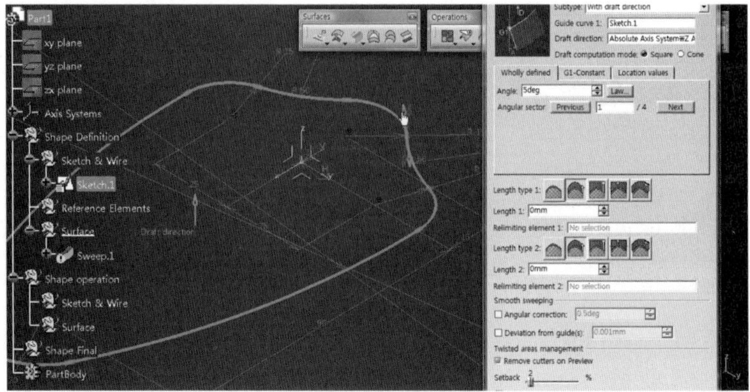

• Angle 값은 5deg, Length 1 값은 40mm를 주도록 한다.

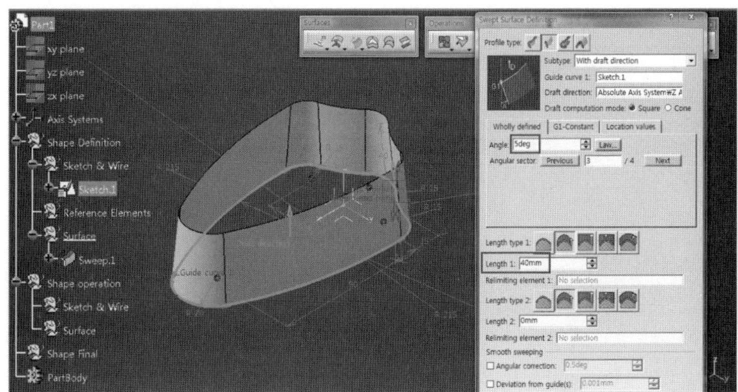

• 스케치 환경을 나와 zx plane을 선택해 스케치 환경으로 다시 진입하도록 하자.

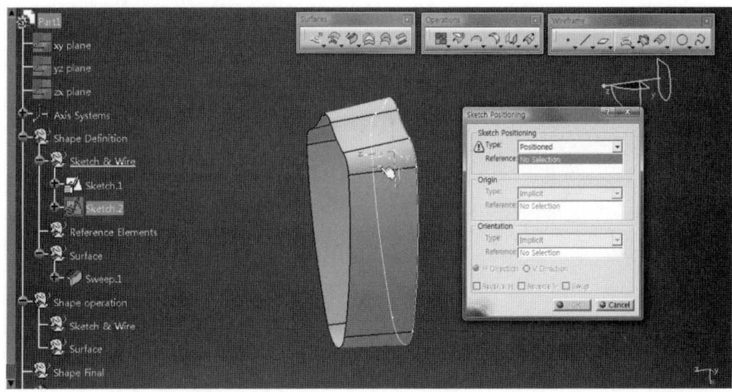

• Three Point Arc를 실행한다.

• 아래와 같은 위치에 대략적인 원호를 그리도록 한다.

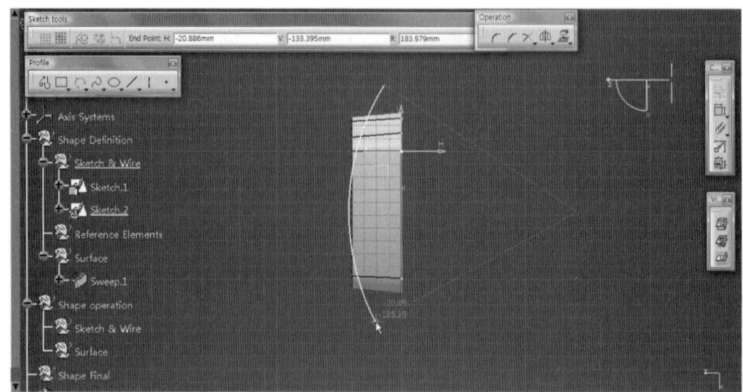

• 원호의 R값을 215mm 치수구속한다.

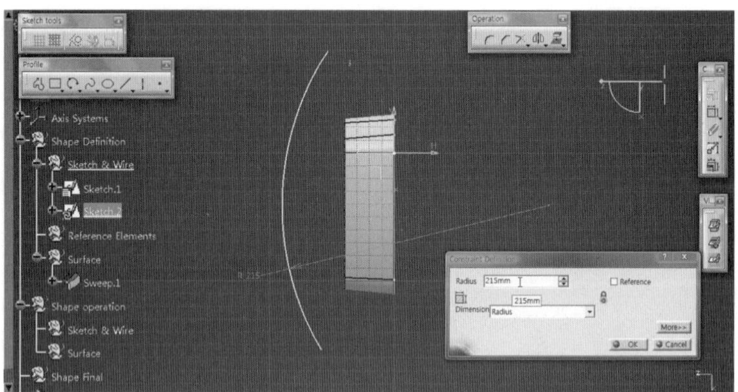

• Low light를 활성화시킨다.

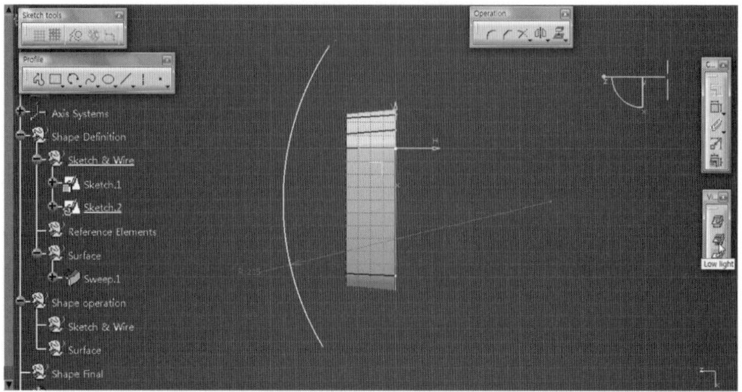

• 원호의 상단과 V벡터와의 거리를 35mm 치수구속을 한다.

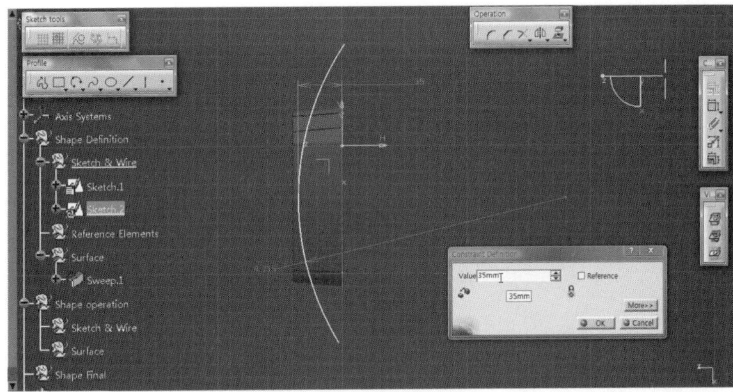

• 원호의 중심점 위치를 아래와 같이 구속을 한다.

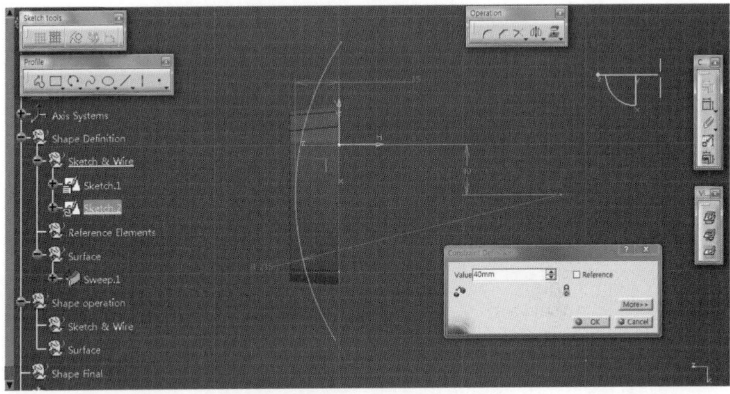

• 원호의 양끝점을 드래그하여 적절한 크기로 조절한다.

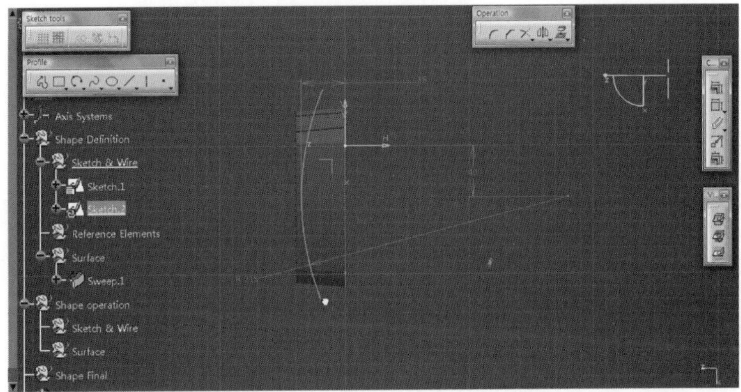

• 스케치 환경을 나와서 Point를 실행한다. Circle/Sphere/Ellipse Center 옵션으로 변경 후 스케치
를 선택한다. 원호의 중심점이 생성된다.

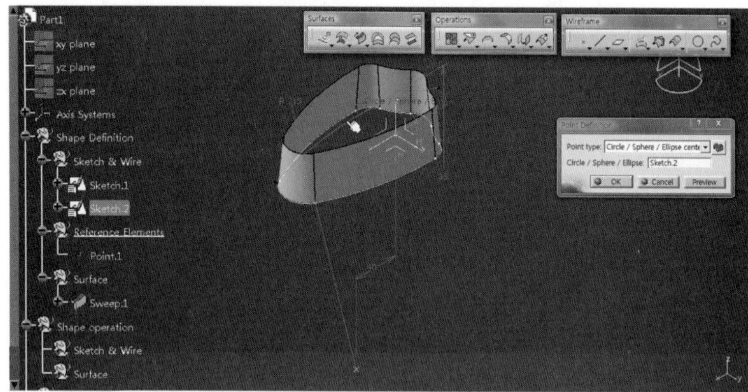

• Plane을 실행한다. Parallel through point 옵션으로 변경 후 yz plane을 선택한다.

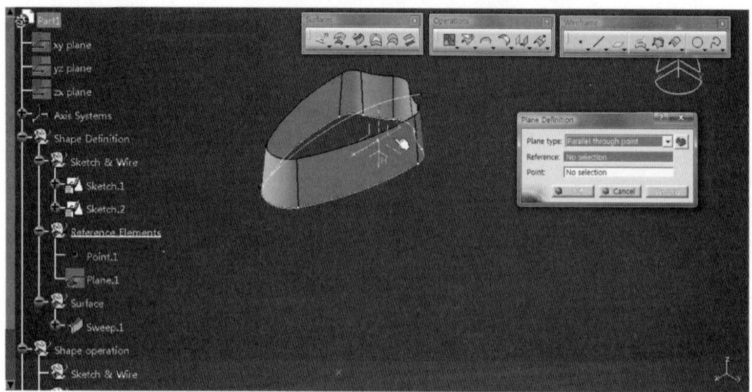

• Point를 선택한다.

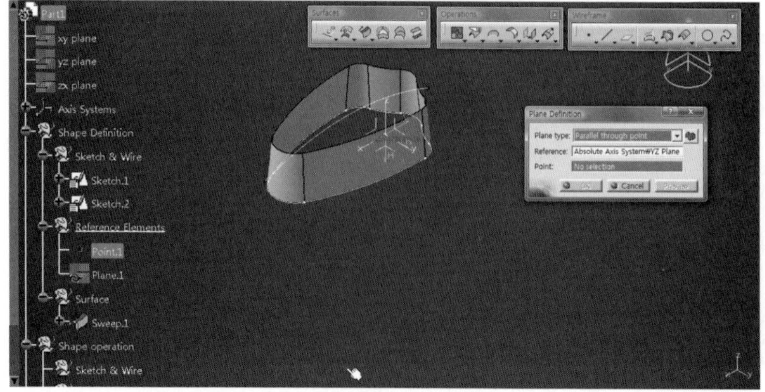

• plane이 생성된다.

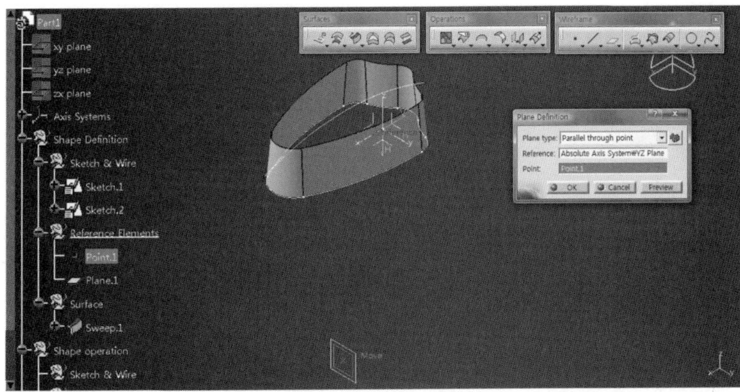

• 생성된 plane을 선택하여 스케치 환경으로 진입한다.

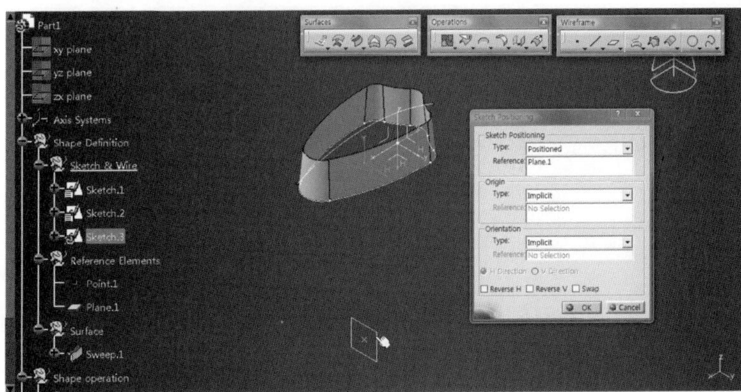

• Low light를 활성화한다.

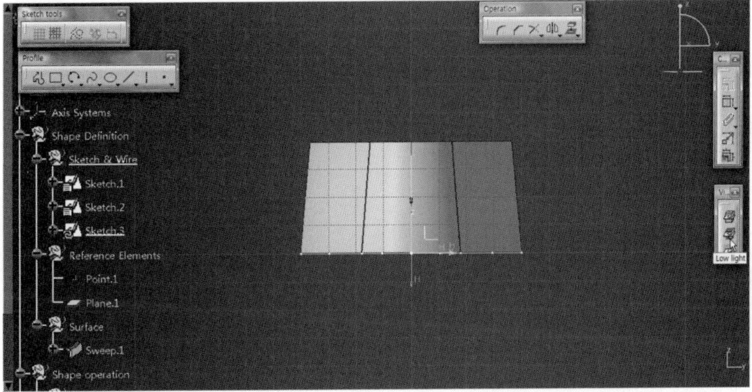

• Arc를 실행한다.

• 아래와 같이 대략적인 원호를 작도한다.

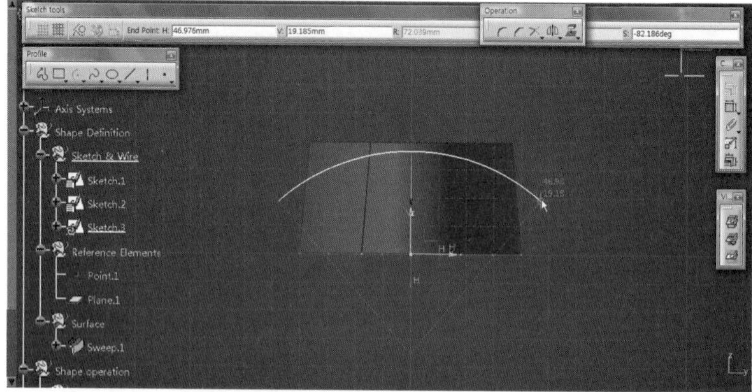

• 원호의 상단과 H벡터와의 치수구속을 35mm 입력한다.

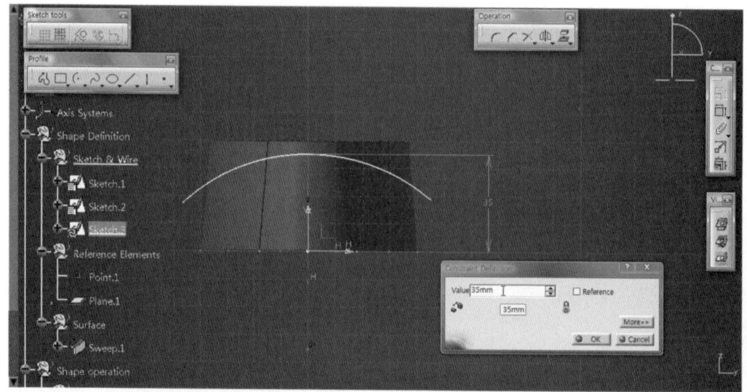

• 원호의 Radius 값 90mm를 입력한 후 스케치 환경을 나오도록 한다.

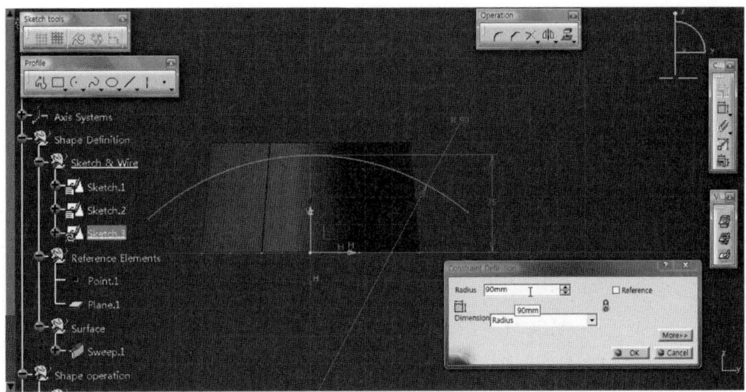

• Sweep의 With reference surface를 실행 후 아래와 같이 Curve를 선택한다.

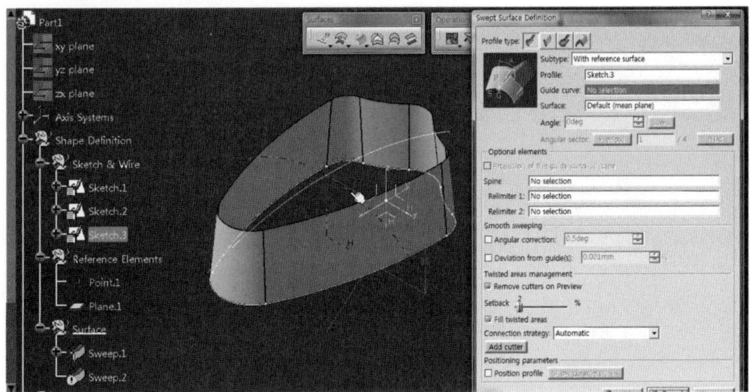

• 나머지 Curve를 선택한다.

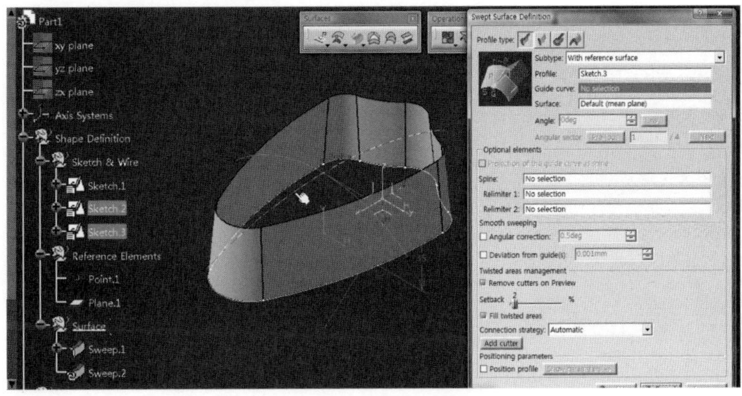

• 아래와 같이 Surface가 구현되었다.

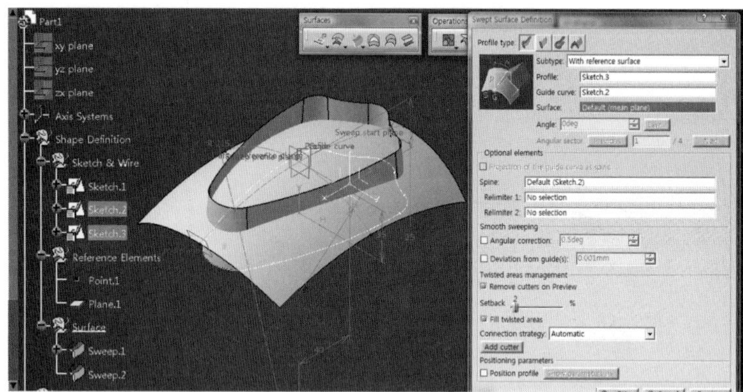

• Trim을 실행 후 2개의 Sweep 명령어를 선택하여 편집을 하도록 한다.

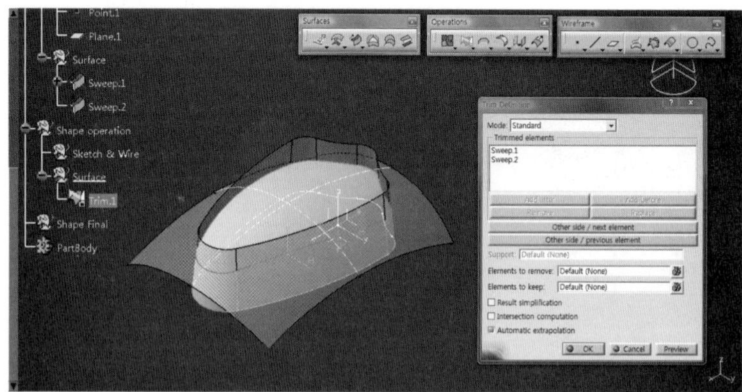

• 아래와 같이 편집이 되었다.

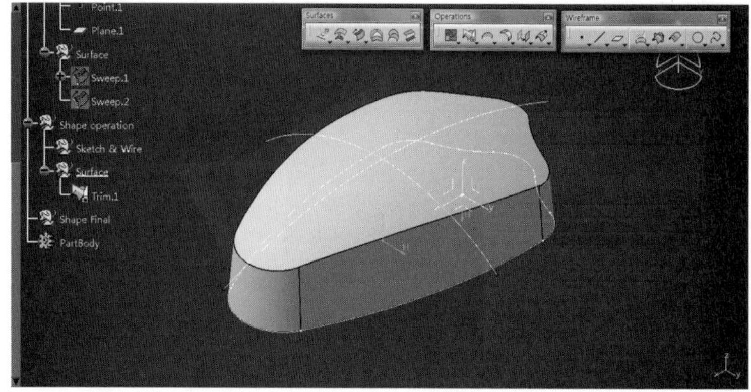

• yz plane을 선택하여 스케치 환경으로 진입한다.

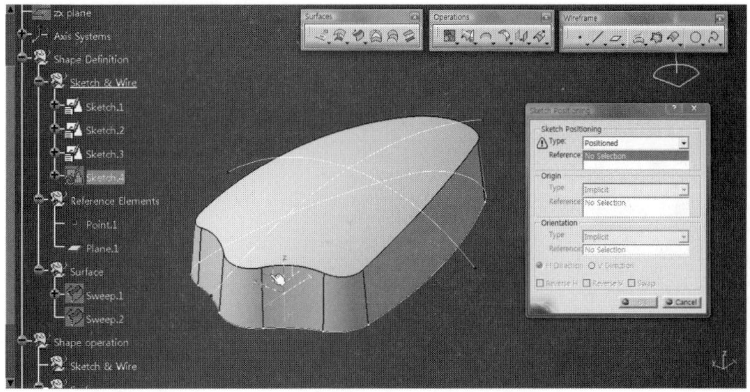

• Reverse H를 체크한다.

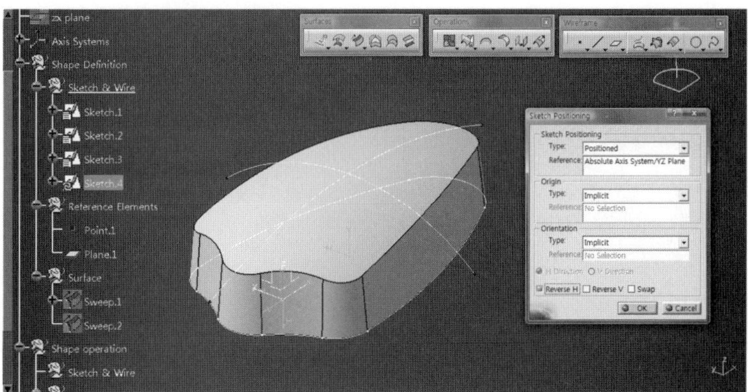

• Low light를 활성화한다.

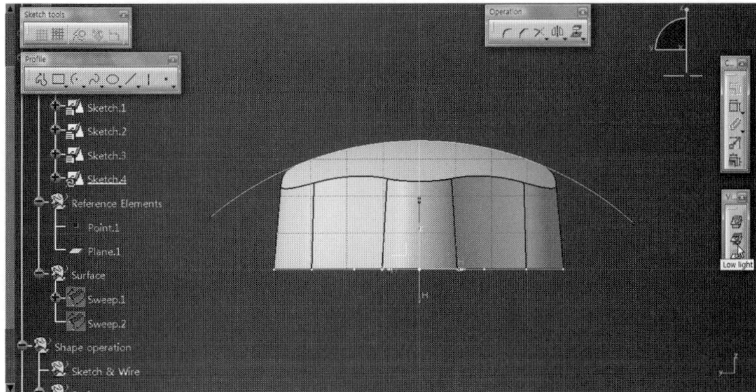

• Elongated Hole을 실행한다.

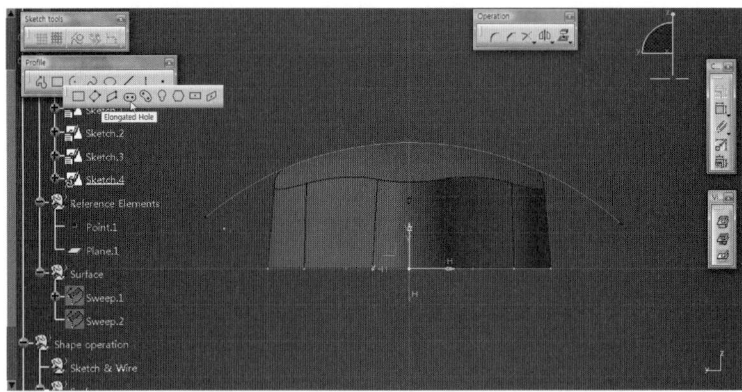

• 치수 구속을 3mm 주도록 한다.

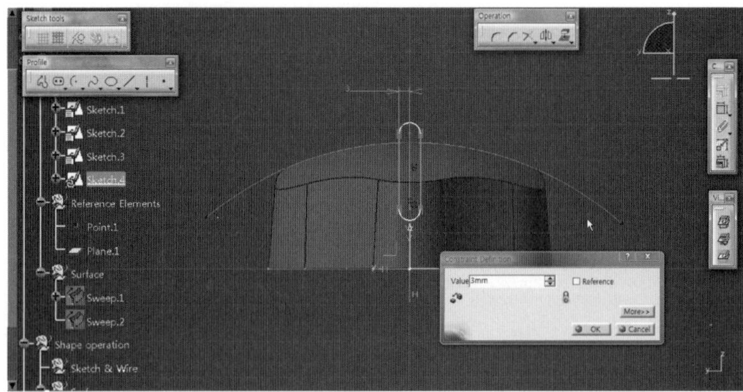

• 도형 하단의 원호를 선택한다.

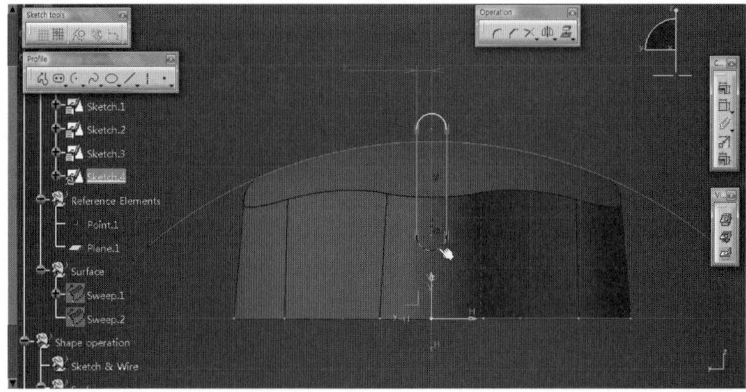

• Construction/Standard Element를 활성화시킨다.

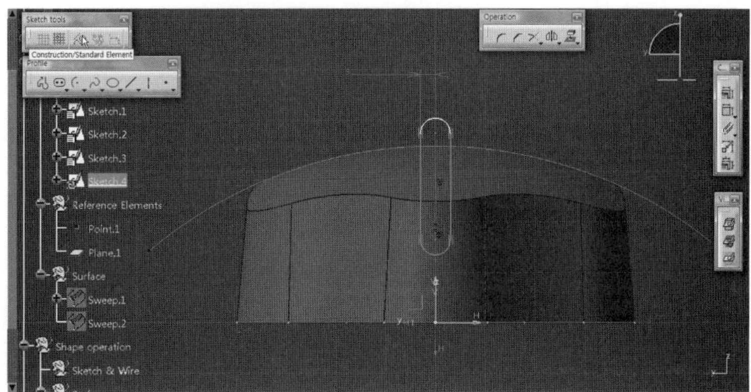

• 아래와 같이 점선 처리가 된다.

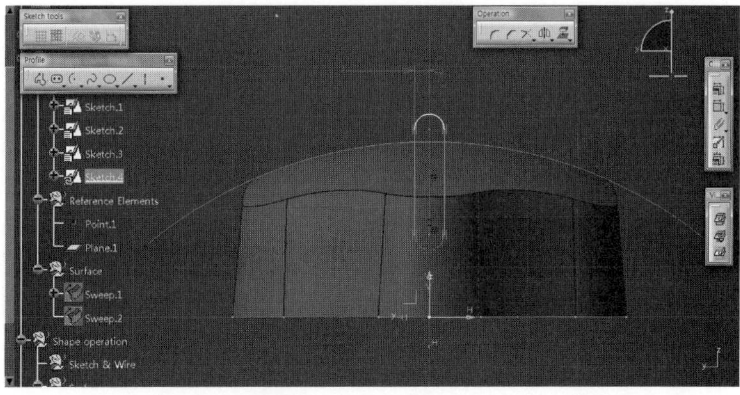

• 아래와 같이 치수 35mm 치수 구속을 준다.

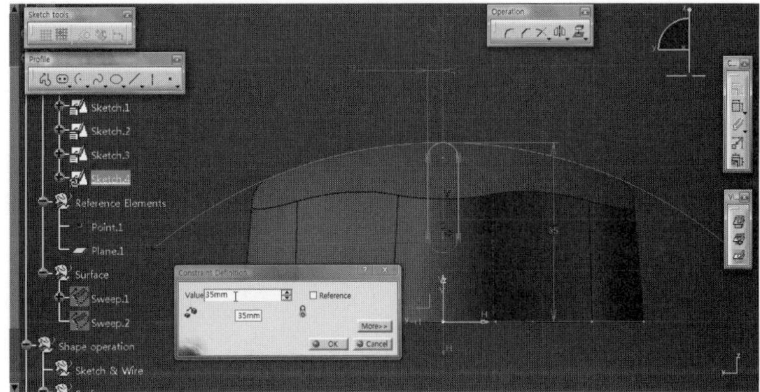

•도형 하단의 점선 부분을 그림과 같이 대략적 위치로 상향 이동시킨다. Axis를 실행한다.

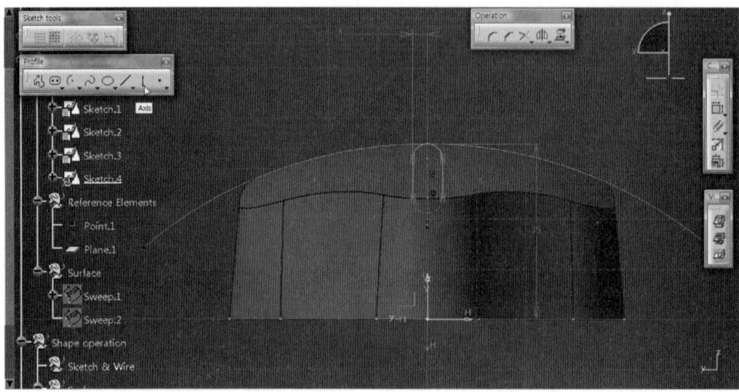

•아래와 같이 수평선을 작도한다.

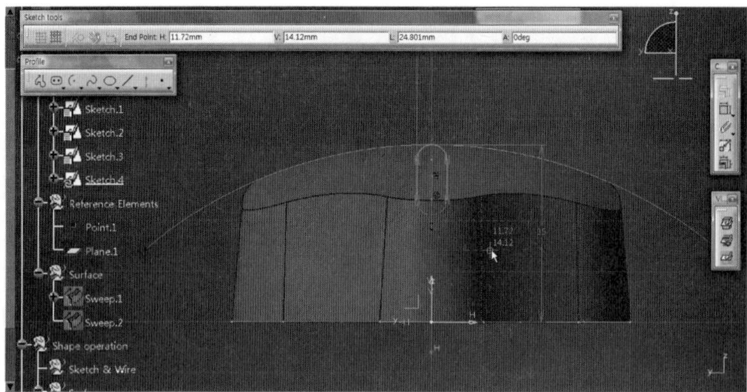

•작도한 Axis와 H벡터간 치수 18mm 입력한다.

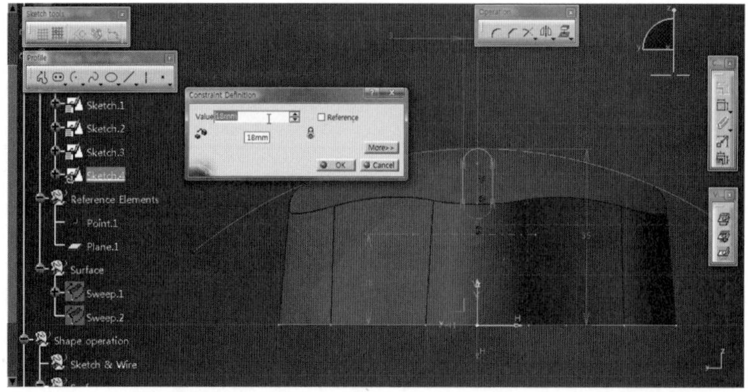

• 스케치 환경에서 나오도록 하자.

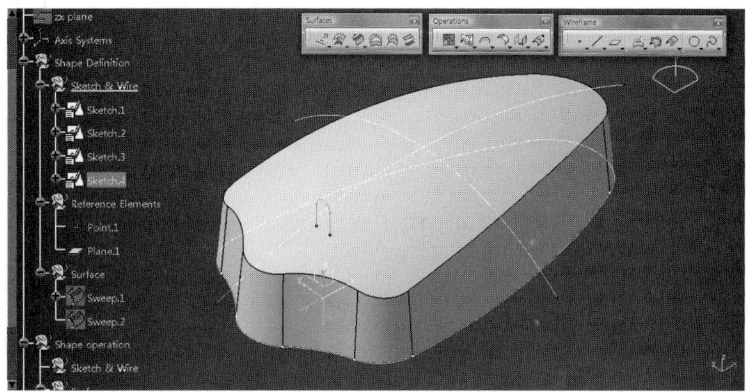

• Revolution을 실행 후 작도한 스케치를 선택한다.

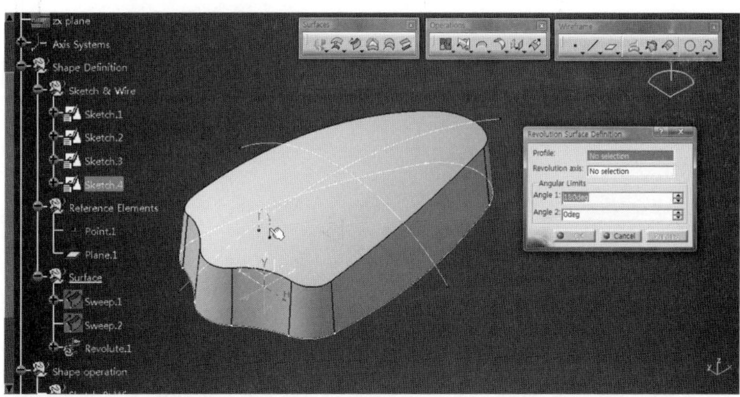

• 아래와 같이 Surface가 구현된다.

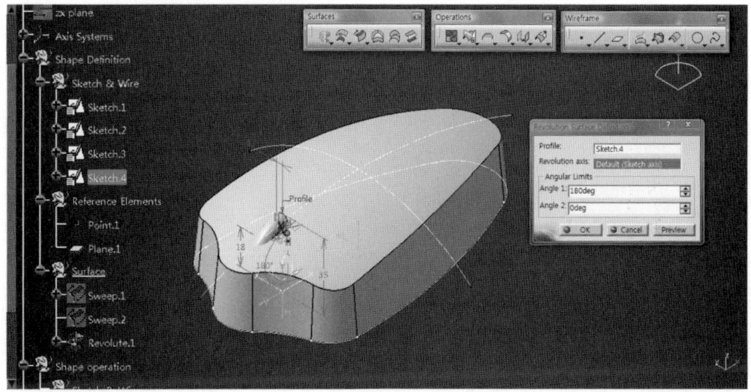

• 시점을 저면으로 변경하면 좀 더 작업이 편할 것이다.

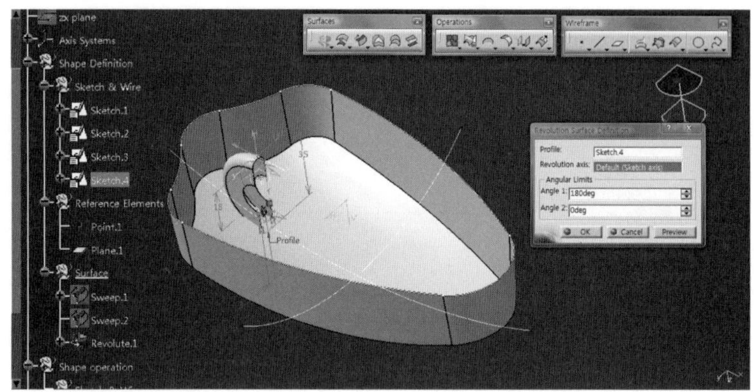

• Angle 1, 2 값을 변경해서 아래와 같이 Surface 형상을 조절한다. 마우스로 클릭해서 드래그를
  하면 좀더 편할 것이다.

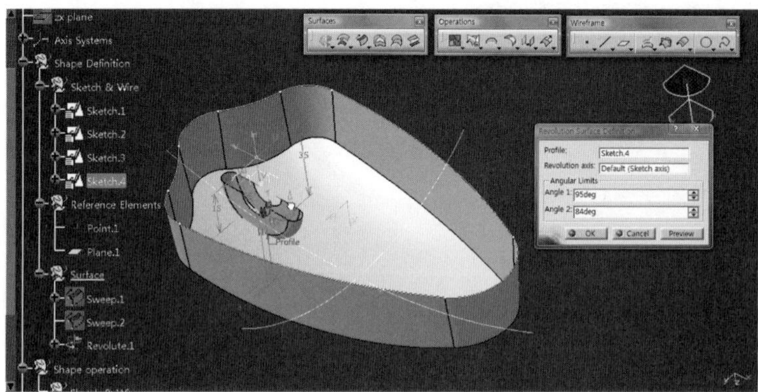

• 아래와 같이 Surface가 구현되었다.

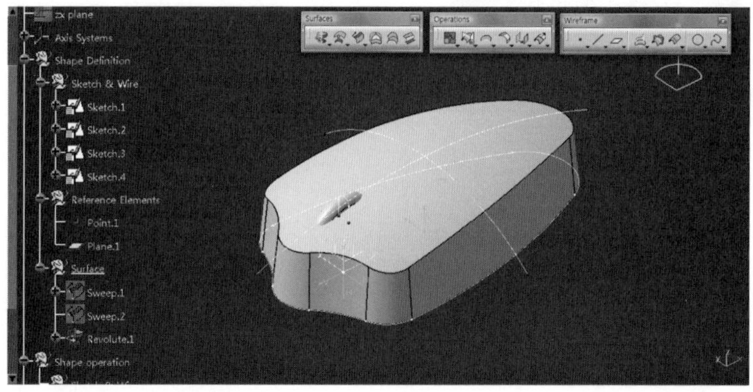

•Trim을 실행하여 마우스의 버튼부위와 몸체부위를 수정한다.

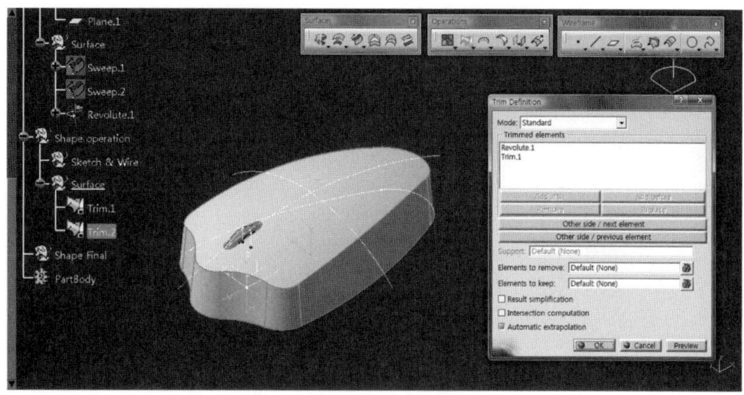

•보이는 부분을 뒤집어 수정하는 것이 보다 편리하다.

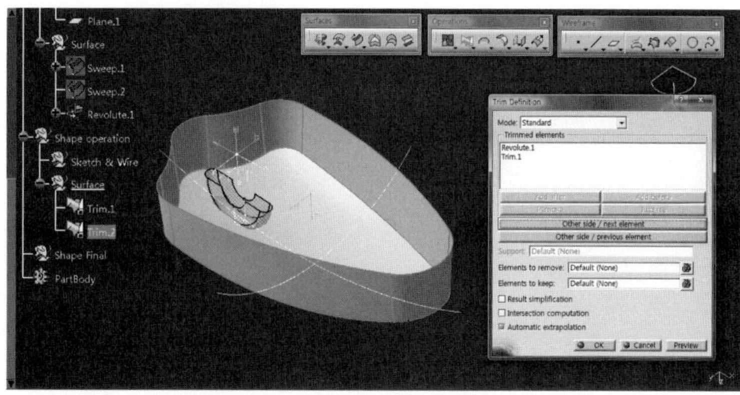

•작업의 편의를 위해 스케치를 Hide시키도록 하자.

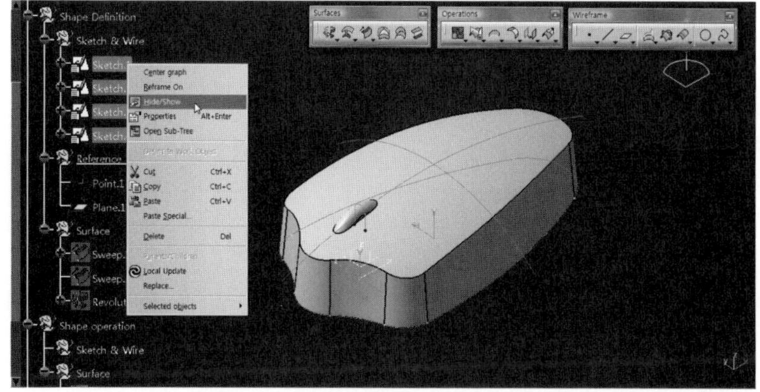

• plane을 실행하여 옵션은 Offset from plane으로 변경하고 xy plane을 선택한다.

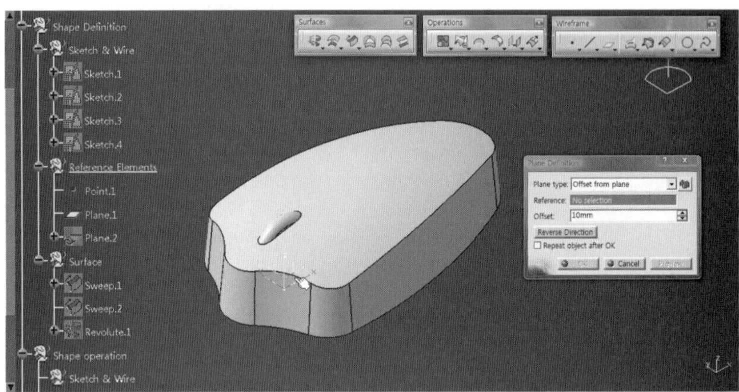

• Offset 값을 5mm 입력한다.

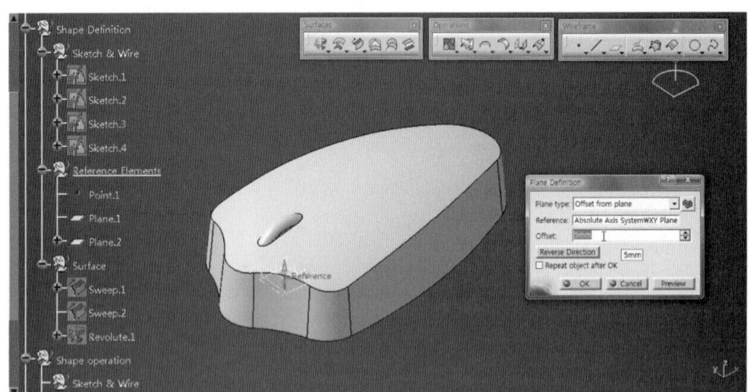

• 생성한 plane을 선택하여 스케치 환경으로 진입하자.

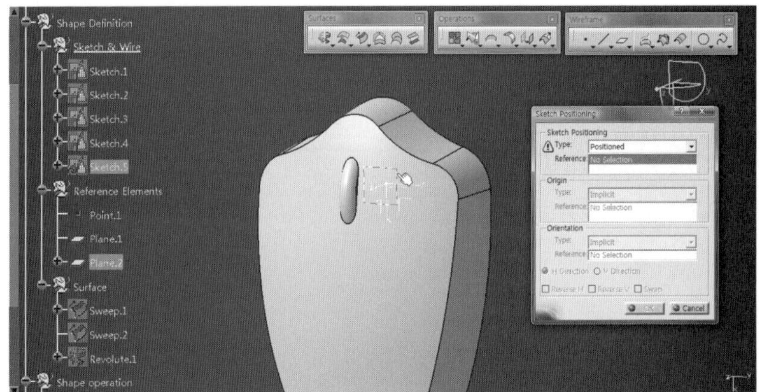

• Orientation → Reverse V, Swap을 체크한다.

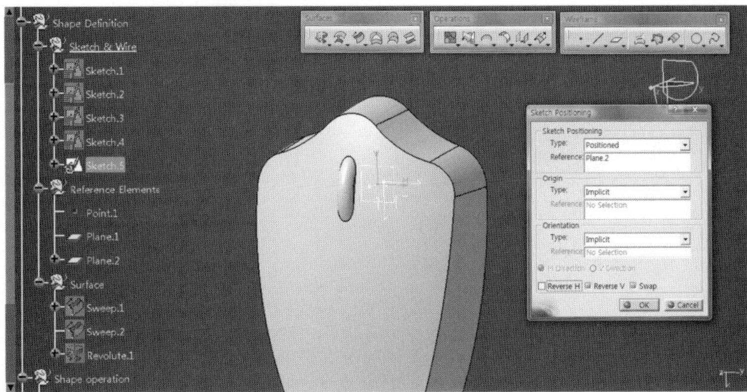

• Spline을 실행한다.

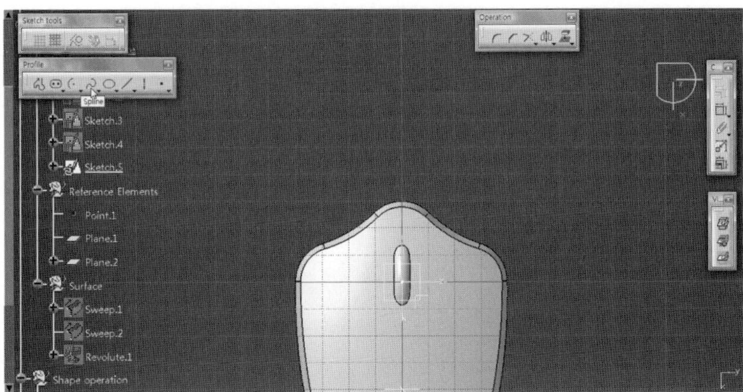

• 아래와 같이 대략적 위치에 클릭하여 자유곡선을 작도한다.

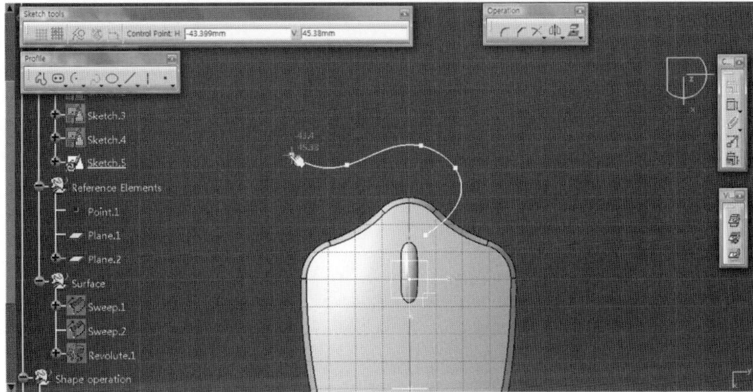

• Sweep의 Center and radius를 실행 후 스케치를 선택한다.

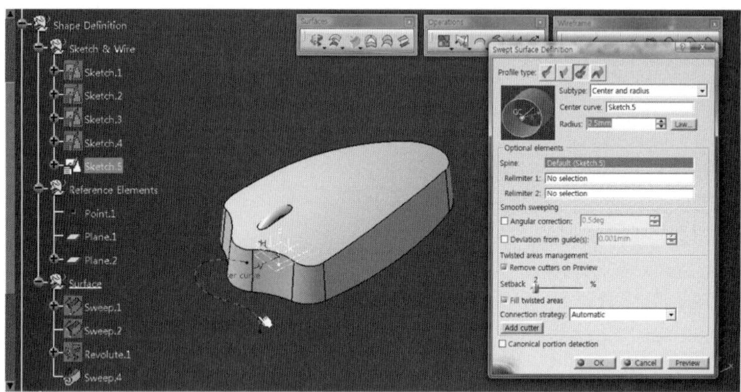

• 아래와 같이 Surface가 구현되었다.

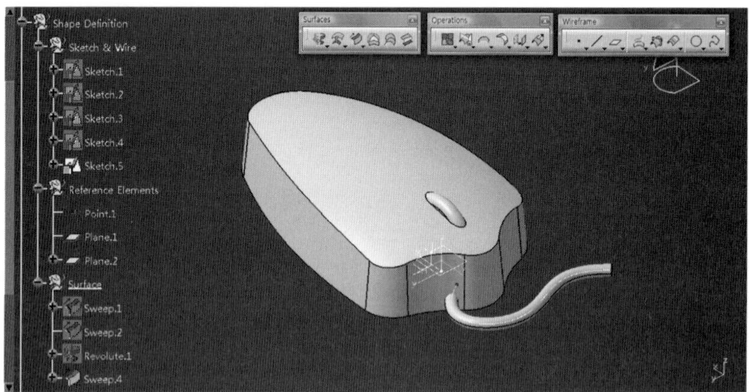

• Trim을 실행하여 본체와 편집한다.

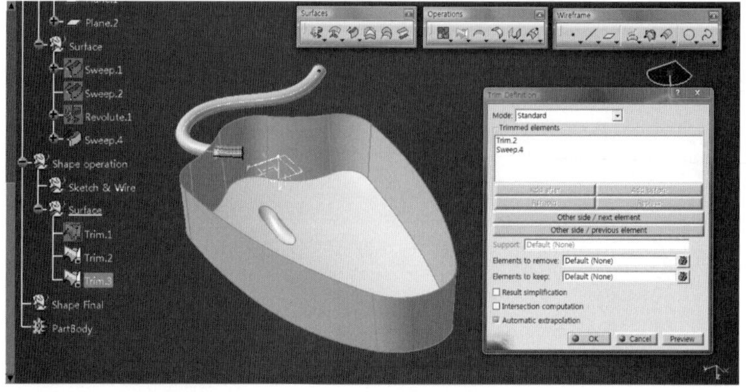

• 아래와 같이 편집됐다.

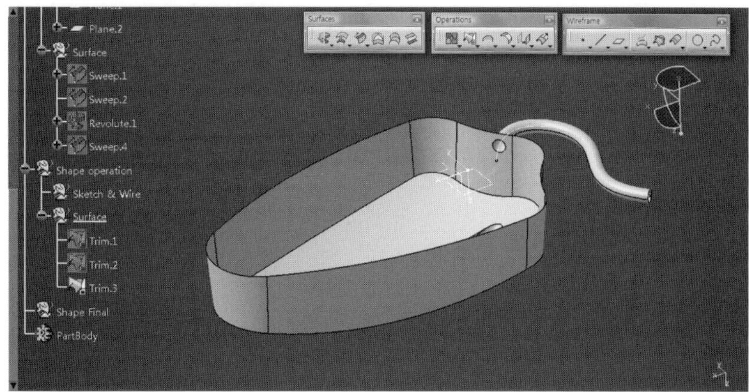

• <Shape Final> Geometrical Set에 Define In Work Object를 정의한다.

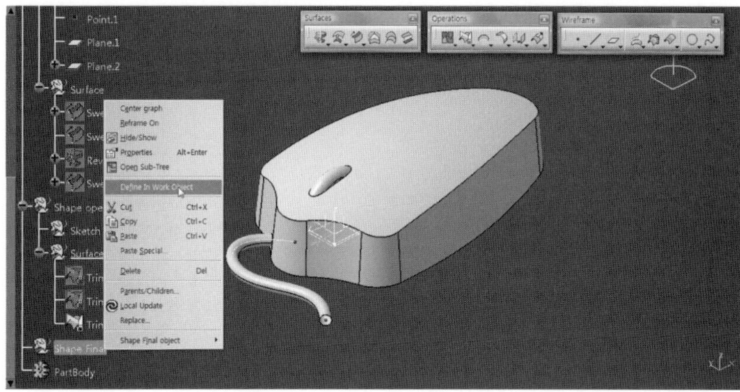

• Edge Fillet을 실행하여 그림과 같은 Edge를 선택 후 R값은 5mm를 입력한다.

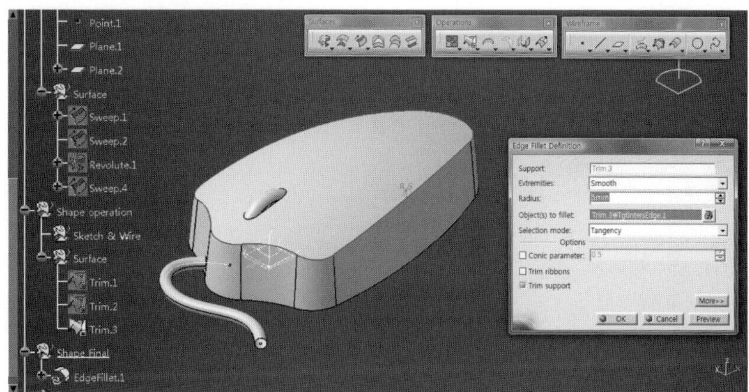

• 라운딩 처리가 되었다.

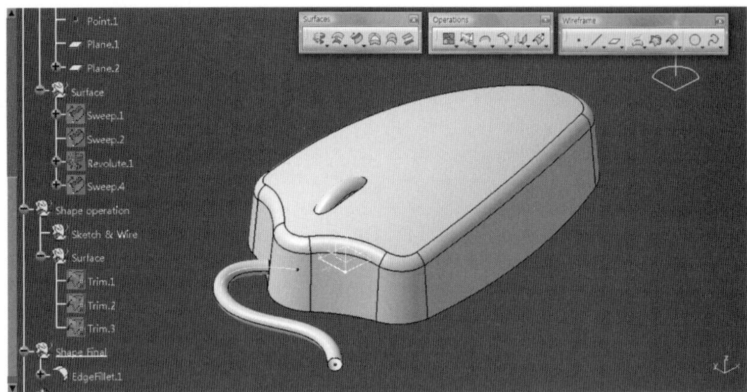

• 아래와 같이 불필요한 요소를 Hide시키도록 하자.

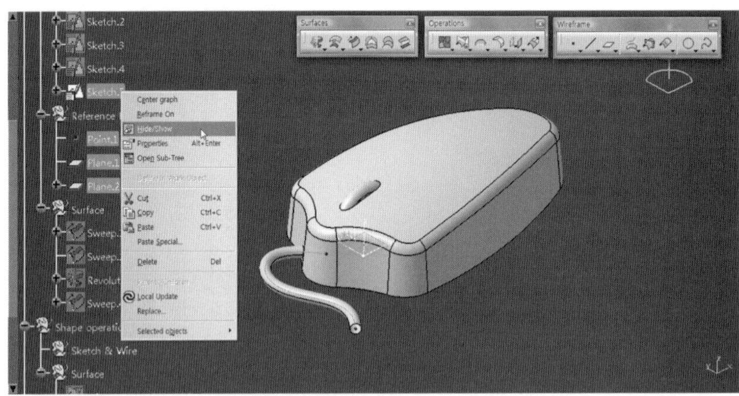

• PartBody에 Define In Work Object를 정의한다.

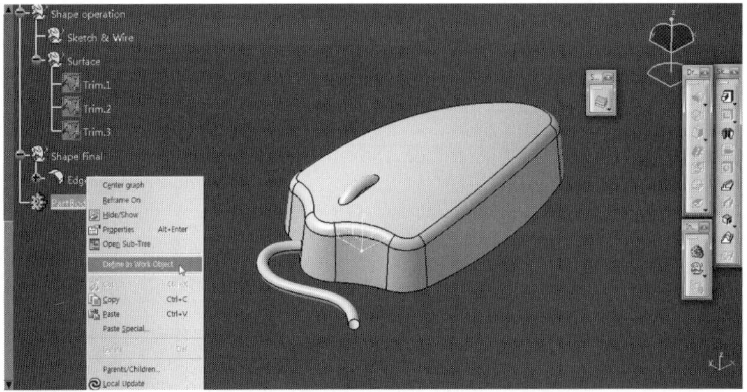

• Close Surface를 실행한다.

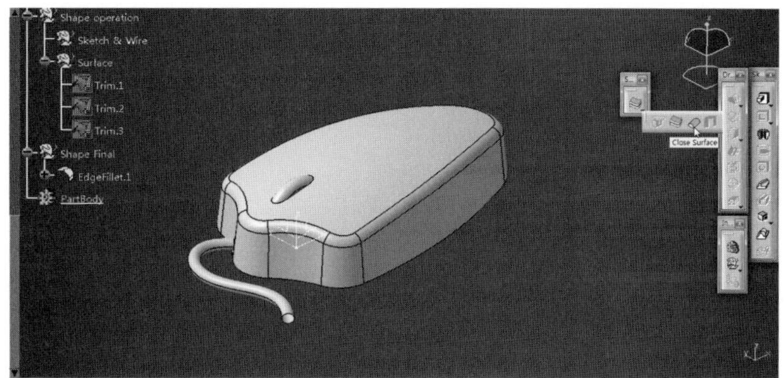

• TREE에서 EdgeFillet.1을 선택한다.

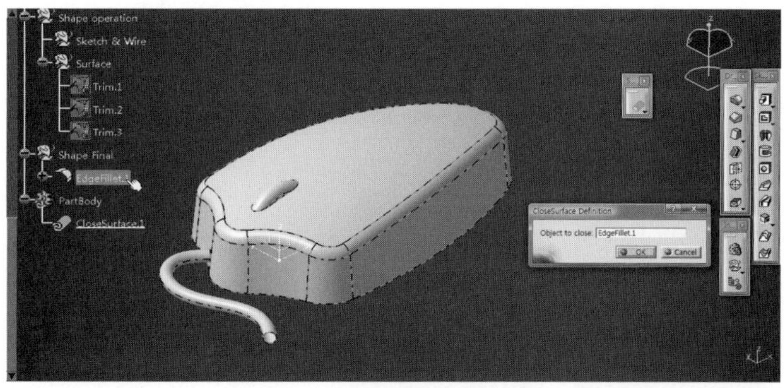

• EdgeFillet.1을 Hide시키자. 여기서 마지막 편집 명령어인 EdgeFillet을 Shape Final에서 실행한 이유는 솔리드化시킬 때 마지막 편집 명령어를 선택해야 하기 때문이다. 형상이 복잡할 경우 마지막 명령어의 위치를 찾기가 용이하지 않다. 마지막 편집 명령어를 TREE의 특정위치에서 실행하면 Close Surface 실행 시 좀 더 편한 작업을 할 수 있다.

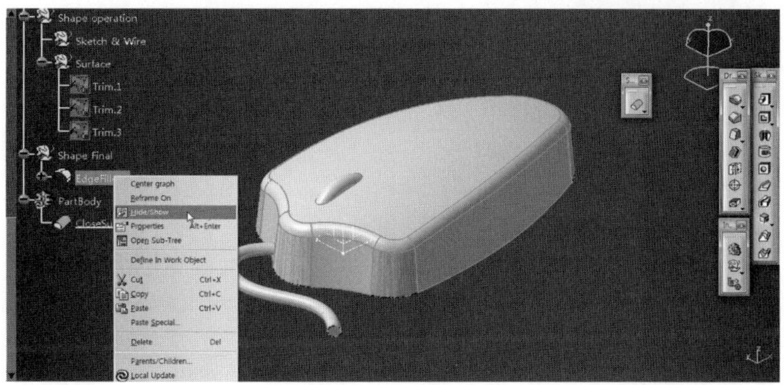

• 아래와 같이 Solid로 변경되었다.

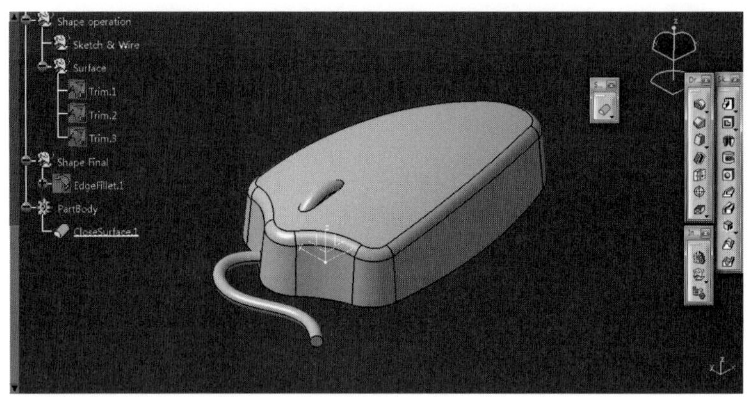

• 지금까지 한 작업의 TREE를 Open하면 아래와 같다. 명령어들의 위치가 꼭 아래와 같이 할 필요
는 없지만 초보자분들은 Elements의 깔끔한 정리가 처음부터는 잘되지는 않는다. Geometrical
Set에 모든 명령어들이 모여 있으면 분명 문제가 발생한다는 것이다. 모델링을 다시 한번 실시
하여 아래 그림처럼 TREE 정리를 하며 연습을 해보길 권장한다.

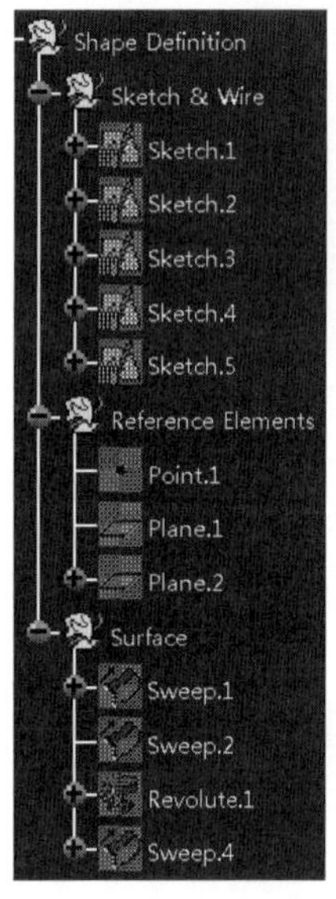

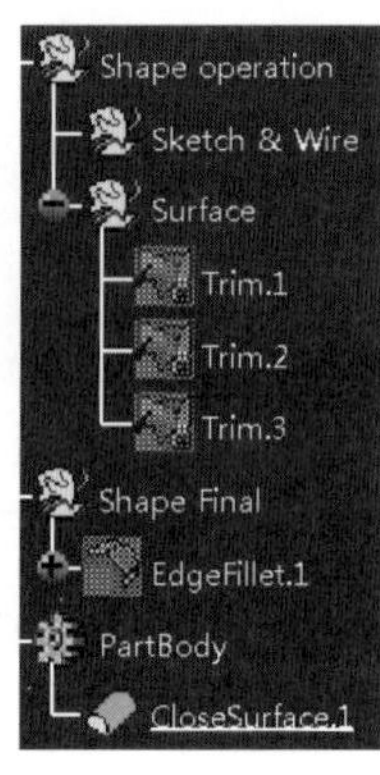

5.1 학습목표

본 따라하기 예제의 난이도는 상급 정도의 모델링 수준이다. Generative Shape Design(이후로는 GSD로 줄여서 명칭 하도록 하겠다.) 본 도면에서는 Wireframe을 사용한 곡면 모델링 방법을 배우게 될 것이다.

5.2 모델링 진행방법

Wireframe Surface 모델링 방법은 대략 다음과 같다.
① Wireframe 작업, ② Surface 생성, ③ Surface 편집, ④ Solid 化

5.3 주요 사용 툴 및 아이콘

Wireframe 작업을 위해서 아래의 아이콘을 많이 사용하게 될 것이다.

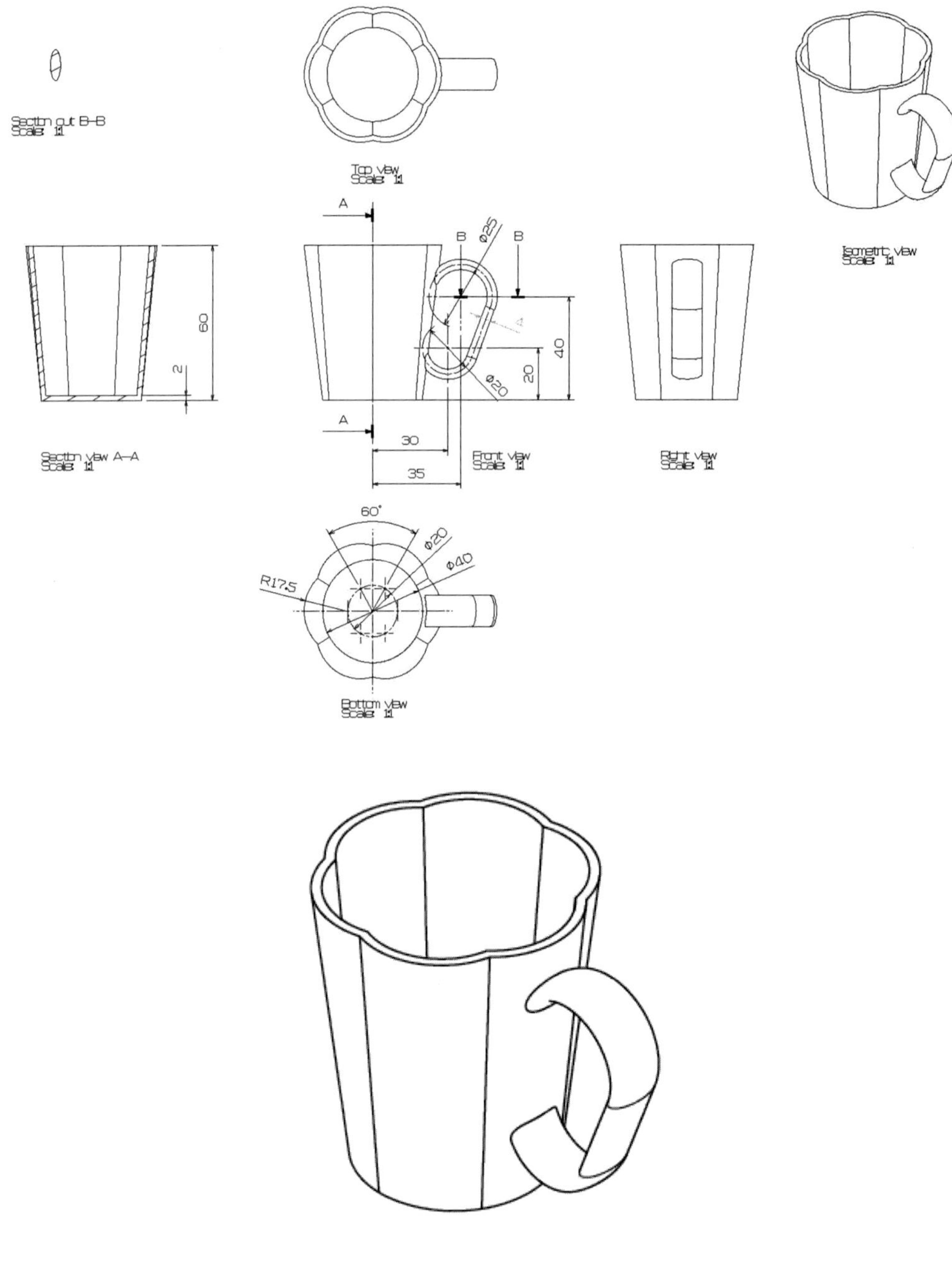

Section cut B-B
Scale: 1:1
Top view
Scale: 1:1
Isometric view
Scale: 1:1
A
B
Ø25
B
Ø20
60
2
40
20
Section view A-A
Scale: 1:1
A
30
35
Front view
Scale: 1:1
Right view
Scale: 1:1
60°
Ø20
Ø40
R17.5
Bottom view
Scale: 1:1
Isometric view
Scale: 1:1

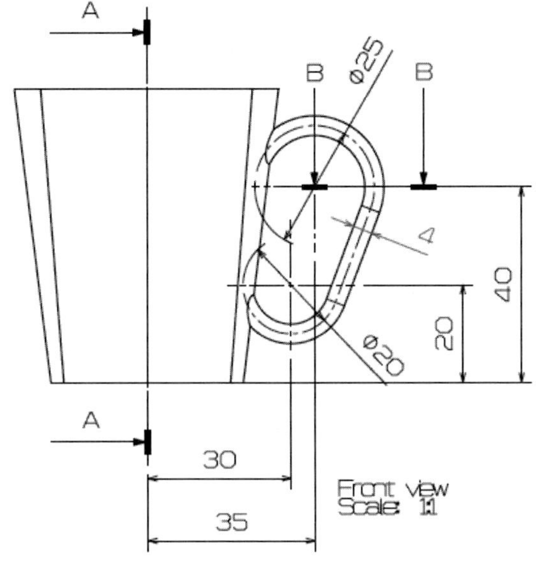A
B
B
Ø25
Ø20
40
20
A
30
35
Front view
Scale: 1:1

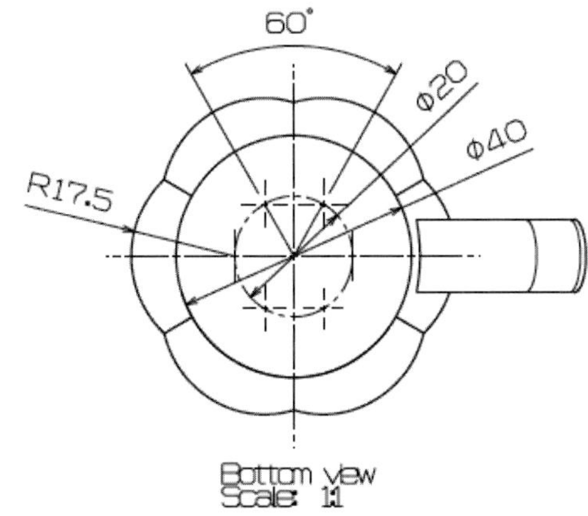60°
Ø20
Ø40
R17.5
Bottom view
Scale: 1:1

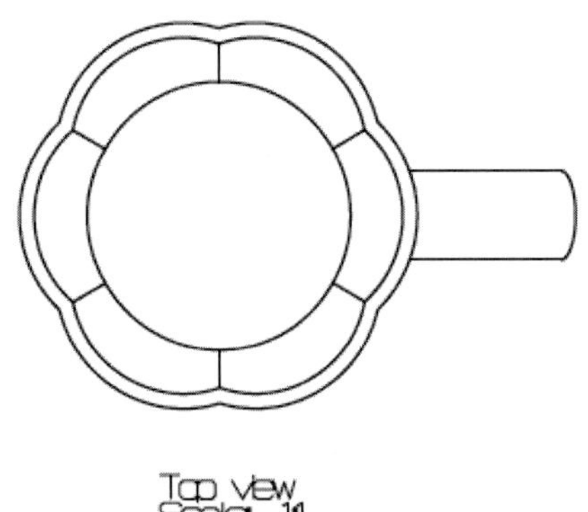Top view
Scale: 1:1

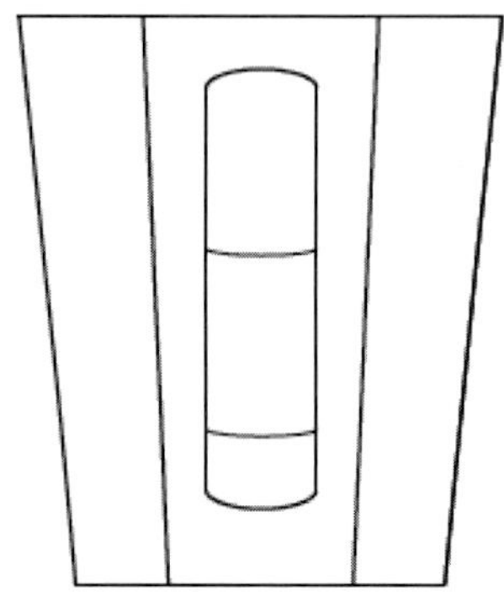

Right view
Scale: 1:1

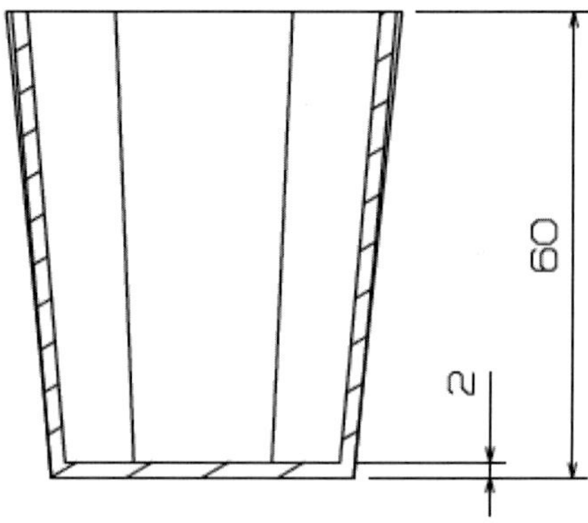

60
2
Section view A-A
Scale: 1:1

Section cut B-B
Scale: 1:1

Wireframe Surface 모델링의 Profile 생성은 스케치를 작도하는 방식과 많이 틀리다.
공간상에 Point를 만들어 Point와 Point간 Curve로 연결하여 Profile을 만든다.
스케치 방식보다 손이 많이 가고 까다롭다. 하지만 고급 Surface 구현을 위해서는
Wireframe Surface 모델링 기법을 반드시 알아야 한다. 한 차원 높은 단계로 올라간다 생각하
고 열심히 익히고 공부하기 바란다.

(1) Option 설정하기

Pull Down Menu의 Tools → Options로 진입한다.

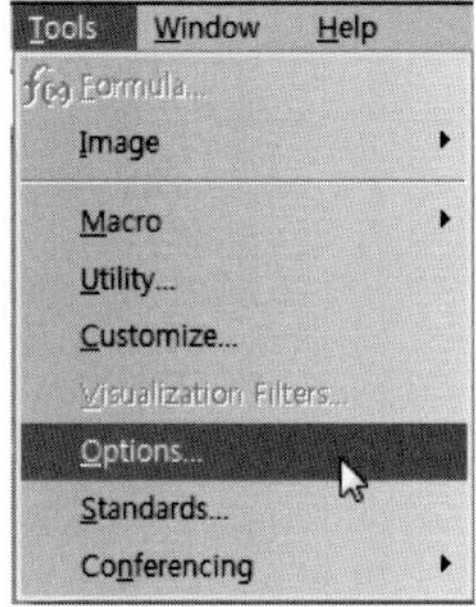

Infrastructure → Part Infrastructure → Part Document 탭의 밑줄 친 항목들의 체크를
아래와 같이 하도록 한다.

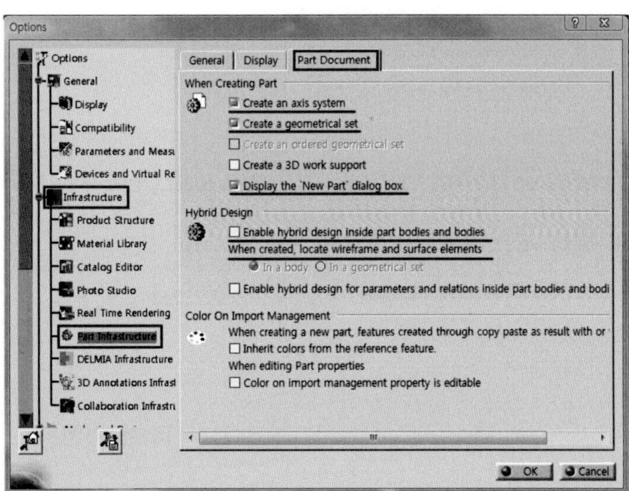

(2) Generative Shape Design 작업환경으로 진입하기

Start 메뉴에서 Generative Shape Design을 선택한다.

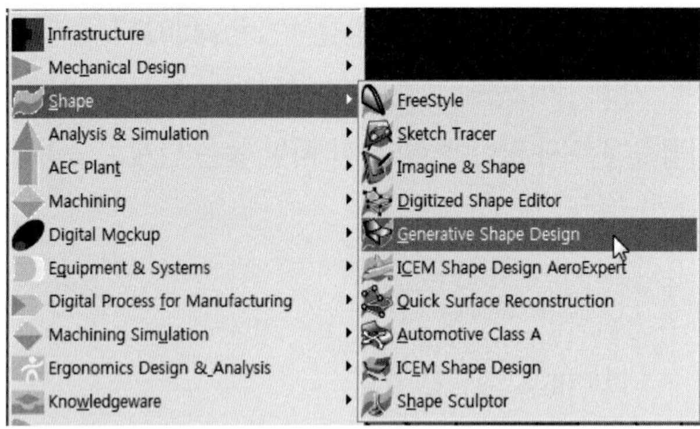

또는 Workbench Toolbar에서 선택하여도 된다.

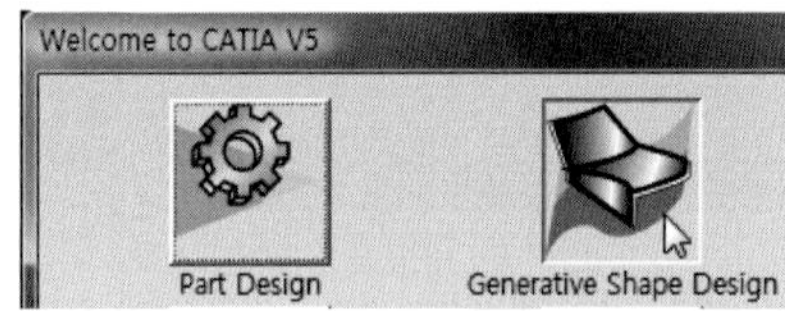

Start 메뉴에서 시작해도 되지만 상기 Workbench Toolbar에서 하면 GSD 작업환경으로 좀 더 빠르게 진입할 수 있을 것이다. 설정 방법은 아래와 같다.

Tools → Customize에서 Start Menu 탭의 Available 항목에서 Workbench Toolbar에 노출되게끔 할 작업환경을 Favorites 항목으로 보내면 된다.

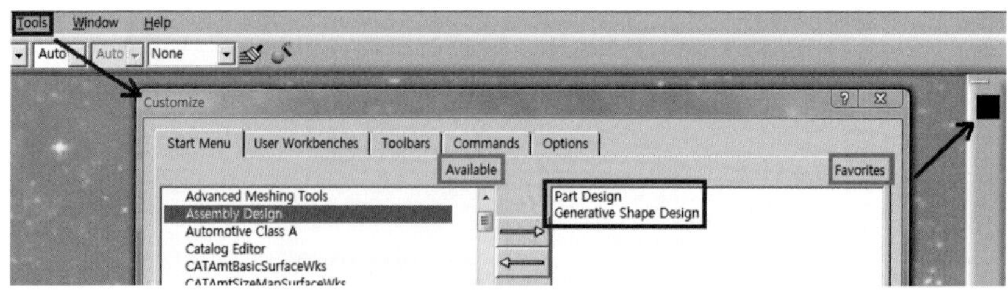

상기와 같이 설정하면 Start Menu로 시작하는 것보다 편리하게 원하는 작업환경으로 진입할 수 있을 것이다.

이렇게 Generative Shape Design 작업환경으로 진입하게 되면 New Part라는 대화창이 나타날 것이다.

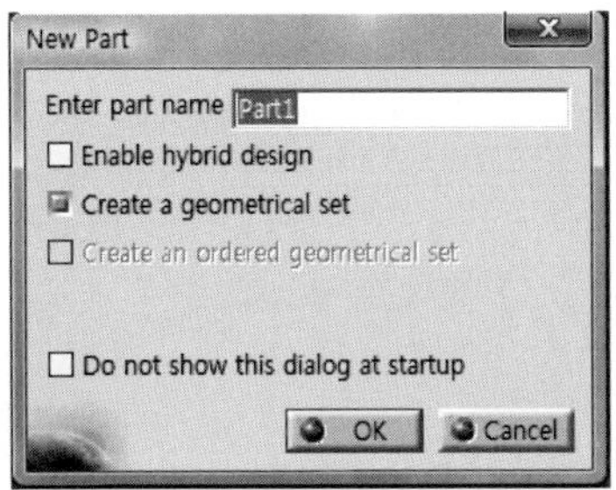

여기서 옵션사항은 여러분들이 미리 설정을 완료하였기 때문에 변경할 것은 없다.

Enter Part name에는 여러분들이 원하는 파일명을 적도록 한다. 반드시 영문으로 하길 바라며 필자는 GSD TRAIN'G_01로 하도록 하겠다.

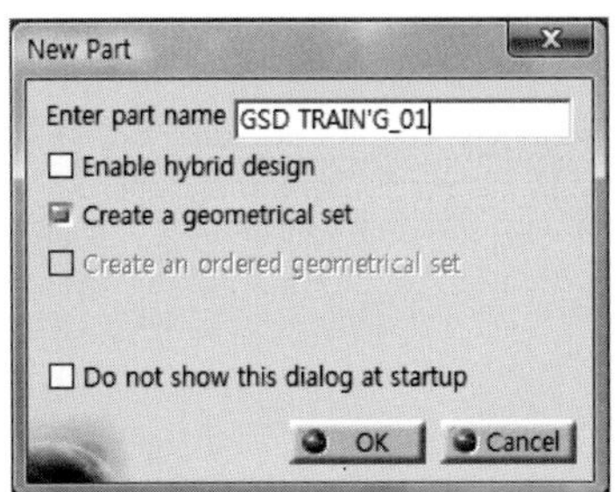

OK를 클릭하면 GSD 작업 환경으로 진입하게 된다. 진입 후 예기치 않은 강제종료를 대비해 저장을 꼭 하도록 하자.

이제 모델링 작업을 하기 위한 가장 기본적인 환경설정이 끝났다.
다음과 같이 Axis Systems이 있는 작업환경에서 GSD 모델링 작업을 하게 될 것이다.

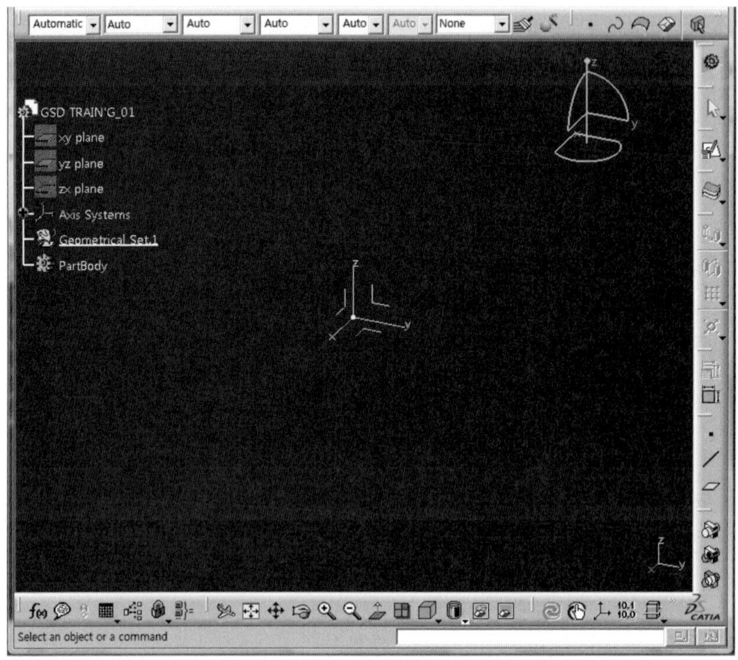

(3) 모델링 따라하기

• TREE 구조를 아래와 같이 편집한다.

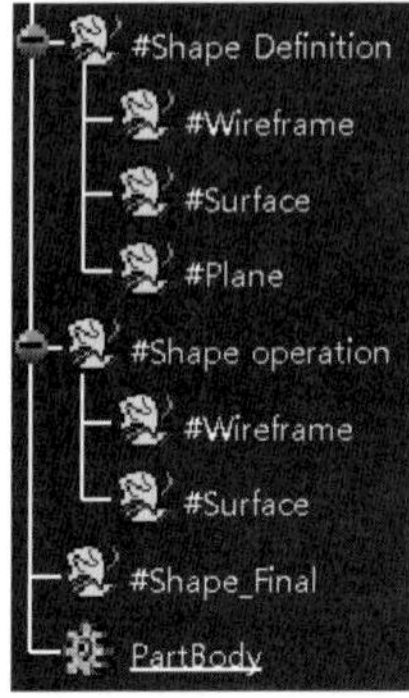

• Circle을 실행한다.

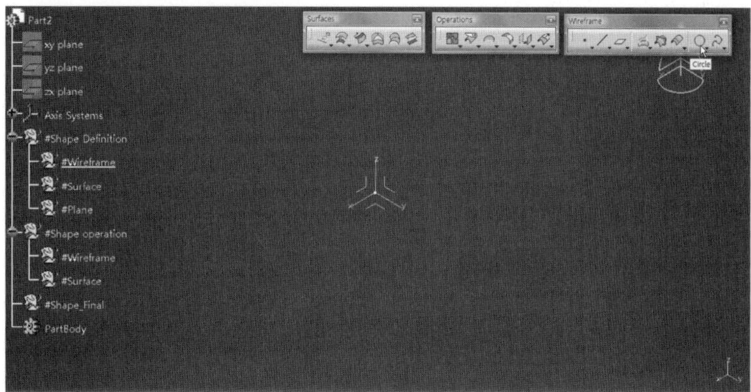

• Circle type은 Center and radius로 변경한다. Axis System의 원점을 선택한다.

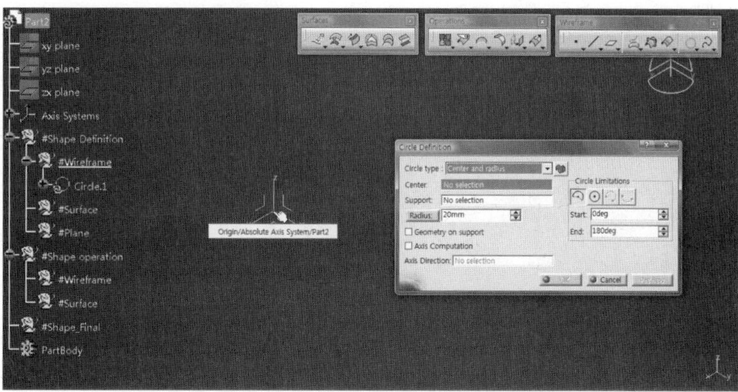

• Support는 xy plane을 선택한다.

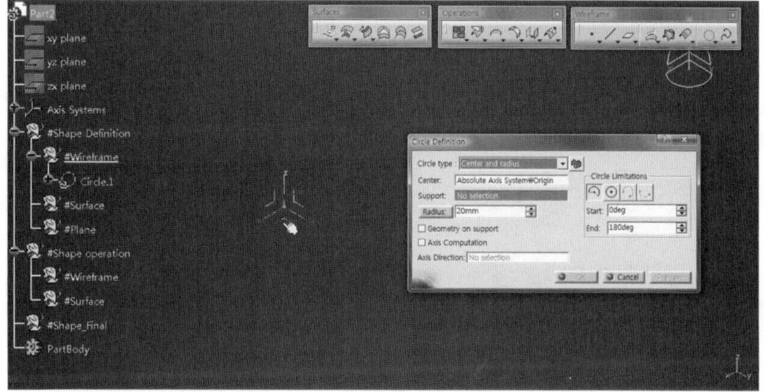

• Radius 값은 20mm, Circle Limitations는 Whole Circle을 선택한다.

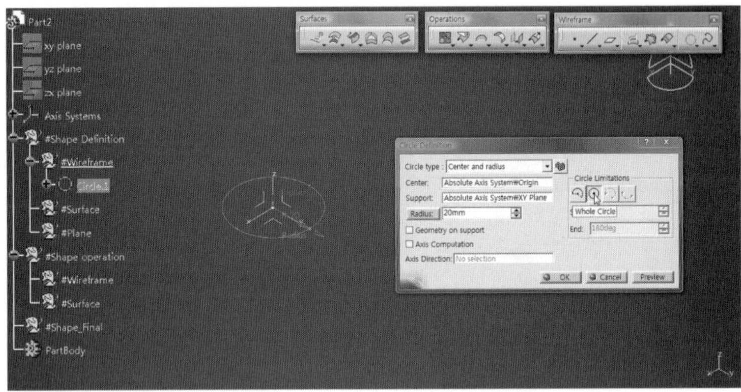

• Plane을 실행한다. 옵션은 Offset from plane으로 하고 Offset 값은 60mm로 한다.

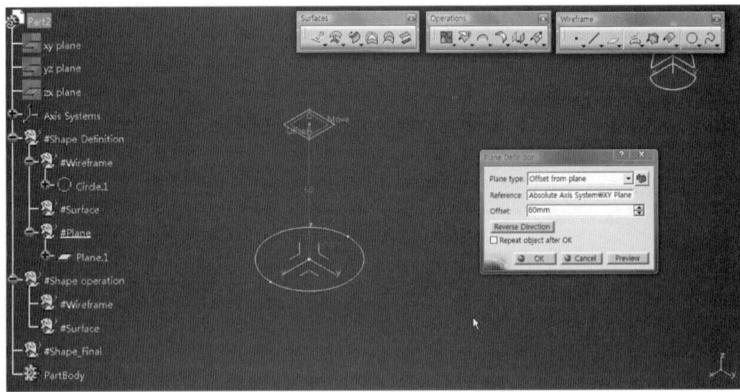

• Point → On plane을 실행한다. 아래와 같이 Plane을 선택한다.

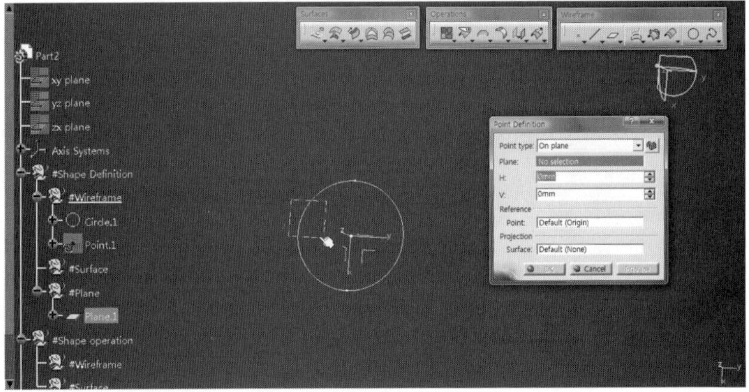

• 아래의 임의의 위치에 클릭하도록 한다.

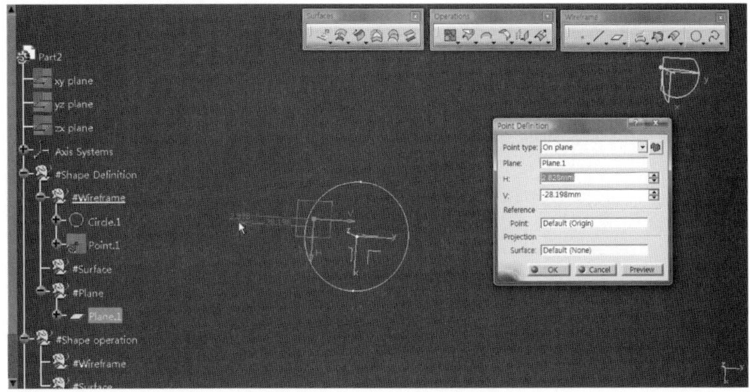

• TREE상에서 Point를 더블 클릭하여 H와 V 좌표값을 아래와 같이 입력한다.

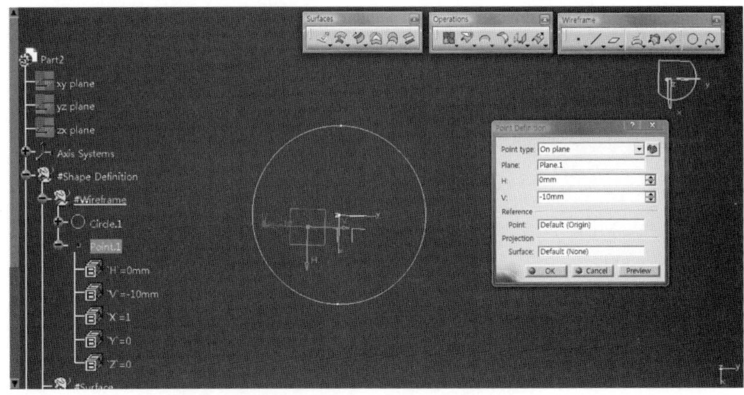

• Circle → Center and radius를 실행 후 Point를 클릭한다.

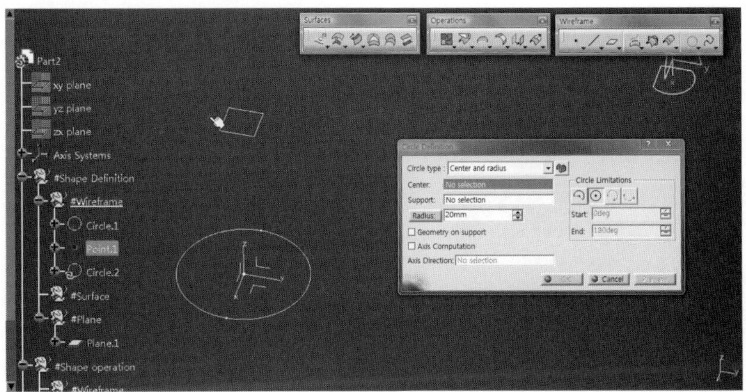

• Plane을 선택한다.

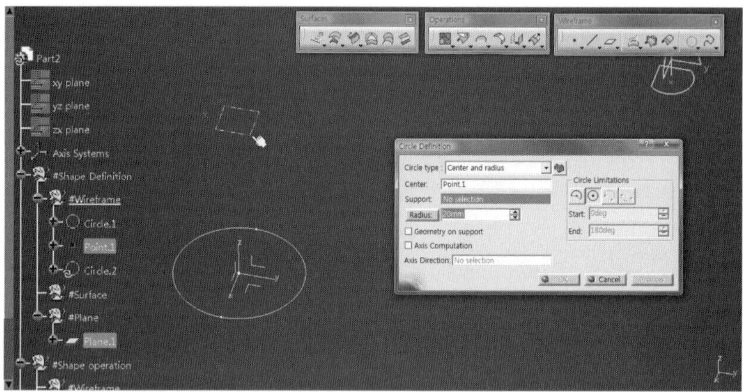

• Radius값을 17.5mm 입력후 아래와 같이 대략적인 Curve형상을 만들도록 한다.

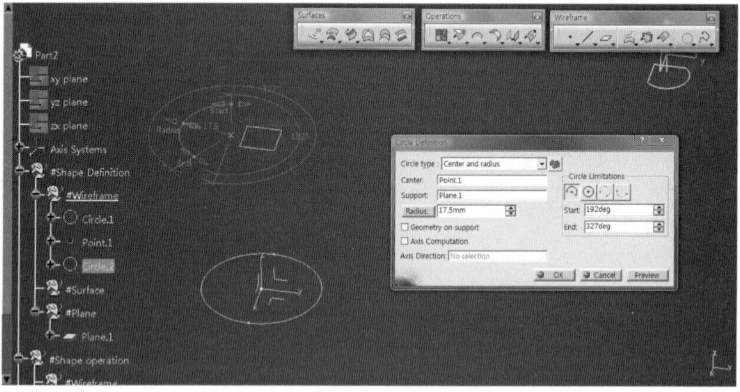

• Plane → Angle/Normal to plane을 실행한다.

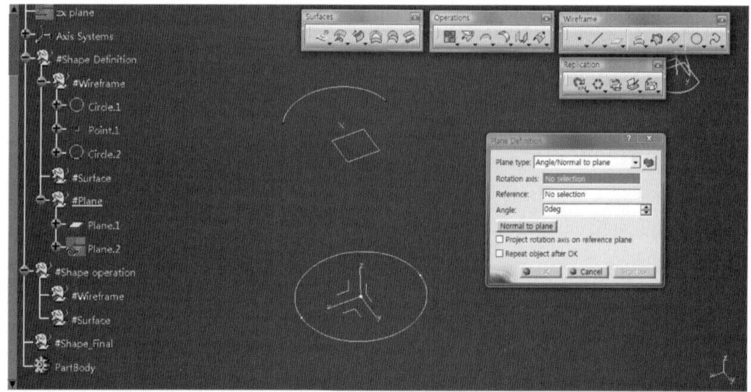

• z축을 선택한다.

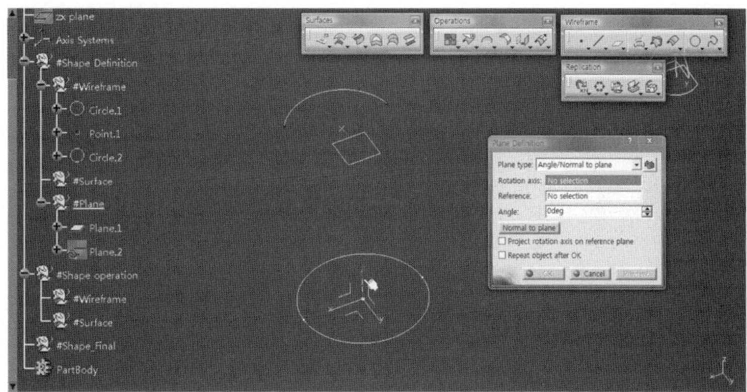

• yz plane을 선택한다.

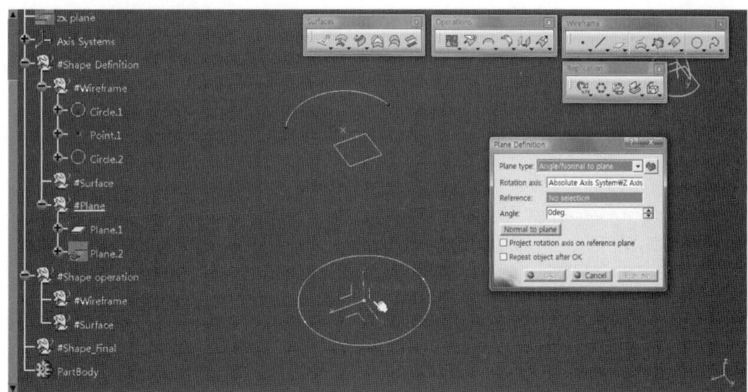

• Angle 값을 30deg 입력한다.

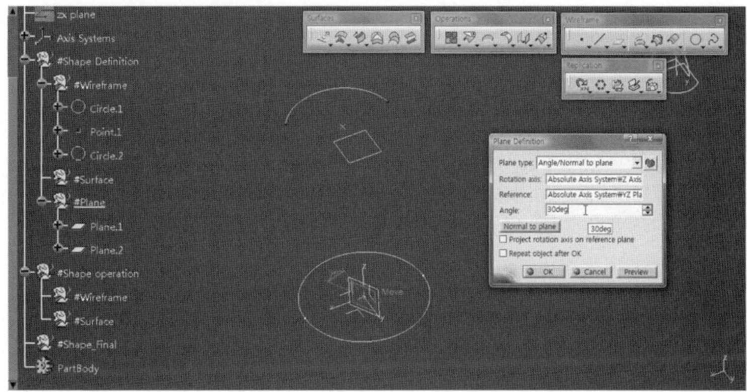

• 상기와 같은 방법으로 대칭으로 plane을 만들자. Angle 값은 −30deg로 입력한다.

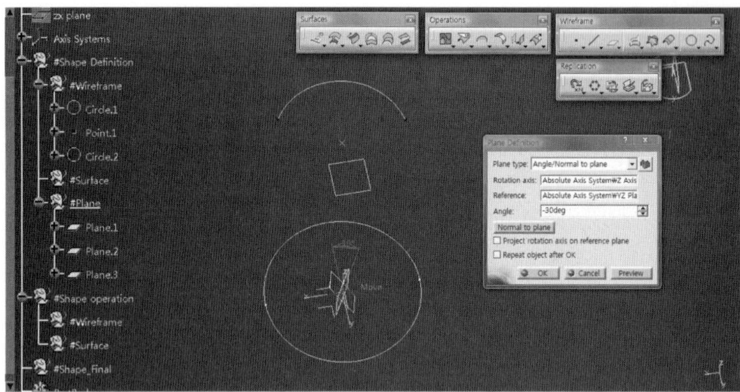

• Split를 실행 후 Curve를 선택한다.

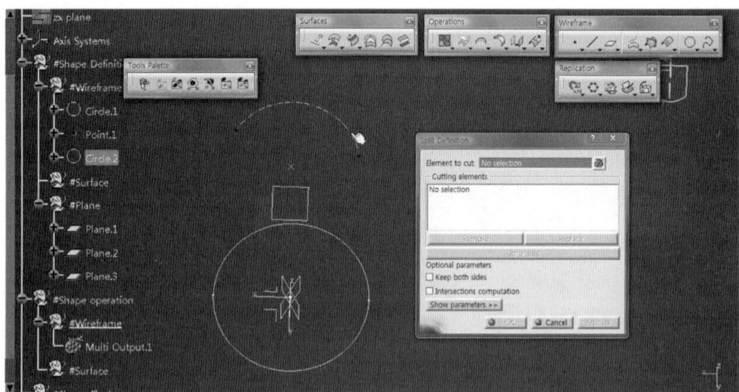

• 아래와 같이 2개의 plane을 선택하면 Curve의 양 끝단이 제거가 된다.

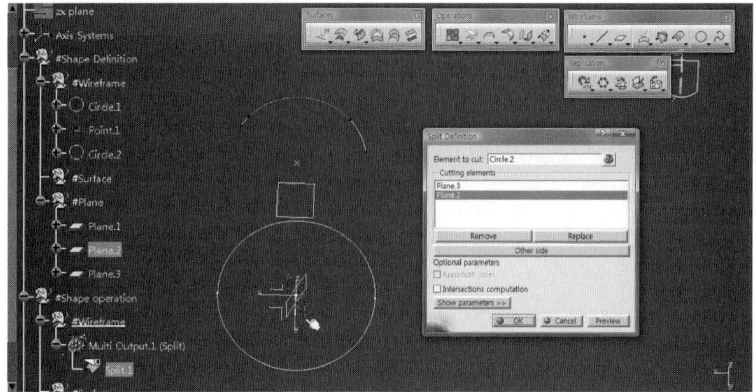

• 양 끝단이 제거된 Curve가 완성되었다.

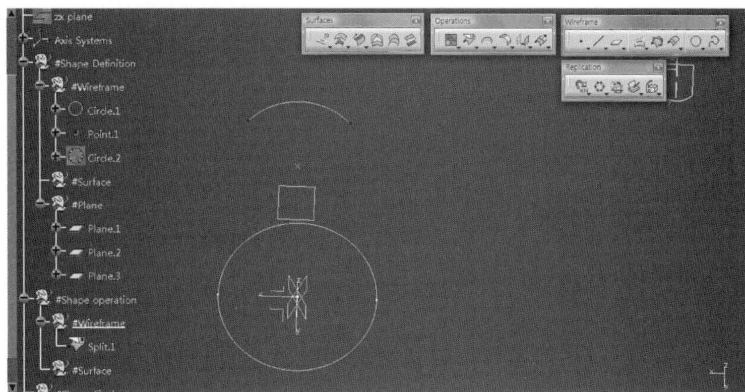

• Circular Pattern을 실행한다.

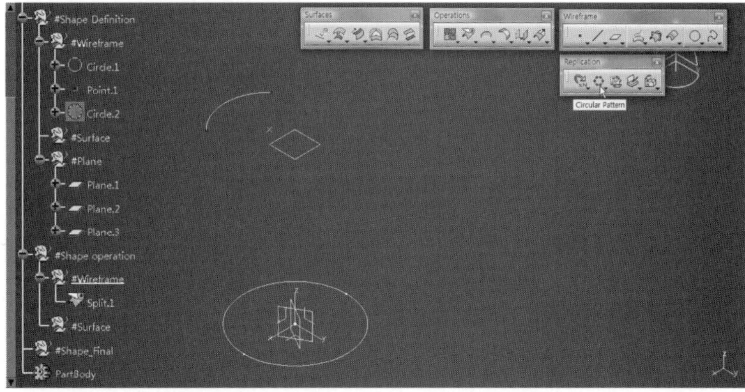

• Curve를 선택한다.

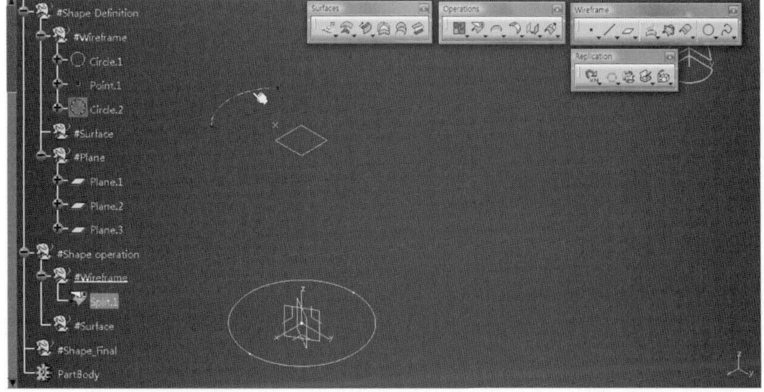

• Complete crown을 선택한다.

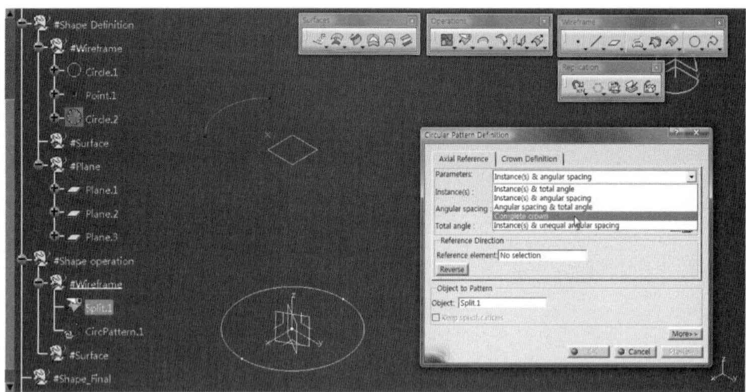

• z축을 선택한다.

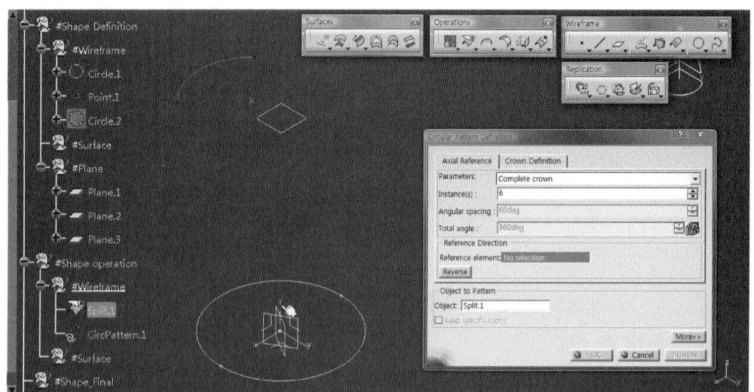

• 복사 개수는 6개로 한다.

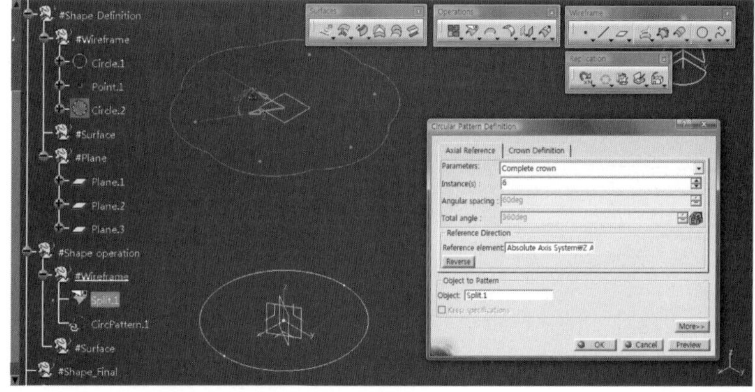

• 원본인 Split와 원형 패턴을 Join한다.

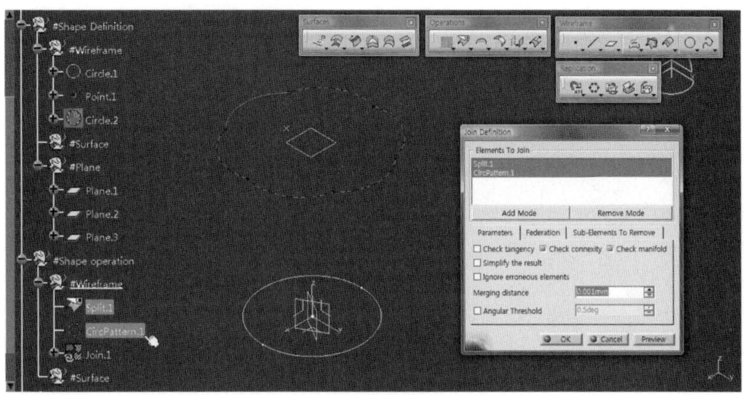

• Split를 하기 위해 쓰였던 Plane 2개를 Hide시키도록 하자.

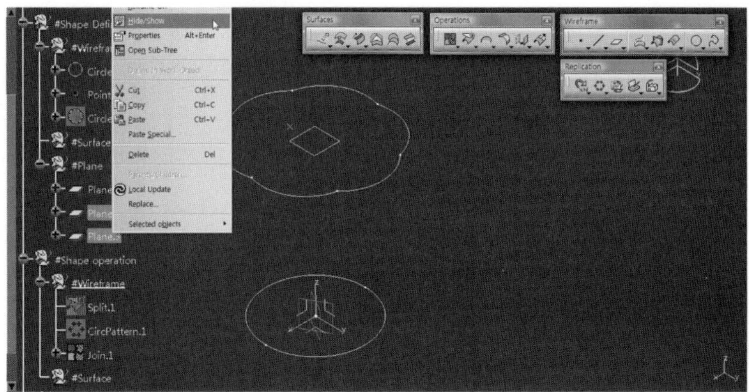

• Extremum을 실행한다.

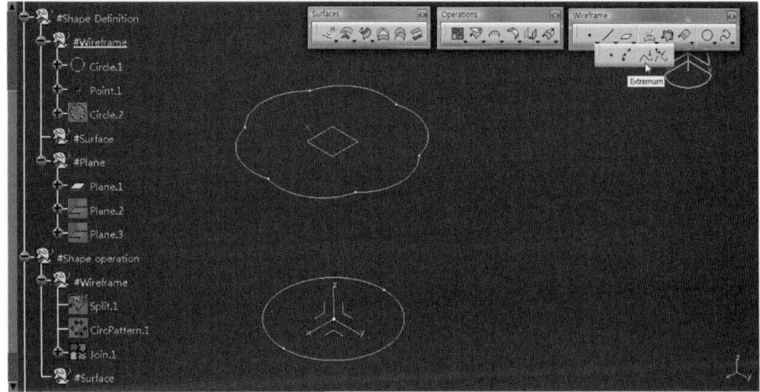

• 하단의 Circle을 선택한다.

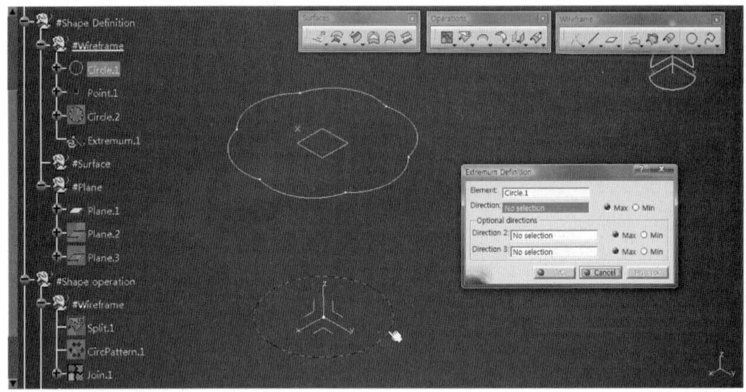

• x축을 선택한다.

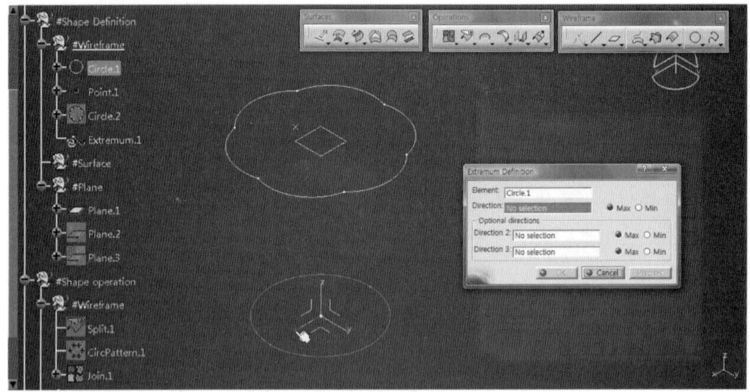

• Max를 클릭하여 점의 위치를 조절한다.

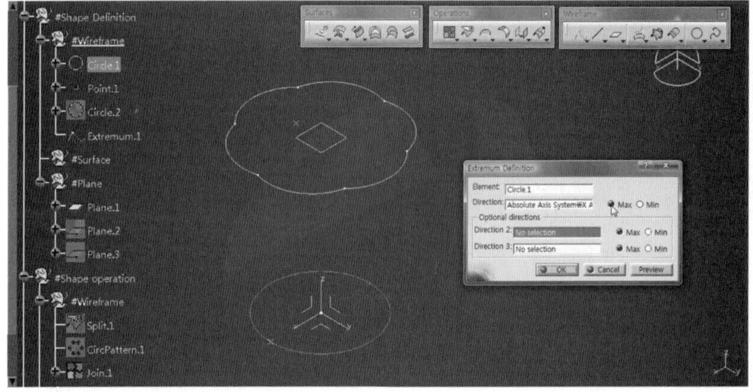

• Multi-Sections Surface를 실행한다.

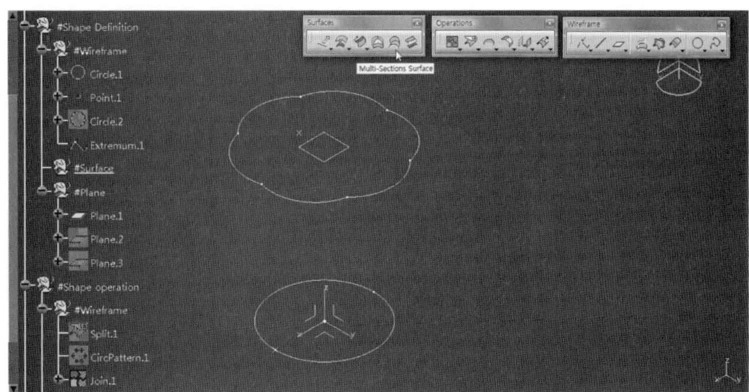

• 상단의 편집이 된 Curve를 선택한다.

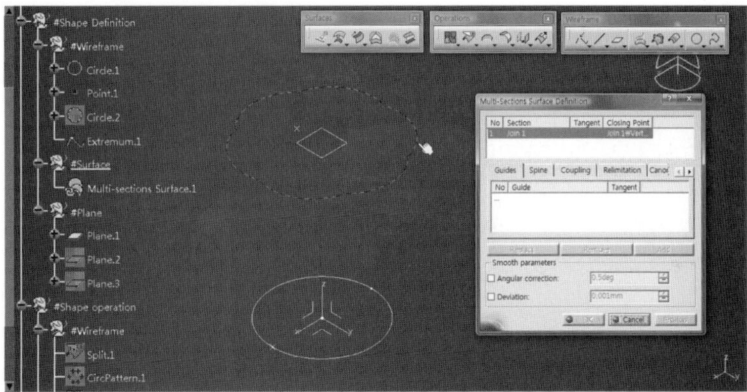

• 하단의 Circle을 선택한다.

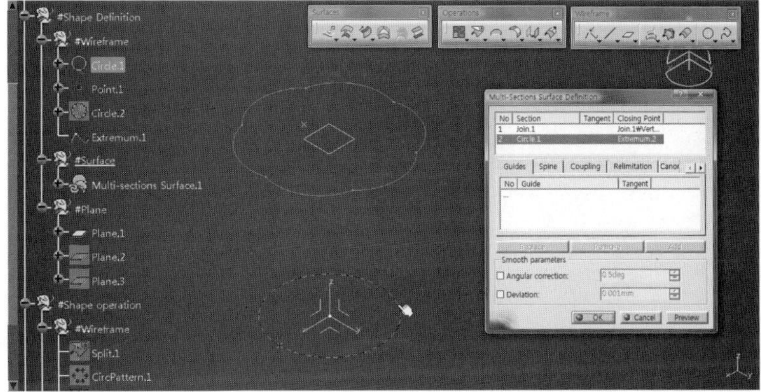

• 상단의 Curve의 Closing Point를 오른쪽 클릭 후 Replace를 선택한다.

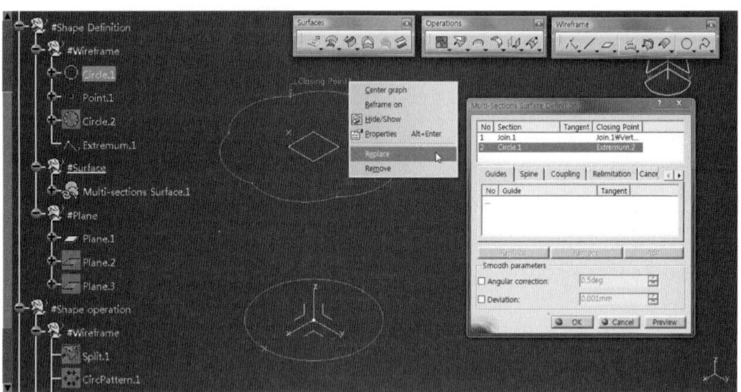

• 아래와 같은 위치에 있는 끝점을 클릭한다.

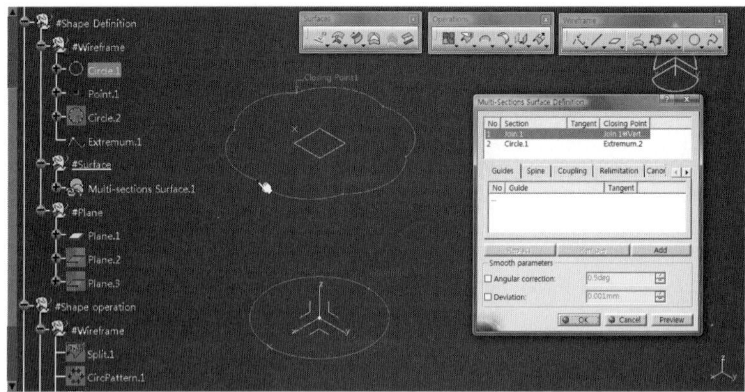

• Closing Point의 위치가 변경되었다.

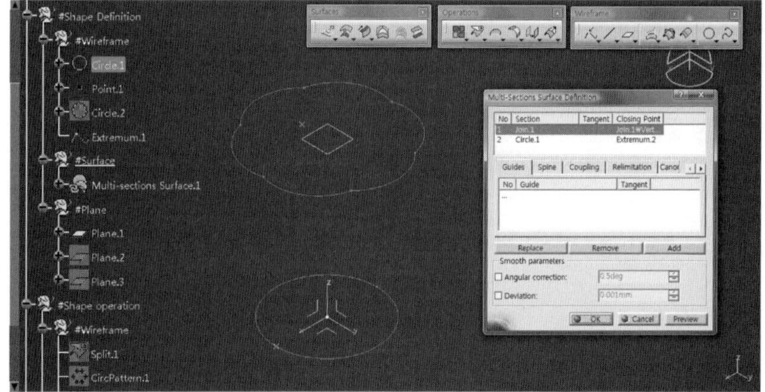

• 하단 Circle의 Closing Point를 오른쪽 클릭 후 Replace를 선택한다.

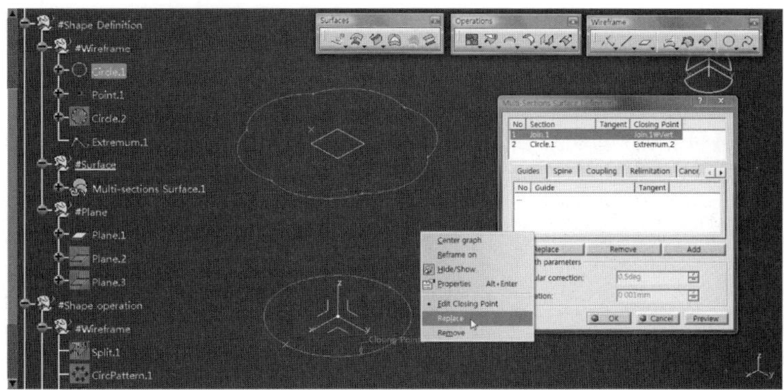

• 하단 Circle에 속해 있는 Point를 선택한다.

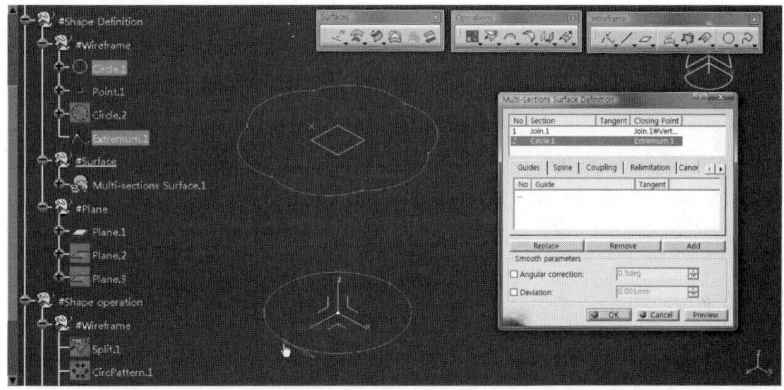

• OK를 클릭한다. 아래와 같이 Surface가 구현되었다. Multi-Sections Surface를 구현하려면 지금
과 같이 Closing Point의 위치를 맞춰주야 되며, 적색 화살표의 방향도 같은 방향이 되도록 주의
해야 한다.

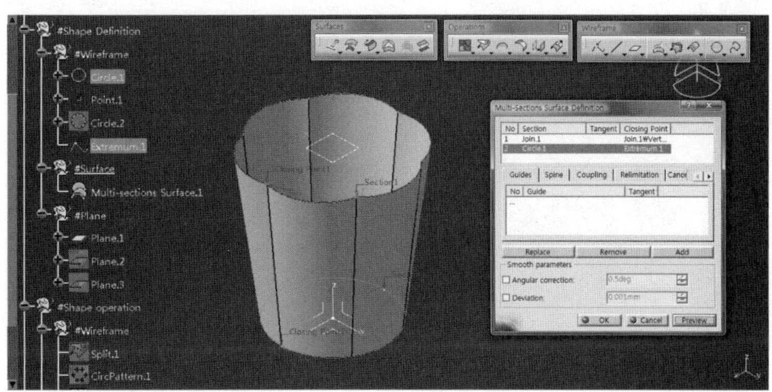

• Fill을 실행한다.

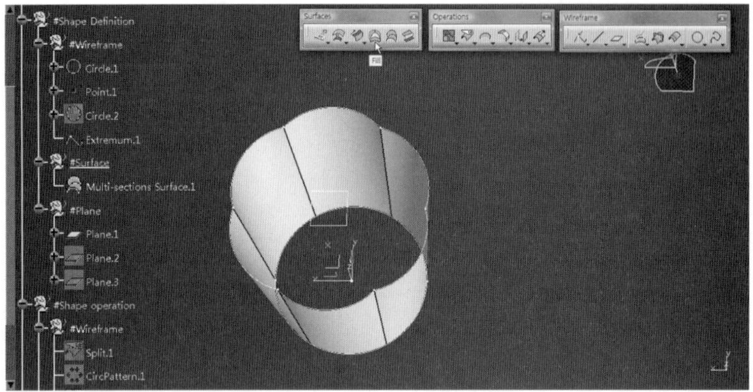

• 하단의 Circle을 선택한다.

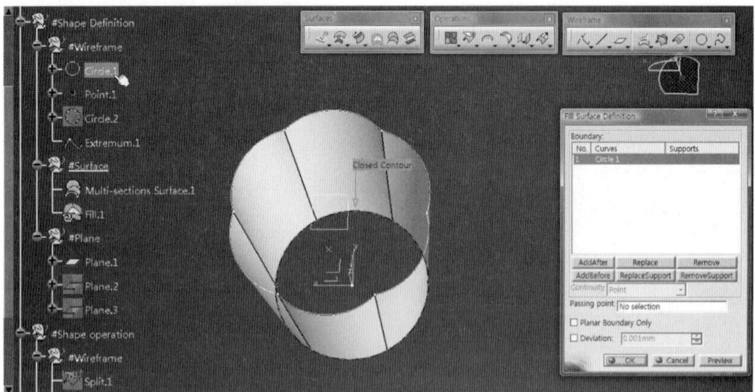

• 하단이 Surface로 채워졌다.

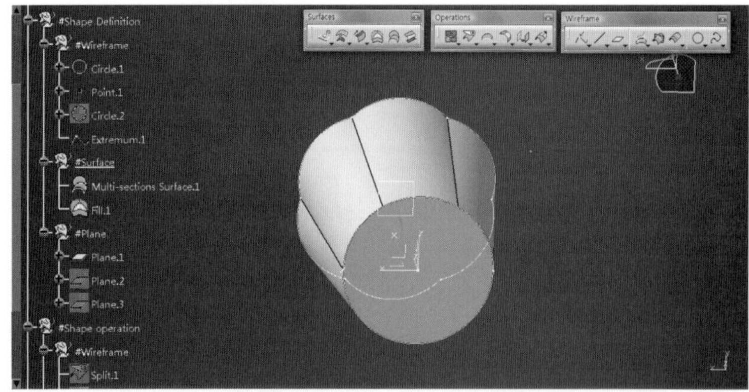

• 옆면의 Surface와 하단 원형 Surface를 Join으로 묶어준다.

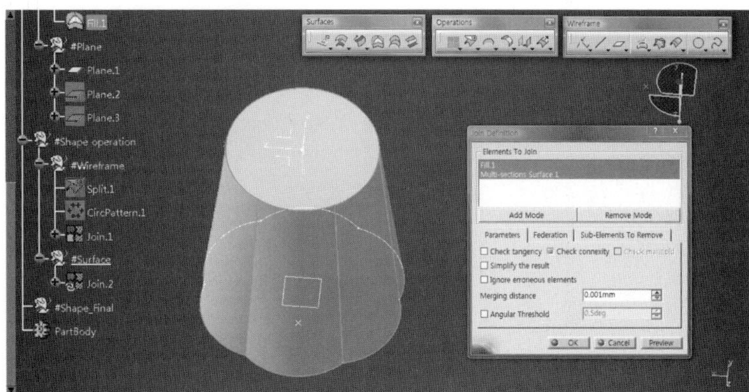

• Offset을 실행한다.

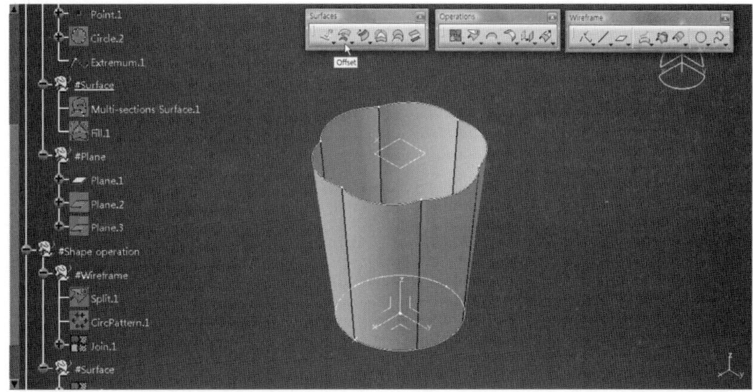

• 아래와 같이 컵 형태의 Surface를 선택하자.

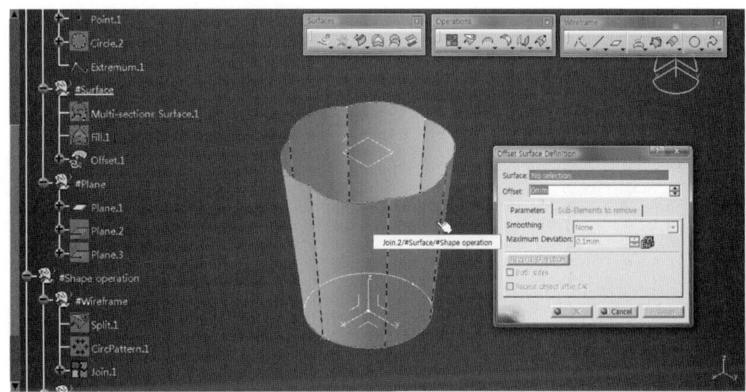

• 내측으로 2mm Offset을 한다.

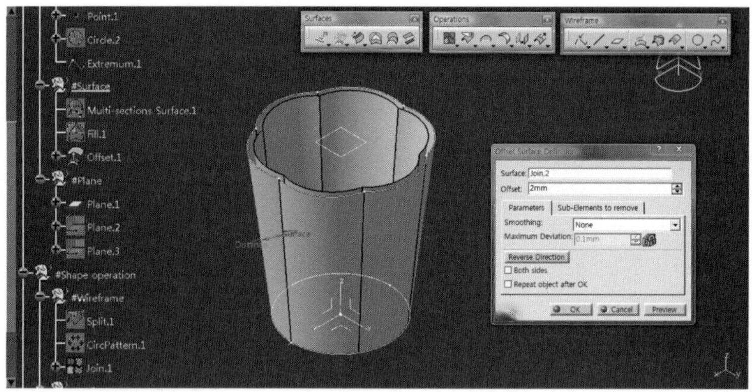

• 내측, 외측 Surface 편집명령어를 구분하기 쉽게 속성(명령어 오른쪽 클릭)로 들어가 아래와 같
  이 이름을 변경해 주도록 하자.

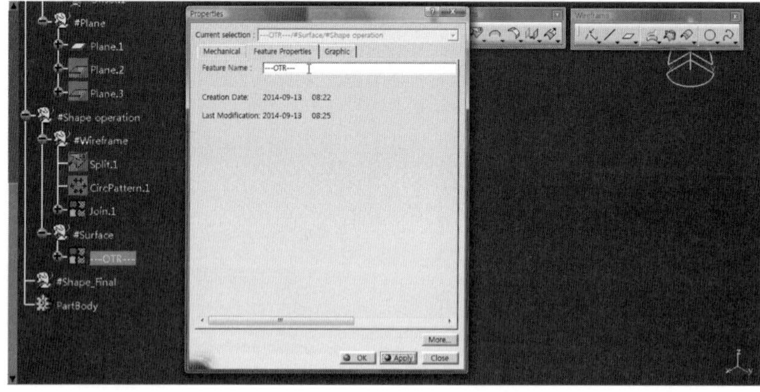

• Offset을 한 내측 Surface를 아래와 같이 이름을 변경하자.

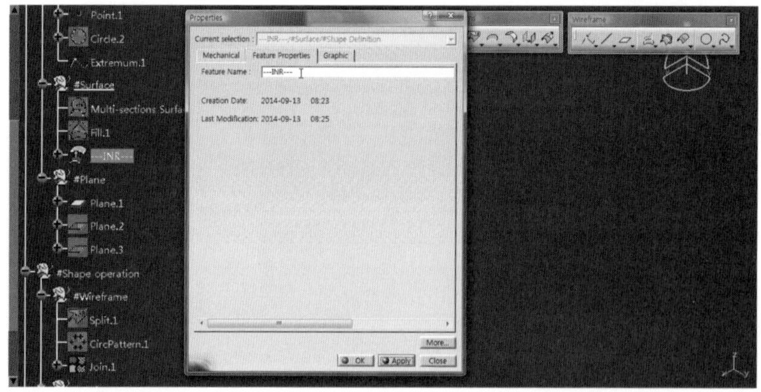

• 일단 내측에 있는 Surface를 Hide시키도록 하자.

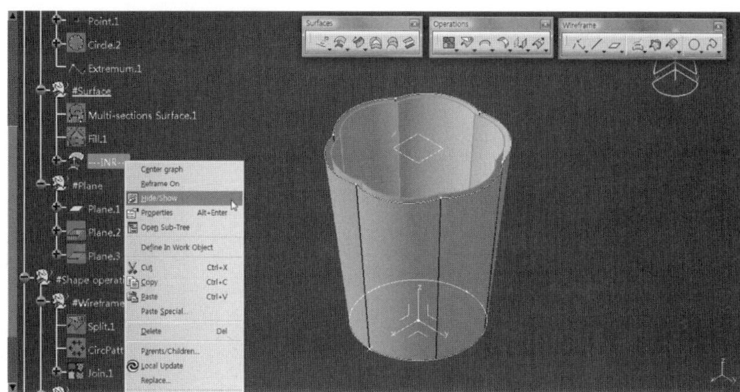

• Point → On Plane을 실행한다.

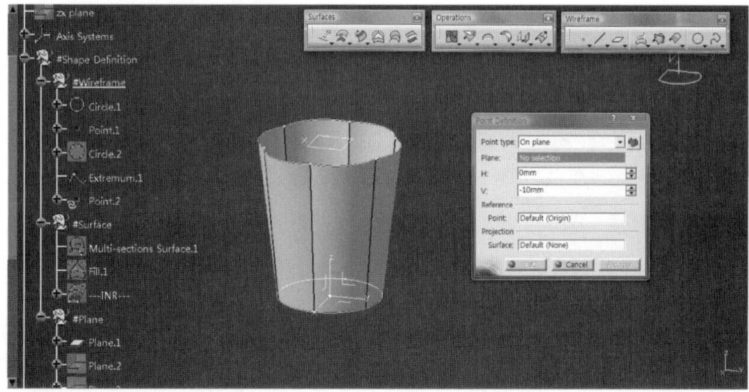

• yz plane을 선택한다.

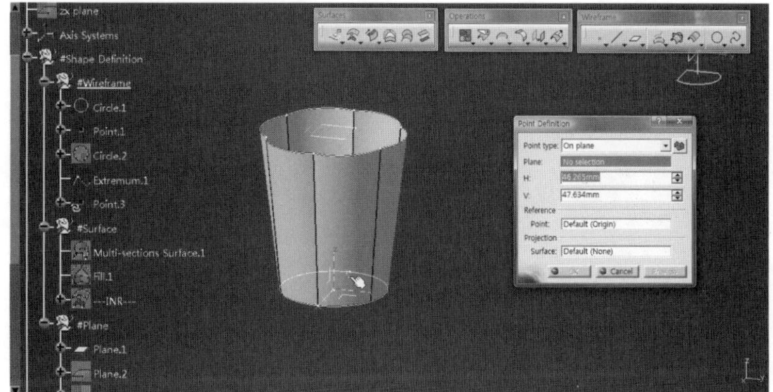

• 아래 그림과 같은 좌표에 Point를 생성시킨다.

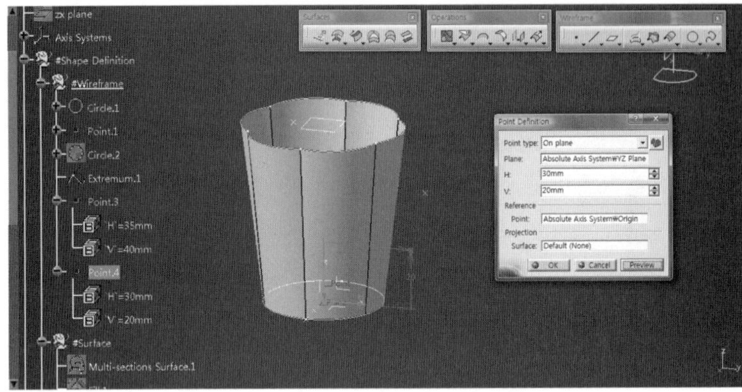

• 아래 그림과 같은 좌표에 Point를 생성시킨다.

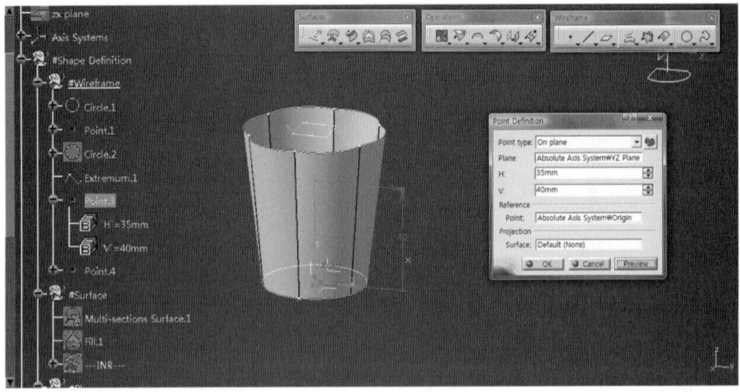

• Circle → Center and radius를 실행 후 상단에 있는 Point를 선택한다.

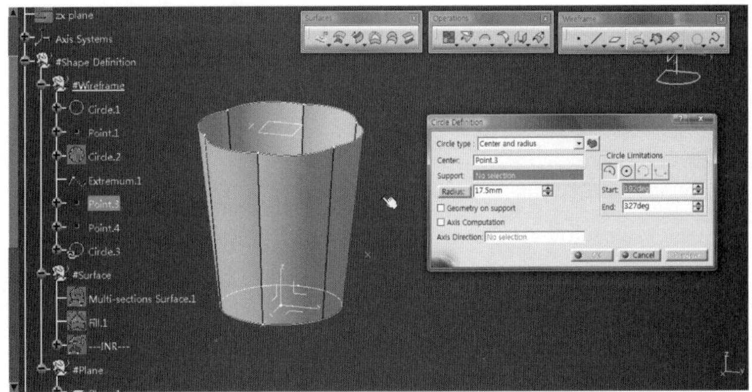

• yz plane을 선택한 후 Radius 값 12.5mm의 원형 Curve를 생성시킨다.

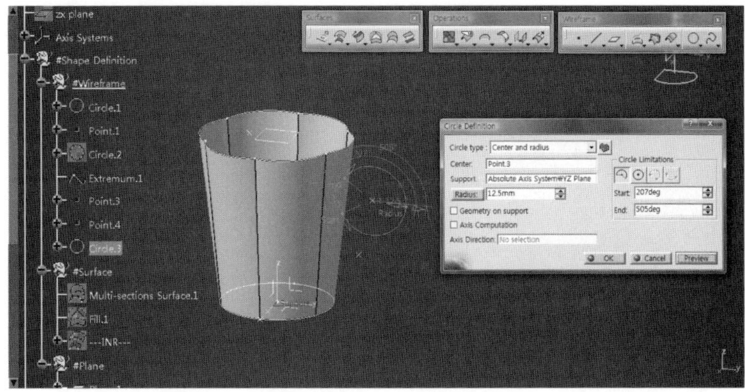

• Circle → Center and radius를 실행 후 하단에 있는 Point를 선택한다.

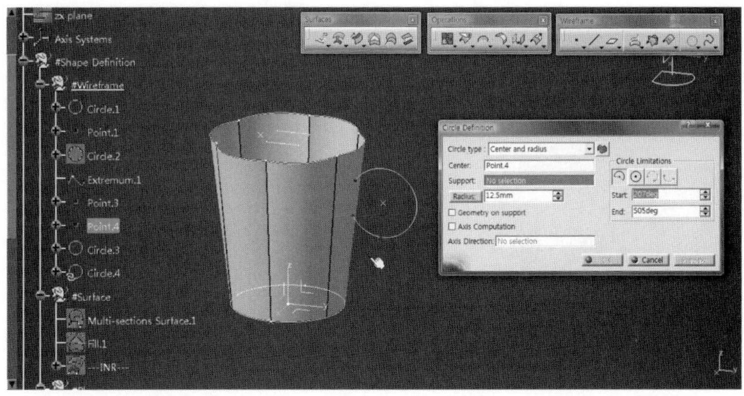

• yz plane을 선택한 후 Radius 값 10mm의 원형 Curve를 생성시킨다.

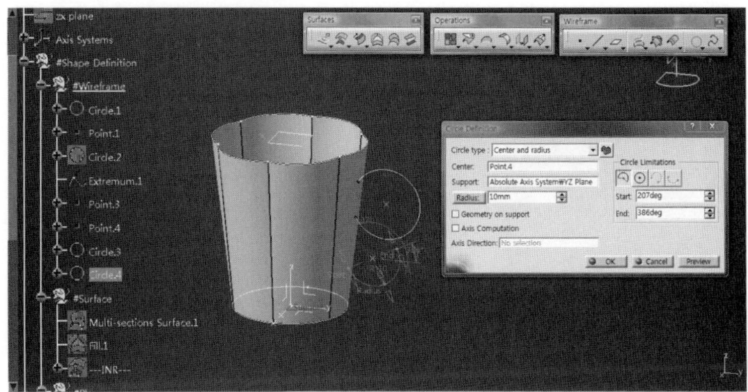

• Line → Tangent to curve를 실행한다.

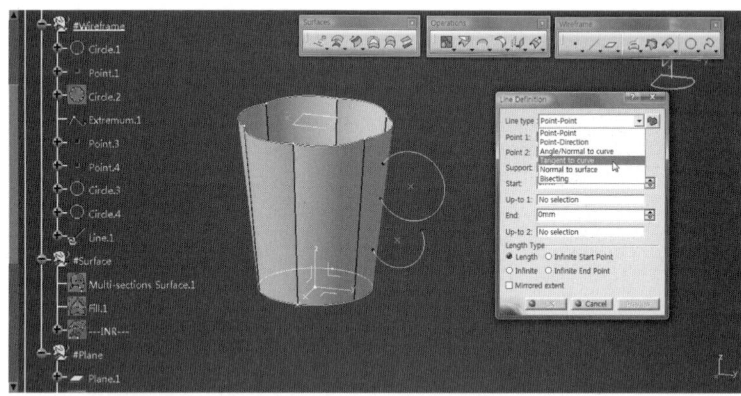

• 상단의 원형 Curve를 선택한다.

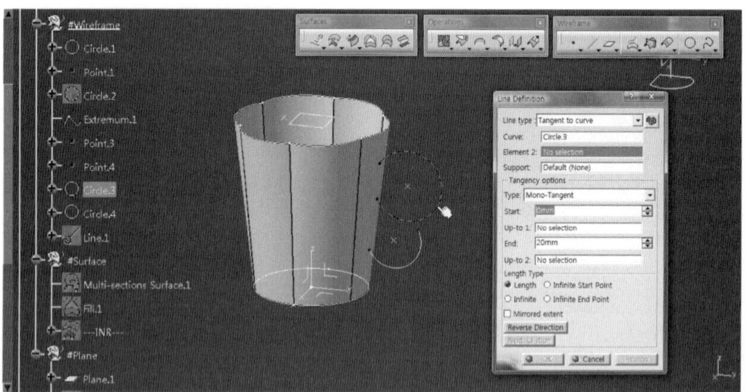

• 하단의 원형 Curve를 선택한다.

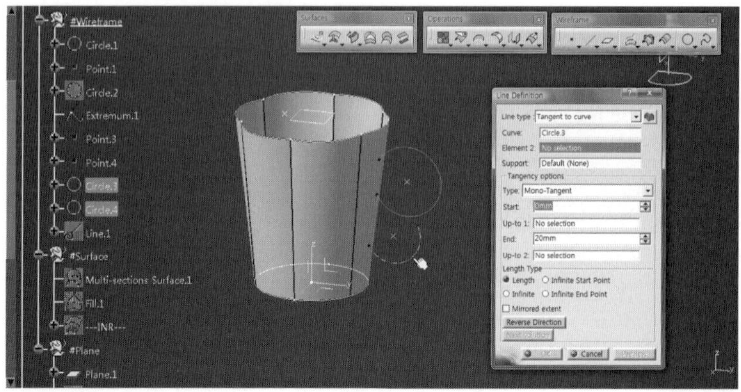

• 두 개의 Curve를 Tangent하게 연결하는 Line이 생선된다.

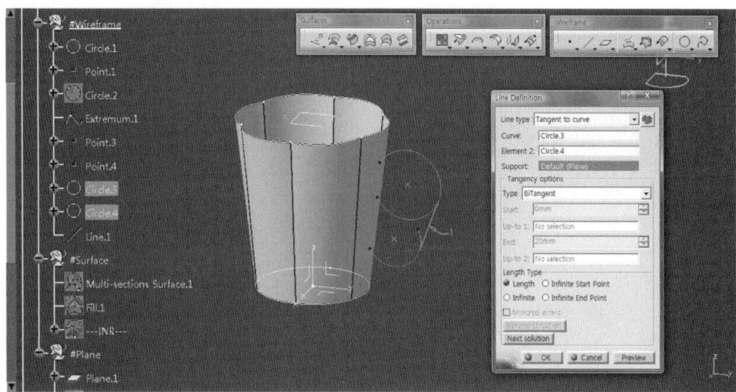

• Trim 실행 후 상단 Curve, Line, 하단 Curve를 차례로 선택한다.

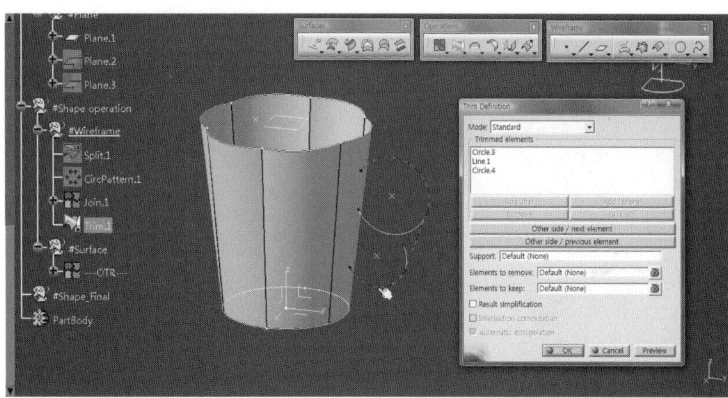

• 아래와 같은 Curve가 완성되었다.

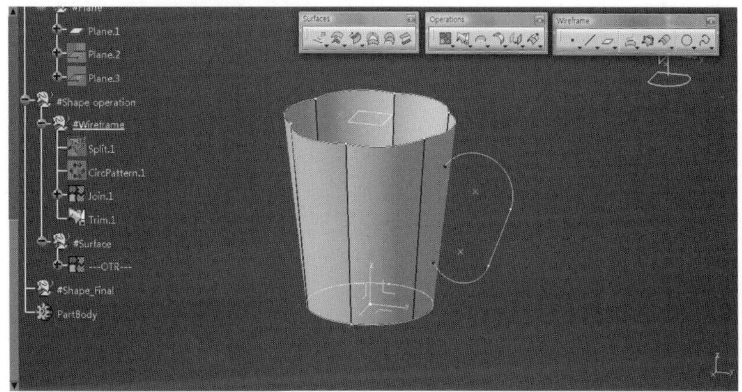

• Point → On Curve를 실행하여 Curve를 선택한다. Curve 선상 중간에 Point를 만들기 위해 Middle point를 클릭해 준다.

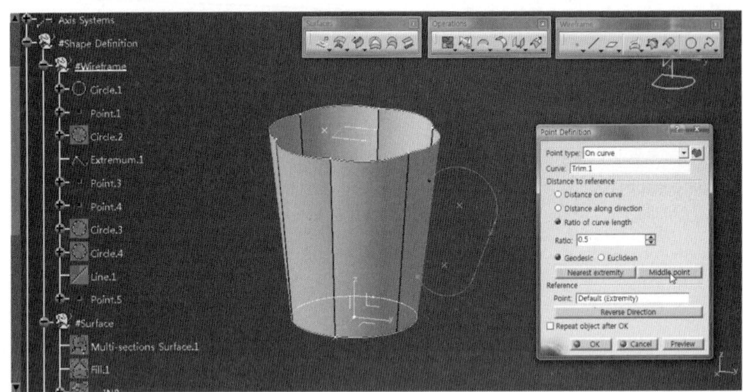

• plane → Normal to curve를 실행한다.

• Curve를 선택한다.

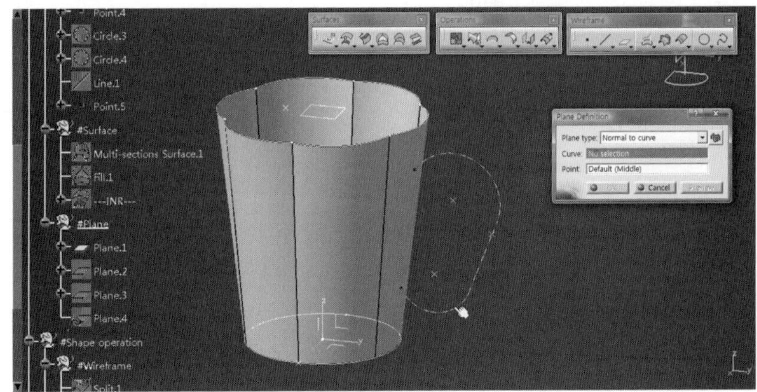

• Point를 선택한다.

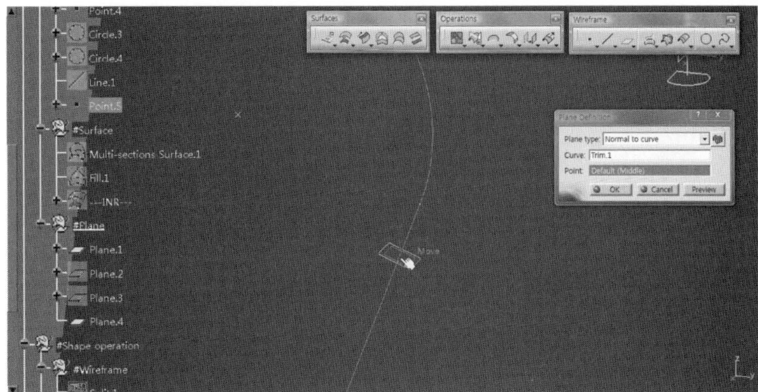

• 아래와 같이 plane이 생성되었다.

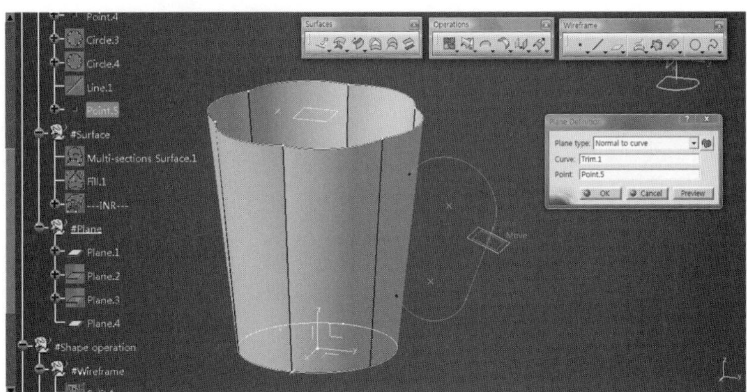

• Line → Point Direction을 실행한다.

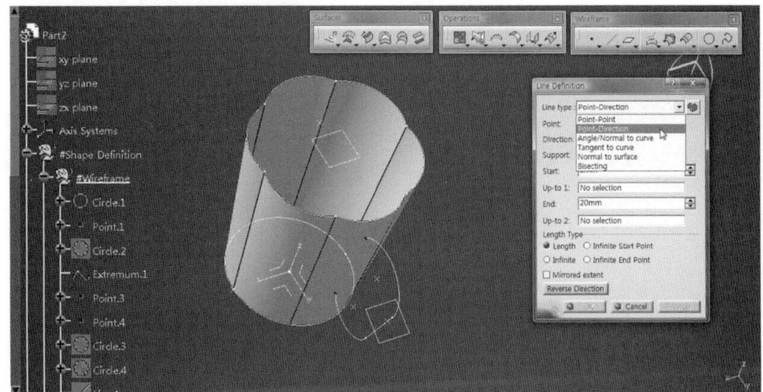

• 아래와 같이 Point를 선택한다.

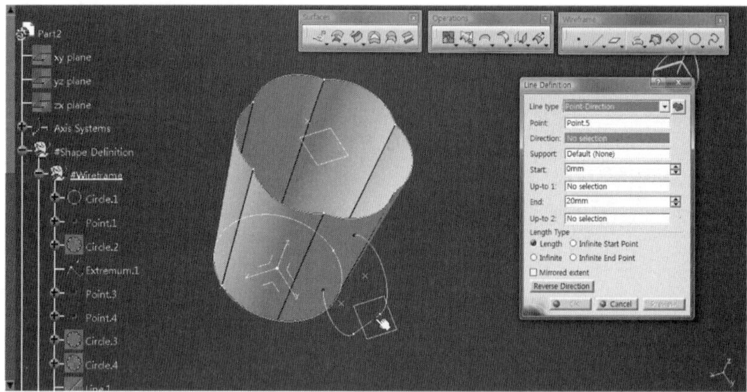

• x축을 선택한다.

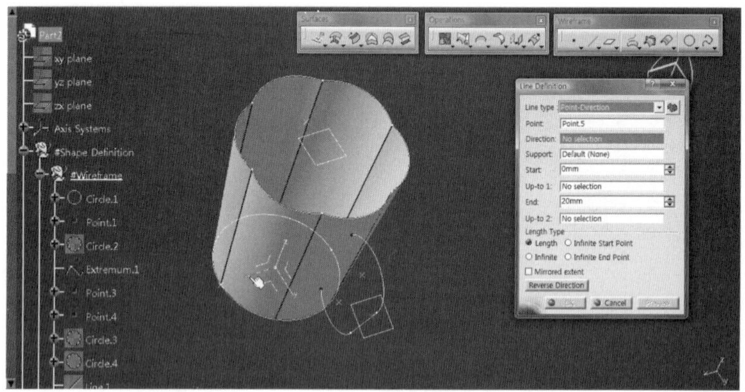

• Point 기준 양 옆으로 6mm 치수 입력을 한다.(Start, End 값)

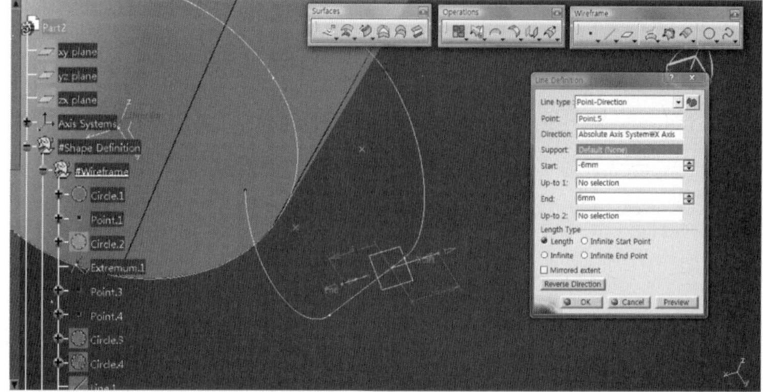

• Line → Angle/Normal to Curve를 실행한다.

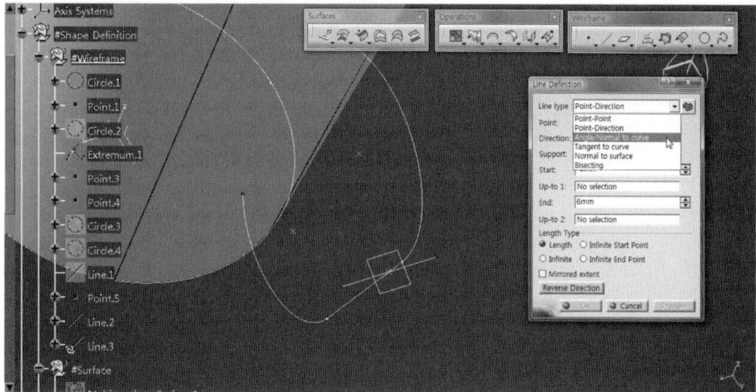

• Point를 선택한다.

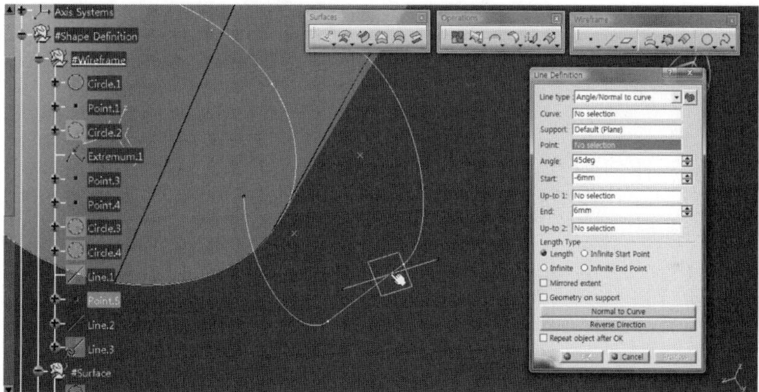

• Plane을 선택한다.

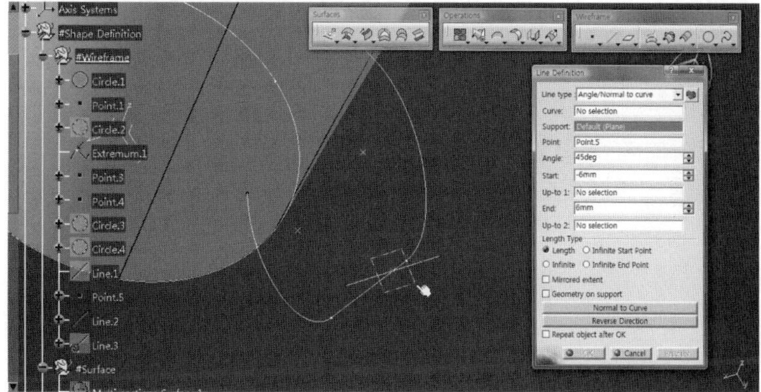

• Curve를 선택한다.

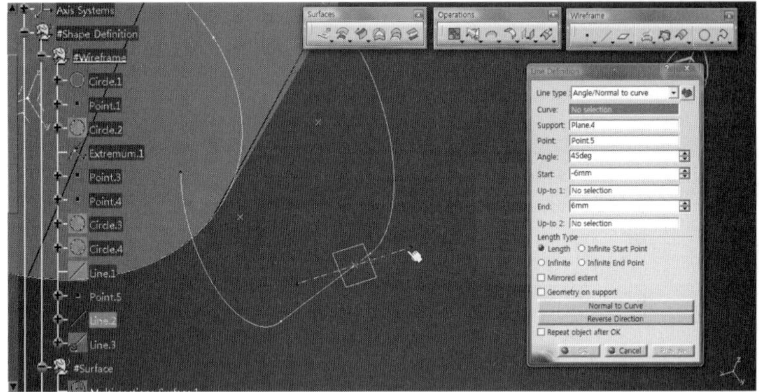

• Angle 값은 90deg, Start와 End 값은 −2, 2를 각각 주도록 한다.

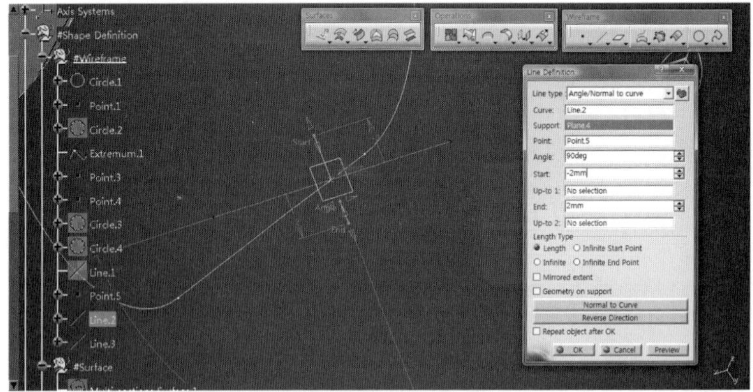

• Spline을 실행한다.

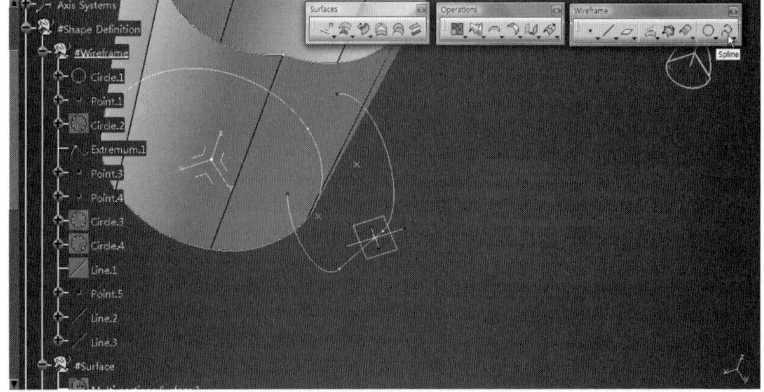

• Close Spline을 체크한다.

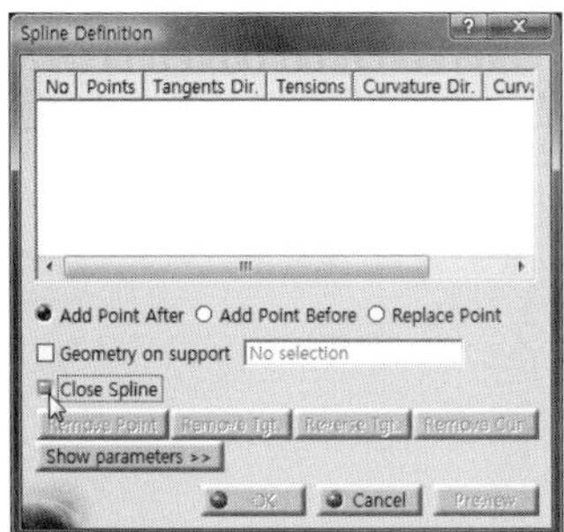

• Close Spline을 체크한 후 아래와 같이 4개의 Point를 차례로 클릭한다. 타원 형태의 Curve가 완성되었다.

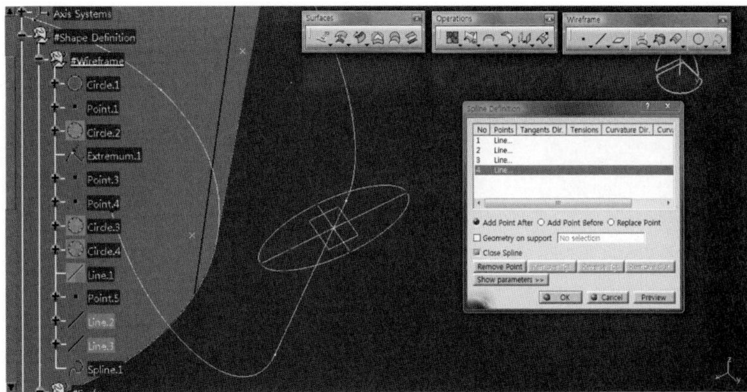

• Sweep → With reference surface를 실행 후 타원 형태의 Curve를 선택한다.

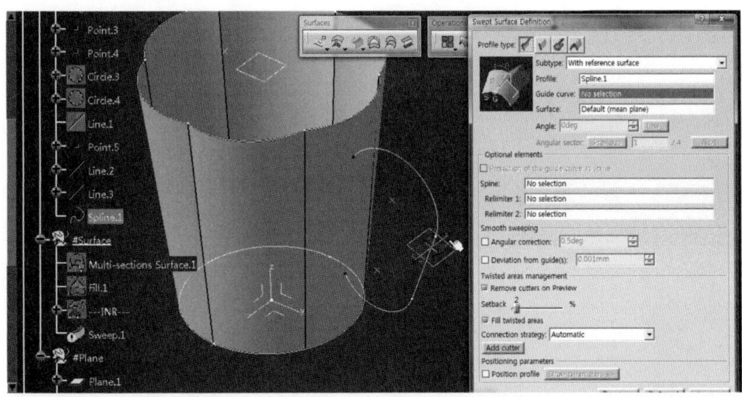

• Guide Curve를 아래의 그림과 같이 선택을 한다.

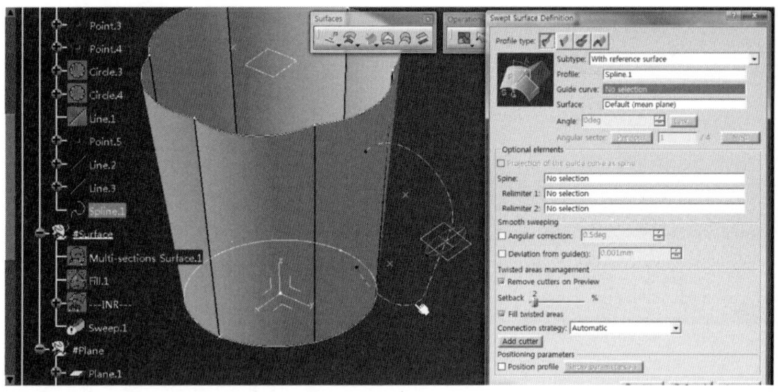

• 손잡이 형상의 Surface가 완성되었다.

• 컵 본체와 손잡이 부분을 Trim 편집해야 되지만 아래와 같이 완벽하게 Surface간 교차상태가 아
니기 때문에 형상을 수정하도록 하자. TREE에서 손잡이 Curve의 편집 명령어를 선택하여 우측
클릭을 한 후 Parents/Children을 클릭한다.

• 아래와 같이 편집 명령어와 재료가 됐던 Elements들을 확인할 수 있다. 수정하고자 하는 대상을
오른쪽 클릭을 하여 Edit를 클릭한다.

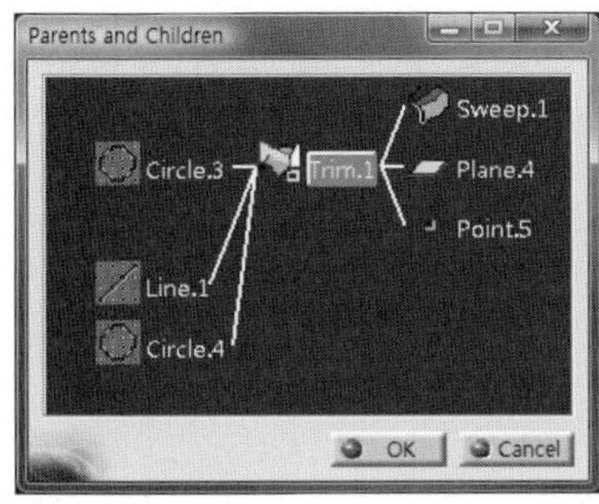
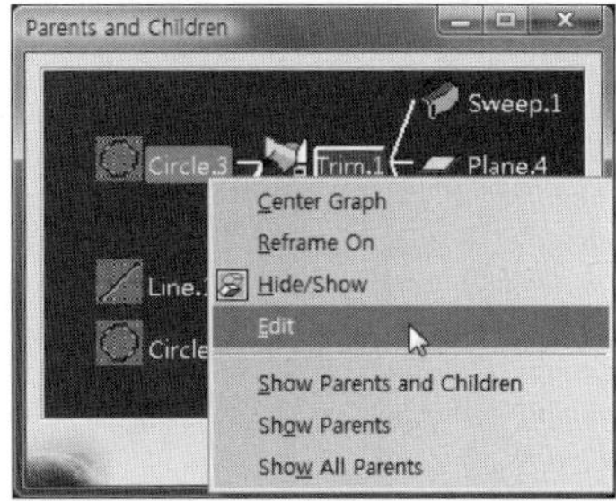

• 길이를 연장할 분분의 Curve의 끝점을 클릭하여 드래그하여 아래 방향으로 적절히 내리도록 한
다.

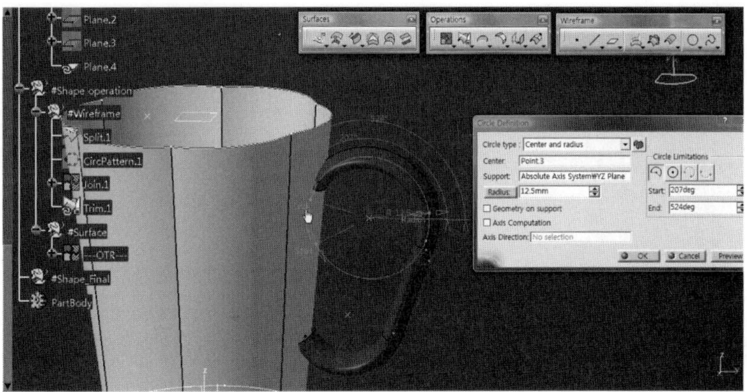

• 아래와 같이 손잡이 부분과 몸체 부분이 완벽하게 교차되었다.

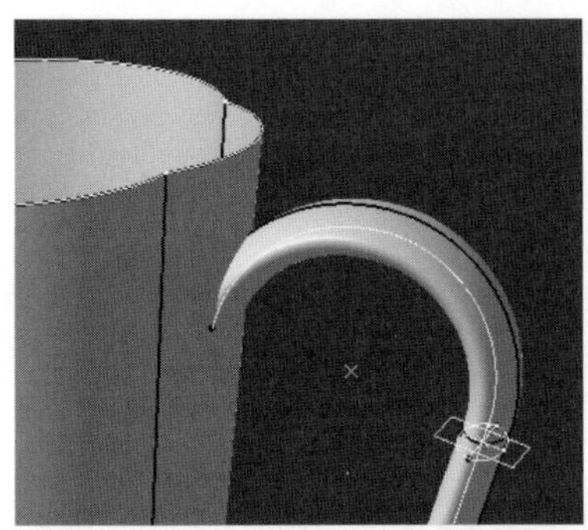

• 아래와 같이 Edit를 클릭한다.

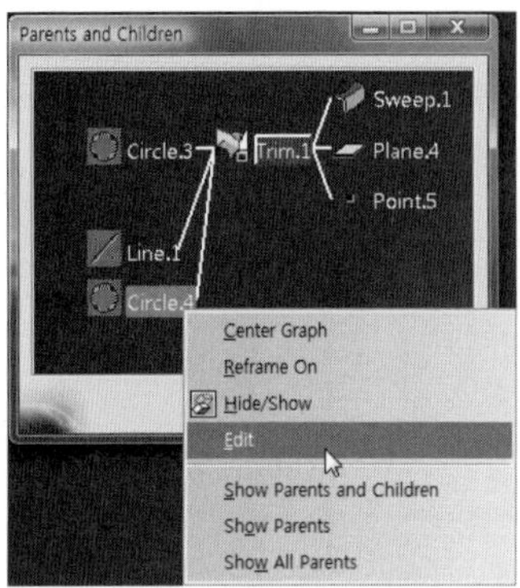

• Curve의 하단부 끝점 부위를 클릭 드래그하여 상단으로 적절히 이동하도록 한다.

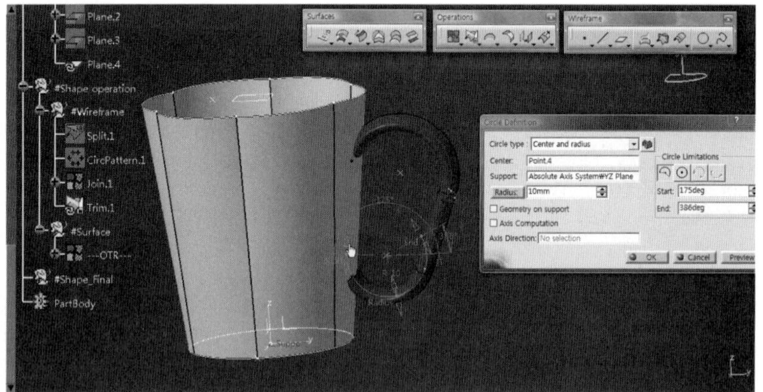

• 수정이 완료된 손잡이와 컵 본체를 Trim하도록 한다.

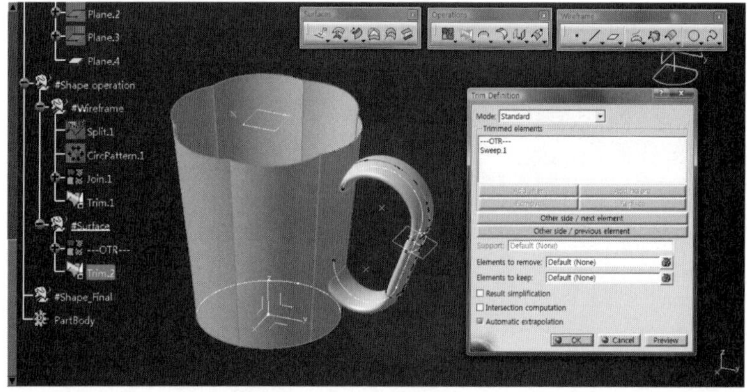

• Trim이 완료된 Surface를 Hide시키도록 하자.

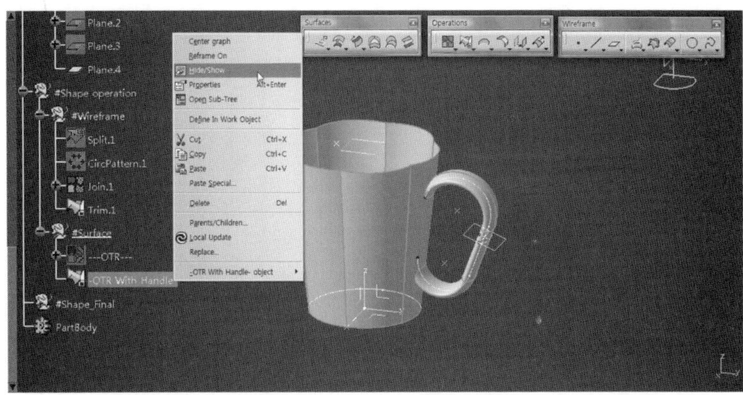

• 내측 Surface인 Offset을 TREE에서 Show하도록 한다.

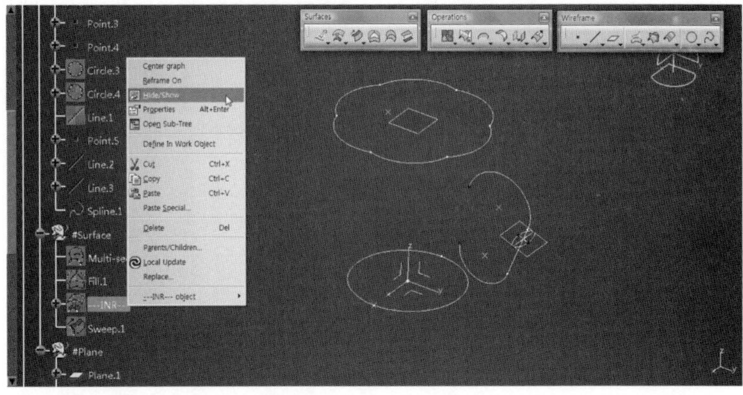

• Fill 명령어를 실행 후 아래 그림과 같이 상단의 Curve를 선택한다.

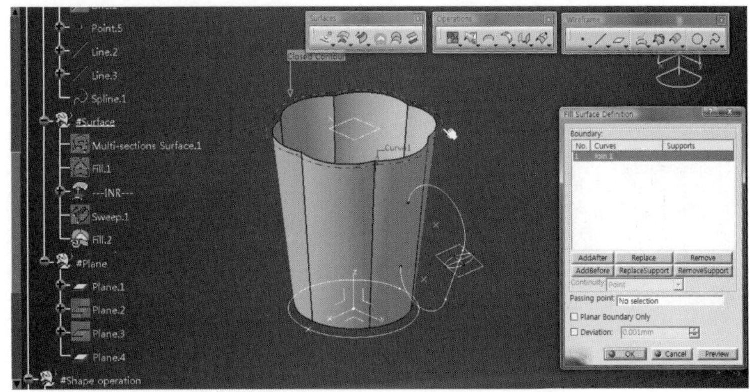

• 아래와 같은 형상의 Surface가 구현되었다.

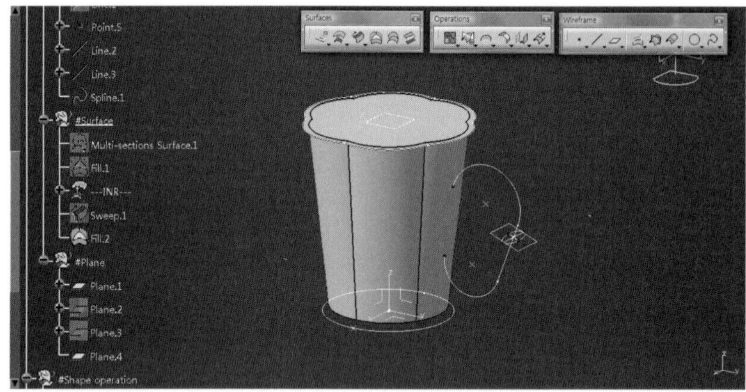

• Trim을 실행하여 아래와 같은 형상으로 편집을 하도록 한다.

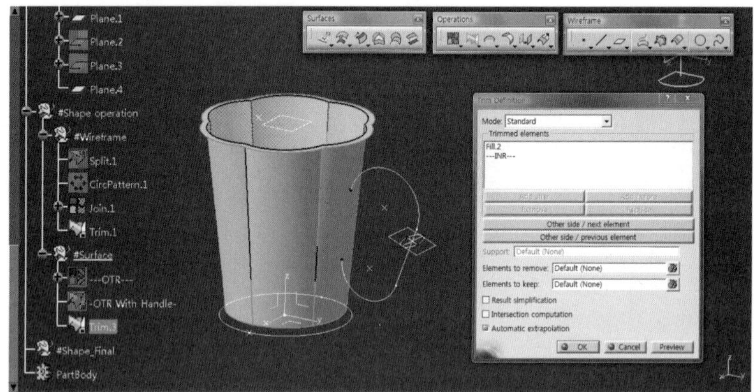

• 편집이 완료되었다.

•컵의 외측 Surface를 Show하도록 한다.

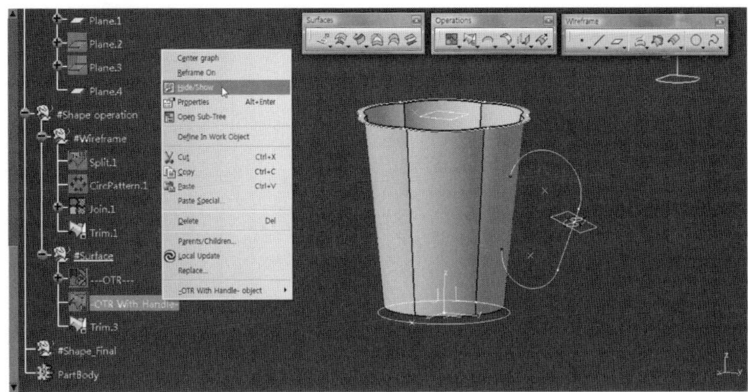

•Shape Final에 Define In Work Object를 정의한다.

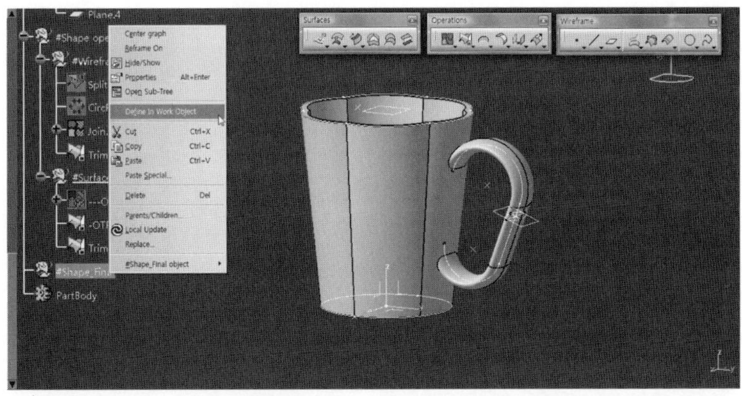

•Join을 실행하여 내, 외측 Surface를 합쳐주도록 한다.

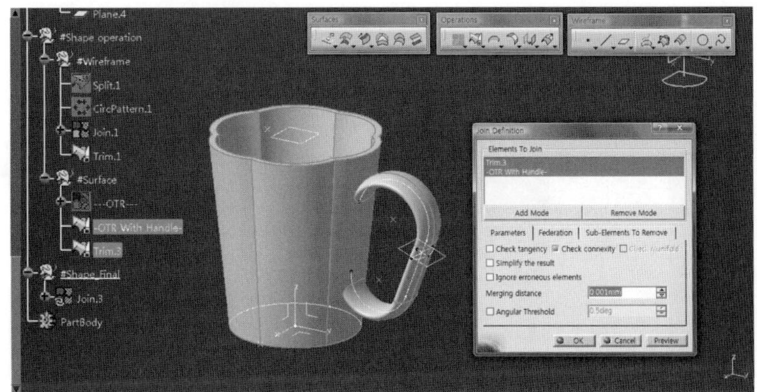

• PartBody에 Define In Work Object를 정의한다.

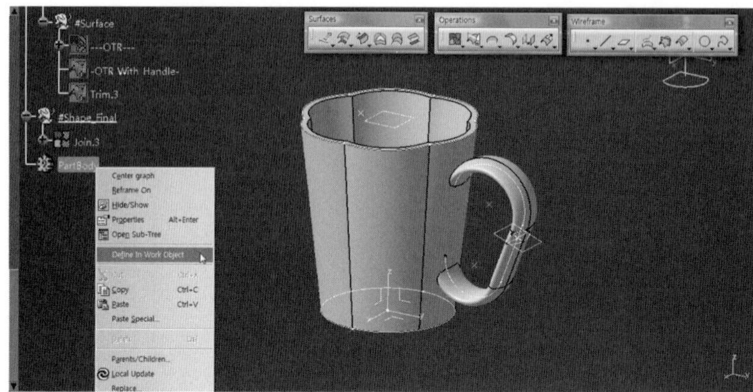

• Part Design 환경으로 변경 후 Close Surface를 실행한다. Shape Final에서 마지막 편집 명령어
인 Join을 선택한다.

• Join을 Hide시키도록 하자.

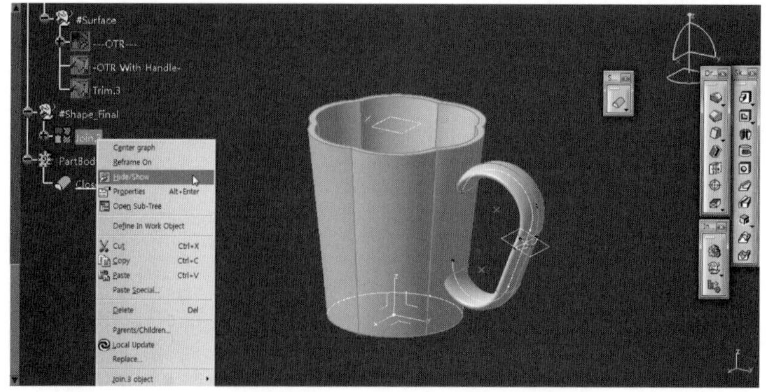

• 아래와 같이 Solid가 구현되었다. Plane이나 Curve들로 인해 보기가 안 좋으니 Hide시키도록 하
자.

• 풀 다운 메뉴의 Hide 항목을 보면 All Points, All Line, All Curve, All Plane을 각각 클릭을 해보
도록 하자.

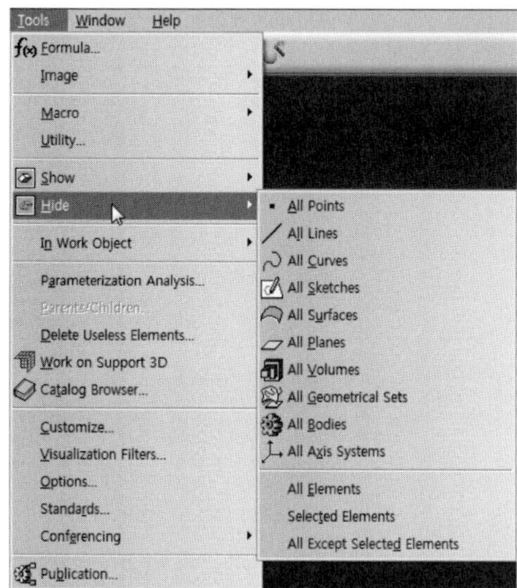

• 아래와 같이 보기좋게 정리가 되었다.

3 모델링 실습

모델링 실습

1. 모델링 실습 CASE 1

1.1 모델링 실습 개요

도면에 의한 모델링 실습을 하는 이유는 CATIA의 툴 기능을 빠른 시간에 익히기 위한 것이 주목적이다. 해당 도면을 잘 숙지하고 모델링 따라하기를 해보자. 해당 도면은 다음과 같다.

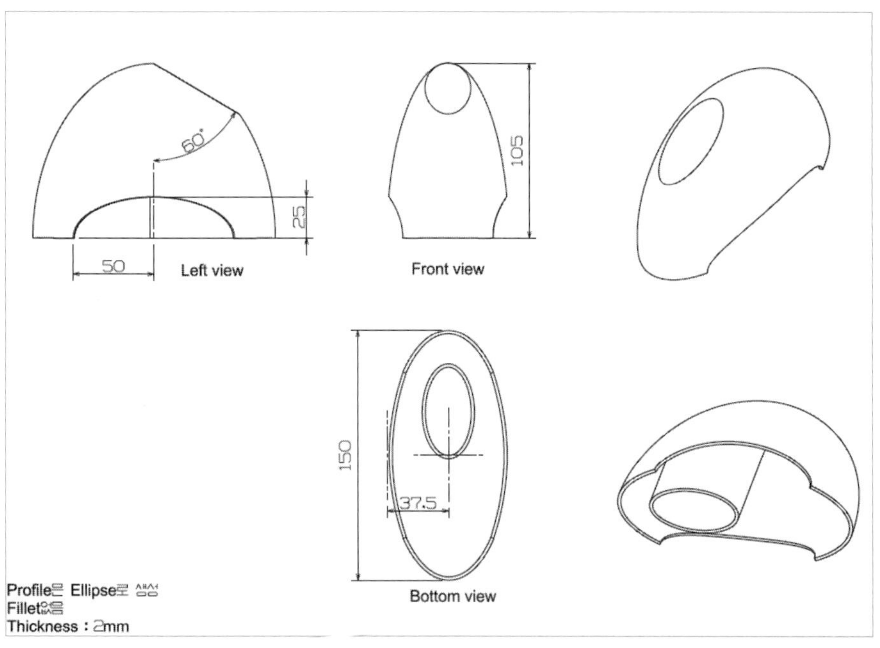

도면 내용을 살펴보면, 해당 모델링 작업은 주로 Surface로 작업을 하여야 한다. 구성물이 곡선 구조로 이루어져 있다. 모델링을 하는 방법에는 여러 가지가 있다. 이 모델링 구조물에 대해서는 Multi-Sections Surface를 사용하겠다.

1.2 모델링 실습 따라하기

완성된 모델링 결과를 미리보고 작업에 참조하기 바란다.

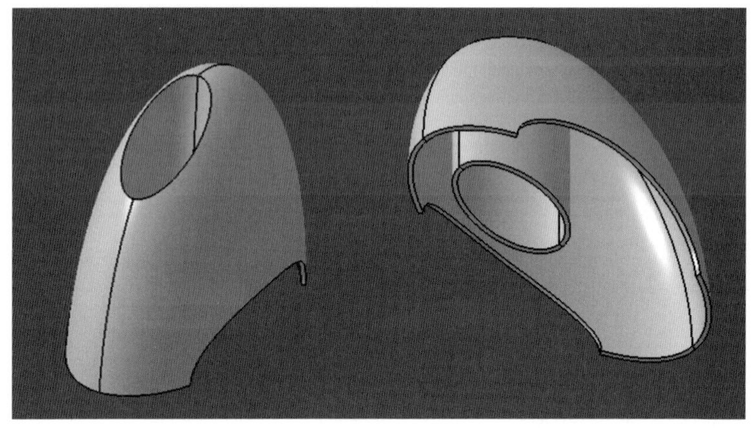

• 메뉴 바 File 탭에서 New from을 클릭한다.

• 새로운 파트 이름을 Ellipse로 입력한다.

• Profile, Surface Skin이란 이름의 Geometrical Set
  을 각각 만든다.

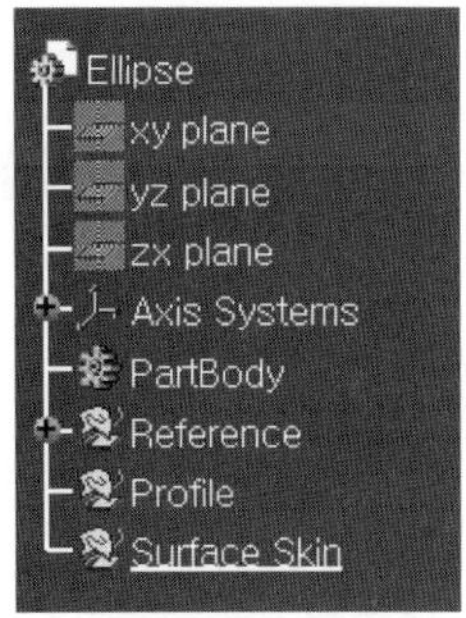

• Profile Geometrical Set 하위에 Sketch-XY를 복사
  해 넣고 스케치 모드로 들어간다.

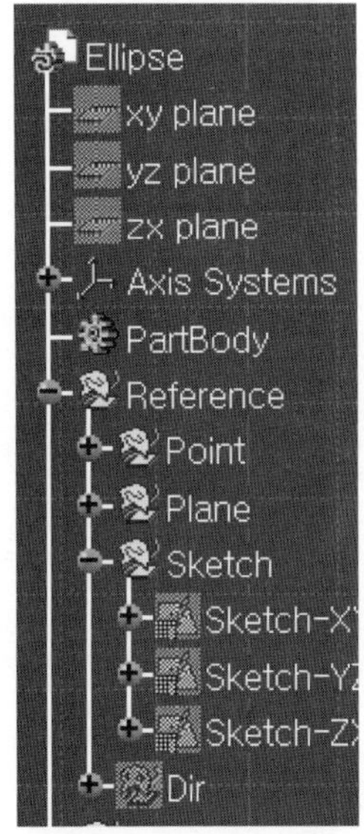

• Profile 툴바에서 Ellipse 아이콘을 클릭한다.

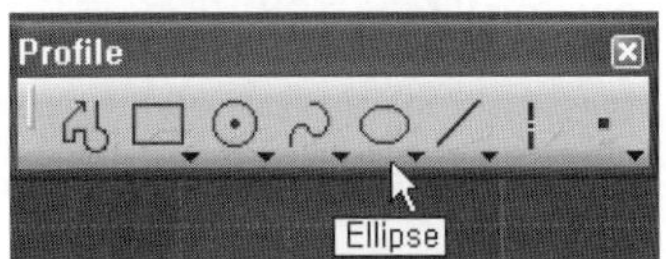

• 시작점을 스케치의 중심점에 일치하도록 클릭한다.

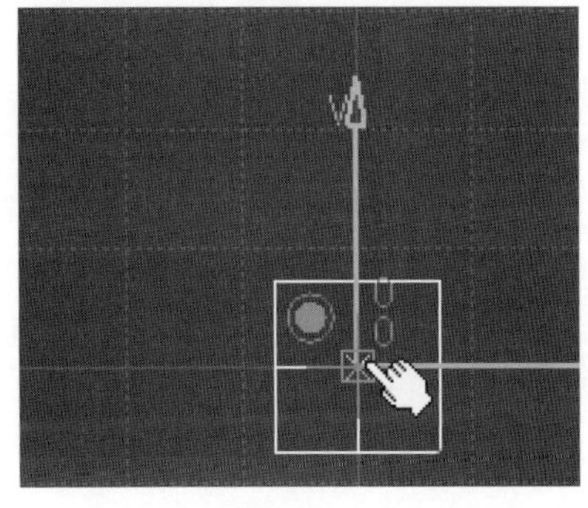

• 두 번째는 V-Direction에 일치하도록 선택한다.

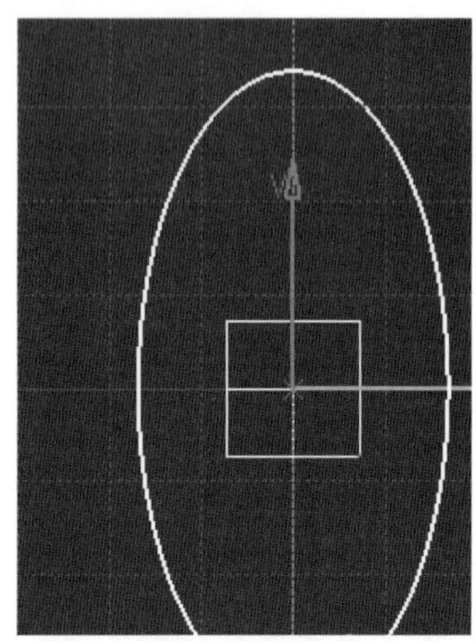

• 세 번째는 H-Direction에 일치하도록 클릭한다.

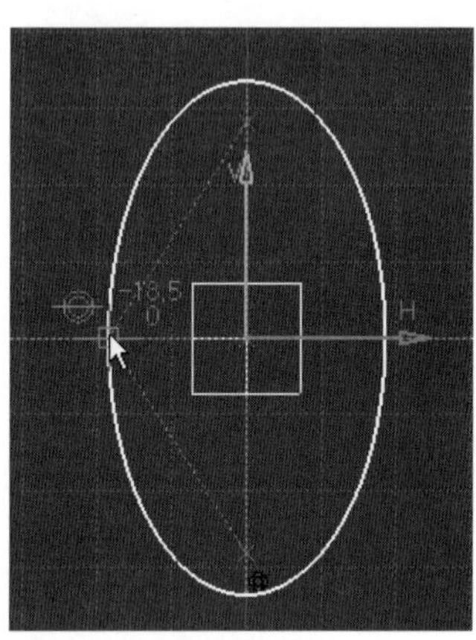

• Constraint(　) 아이콘을 클릭하고 타원을 클릭한다.

• 치수 값은 도면과 같이 150mm로 입력한다.

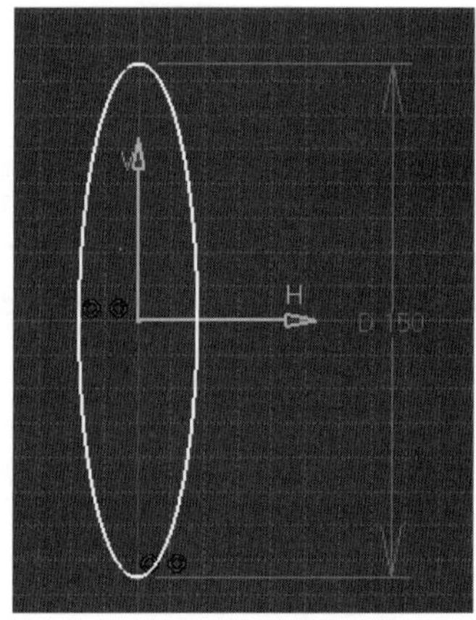

• Constraint(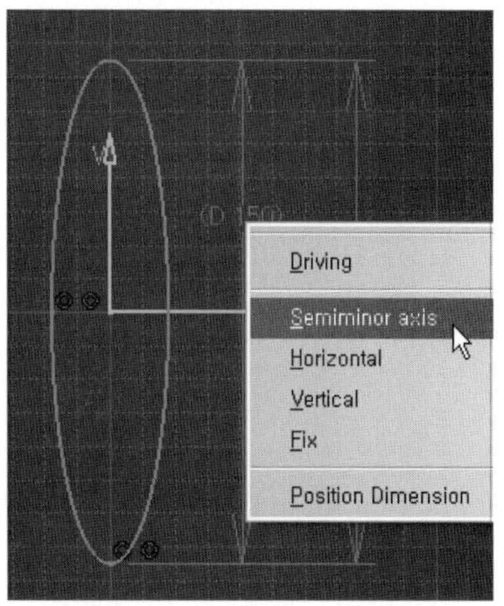) 아이콘을 클릭하고 타원을 클릭한다.
3번 마우스를 클릭하고 Semiminor axis를 클릭한다.

• 치수를 더블클릭하여 수정한다.
Dimension을 Radius로 변경하고 치수 값을 도면과 같이 37.5mm로 입력한다.

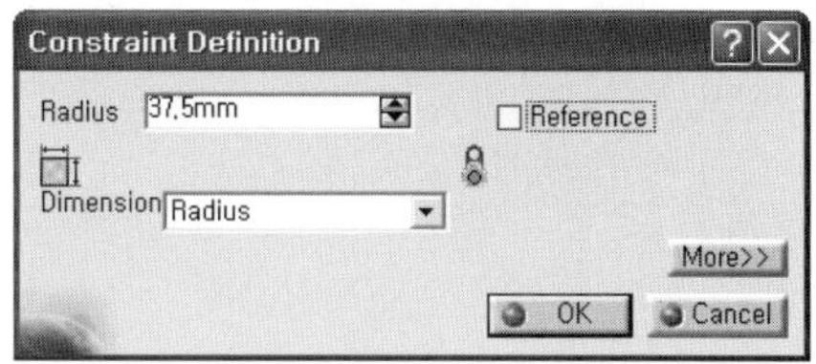

• 입력된 치수를 확인한다.

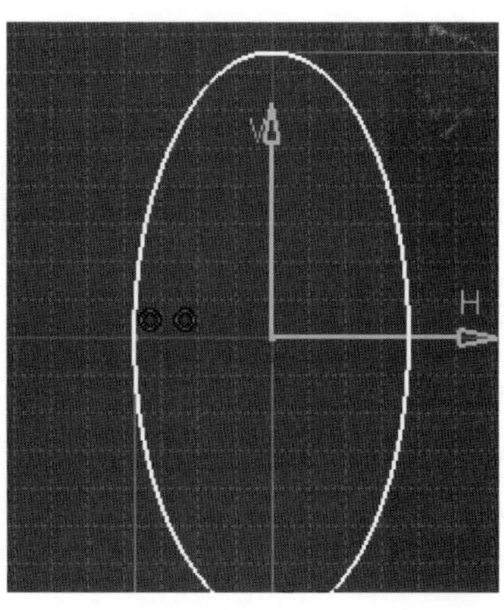

• 우측 그림처럼 H-Direction에 일치하는 수평선을 그린다.

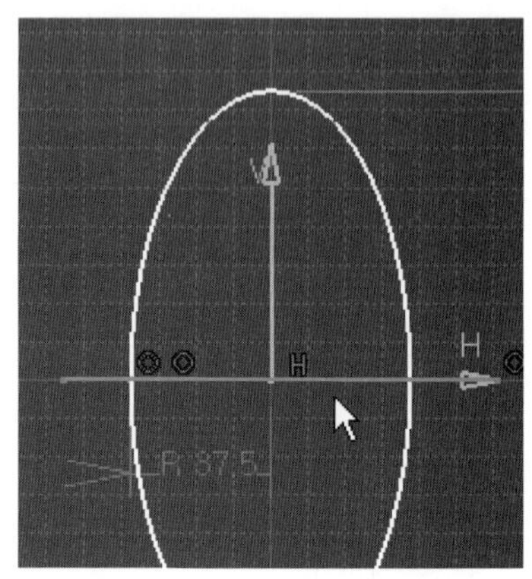

• Trim( ) 아이콘을 클릭 우측 그림처럼 타원과 수평선을 Trim한다.

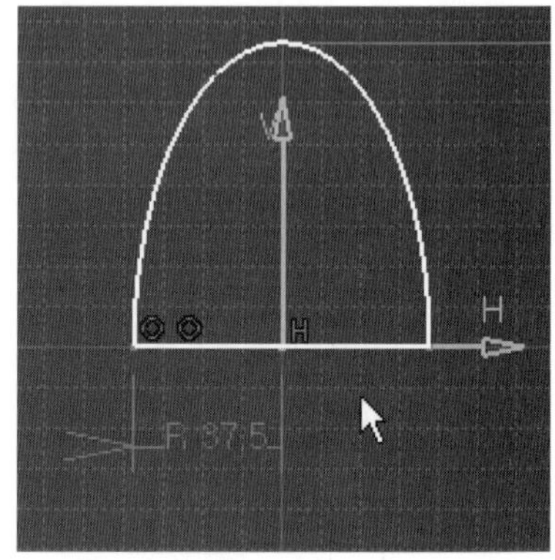

• Trim을 하고 나면 수평선의 H-Direction에 대한 구속이 풀린다. 우측 그림처럼 수평선을 드래그해보면 마음대로 움직이는 것을 볼 수 있다.
이렇듯 Trim을 하다보면 선의 길이가 짧아지거나 길어지면서 구속 값에 변화가 올 수 있다.
이렇게 구속이 되지 않은 요소가 있으면 스케치 작업도중 형상이 헝클어져 최종 모델링 형상에 문제가 생길 수 있다.
Trim 작업 시 구속 조건변동에 유의하자.

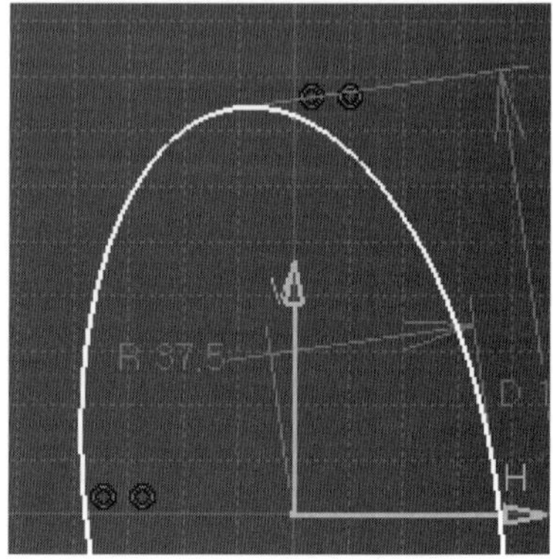

• 수평선을 다시 H-Direction에 구속시킨다.
  중심점이 스케치 중심에 일치하고 가로 세로 각 R
  값을 입력했지만 타원은 완전 구속이 안 된다.

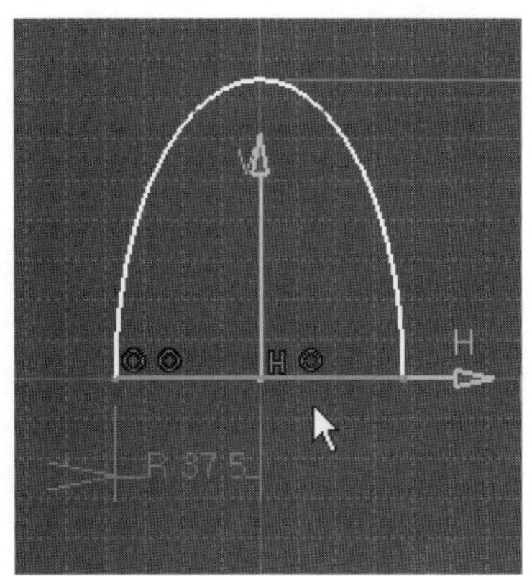

• 타원을 완전 구속하기 위해서 Constraint(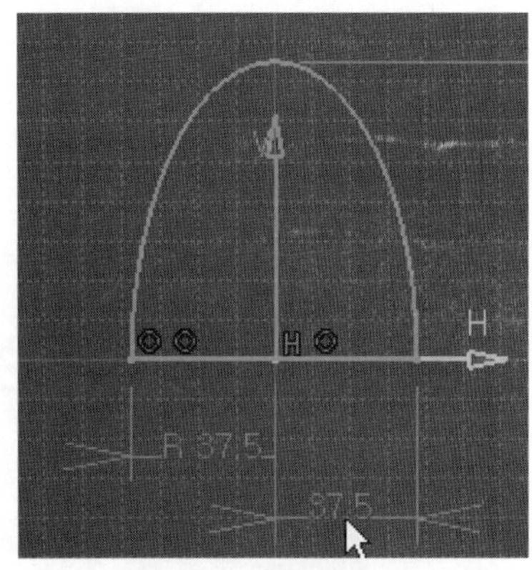) 아이
  콘을 클릭하고 V-Direction과 타원을 클릭한다.
  타원이 완전구속되는 것을 알 수 있다.

• 타원을 수평선을 기준으로 Mirror(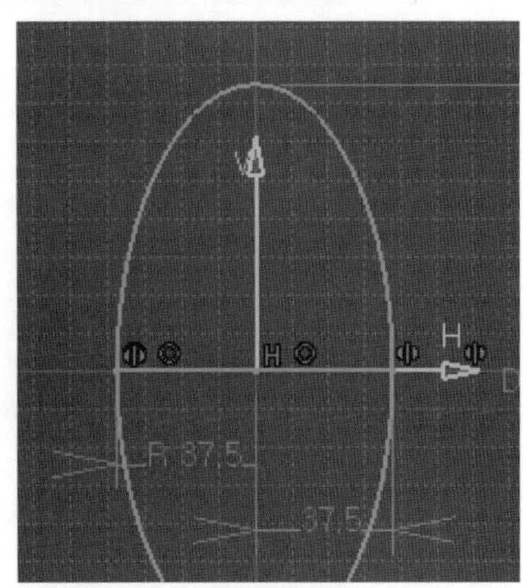)한다.

• Output Feature(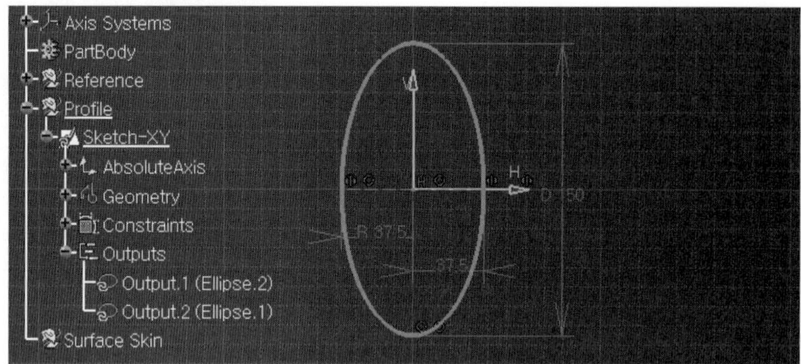) 아이콘을 클릭하고 아래 위 타원을 각각 클릭하여 Output Feature로 추출
  한다. 수평선을 참조요소로 전환하고 스케치를 빠져나간다.

• Profile Geometrical Set에 Sketch-YZ를 복사해 넣고 스케치 모드로 들어간다. 다음 그림처럼
  타원을 그린다.

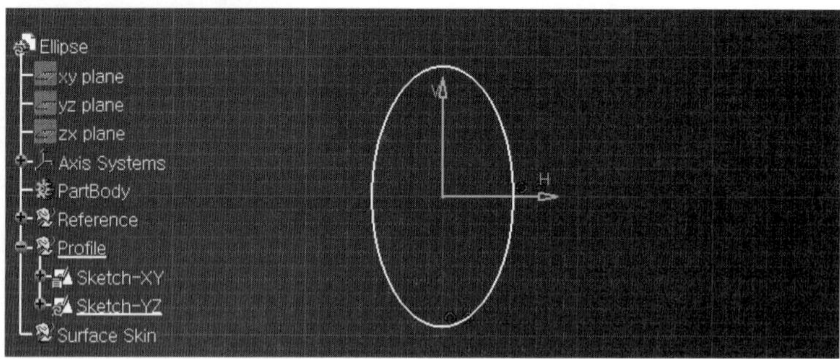

• 우측 그림과 같이 이전 스케치를 스케치 면에 투영시킨다.

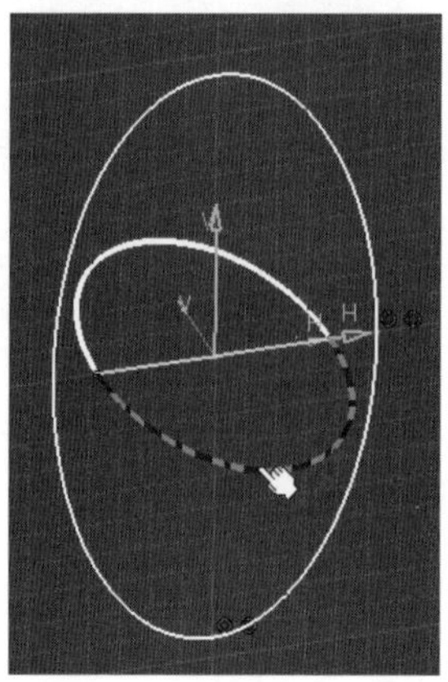

- 스케치한 타원을 투영한 수평선의 왼쪽 끝점과 Coincidence시킨다.

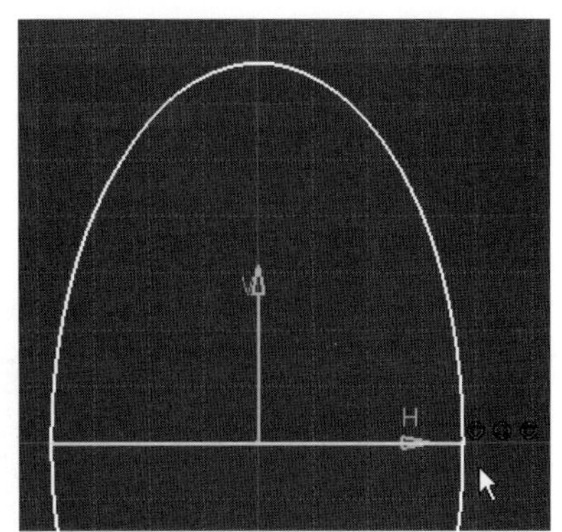

- 수평선과 타원을 Trim(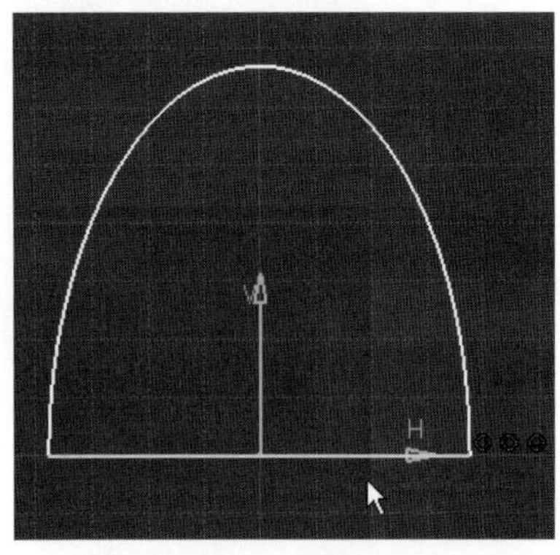)한다.

- 치수를 입력한다.
  타원의 세로 R 값을 도면과 같이 105mm로 입력한다.

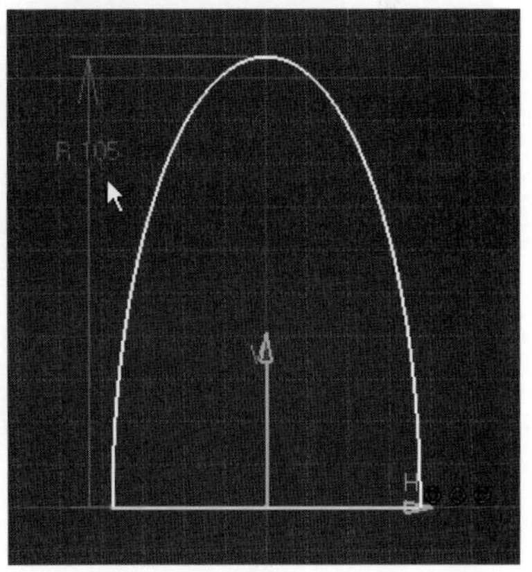

• 타원을 완전 구속하기 위해서 Constraint( ) 아이콘을 클릭하고 V-Direction과 타원을 클릭한
다.
투영한 수평선을 참조요소로 전환한다.
스케치를 빠져나간다.

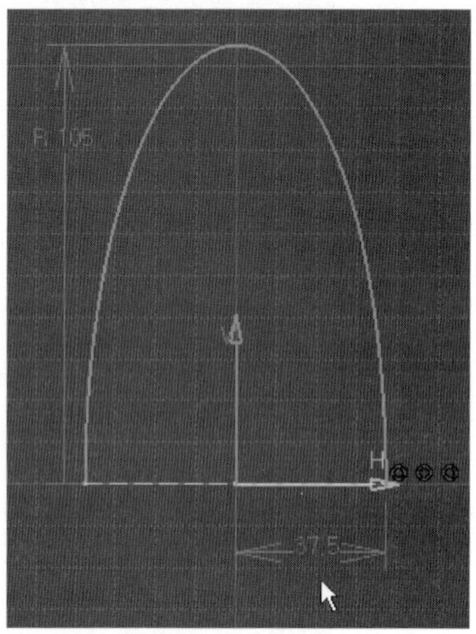

• Profile Geometrical Set에 Sketch-ZX를 복사해 넣고 스케치 모드로 들어간다. 다음 그림처럼
타원을 스케치한다.

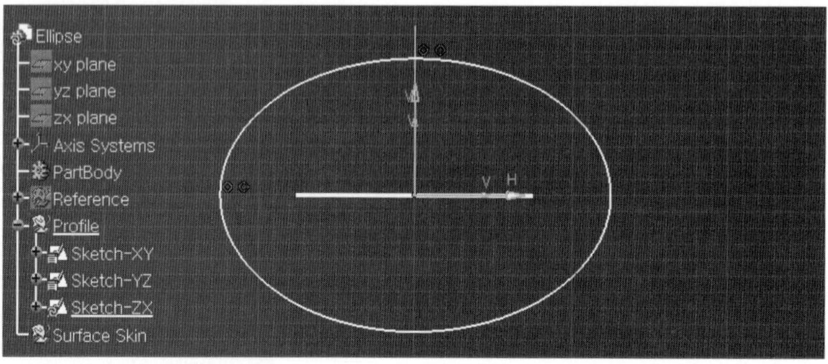

• 다음 그림처럼 이전 스케치를 스케치 면에 투영한다.

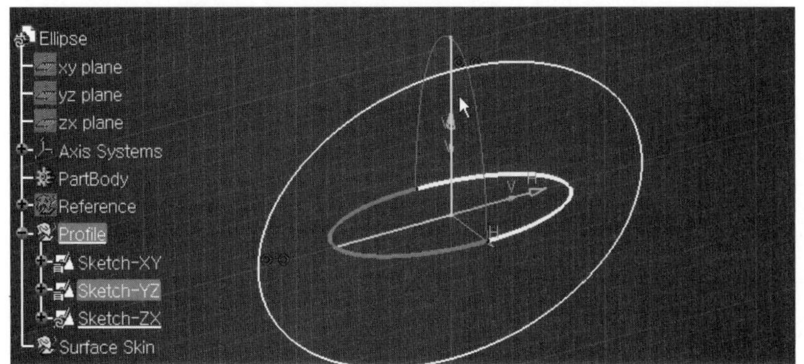

• 우측 그림처럼 타원을 수직선의 위쪽 끝점, 그리고 수평선의 좌측 끝점과 Coincidence시킨다. 타원을 H-Direction과 Trim한다.

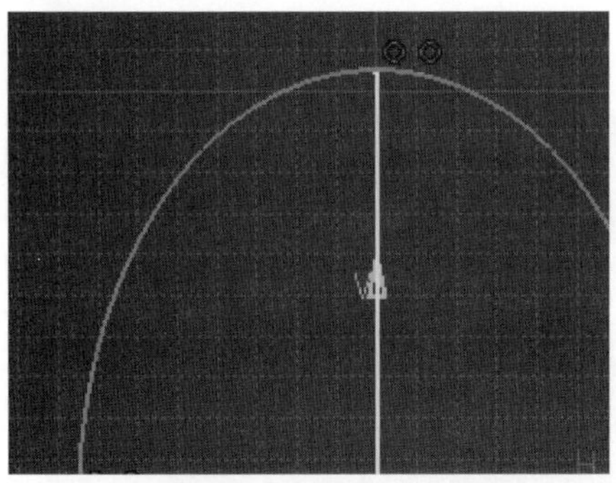

• H-Direction과 타원에 치수 구속을 준다. 투영한 선을 참조요소로 전환한다. 스케치를 빠져나간 다.

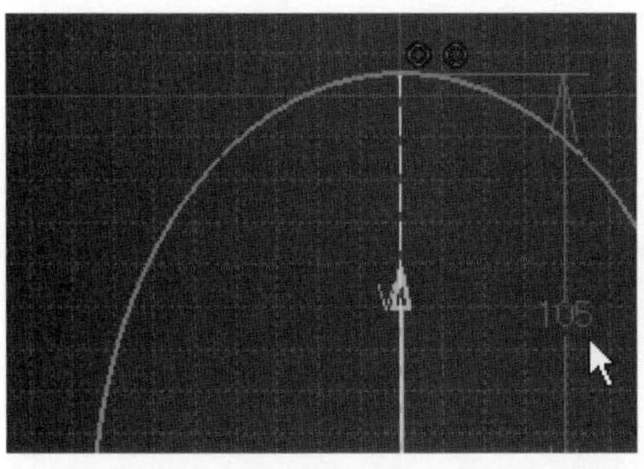

• workbench(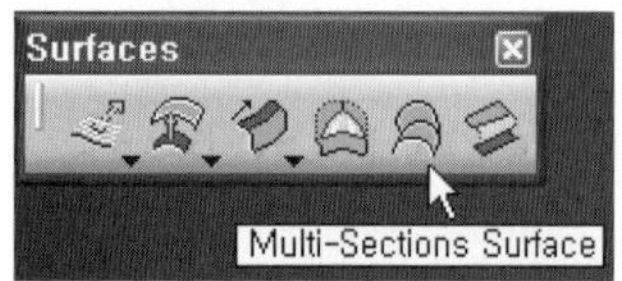) 아이콘을 클릭한다. Generative Shape Design( ) 아이콘을 클릭한다.

• Surface Skin Geometrical Set을 Work Object로 설정한다. Surfaces 툴바에서 Multi-Sections Surface 아이콘을 클릭한다.

• 다음 그림처럼 Section에 Output.1, Sketch-YZ, Output.2를 차례로 클릭한다.
Guide는 Sketch-ZX를 클릭한다. 앞에서 Multi-Section 작업을 했던것과 마찬가지로 각 Section의 방향을 화살표를 클릭하면서 같은 방향으로 맞춰준다. OK를 클릭하기 전 Preview를 클릭, 면이 꼬이거나 에러가 나는지 확인하고 이상이 있으면 방향을 다시 조절하여 올바른 형태가 나오도록 조절한다.

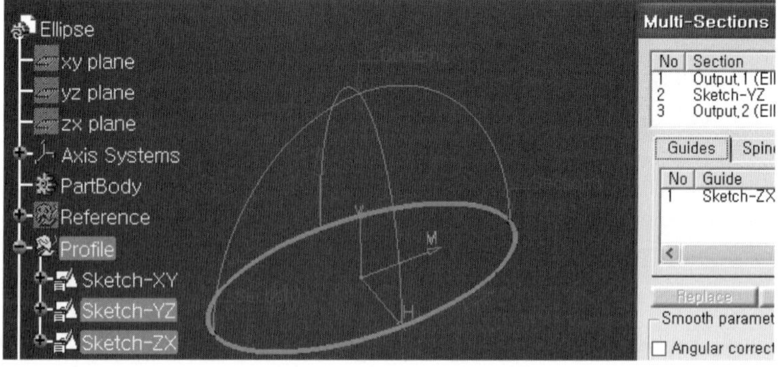

• 완성된 Multi-Sections Surface는 다음 그림과 같다.

• Profile Geometrical Set에 Sketch-ZX를 복사해 넣고 스케치 모드로 들어간다.
다음 그림처럼 타원을 스케치한다. 타원의 가로 R 값을 50mm로 입력한다.

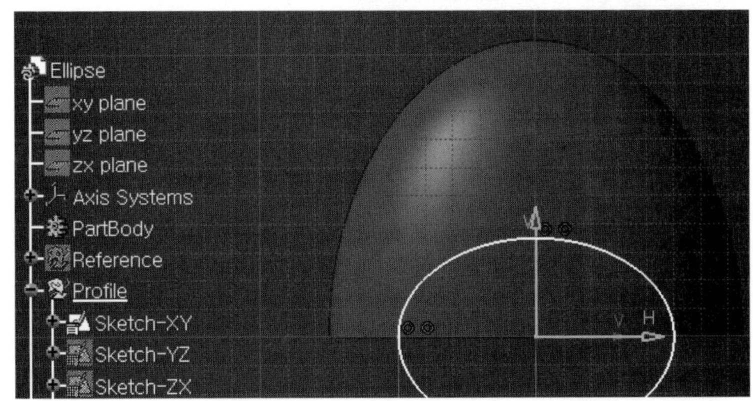

• Constraint( ) 아이콘을 클릭하고 3번 마우스 클릭, Semiminor axis를 클릭한다.

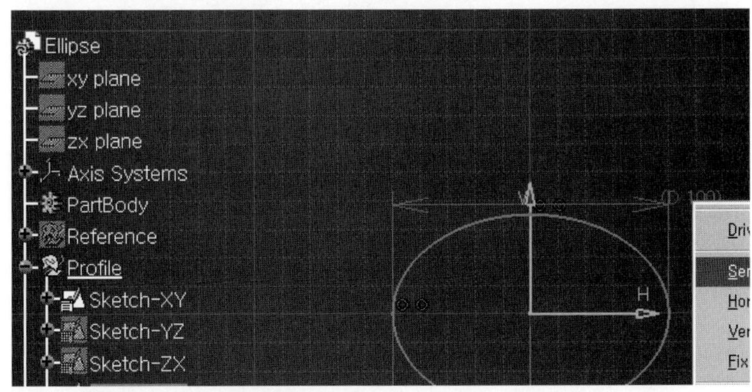

• 세로 R 값은 25mm로 입력한다.

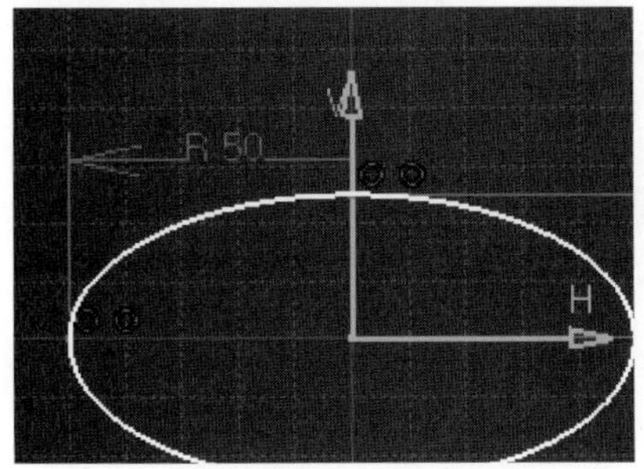

• H-Direction과 타원에 치수 구속을 한다.

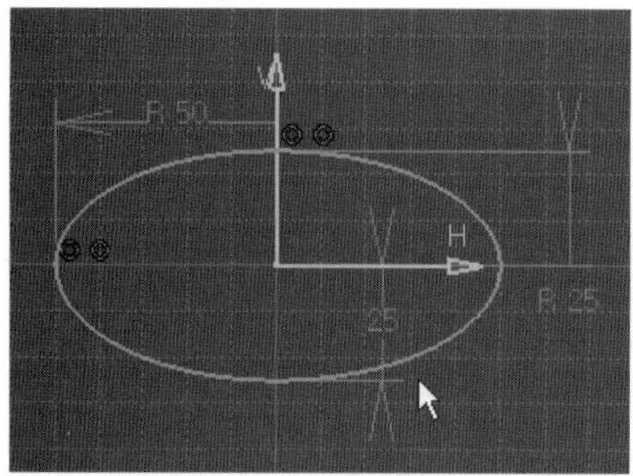

• 다음 그림처럼 Sketch-YZ를 스케치 면에 투영시킨다.

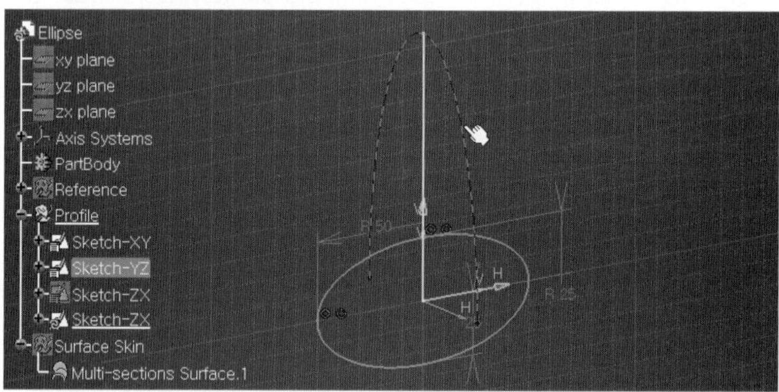

• 다음 그림처럼 투영한 수직선의 위쪽 끝점에 일치하는 사선을 그린다.

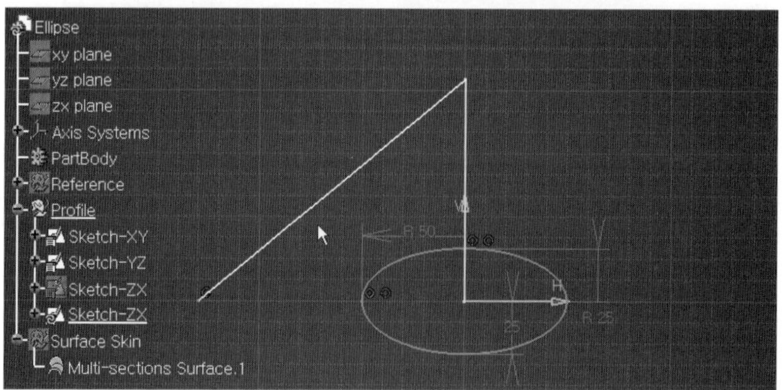

• 수직선과 사선의 각도를 60deg로 입력한다.

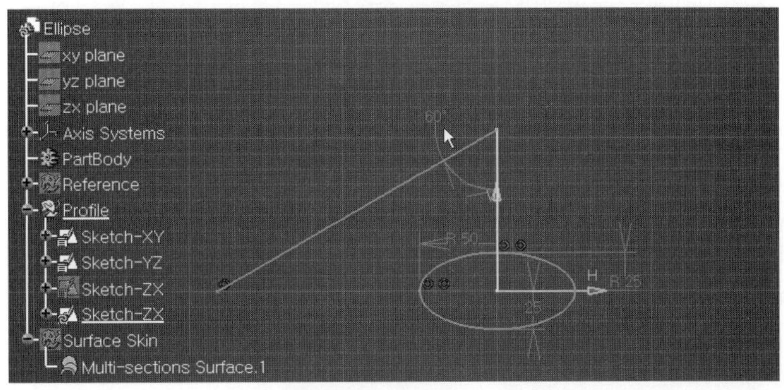

• 사선을 Trim( )하여 다음 그림처럼 길게 뽑아낸다.

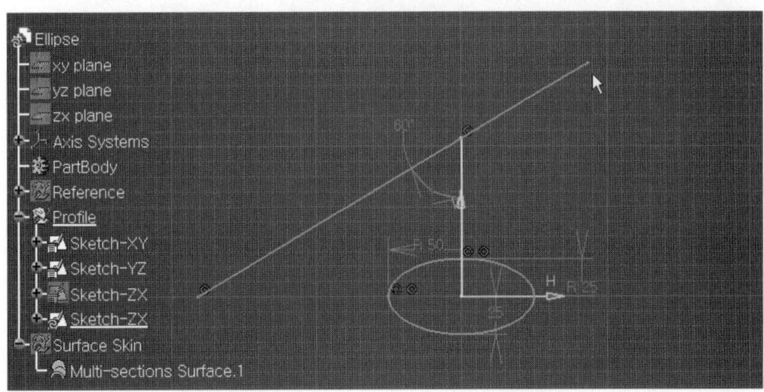

• 타원과 사선을 Output Feature( ) 로 추출하고 투영한 수직선을 참조요소로 전환한다. 스케치
를 빠져나간다.

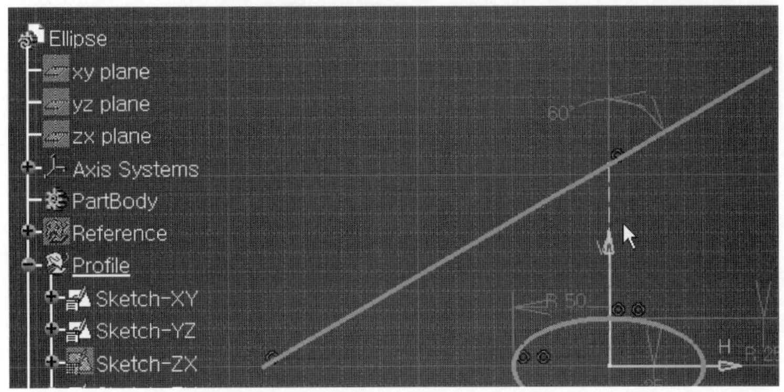

• Surface Skin Geometrical Set 하위에 Cut이란 이름의 Geometrical Set을 만든다.

Extrude( ) 아이콘을 클릭한다. Profile은 추출한 타원을 클릭하고 Direction은 ZX Plane을 클릭한다.

Limit Type.1은 Dimension으로 두고 치수 값을 50mm로 입력한다.

Limit Type.2도 Dimension으로 두고 치수 값을 50mm로 입력한다.

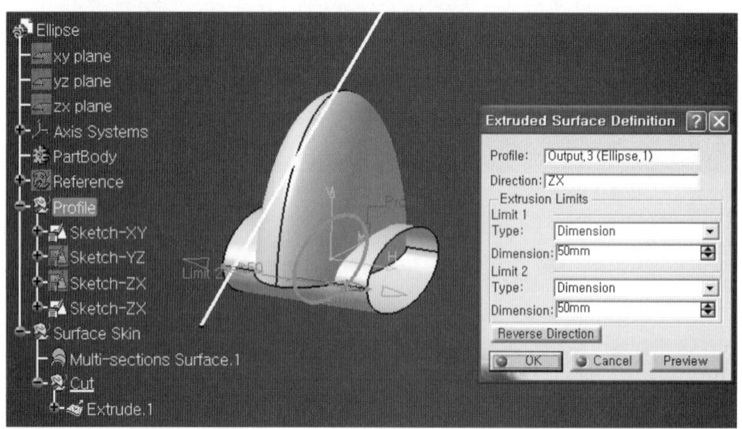

• Extrude( ) 아이콘을 클릭한다. Profile만 추출한 사선을 클릭하고 나머지 값은 방금 전과 같은 값으로 한다.

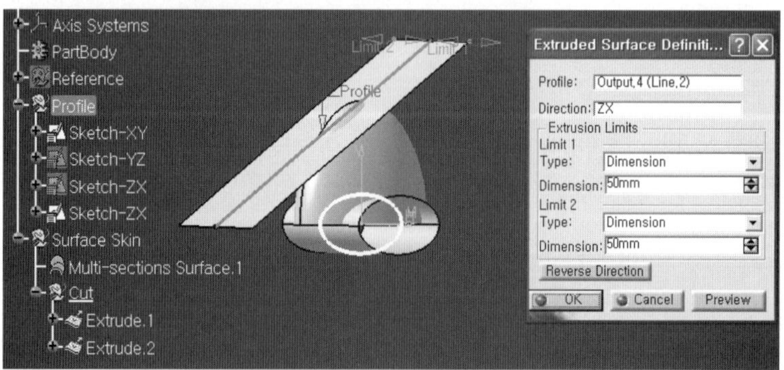

• Surface Skin Geometrical Set을 Work Object로 설정한다.

Split( ) 아이콘을 클릭한다. Element to cut은 Multi-Sections Surface.1을 클릭한다.
Cutting elements는 Extrude.1과 Extrude.2를 클릭한다.

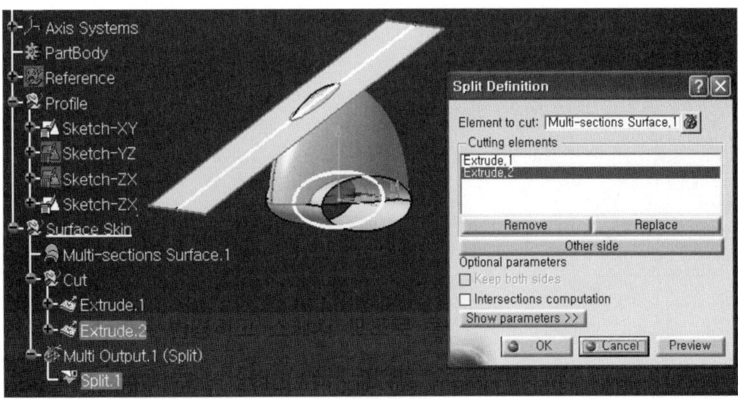

• Split된 형상을 확인한다.

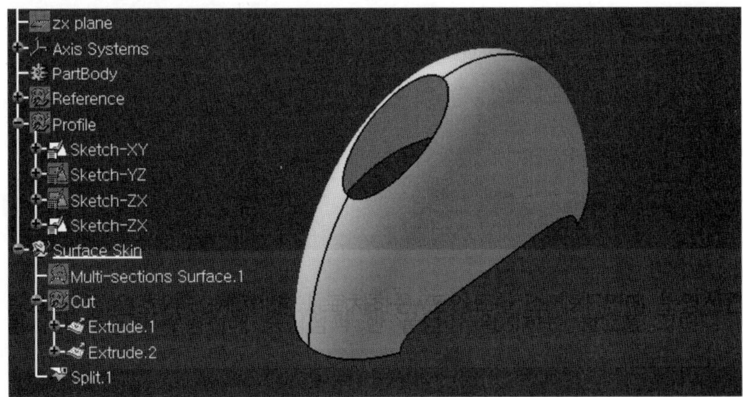

• Profile Geometrical Set을 Work Object로 설정한다.

Boundary(　) 아이콘을 클릭한다. Surface edge는 다음 그림처럼 Split.1의 모서리를 클릭한다.

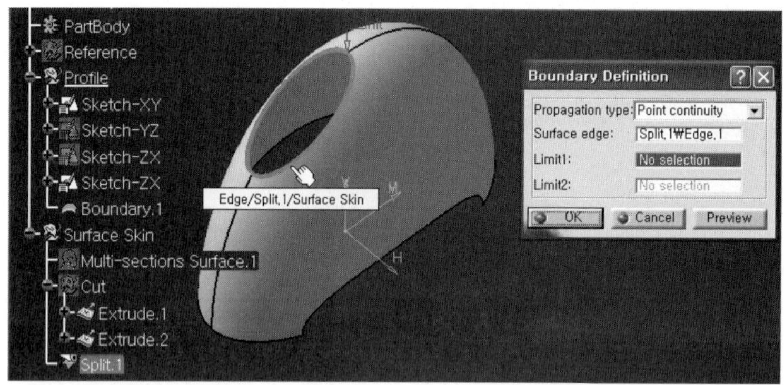

• Surface Skin Geometrical Set을 Work Object로 설정한다.

Extrude(　) 아이콘을 클릭한다. Profile은 Boundary.1을 클릭하고 Direction은 XY Plane을 클릭한다.

Limit Type.1은 Dimension으로 두고 치수 값을 50mm로 입력한다.

Limit Type.2은 Up-to element를 선택하고 Up-to element는 XY Plane을 클릭한다.

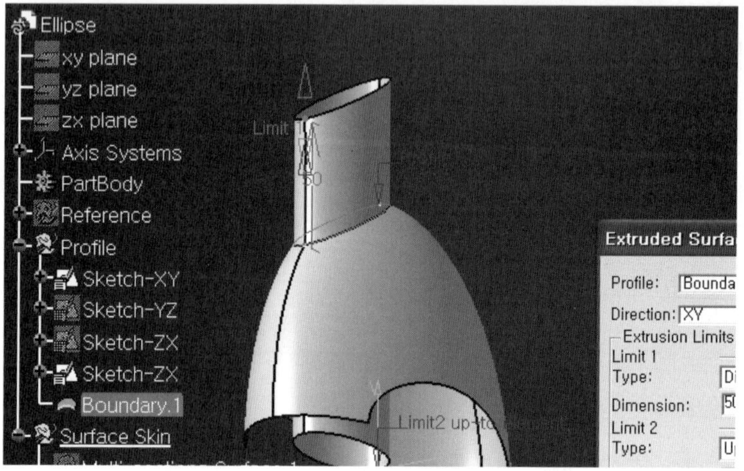

• Trim( ) 아이콘을 클릭한다. Trimmed elements는 Split.1과 Extrude.3을 클릭한다.

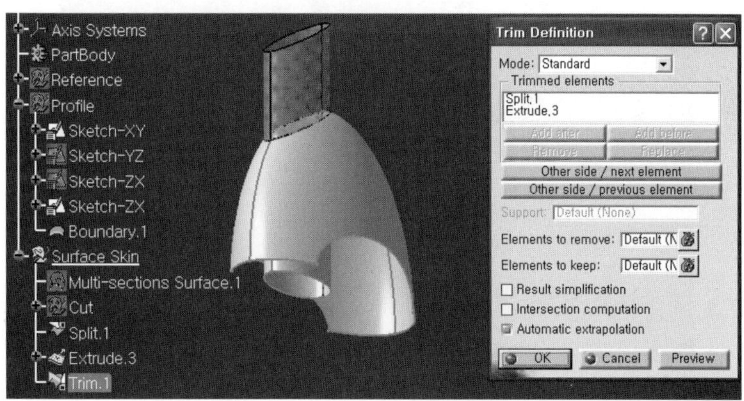

• Workbench( ) 아이콘을 클릭, Part Design Workbench( )를 클릭한다.

  Body( ) 아이콘을 클릭 Body를 추가한다.

  Thick Surface( ) 아이콘을 클릭한다. First Offset은 2mm로 입력하고, Object to Offset은
  다음 그림처럼 Trim.1을 클릭한다. Offset 방향은 안쪽으로 한다.

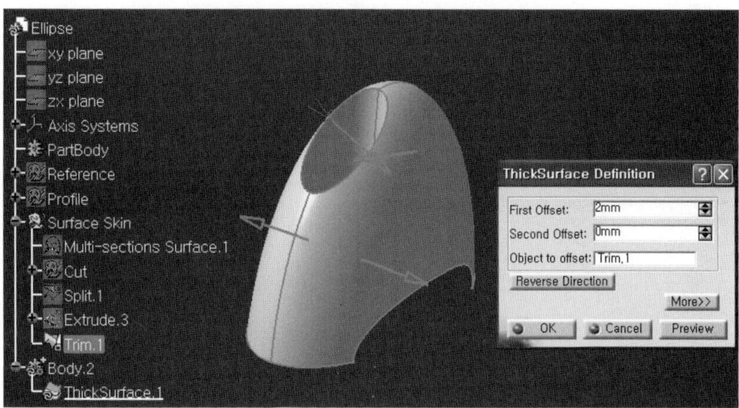

• Body.2를 PartBody에 Assemble한다. 파트가 완성되었다. 파일을 저장한다.

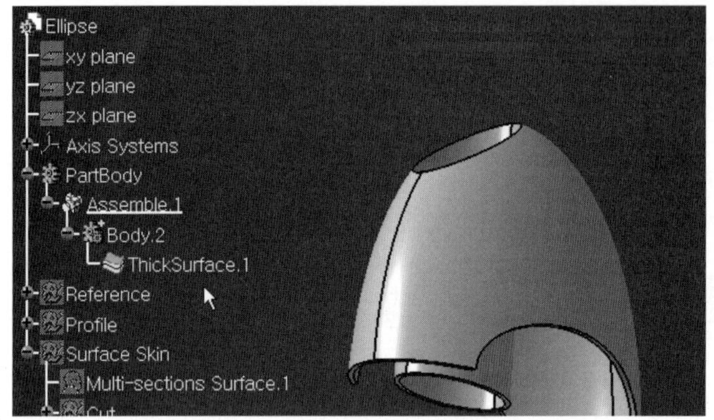

2. 모델링 실습 CASE 2

2.1 모델링 실습 개요

해당 도면은 다음과 같다.

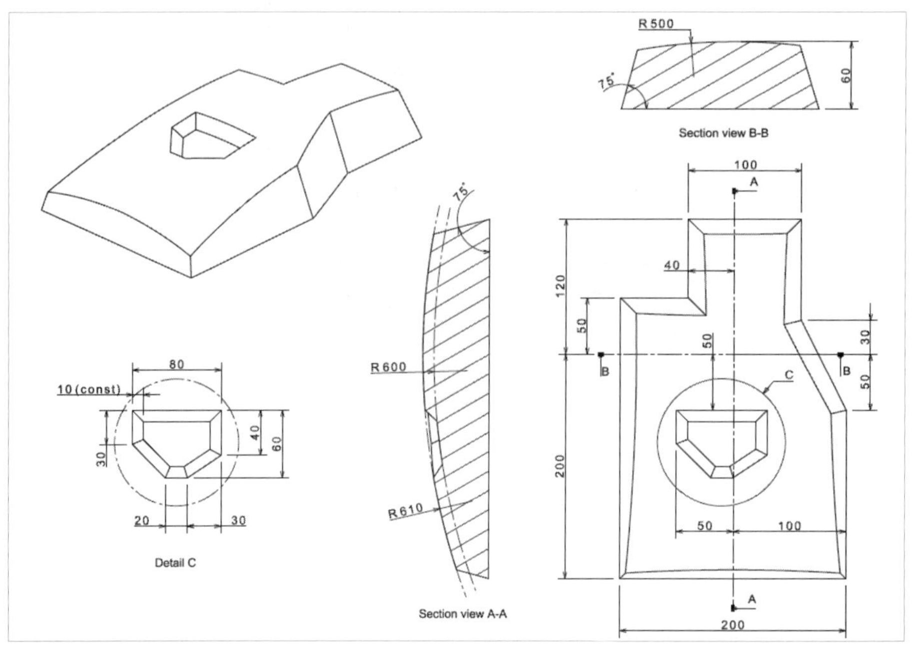

도면을 살펴보면 이 모델링도 곡면으로 이루어진 형태이다. Surface로 해당 부품을 모델링을 하면 될 것이다. 특히, CATIA에서 기능이 까다로운 Sweep을 적용한 예제인 만큼 따라하기를 충분히 숙지하면 실전에서 모델링을 할 때 많은 도움이 될 것이다.

 모델링 실습 따라하기

완성된 모델링 형상을 살펴보면 그림과 같다.

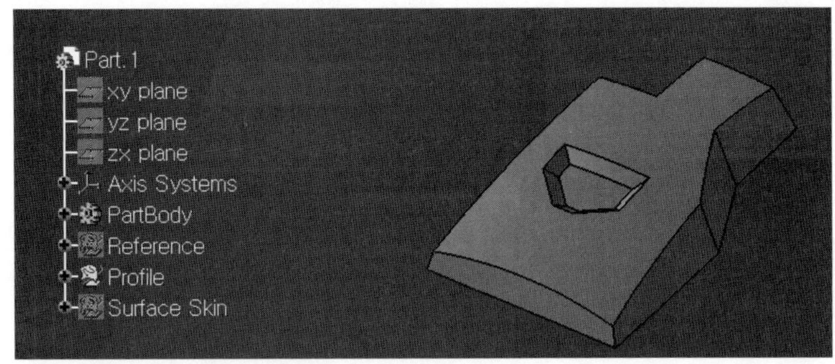

• 메뉴 바 File 탭에서 New from을 클릭한다.

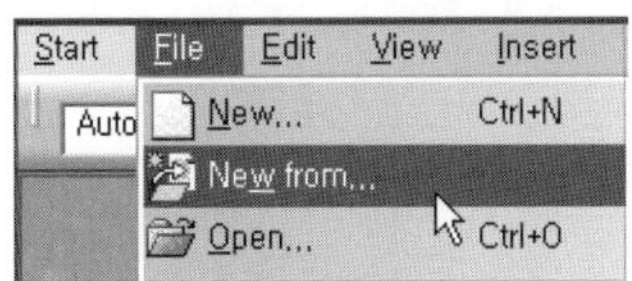

• 새로운 파트 이름을 Part.1로 입력한다.

• Profile, Surface Skin이란 이름의 Geometrical Set을 각각 만든다.

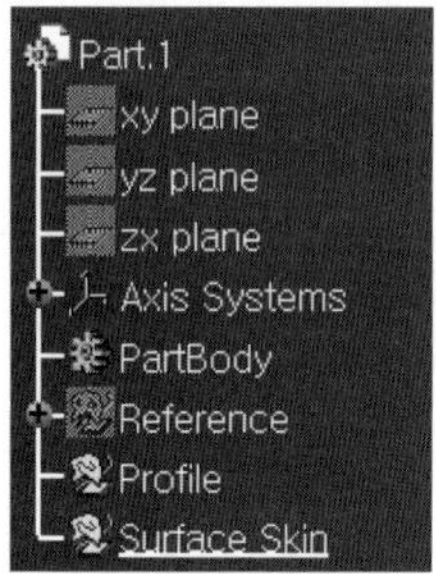

• Profile Geometrical Set에 Sketch-ZX를 복사해 넣고 스케치 모드로 들어간다.

다음 그림처럼 중심점이 V-Direction에 일치하는 Arc( )를 그리고 양 끝점을 V-Direction을 기준으로 대칭 구속한다.

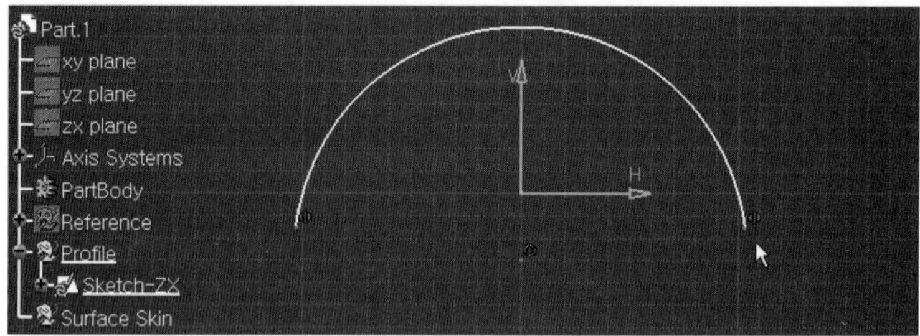

• 원호의 끝점과 H-Direction 사이의 거리 값을 10mm로 입력한다.

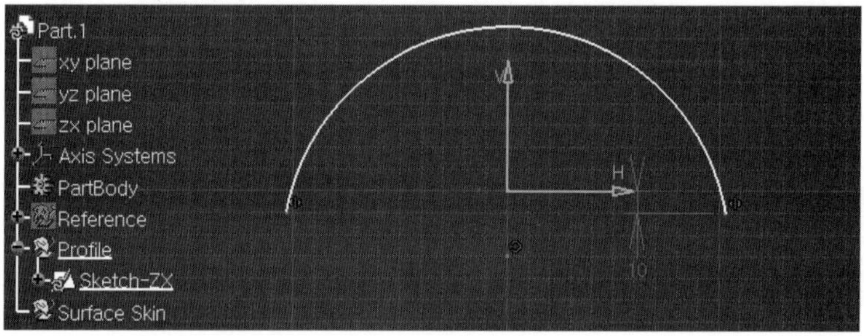

• H-Direction과 원호와의 거리 값은 60mm로 입력한다.

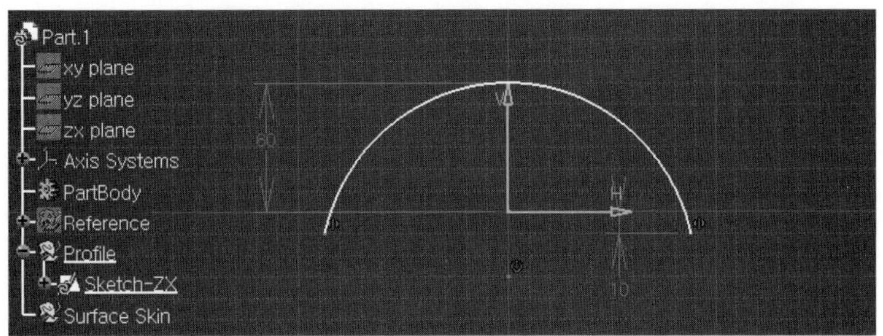

• 원호의 R 값은 610mm로 입력한다.

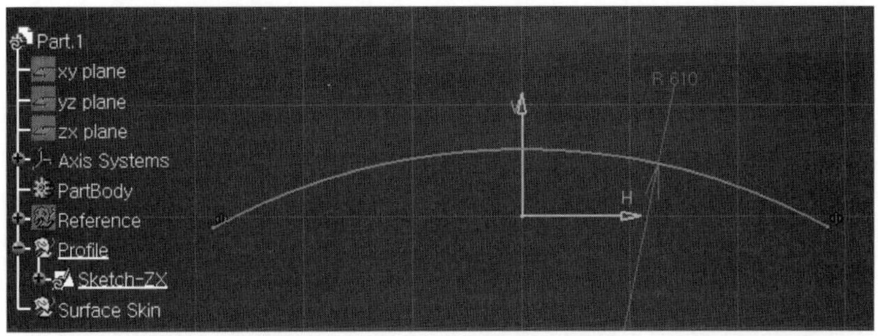

• 원호를 아래쪽으로 10mm Offset(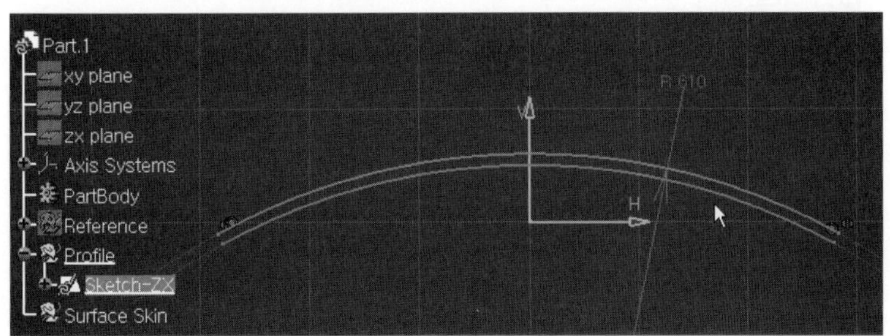)한다.

• 두 원호를 Output Feature(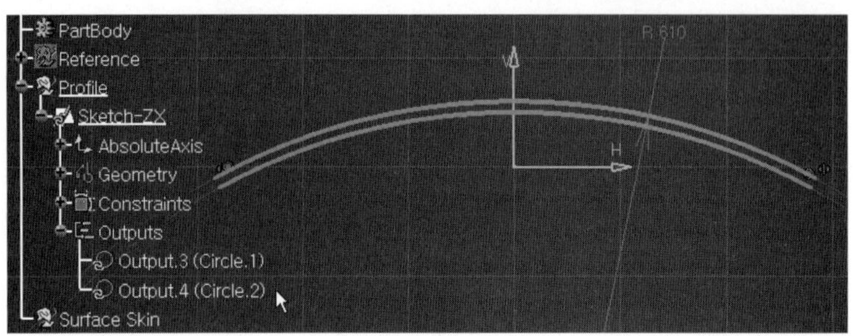)로 추출한다. 스케치를 빠져나간다.

• Profile Geometrical Set에 Sketch-YZ를 복사해 넣고 스케치 모드로 들어간다.

다음 그림처럼 이전 스케치의 바깥쪽 원호를 클릭하고 Intersect 3D Elements(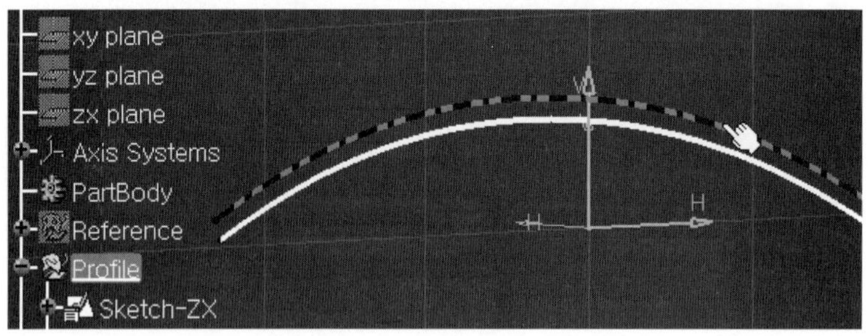)를 클릭하여 스케치 면에 투영시킨다.

• 다음 그림처럼 중심점이 V-Direction에 일치하는 원호를 그리고 원호의 양 끝점을 V-Direction을 기준으로 대칭 구속한다.

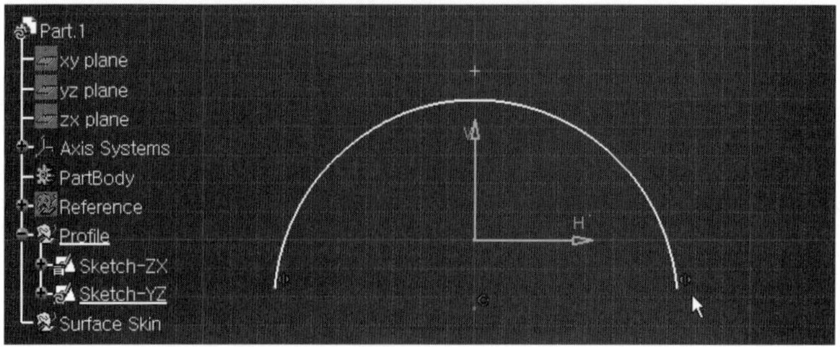

• H-Direction과 원호의 끝점 사이의 거리 값을 10mm로 입력한다.

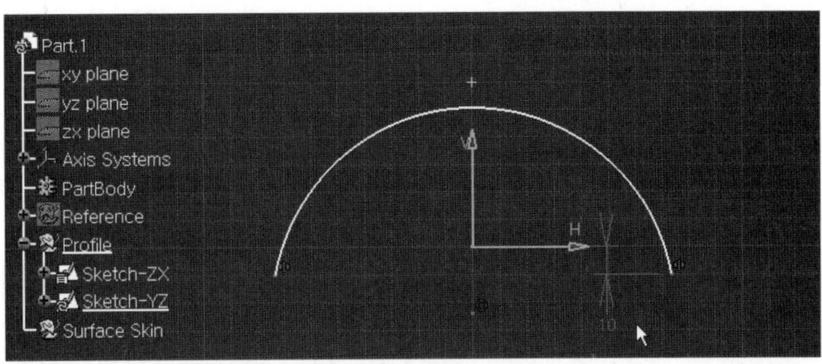

• 원호를 투영한 포인트와 Coincidence시킨다.

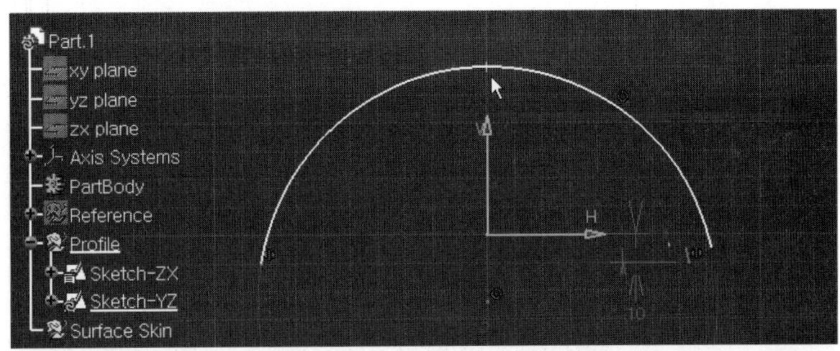

• 원호의 R 값을 500mm로 입력한다. 스케치를 빠져나간다.

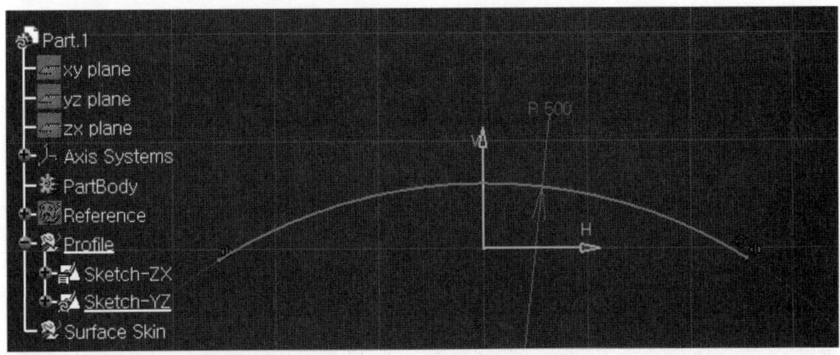

•Profile Geometrical Set에 Sketch-XY를 복사해 넣고 스케치 모드로 들어간다.
다음 그림처럼 대략적인 형상을 스케치한다.

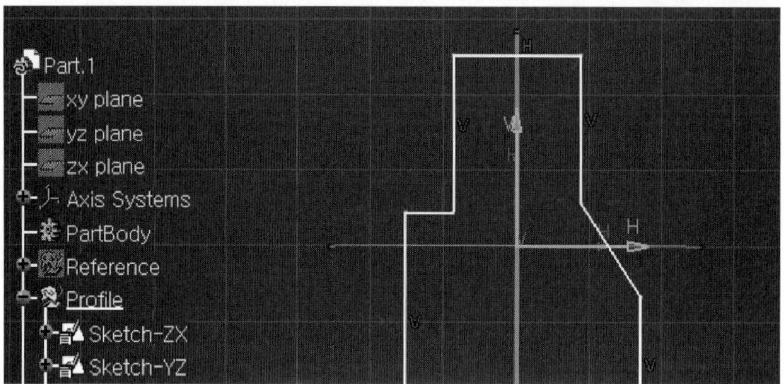

•H-Direction과 아래쪽 수평선 사이의 거리 값을 200mm로 입력한다.

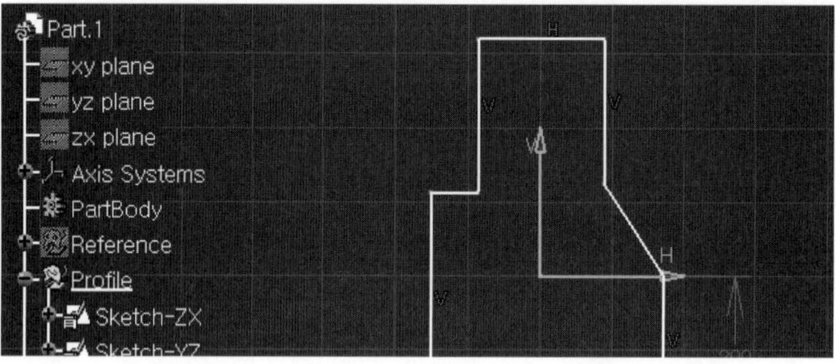

•가운데 수평선과 H-Direction 사이의 거리 값을 50mm로 입력한다.

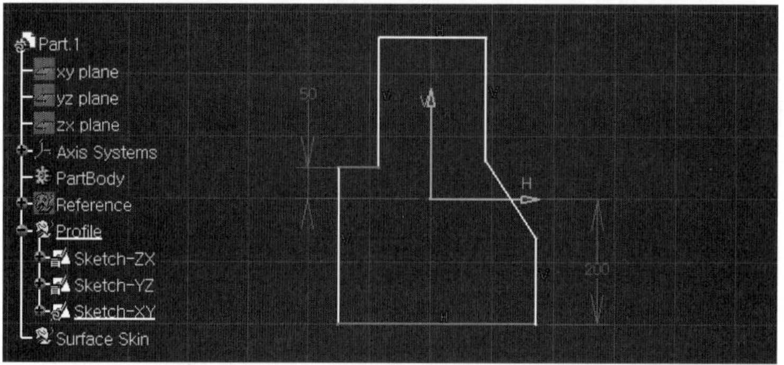

• 1번 포인트와 H-Direction 사이의 거리 값을 30mm로 입력한다.

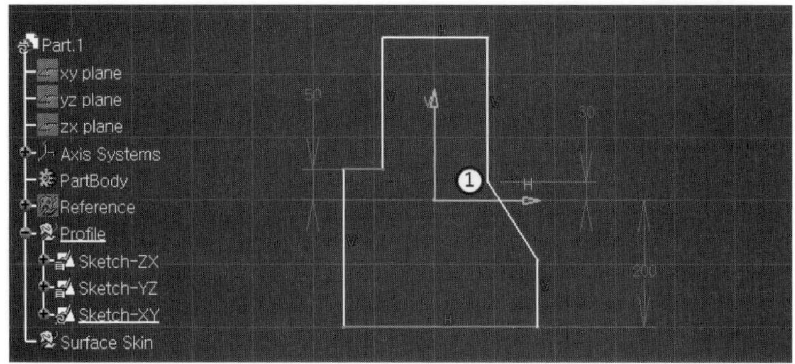

• 2번 포인트와 H-Direction 사이의 거리 값을 50mm로 입력한다.

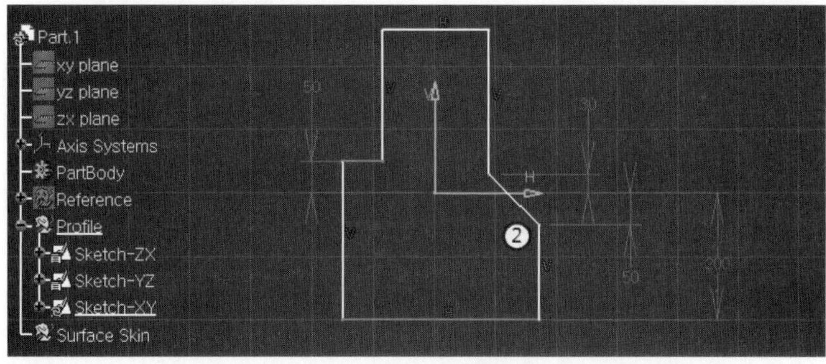

• 위쪽 수평선과 H-Direction 사이의 거리 값을 120mm로 입력한다.

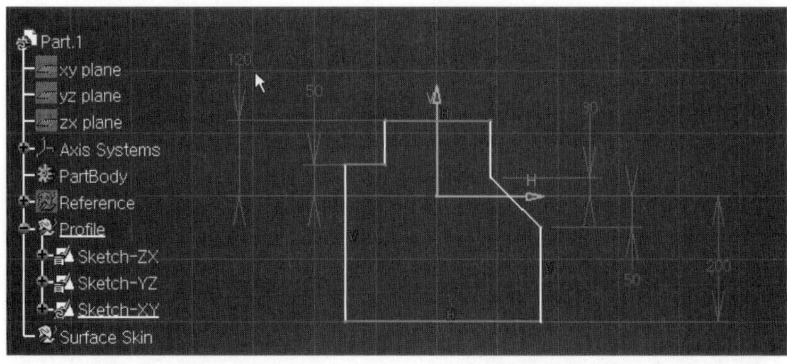

• 1번 수직선과 V-Direction 사이의 거리 값을 40mm로 입력한다.

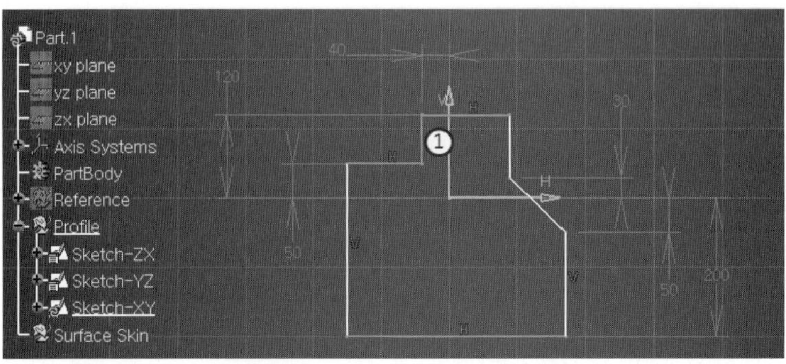

• 가운데 두 수직선 사이의 거리 값을 100mm로 입력한다.

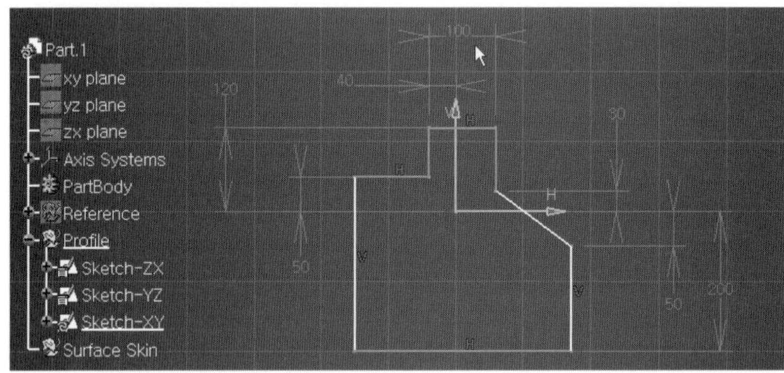

• V-Direction과 오른쪽 수직선 사이의 거리 값을 100mm로 입력한다.

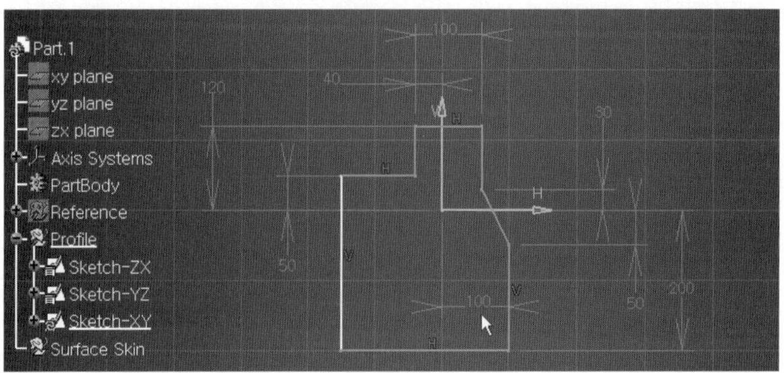

• 아래쪽 수평선의 길이 값을 200mm로 입력한다. 스케치를 빠져나간다.

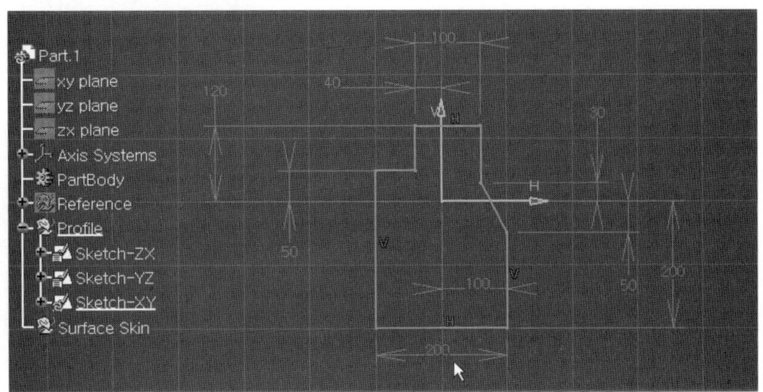

• 스케치 이름을 Sketch-1로 변경하고 Profile Geometrical Set에 Sketch-XY를 복사해 넣는다.
  스케치 모드로 들어가 다음 그림처럼 대략의 형상을 스케치한다.

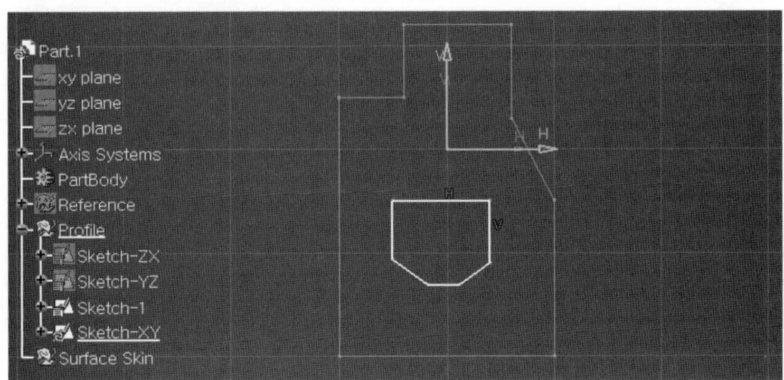

• H-Direction과 위쪽 수평선 사이의 거리 값을 50mm로 입력한다.

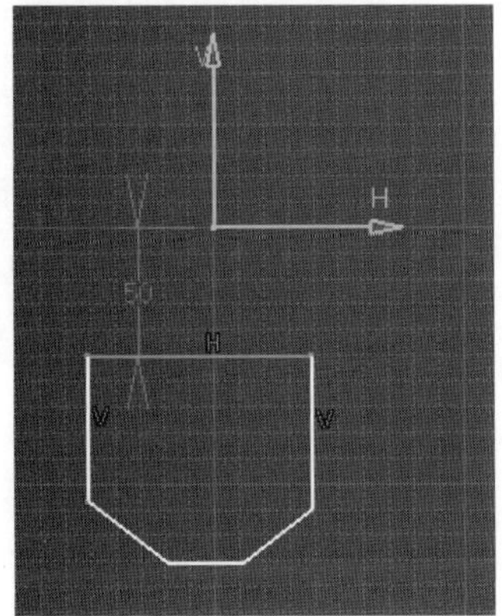

- V-Direction과 왼쪽 수직선 사이의 거리 값을 50mm
  로 입력한다.

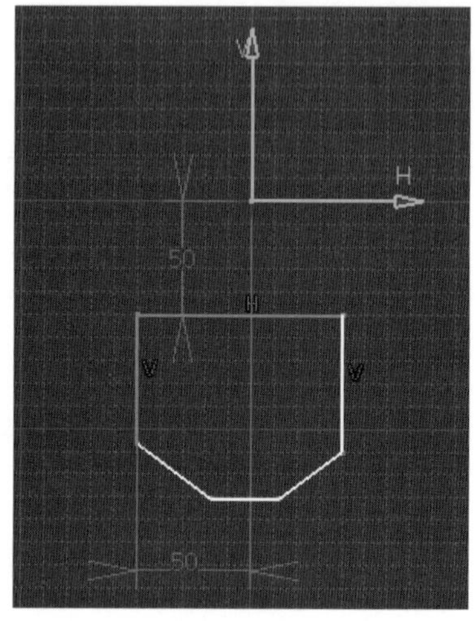

- 두 수직선 사이의 거리 값을 80mm로 입력한다.

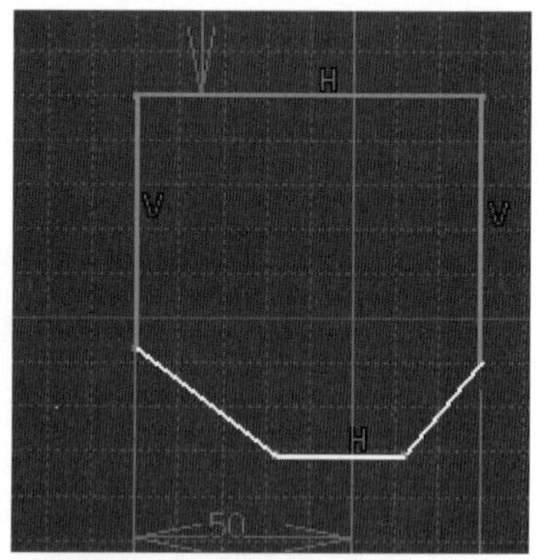

- 왼쪽 수직선의 길이 값을 30mm, 오른쪽 수직선의
  길이 값을 40mm로 입력한다.

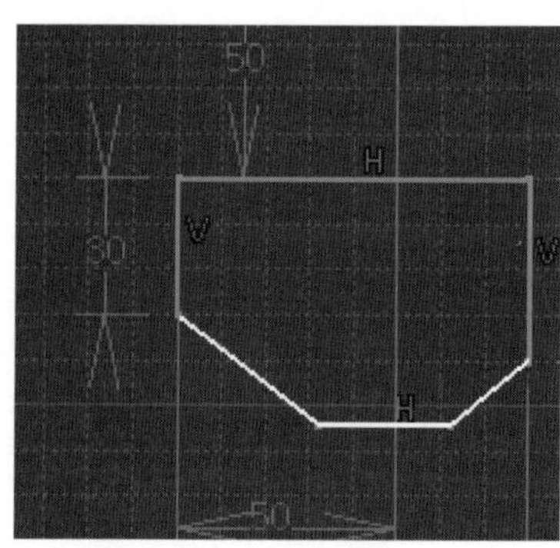

• 두 수평선 사이의 거리 값을 60mm로 입력한다.

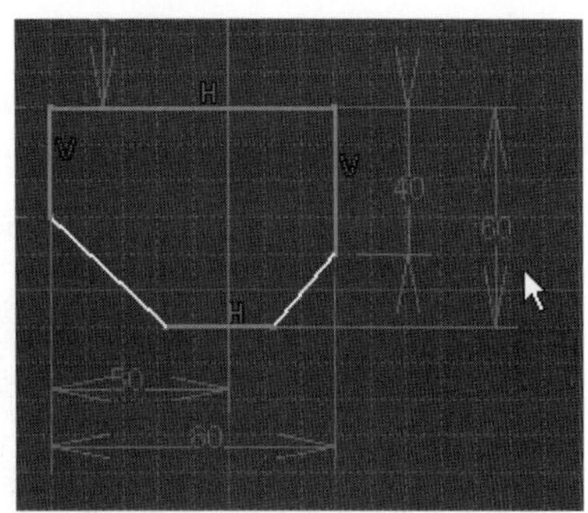

• 아래쪽 수평선의 길이 값을 20mm로 입력한다.

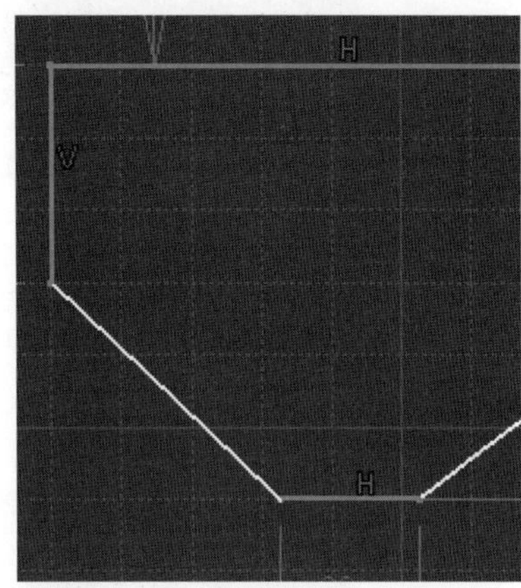

• 아래쪽 수평선의 오른쪽 끝점과 오른쪽 수직선 사이
의 거리 값을 30mm로 입력한다.
스케치를 빠져나간다.

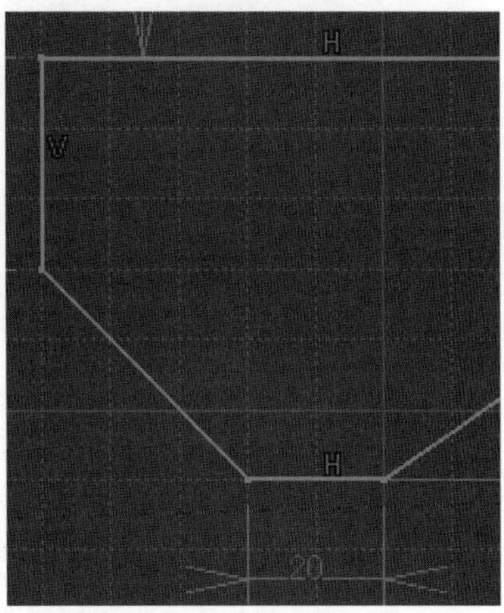

• 스케치 이름을 Sketch-2로 변경하고, Profile Geometrical Set에 Sketch-XY를 복사해 넣는다.
스케치 모드로 들어가 다음 그림처럼 Sketch-2를 한번에 선택하여 스케치 면에 투영시킨다.

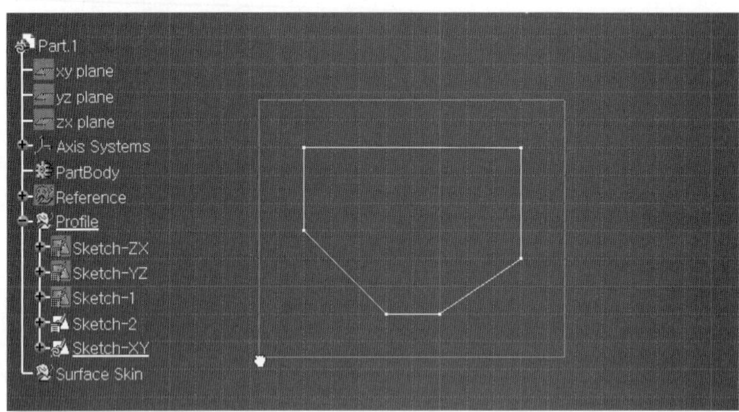

• 투영한 요소를 안쪽으로 10mm Offset하고 바깥쪽 요소를 참조요소로 전환한다. 스케치를 빠져
나간다.

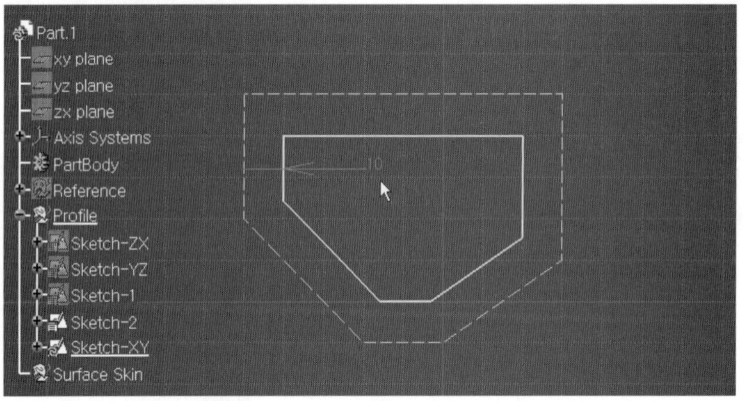

• 스케치 이름을 Sketch-3으로 변경한다. Surface Skin Geometrical Set을 Work Object 로 설정
한다.

workbench( ) 아이콘을 클릭한다. Generative Shape Design( ) 아이콘을 클릭한다.

Sweep( ) 아이콘을 클릭한다. Profile type은 Explicit로 한다. Subtype은 With reference
surface로 하고, Profile은 Output.3을 클릭한다. Guide curve는 Sketch-YZ를 클릭한다.

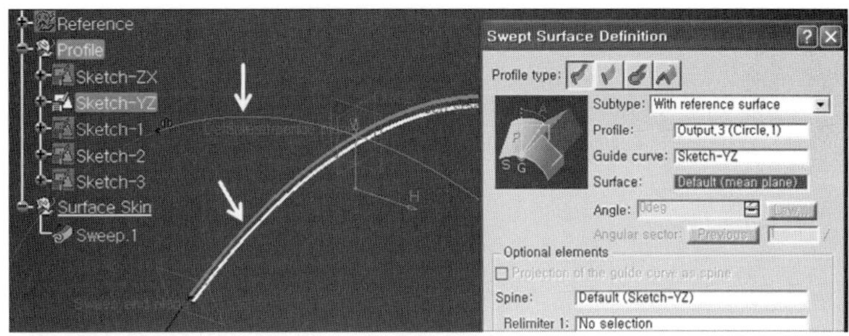

- Sweep(   ) 아이콘을 클릭한다. Profile type은 Explicit로 한다. Subtype은 With reference surface로 하고, Profile은 Output.4을 클릭한다. Guide curve는 Sketch-YZ를 클릭한다.

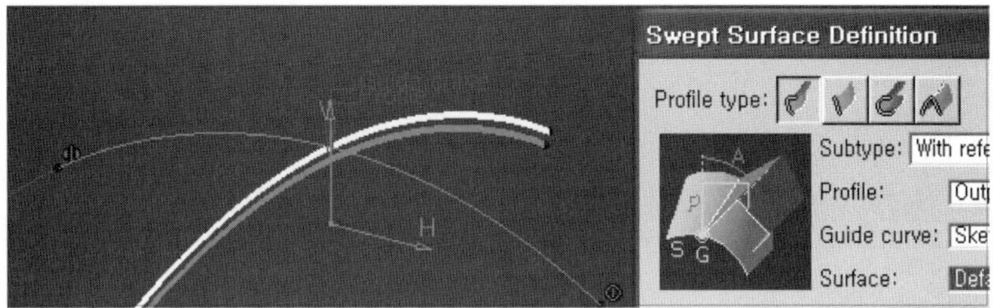

- Sweep(   ) 아이콘을 클릭한다. Profile type은 Line으로 한다. Subtype은 With draft direction 으로 하고, Guide curve 1은 Sketch-1을 클릭한다. draft direction은 XY Plane을 클릭한다. Angle은 15deg로 입력한다. Angular sector는 3번으로 한다. Length type 1은 Standard로 두고 Length 1은 100mm로 입력한다.

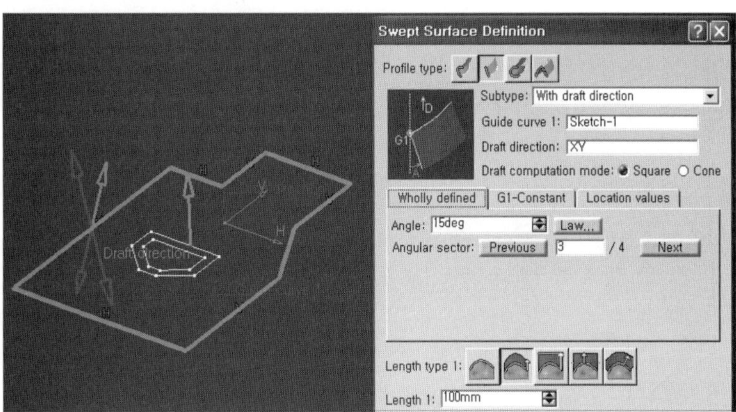

• 생성된 형상을 확인한다.

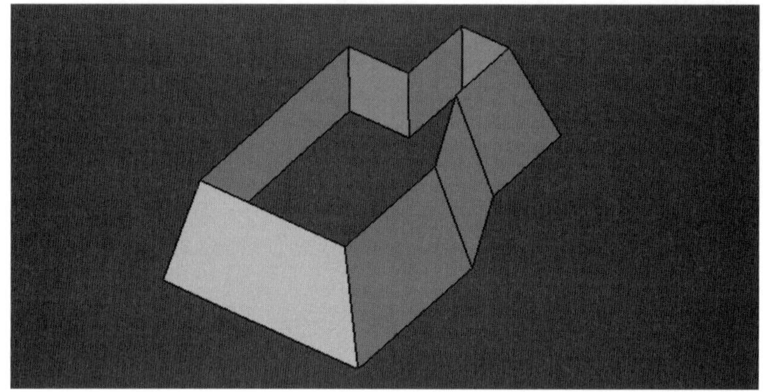

• Profile Geometrical Set을 Work Object로 설정한다.

Projection(⛐) 아이콘을 클릭한다. Projection type은 Normal로 한다.
Projected는 Sketch-2를 클릭한다. Support는 Sweep.1을 클릭한다.

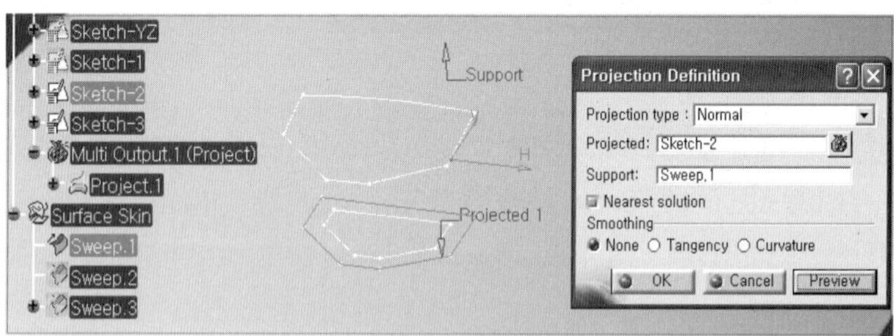

• Projection(⛐) 아이콘을 클릭한다. Projection type은 Normal로 한다.
Projected는 Sketch-3을 클릭한다. Support는 Sweep.2를 클릭한다.

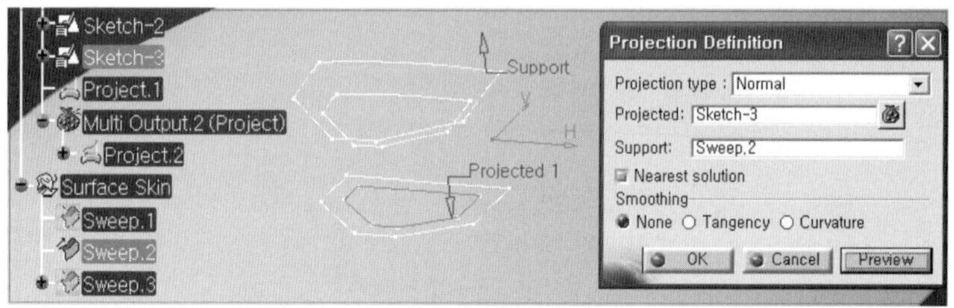

• Surface Skin Geometrical Set을 Work Object로 설정한다.

Multi-Sections Surface( ) 아이콘을 클릭한다.

다음 그림처럼 Section에 Project.1, Project.2를 클릭한다.

Closing Point를 다음 그림처럼 같은 위치로 맞춰준다.

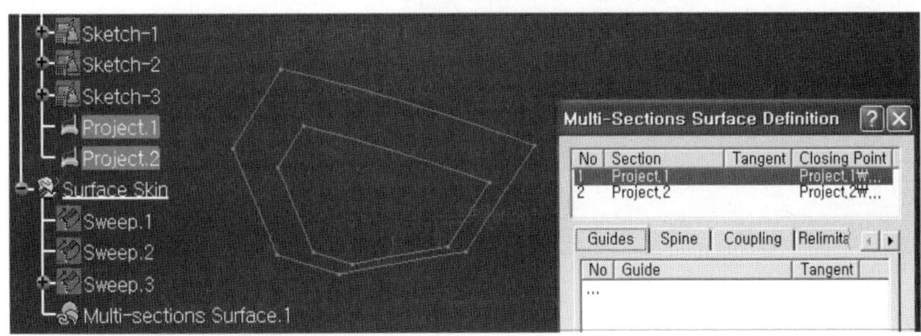

• Preview를 클릭해보자. 다음 그림처럼 연결된 서피스에 줄이 가 있고 깔끔한 형상이 나오지 않는다. Coupling 탭을 클릭한다.

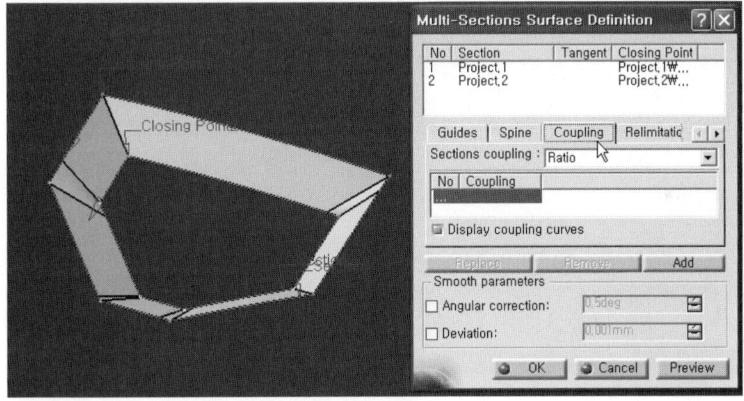

• 다음 그림처럼 연결될 포인트를 클릭한다. Coupling에 Coupling1이 등록된다.

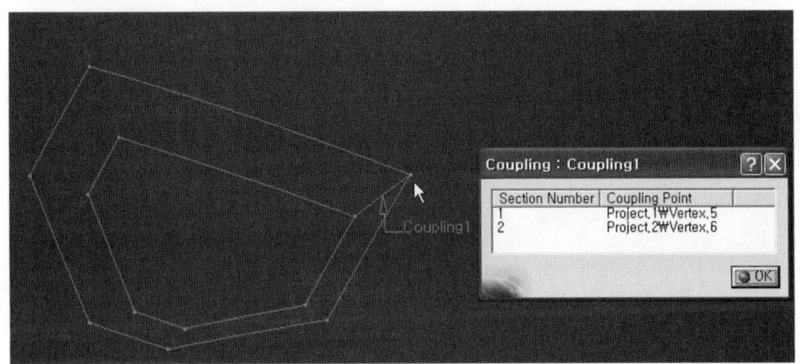

• 다음 그림처럼 나머지 포인트도 Coupling으로 각각 연결한다.

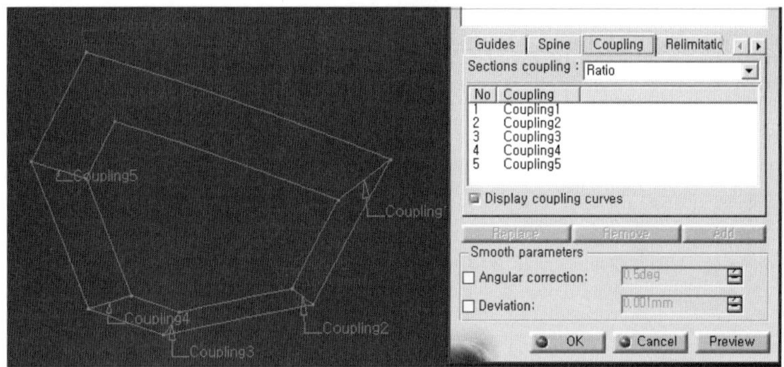

• Trim( ) 아이콘을 클릭한다. Trimmed elements는 Multi-Sections Surface.1과 Sweep.2를 클릭한다.

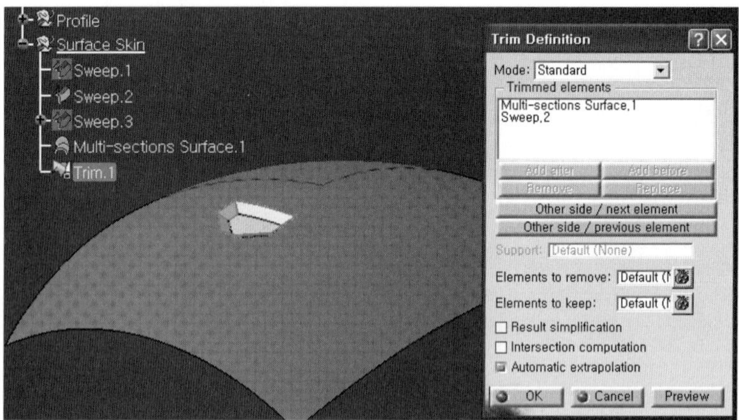

• 생성된 형상을 확인한다.

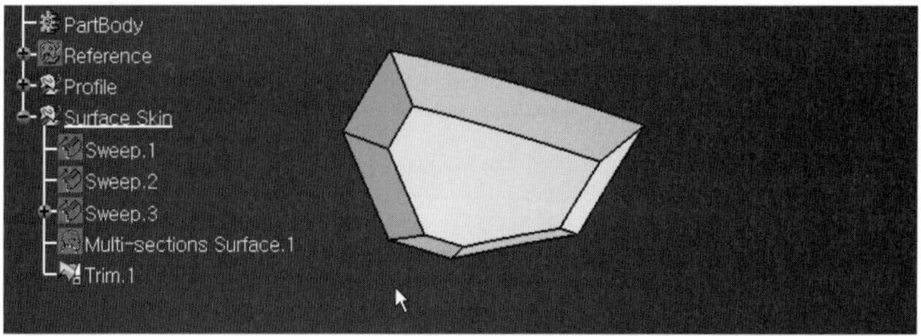

• Trim(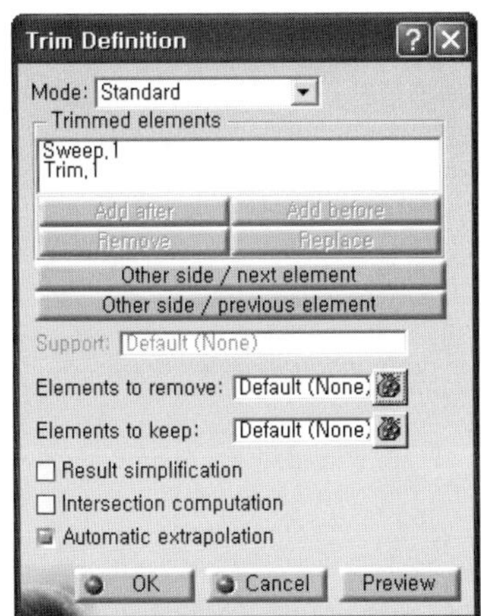) 아이콘을 클릭한다.

Trimmed elements는 Sweep.1과 Trim.1을 클릭한다.

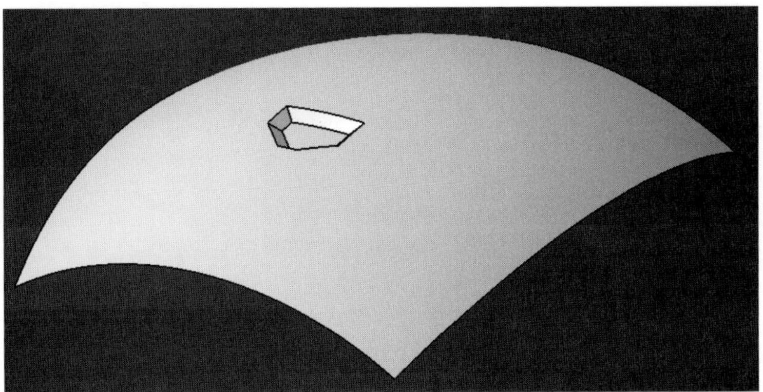

• 생성된 형상을 확인한다.

• Trim(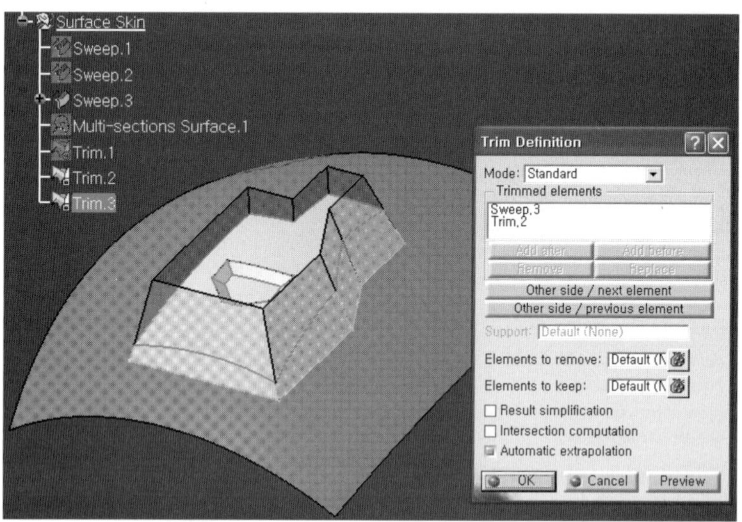) 아이콘을 클릭한다. Trimmed elements는 Sweep.3과 Trim.2를 클릭한다.

• Fill( ) 아이콘을 클릭한다. Boundary에 Sketch-1을 클릭한다.

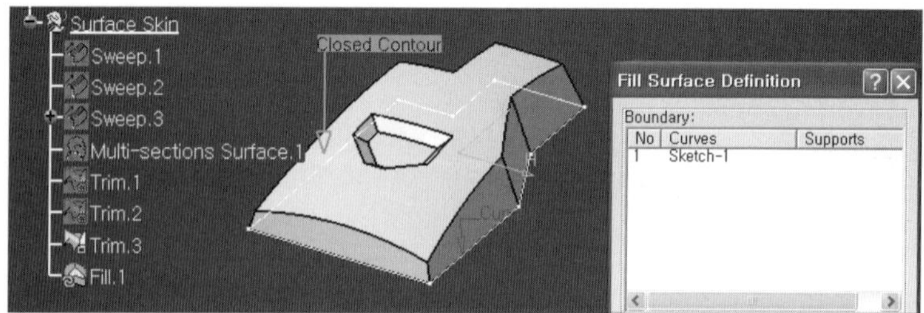

• Join( ) 아이콘을 클릭한다. Elements To Join에 Trim.3과 Fill.1을 클릭한다.

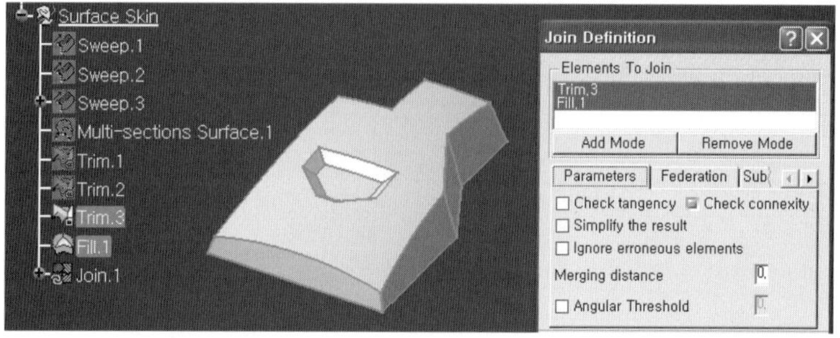

• Workbench( ) 아이콘을 클릭, Part Design Workbench( ) 를 클릭한다.

Body( ) 아이콘을 클릭 Body를 추가하고 Close Surface( ) 를 클릭한다. Object는 Join.1
을 클릭한다.

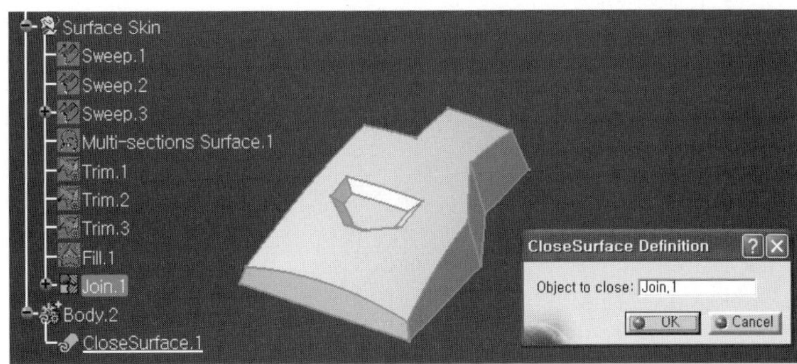

• Body.2를 PartBody에 Assemble한다. 파트가 완성되었다. 파일을 저장한다.

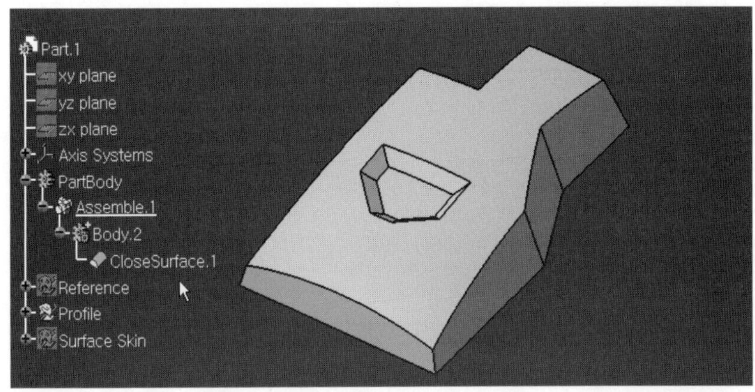

해당 도면은 다음과 같다.

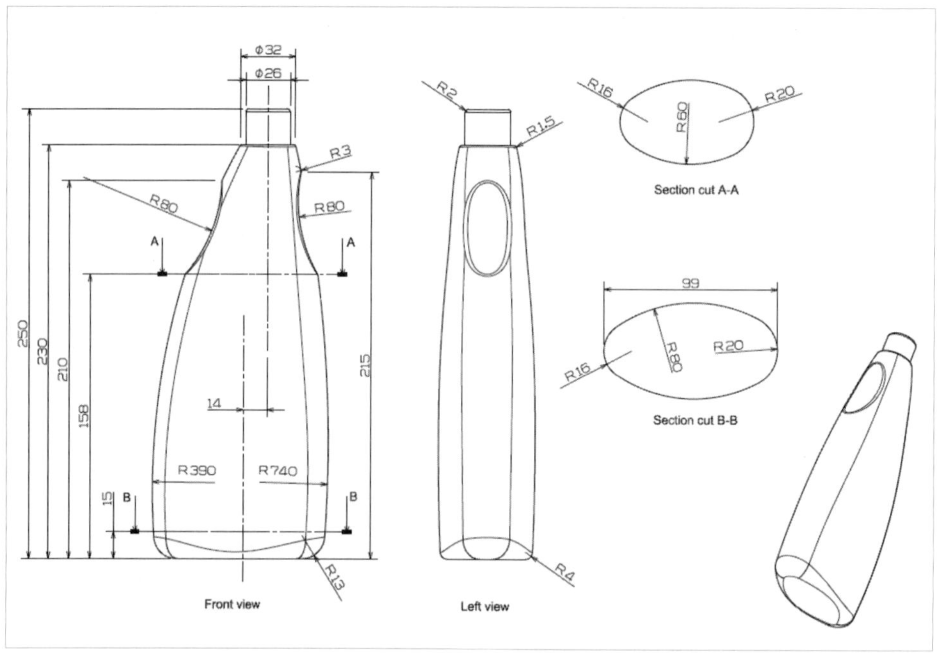

아래는 완성된 모델링 결과값이다.

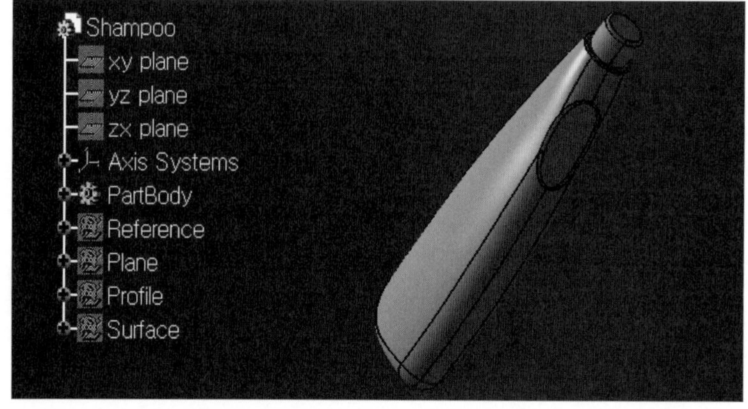

- 메뉴 바 File 탭에서 New from을 클릭한다.

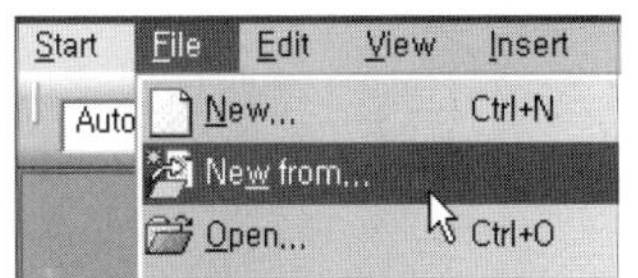

- 새로운 파트 이름을 Shampoo로 입력한다.

- Plane, Profile, Surface란 이름의 Geometrical Set을 각각 만든다.

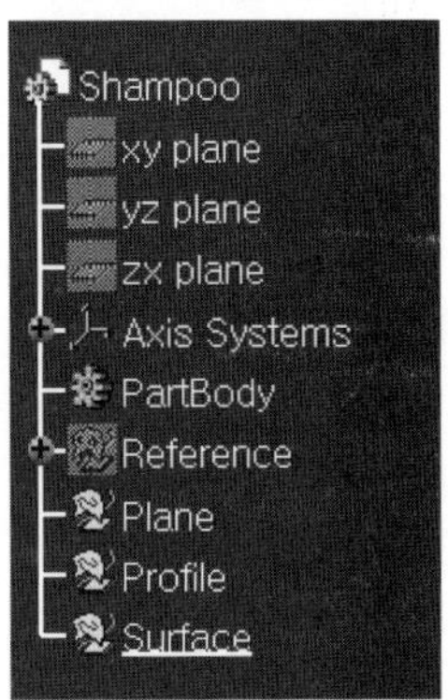

- Plane Geometrical Set을 Work Object로 설정한다.

  Plane(⬦) 아이콘을 클릭하고, Plane type은 Offset from plane을 선택한다.
  Reference는 XY Plane을 클릭한다. Offset 값은 15mm로 입력한다.
  방향은 다음 그림과 같이 위쪽으로 한다.

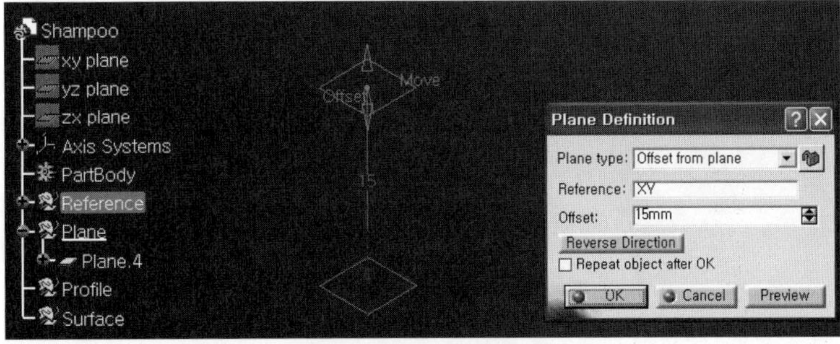

• Plane(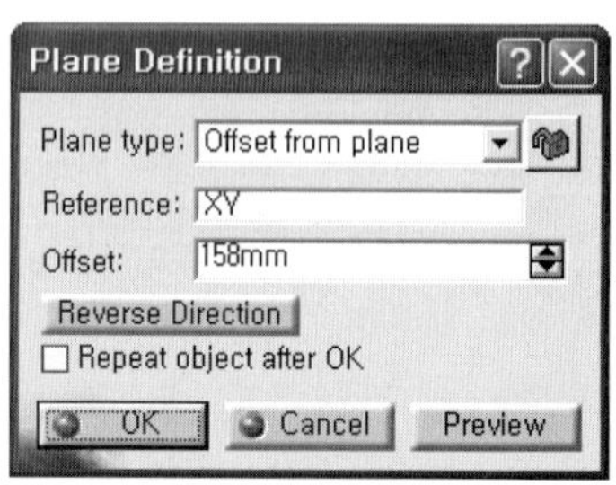) 아이콘을 클릭한다.

  Reference는 XY Plane을 클릭한다.

  Offset 값은 158mm로 입력한다.

  방향은 위쪽으로 한다.

• Plane( ) 아이콘을 클릭한다.

  Reference는 XY Plane을 클릭한다.

  Offset 값은 230mm로 입력한다.

  방향은 위쪽으로 한다.

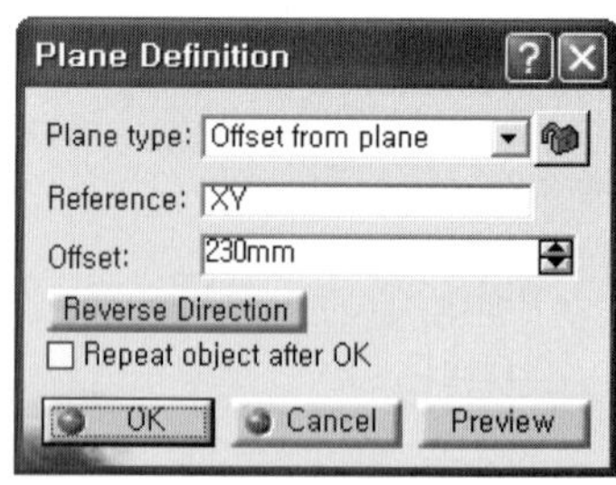

• Plane( ) 아이콘을 클릭한다.

  Reference는 XY Plane을 클릭한다.

  Offset 값은 250mm로 입력한다.

  방향은 위쪽으로 한다.

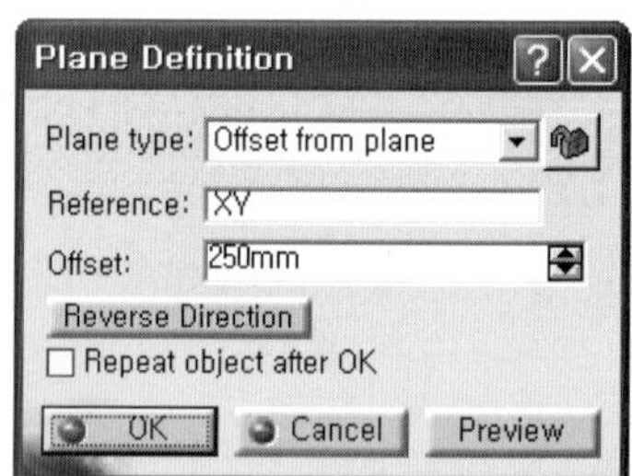

• Profile Geometrical Set에 Sketch-XY를 복사해 넣는다.

  스케치 면을 Plane.7로 변경하고 스케치 모드로 들어간다.

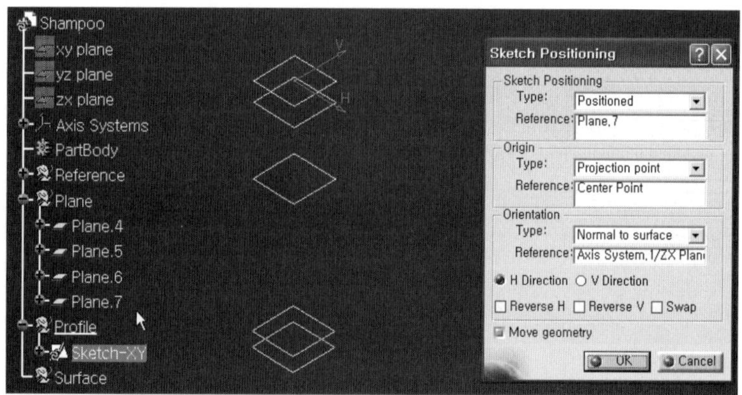

• 중심점이 스케치 중심에 일치하는 원을 그리고, 지름 값을 26mm로 입력한다.
  스케치를 빠져나간다.

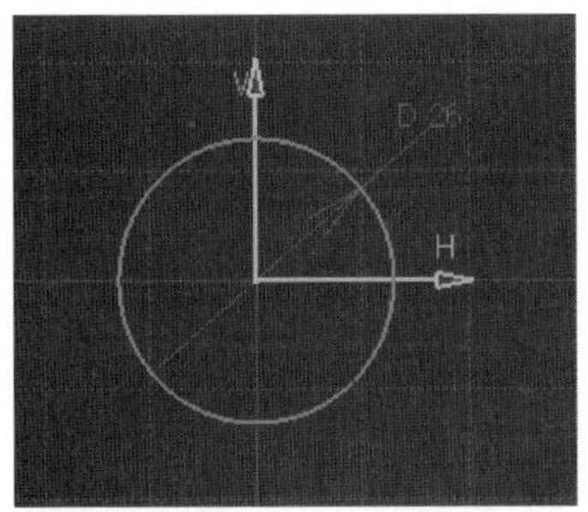

• 스케치 이름을 Sketch-1로 변경하고 Profile Geometrical Set에 Sketch-XY를 복사해 넣는다.
  스케치 면을 Plane.6으로 변경하고 스케치 모드로 들어간다.

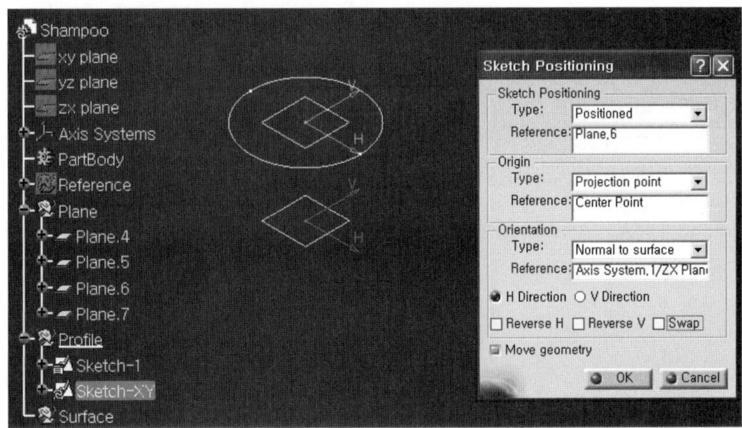

• 중심점이 스케치 중심에 일치하는 원을 그리고, 지름 값을 32mm로 입력한다.
  스케치 중심을 지나는 사선을 두 개 긋는다.

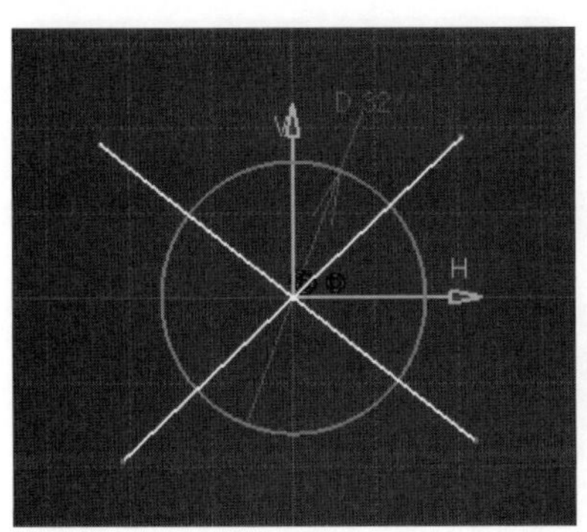

• 두 사선을 직각 구속하고 V-Direction과 한 사선의 각도 값을 45deg로 입력한다.

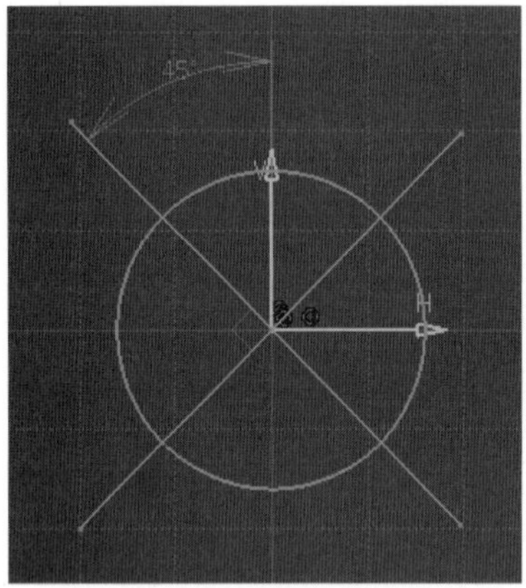

• 사선과 원 사이의 교차점을 만든다.

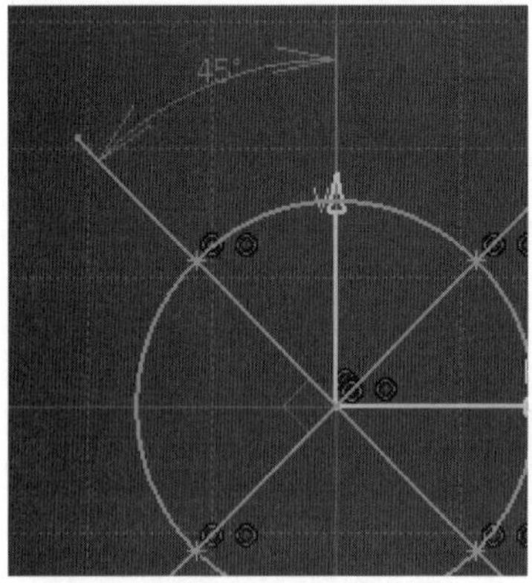

• 4개의 교차점과 원을 Output Feature로 추출한다. 사선을 참조요소로 전환하고 스케치를 빠져나
간다.

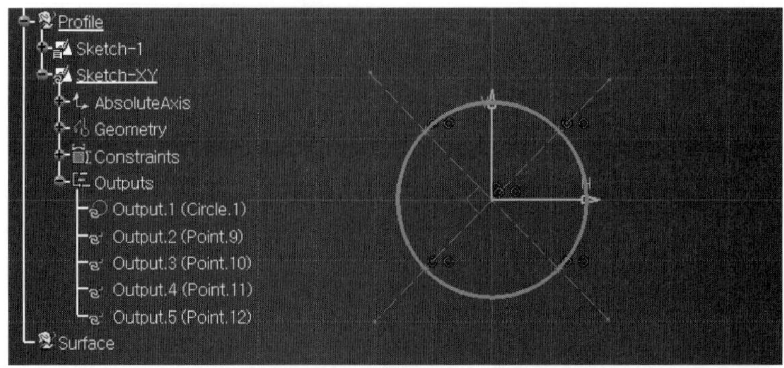

• Profile Geometrical Set에 Sketch-XY를 복사해 넣는다.
  스케치 면을 Plane.4으로 변경하고 스케치 모드로 들어간다.

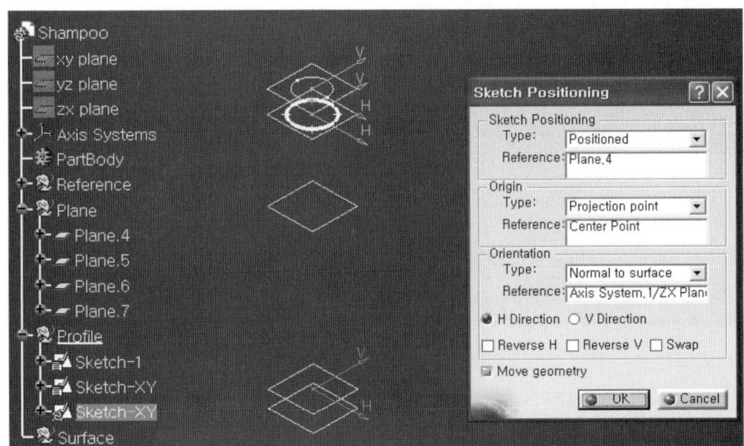

• 다음 그림처럼 수직선을 하나 긋고 V-Direction과의 거리 값을 14mm로 입력한다.

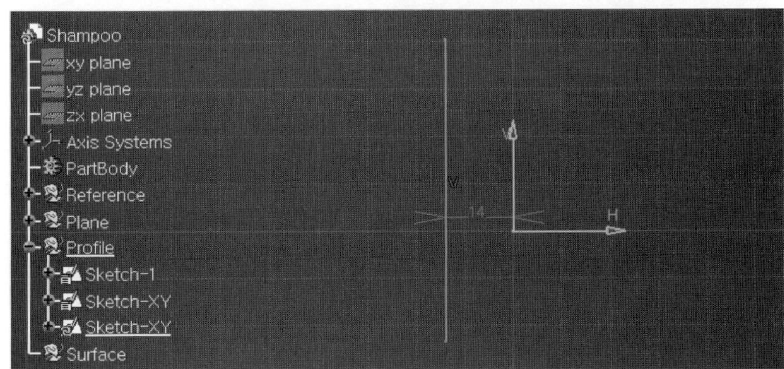

• 수직선에 중심점이 일치하는 원호를 만들고 R 값을 80mm로 입력한다.

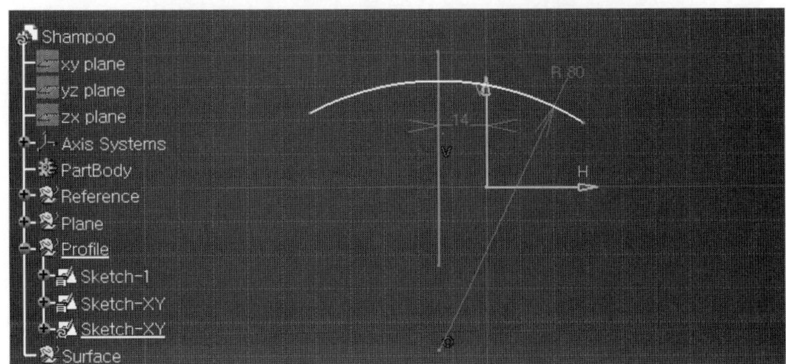

• H-Direction을 기준으로 원호를 Mirror시킨다.

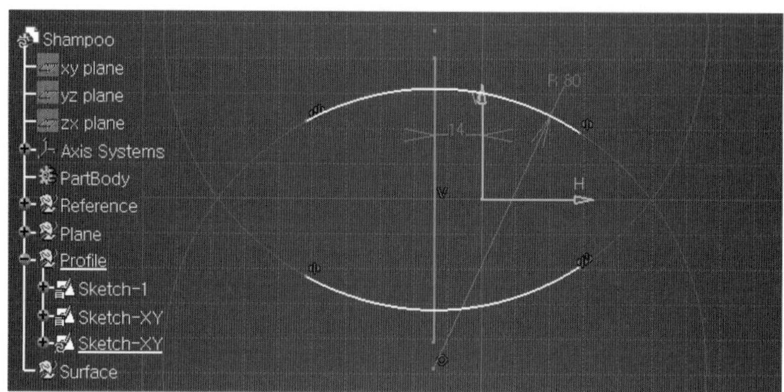

• 다음 그림처럼 Corner(⌐) 아이콘을 클릭하고 두 원호를 클릭하여 두 원호에 Tangent한 원호
를 만든다.
R 값은 16mm로 입력한다.

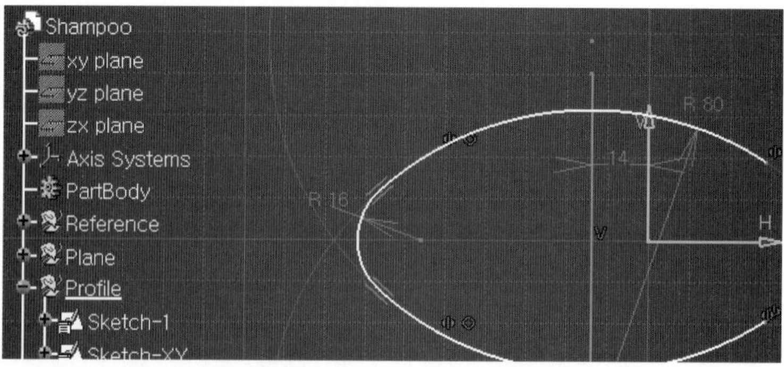

• 반대쪽에도 같은 방법으로 원호를 만든다. R 값은 20mm로 입력한다.

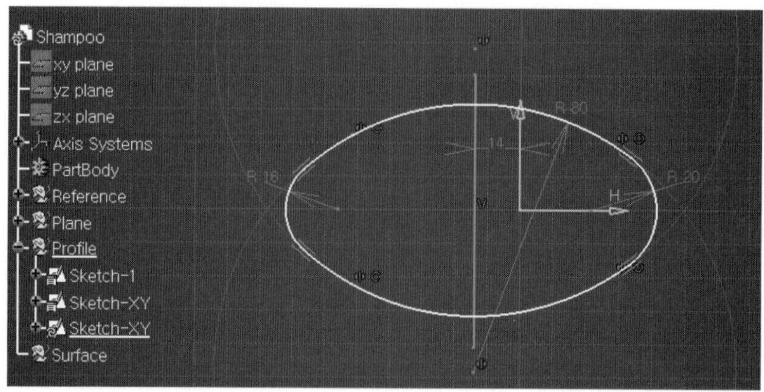

• 왼쪽 원호에서 오른쪽 원호까지 거리 값을 99mm로 입력한다. 수직선을 참조요소로 전환한다. 스케치를 빠져나간다.

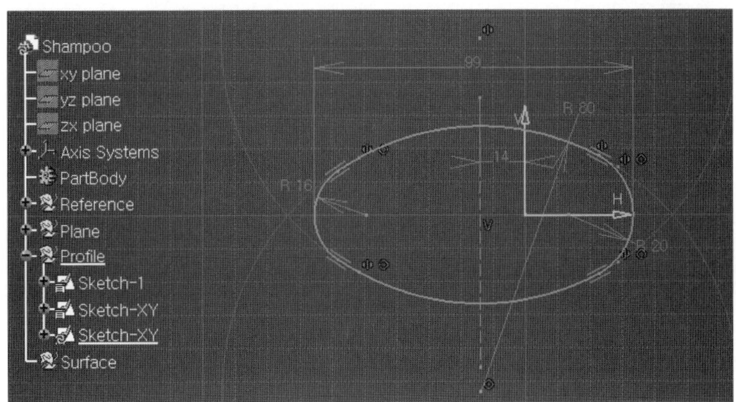

• 스케치 이름을 Sketch-2로 변경한다. Profile Geometrical Set에 Sketch-YZ를 복사해 넣고 스케치 모드로 들어간다. 다음 그림처럼 Intersect 3D Elements( )로 Sketch-2에서 두 포인트를 스케치 면에 투영시킨다.

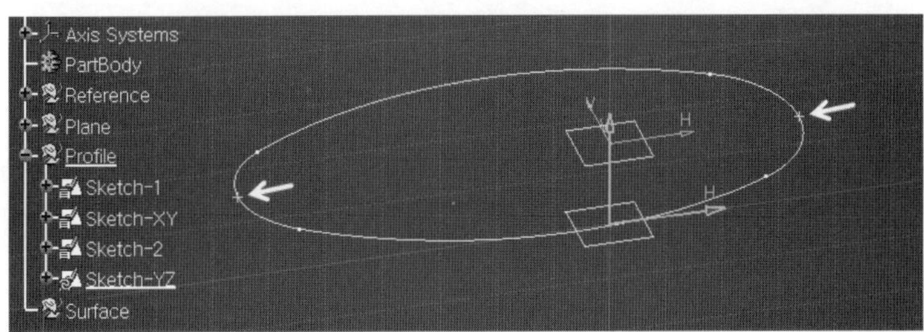

• 다음 그림처럼 원을 스케치 면에 투영시킨다.

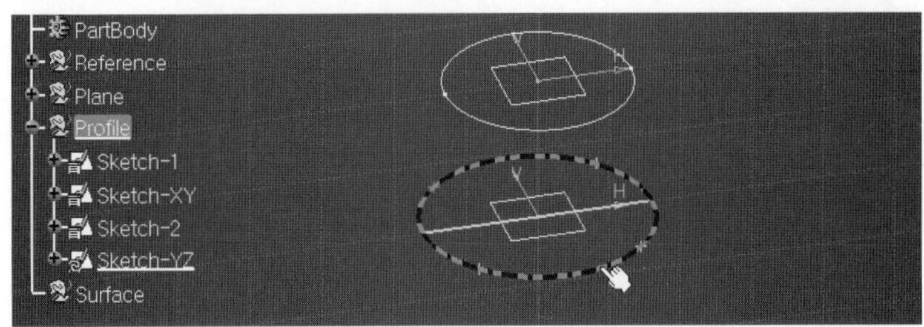

• 다음 그림처럼 투영한 요소에 끝점이 일치하는 원호를 만들고 R 값을 390mm로 입력한다.

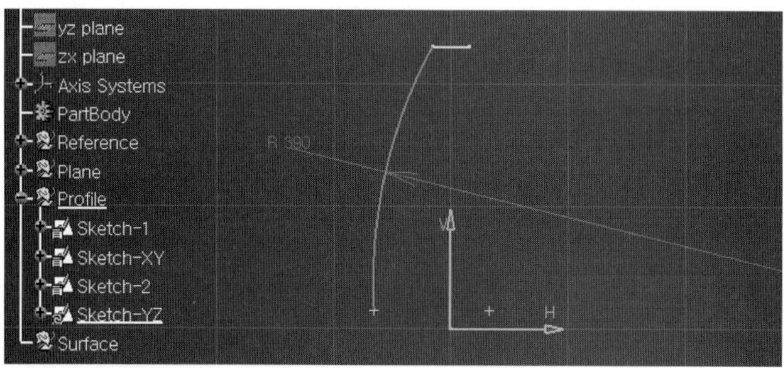

• 반대쪽에도 같은 방법으로 원호를 만들고 R 값을 740mm로 입력한다.

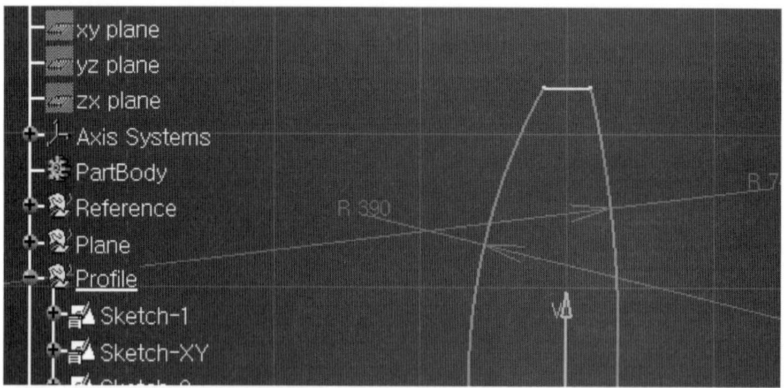

• 두 원호를 Output Feature로 추출하고 투영한 요소를 참조요소로 전환한다.

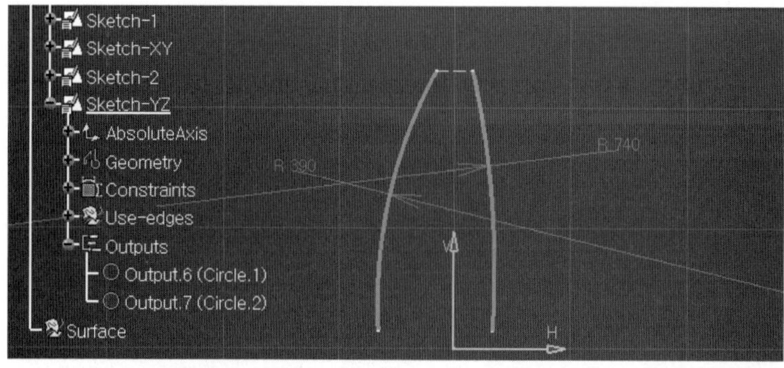

• 두 원호를 각각 H-Direction과 Trim한다. 스케치를 빠져나간다.

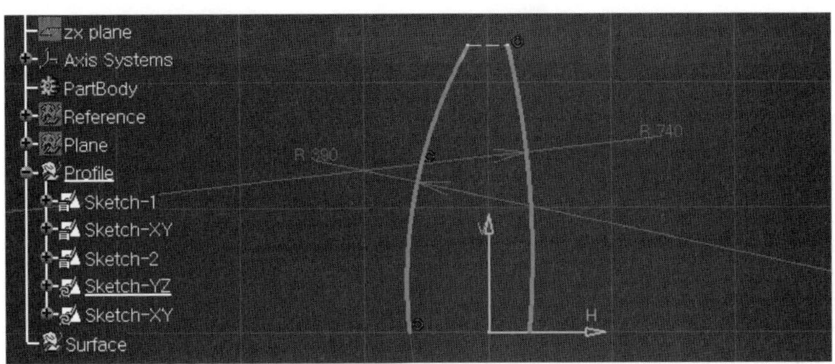

• Profile Geometrical Set에 Sketch-XY를 복사해 넣는다.
  스케치 면을 Plane.5로 변경하고 스케치 모드로 들어간다.

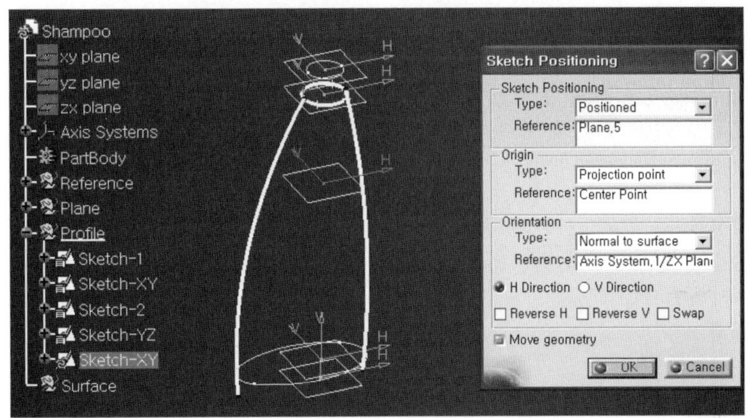

• 다음 그림처럼 두 원호와 스케치 면이 교차하는 포인트를 스케치 면에 투영시킨다.

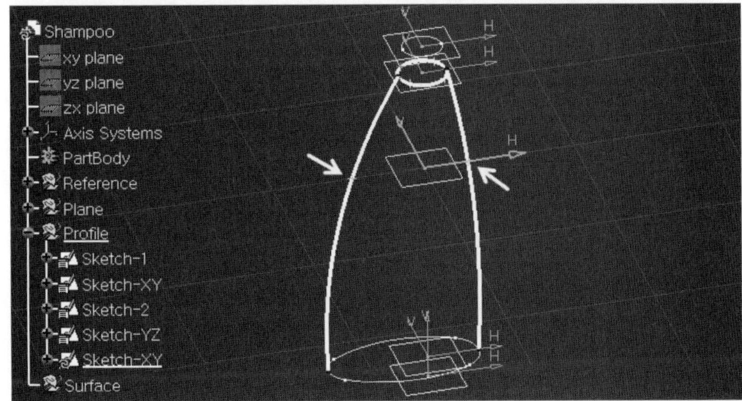

• 다음 그림처럼 H-Direction에 중심점이 일치하는 원호를 그리고 R 값을 각각 16mm, 20mm로
입력한다.

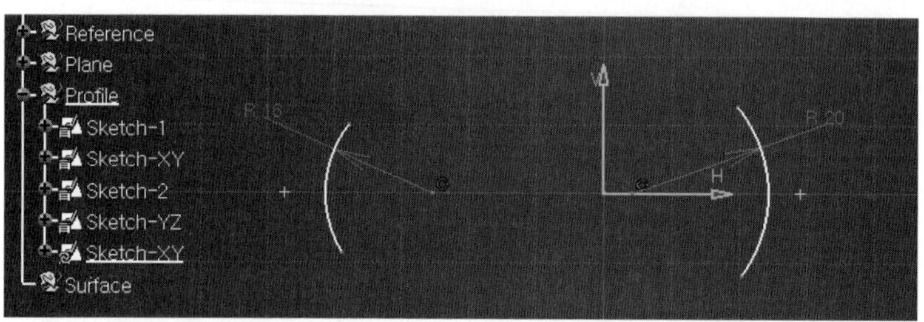

• 두 원호를 각각 투영한 포인트와 Coincidence시킨다.

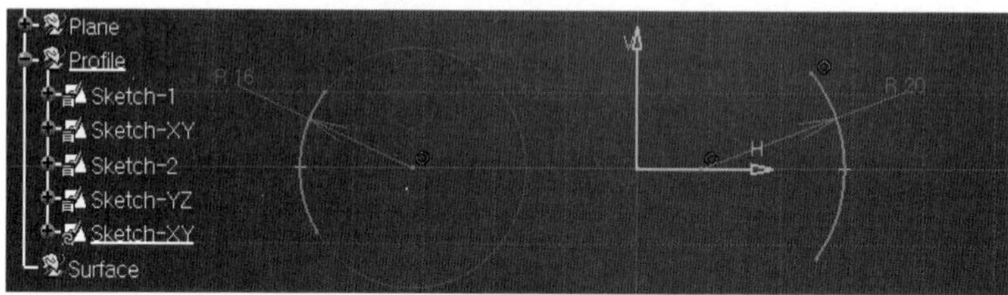

• 다음 그림처럼 두 원호에 Tangent한 원호를 만들고 R 값을 60mm로 입력한다.
투영한 요소를 참조요소로 전환하고 스케치를 빠져나간다.

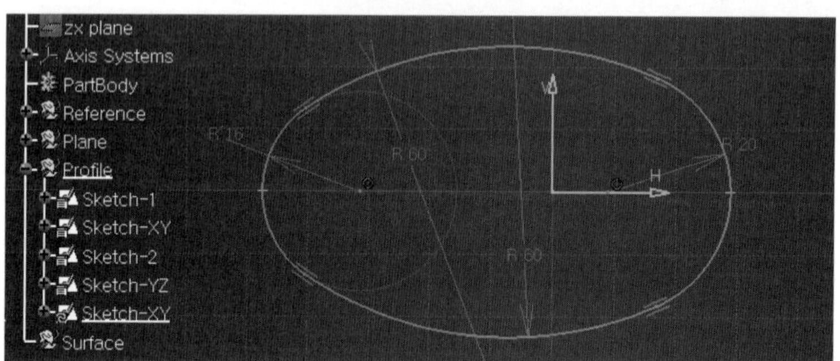

• workbench( ) 아이콘을 클릭한다. Generative Shape Design( ) 아이콘을 클릭한다.

Surface Skin Geometrical Set을 Work Object로 설정한다. Multi-Sections Surface( ) 아이
콘을 클릭한다.

다음 그림처럼 Section에 Sketch-2, Sketch-3, Output.1을 차례로 클릭한다.
Closing Point를 같은 위치로 맞추고 Guide에 Output.6과 Output.7을 클릭한다.

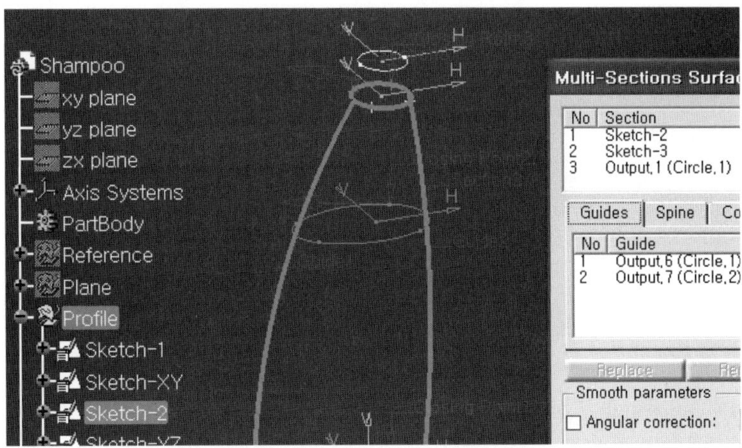

• Coupling 탭을 클릭하고 Coupling을 클릭한다. 포인트를 클릭하는 순서는 다음 그림처럼 Section에 입력된 순서대로 클릭한다.

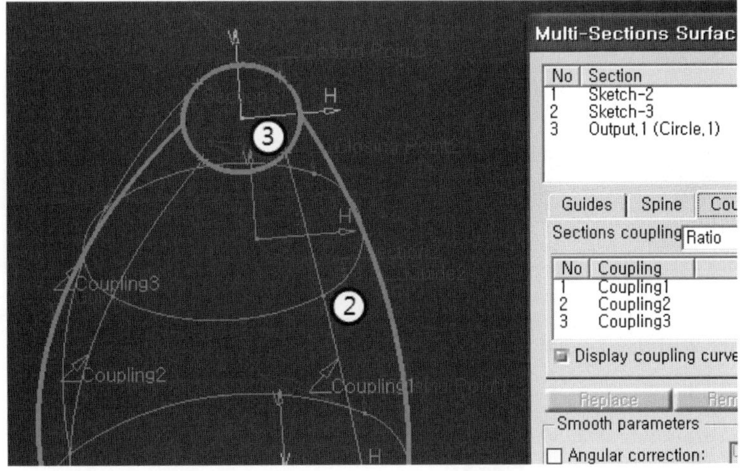

• Relimitation 탭을 클릭한다. 다음 그림처럼 모든 옵션이 체크되어 있다.

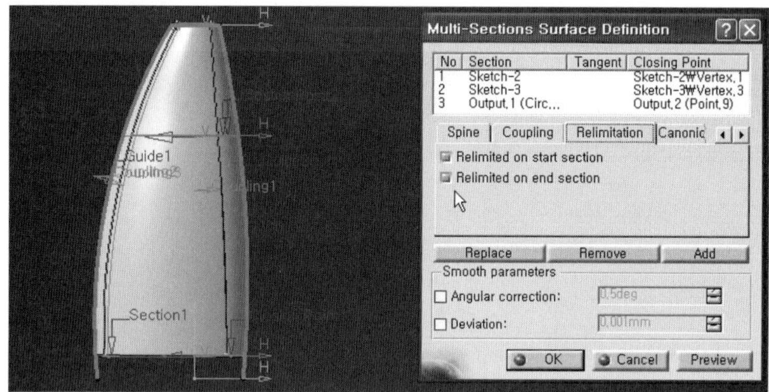

• 다음 그림처럼 Relimited on start section을 체크 해제한다. 그림처럼 형상이 Section을 넘어서 가이드라인의 끝까지 만들어지는 것을 볼 수 있다.

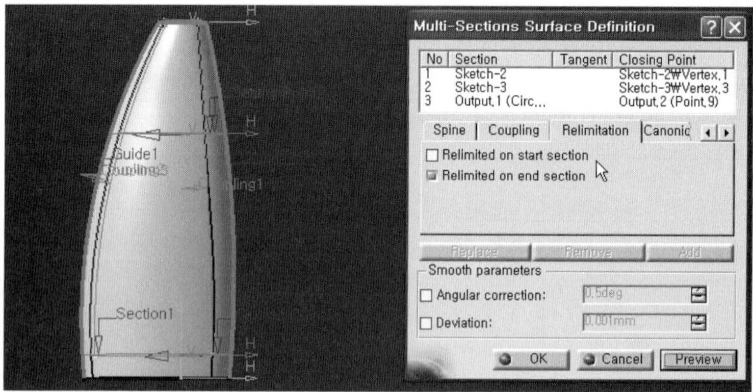

• Operations 툴바에서 Shape Fillet 아이콘을 클릭한다.

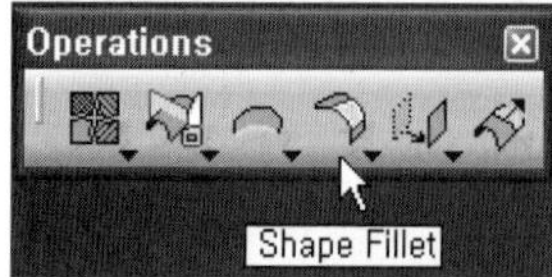

• Support 1은 Multi-Sections Surface.1을 클릭하고 Support 2는 Plane.6을 클릭한다. R 값은
1.5mm로 입력한다. 방향은 다음 그림처럼 안쪽으로 한다.

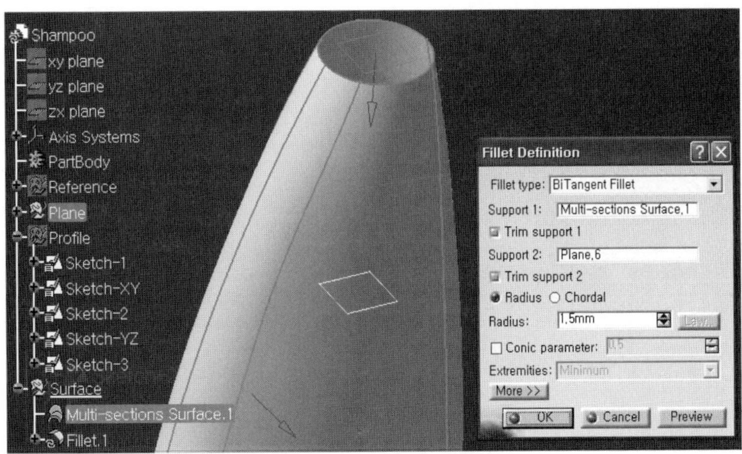

• Extrude(　) 아이콘을 클릭한다. Profile은 Sketch-1을 클릭하고 Direction은 Plane.7을 클릭
한다.

Limit Type.1은 Dimension으로 두고 치수 값을 0mm로 입력한다.

Limit Type.2은 Up-to element를 선택하고 Up-to element는 Plane.6을 클릭한다.

• Shape Fillet( ) 아이콘을 클릭한다.

Support 1은 Extrude.1을 클릭하고 Support 2는 Plane.7을 클릭한다. R 값은 2mm로 입력한다.
방향은 다음 그림처럼 안쪽으로 한다.

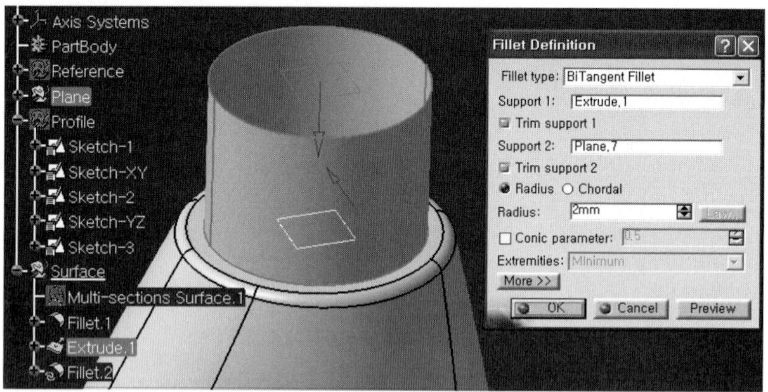

• Fillet.1과 Fillet.2를 Trim한다.

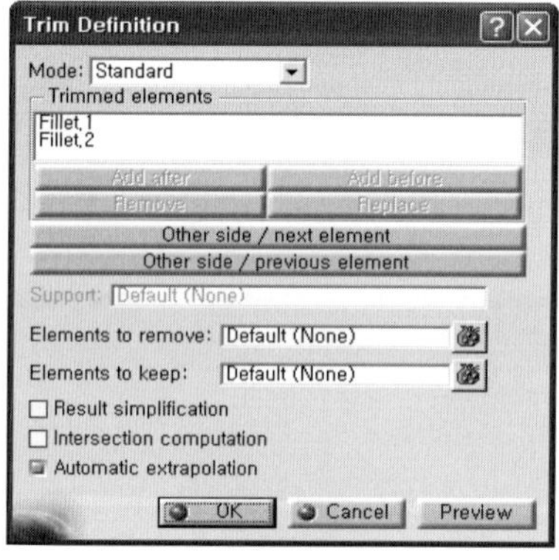

• Profile Geometrical Set을 Work Object로 설정한다.

Boundary( ) 아이콘을 클릭한다. Surface edge는 다음 그림처럼 Trim.1을 클릭한다.

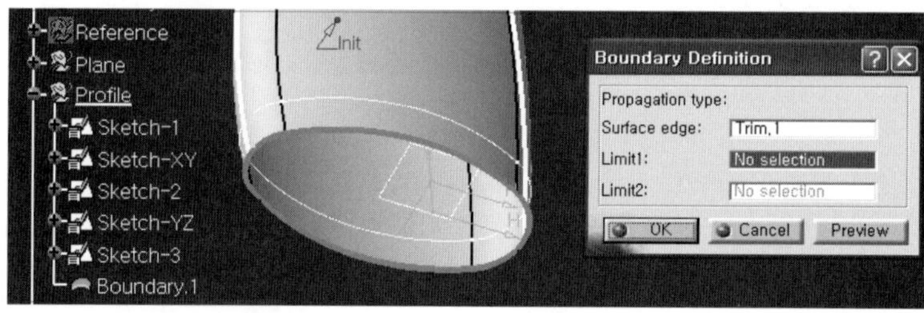

• Surface Geometrical Set을 Work Object로 설정한다.

Fill(　) 아이콘을 클릭한다. Boundary에 Boundary.1을 클릭한다.

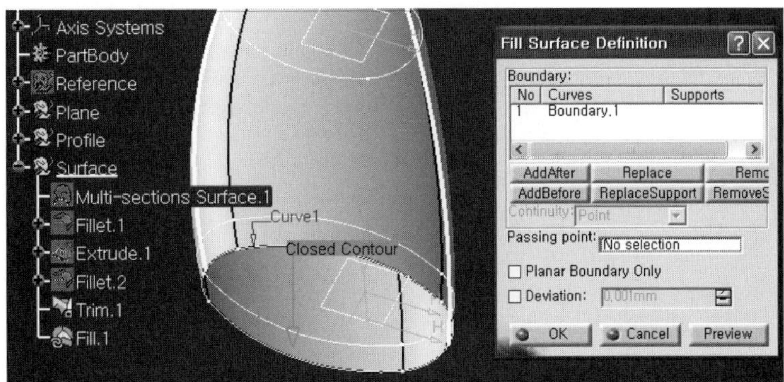

• Join(　) 아이콘을 클릭한다. Elements To Join에 Trim.1과 Fill.1을 클릭한다.

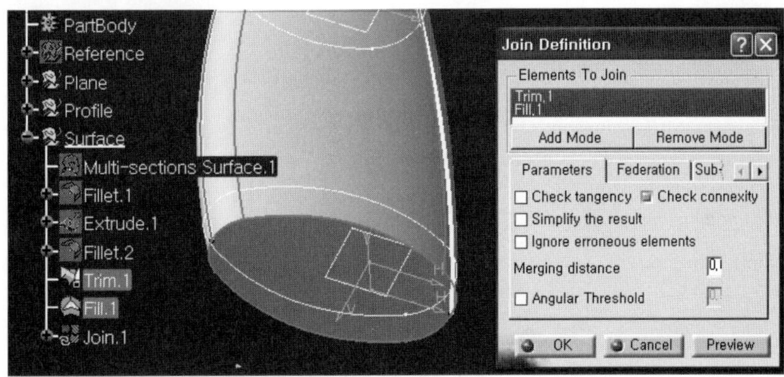

• Operations 툴바에서 Variable Fillet을 클릭한다.

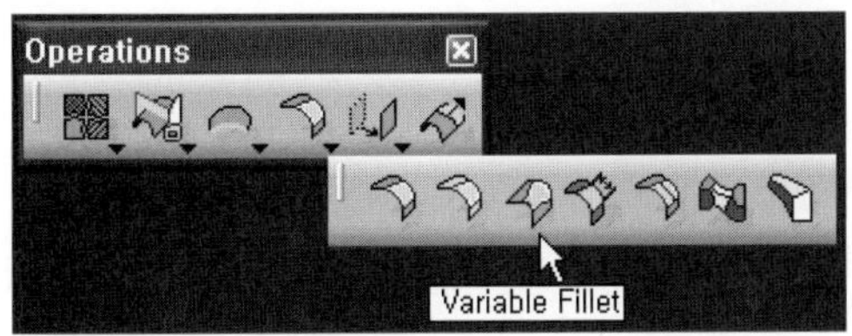

•다음 그림처럼 Join.1의 네 모서리를 클릭한다.

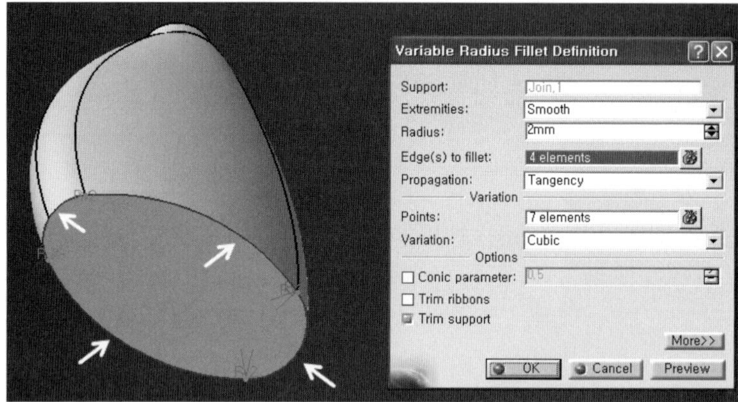

•Points에 7개의 기준점이 자동으로 입력되어 있다.

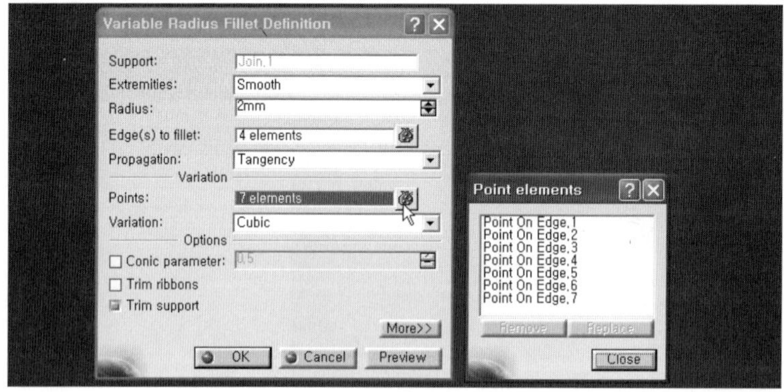

•Points에서 3번 마우스 클릭. Clear Selection을 클릭한다.

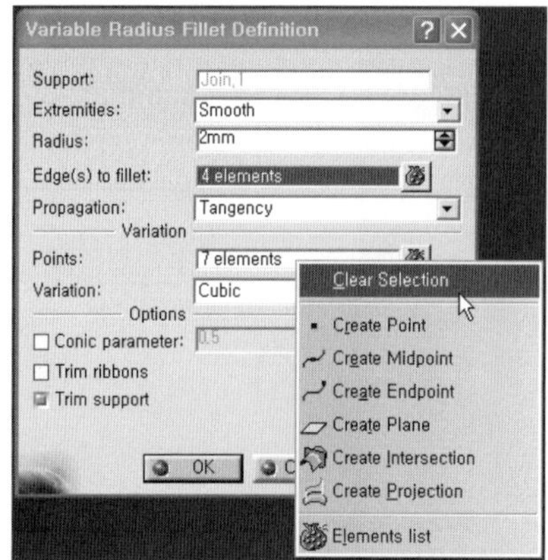

• 다음 그림처럼 네 모서리의 가운데 부분을 클릭하여 치수를 입력할 포인트를 새로 추가한다.

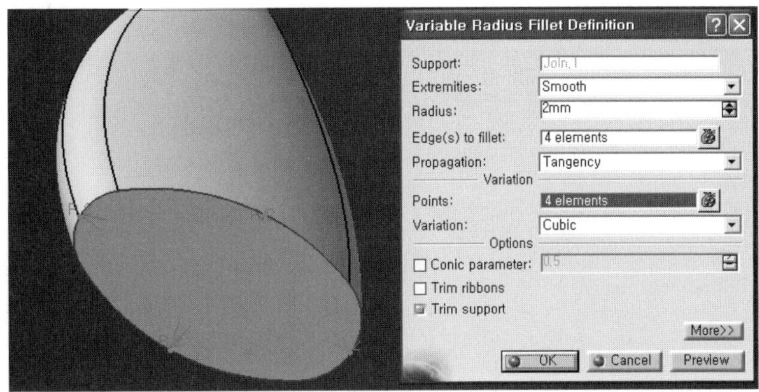

• 다음 그림처럼 치수를 더블클릭하여 치수를 입력한다. 값은 4mm로 입력한다.
  나머지 세 군데의 치수도 그림처럼 입력한다.

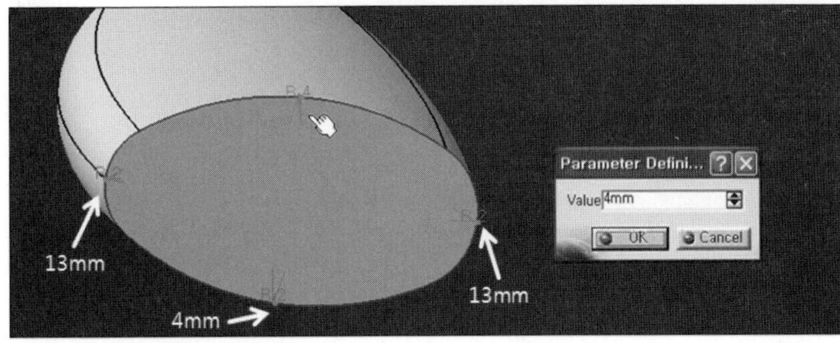

• Fillet이 적용된 형상을 확인한다.

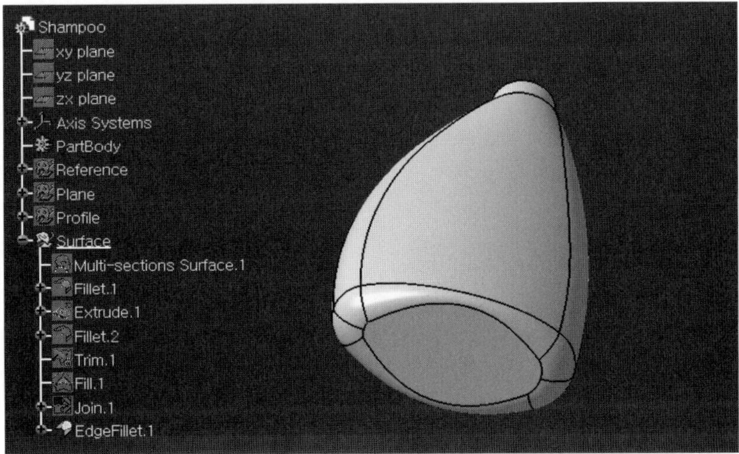

• Profile Geometrical Set에 Sketch-YZ를 복사해 넣고 스케치 모드로 들어간다.
 다음 그림처럼 두 요소를 스케치 면에 투영시킨다.

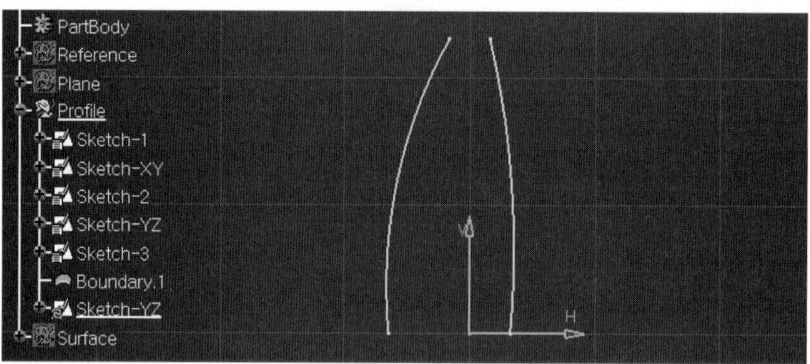

• 다음 그림처럼 투영된 요소에 끝점이 일치하는 원호를 그리고 R 값을 80mm로 입력한다.

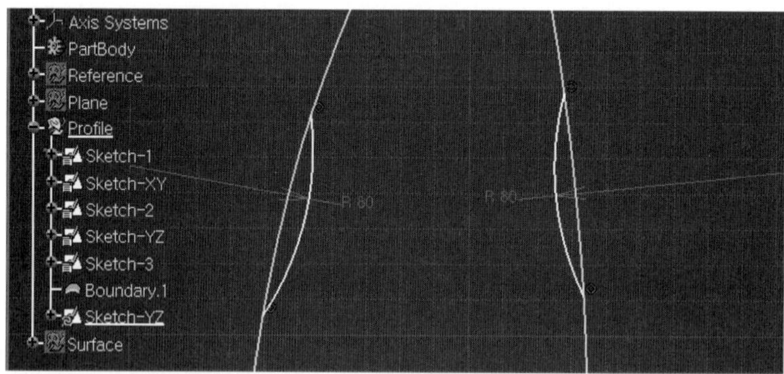

• 왼쪽 원호의 위쪽 끝점과 H-Direction 사이의 거리 값을 210mm로 입력한다.
 오른쪽 원호의 위쪽 끝점과 H-Direction 사이의 거리 값을 215mm로 입력한다.

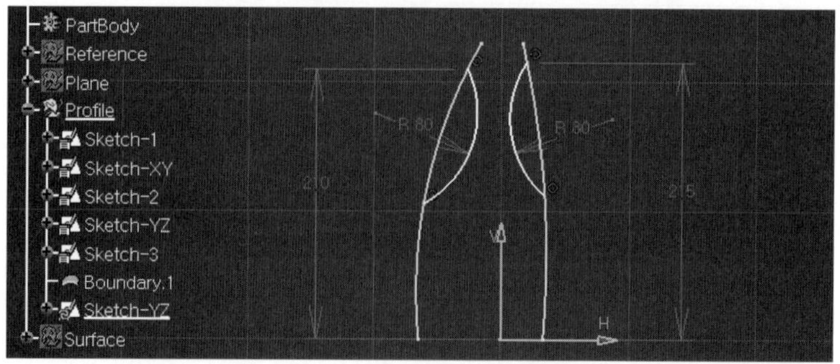

• 원호의 아래쪽 끝점을 연결하는 선을 긋고 수평구속을 한다.

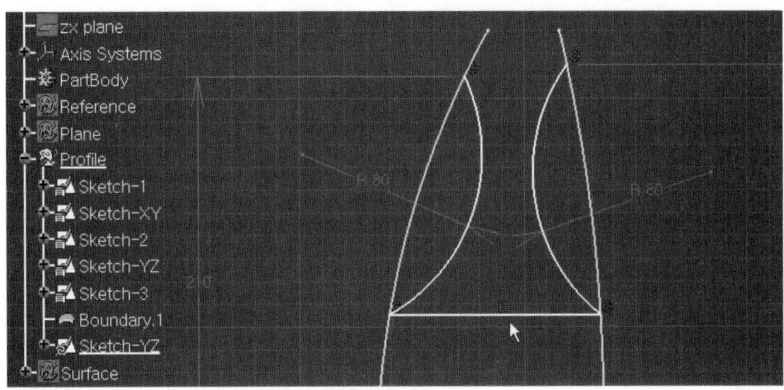

• H-Direction과 수평선 사이의 거리 값을 158mm로 입력한다. 수평선과 투영한 요소를 참조 요소로 전환한다.
• 두 원호를 Output Feature로 추출한다. 스케치를 빠져나간다.

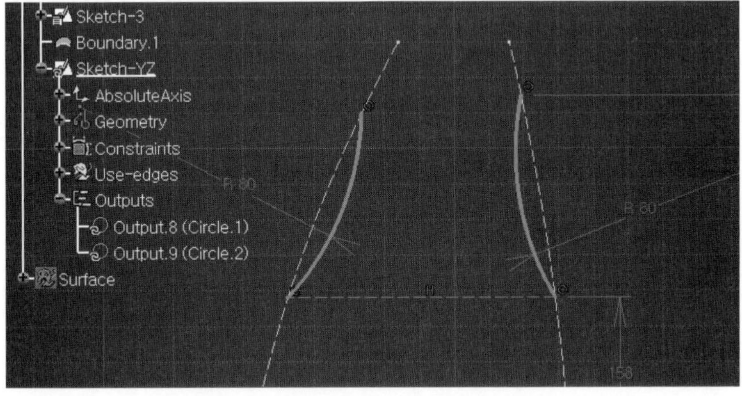

• Surface Geometrical Set을 Work Object로 설정한다.

Extrude( ) 아이콘을 클릭한다. Profile은 Output.9를 클릭하고 Direction은 YZ Plane을 클릭한다.

Limit Type.1은 Dimension으로 두고 치수 값을 50mm로 입력한다.

Limit Type.2도 Dimension으로 두고 치수 값을 50mm로 입력한다.

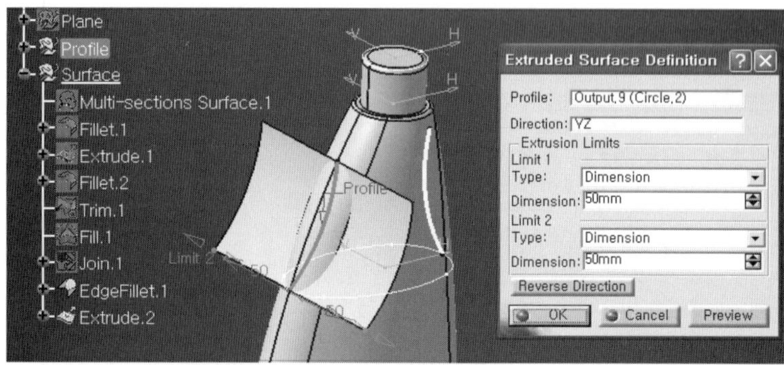

- Extrude( ) 아이콘을 클릭한다. Profile은 Output.8를 클릭하고 나머지 옵션은 위와 같다.

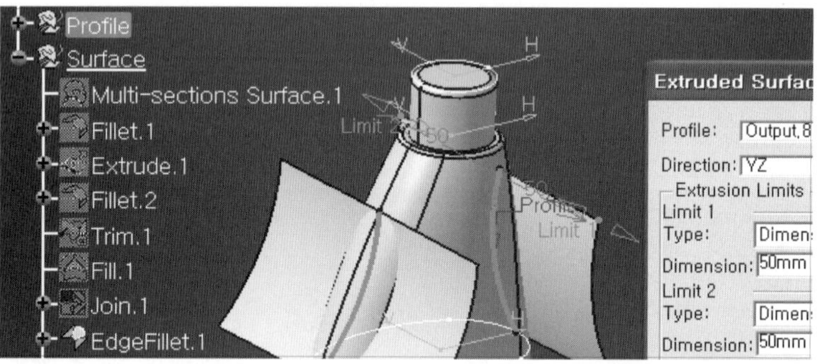

- Shape Fillet( ) 아이콘을 클릭한다.

  Support 1은 EdgeFillet.1을 클릭하고 Support 2는 Extrude.2를 클릭한다. R 값은 3mm로 입력한다.

  방향은 다음 그림처럼 안쪽으로 한다.

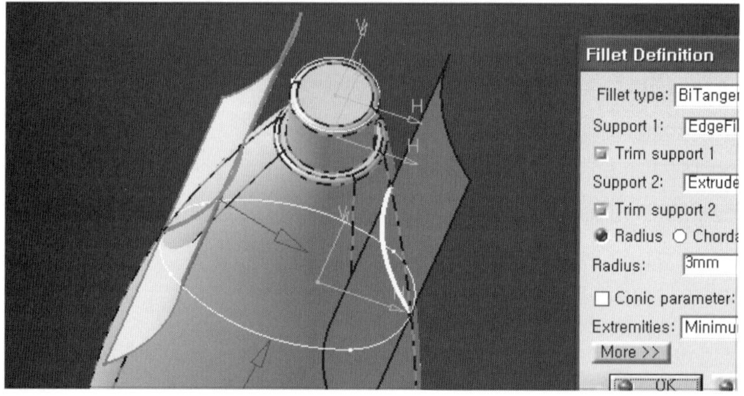

• Shape Fillet( ) 아이콘을 클릭한다.

  Support 1은 Fillet.3을 클릭하고 Support 2는 Extrude.3을 클릭한다. R 값은 3mm로 입력한다.
  방향은 다음 그림처럼 안쪽으로 한다.

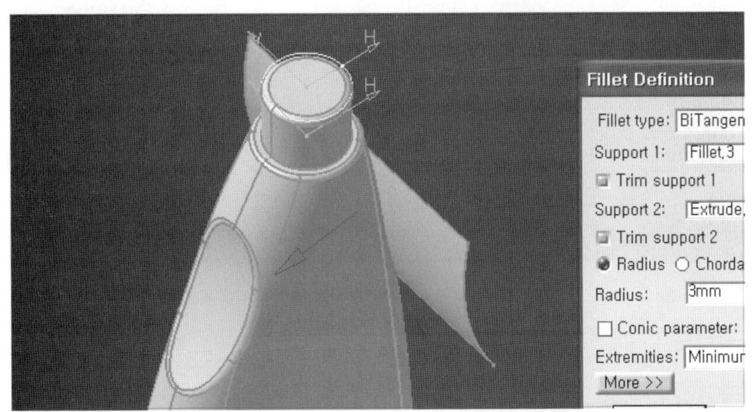

• Workbench( ) 아이콘을 클릭, Part Design Workbench( )를 클릭한다.

  Body( ) 아이콘을 클릭 Body를 추가한다.

  Thick Surface( ) 아이콘을 클릭한다. First Offset은 1mm로 입력하고, Object to Offset은
  다음 그림처럼 Fillet.4를 클릭한다. Offset 방향은 안쪽으로 한다.

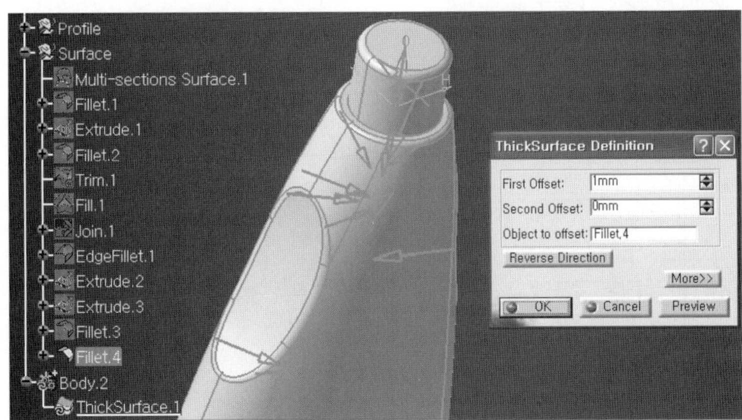

- Body.2를 PartBody에 Assemble한다. 파트가 완성되었다. 파일을 저장한다.

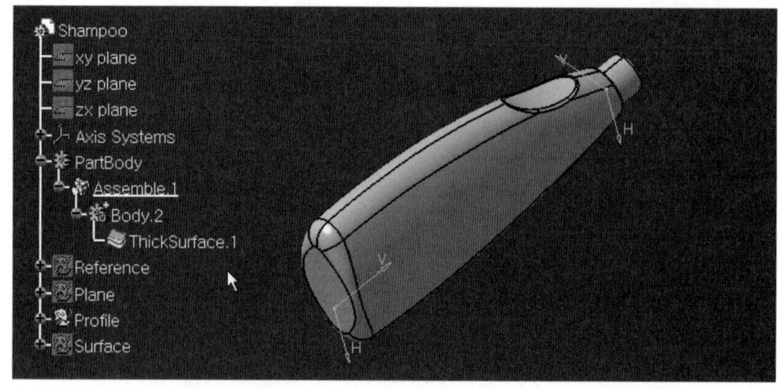

4. 모델링 실습 CASE 4

4.1 모델링 실습 개요

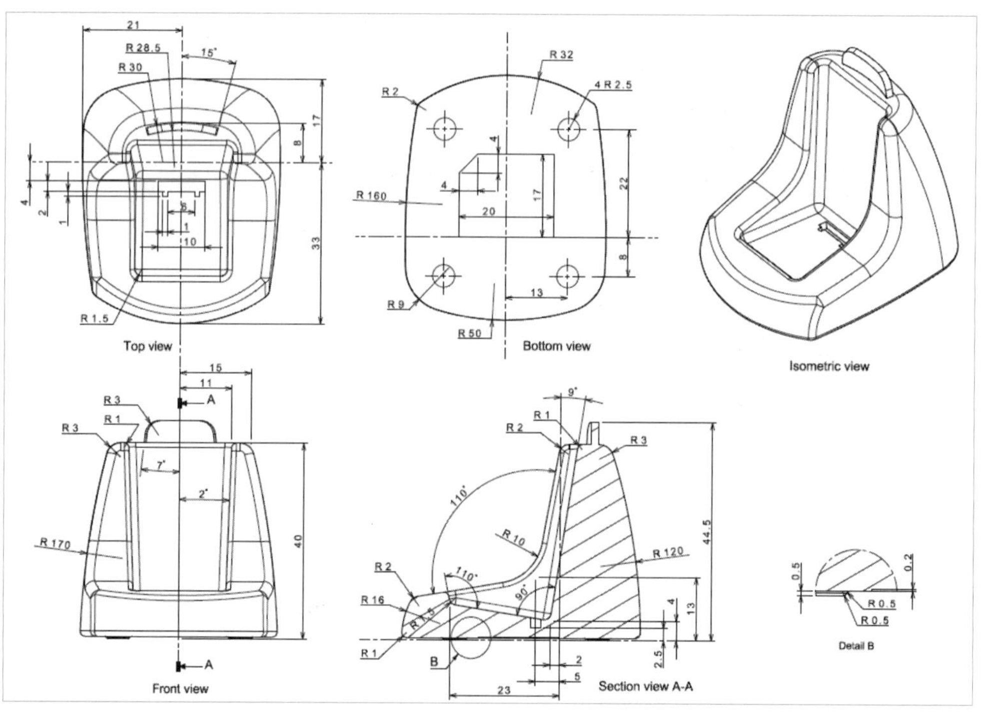

완성된 모델링 결과값은 그림과 같다.

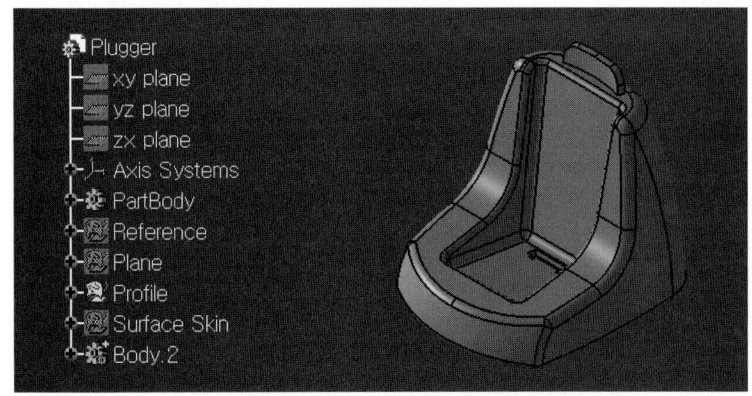

4.2 모델링 실습 따라하기

- 메뉴 바 File 탭에서 New from을 클릭한다.

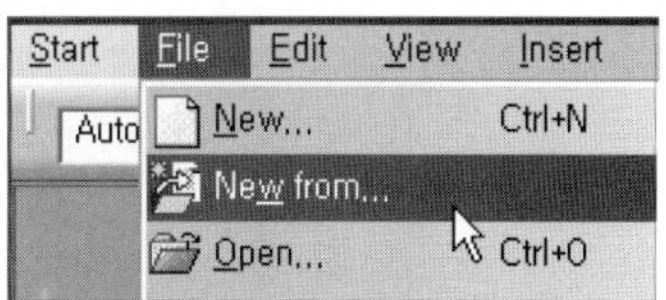

- 새로운 파트 이름을 Plugger로 입력한다.

- Plane, Profile, Surface Skin이란 이름의
  Geometrical Set을 각각 만든다.

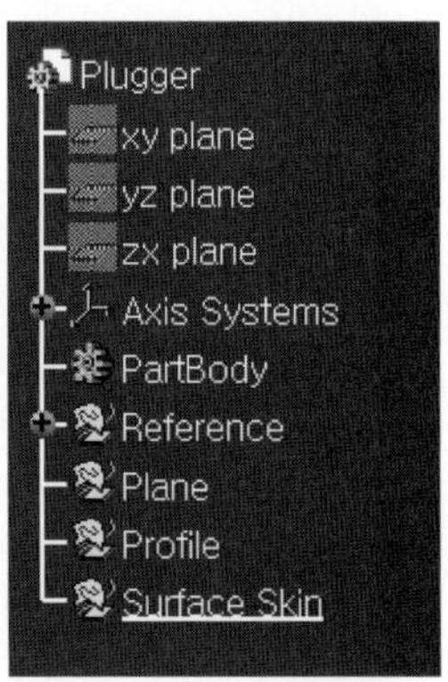

• Plane Geometrical Set을 Work Object로 설정한다.

Plane(◻) 아이콘을 클릭하고, Plane type은 Offset from plane을 선택한다.
Reference는 XY Plane을 클릭한다. Offset 값은 0.5mm로 입력한다.
방향은 다음 그림과 같이 위쪽으로 한다.

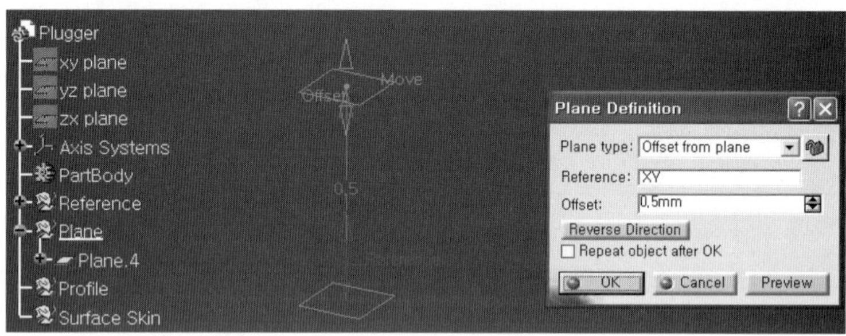

• Profile Geometrical Set에 Sketch-XY를 복사해 넣는다.
스케치 면을 Plane.4로 변경하고 스케치 모드로 들어간다.

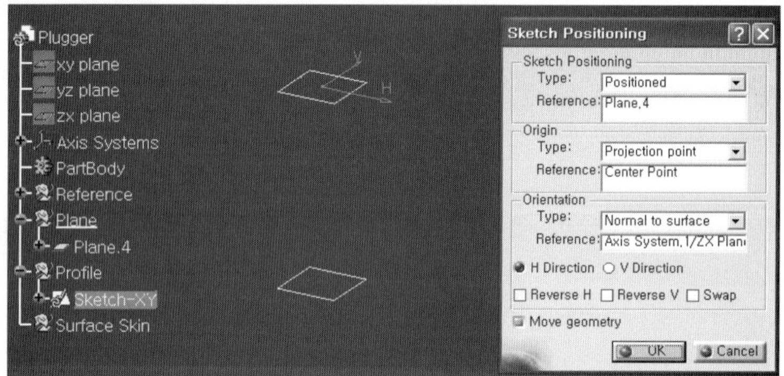

• 다음 그림처럼 중심점과 한 끝점이 V-Direction에 일치하는 원호를 그린다.

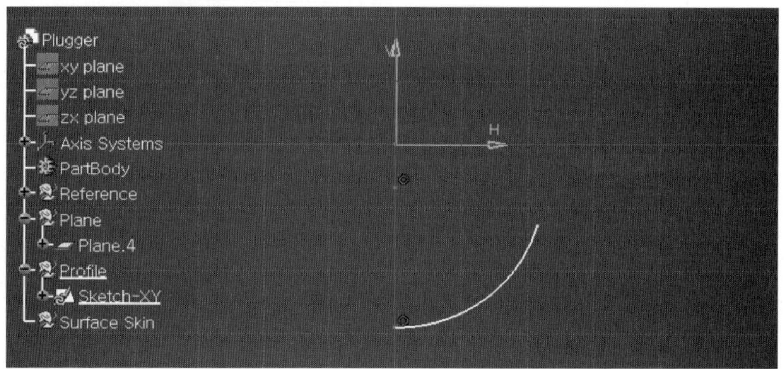

• 원호의 R 값은 32mm로 입력한다. H-Direction과 원호 사이의 거리 값은 33mm로 입력한다.
  스케치를 빠져나간다.

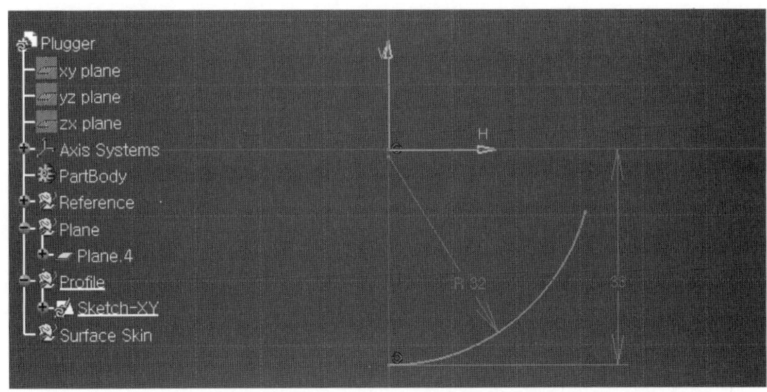

• 스케치 이름을 Sketch-1로 변경한다. Profile Geometrical Set에 Sketch-ZX를 복사해 넣는다.
  스케치 모드로 들어가서 Sketch-1을 스케치 면에 투영시킨다.

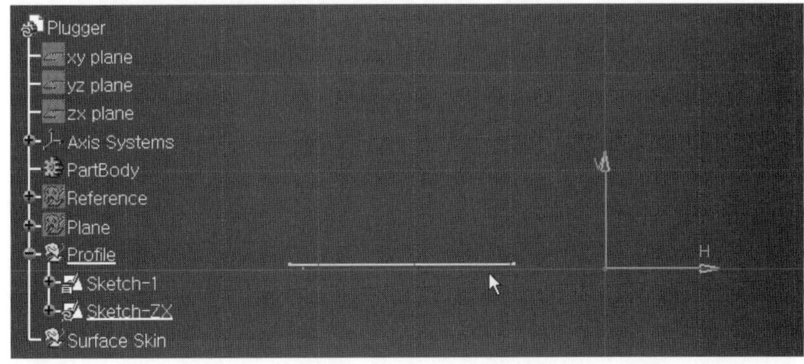

• 다음 그림처럼 투영한 수평선에 중심점과 한 끝점이 일치하는 원호를 그린다. 원호의 R 값은
  16mm로 입력한다.

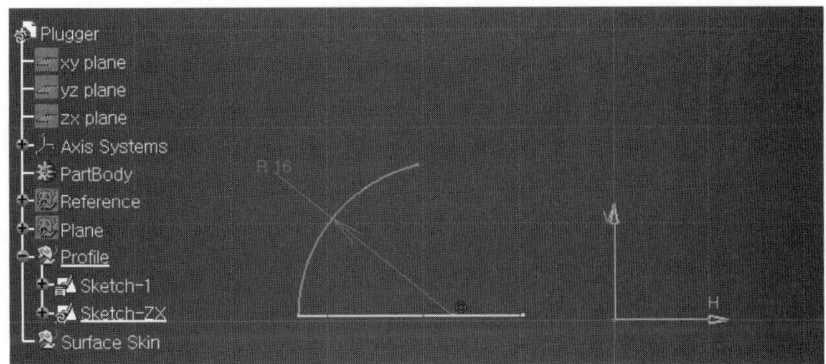

- 원호를 Trim하여 아래쪽으로 길게 뽑는다. 투영한 요소를 참조 요소로 전환한다. 스케치를 빠져 나간다.

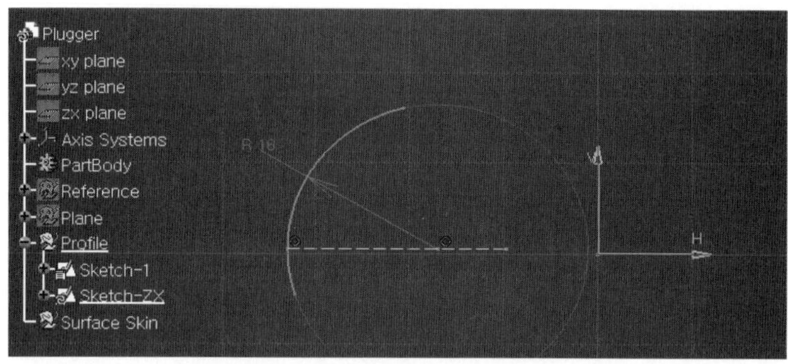

- 스케치 이름을 Sketch-2로 변경한다. Sketch-1을 복사해 붙여 넣는다.
  스케치 모드로 들어가서 이전 스케치를 모두 지운다. 다음 그림처럼 중심점과 한 끝점이 V-Direction에 일치하는 원호를 그린다.

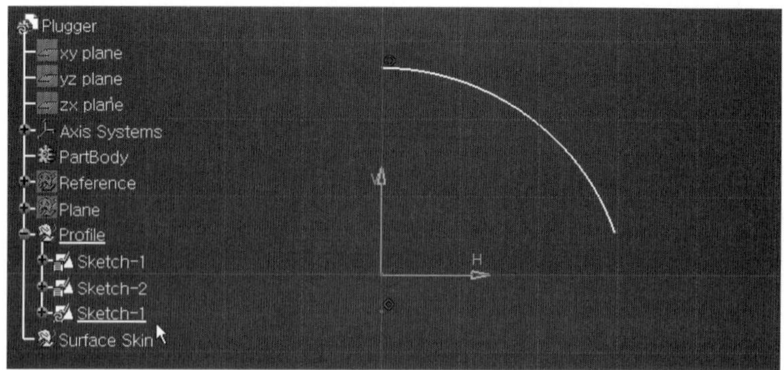

- 원호의 R 값은 50mm로 입력한다. 원호와 H-Direction 사이의 거리 값은 17mm로 입력한다.
  스케치를 빠져나간다.

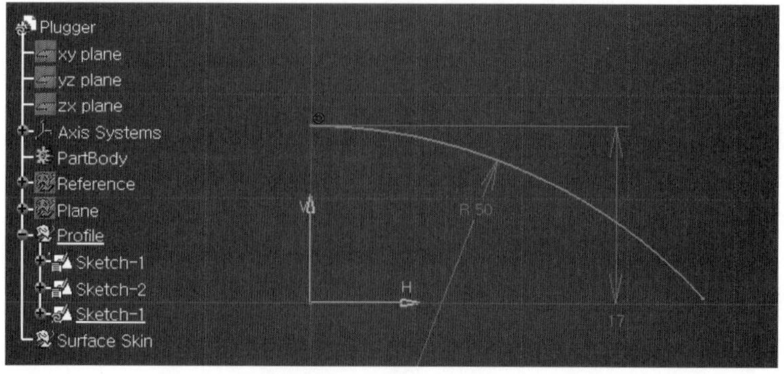

• 스케치 이름을 Sketch-3으로 변경한다. Profile Geometrical Set에 Sketch-ZX를 복사해 넣는다. 스케치 모드로 들어가서 Sketch-3을 스케치 면에 투영시킨다.

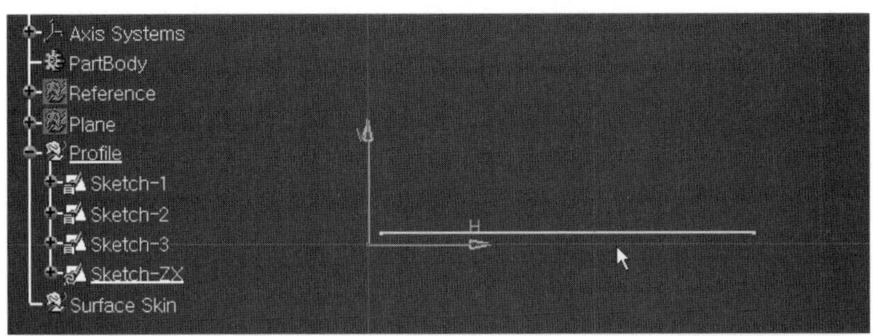

• 투영한 수평선에 중심점과 한 끝점이 일치하는 원호를 그린다. 원호의 R 값은 120mm로 입력한다.

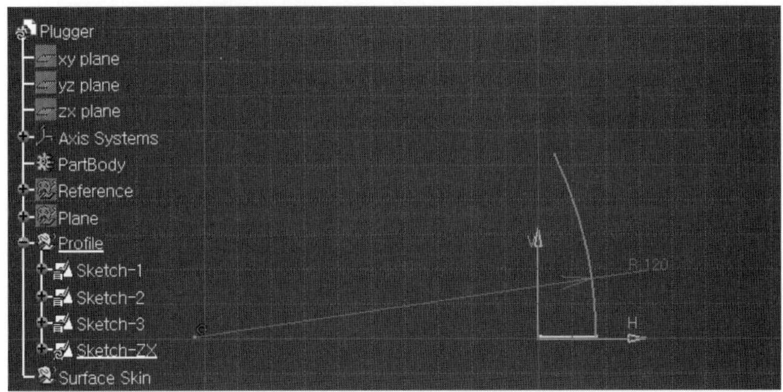

• 원호를 Trim하여 아래쪽으로 길게 뽑는다. 투영한 요소를 참조 요소로 전환한다. 스케치를 빠져나간다.

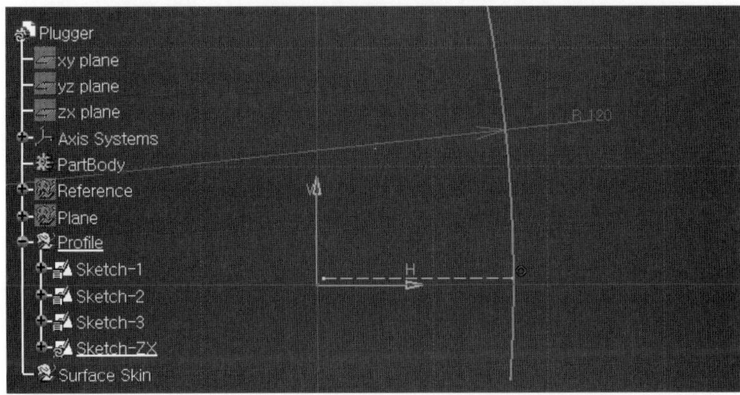

• 스케치 이름을 Sketch-4로 변경한다. Sketch-1을 복사해 붙여 넣는다. 스케치 모드로 들어간다. 다음 그림처럼 H-Direction에 중심점이 일치하는 원호를 그린다.

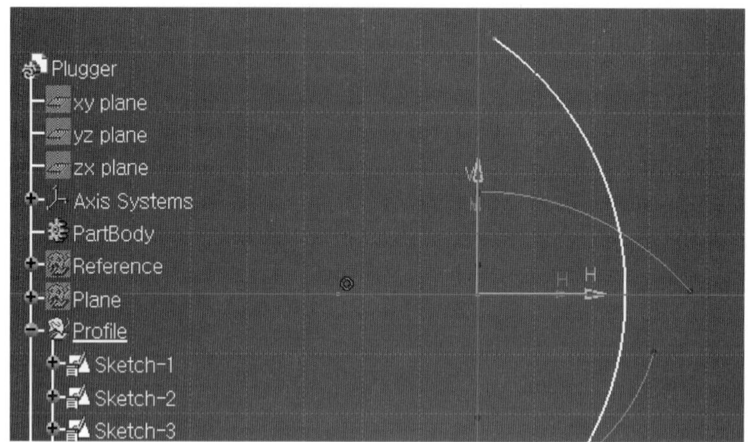

• 원호의 R 값을 160mm로 입력한다. 원호와 V-Direction 사이의 거리 값은 21mm로 입력한다. 스케치를 빠져나간다.

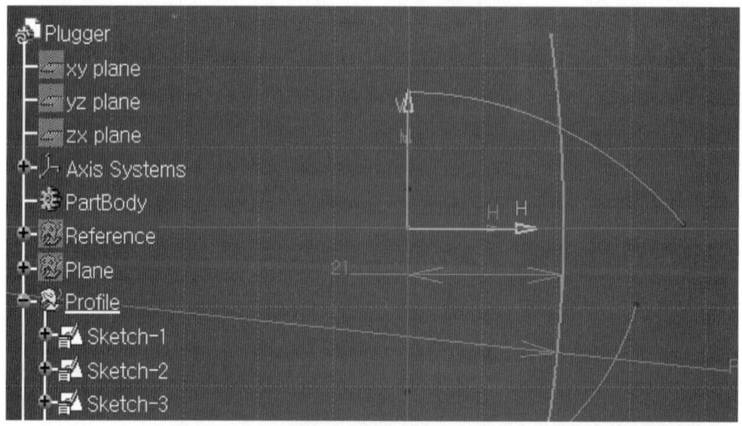

• 스케치 이름을 Sketch-5로 변경한다. Profile Geometrical Set에 Sketch-YZ를 복사해 넣는다.
스케치 모드로 들어가서 Sketch-5를 스케치 면에 투영시킨다.

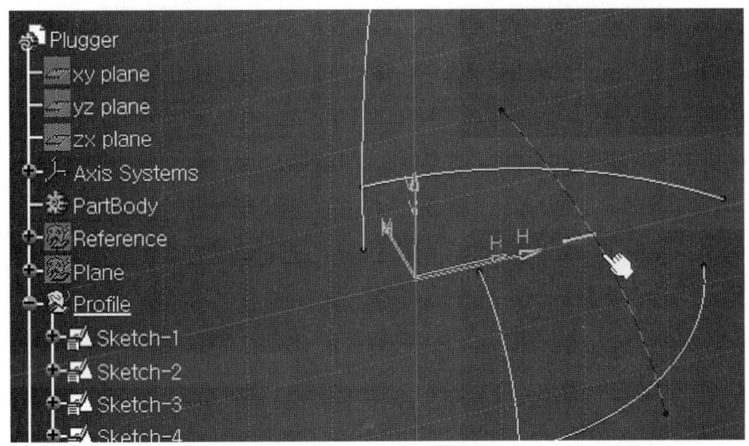

• 다음 그림처럼 투영한 수평선에 한 끝점이 일치하는 원호를 그린다. 원호의 R 값은 170mm로
입력한다.

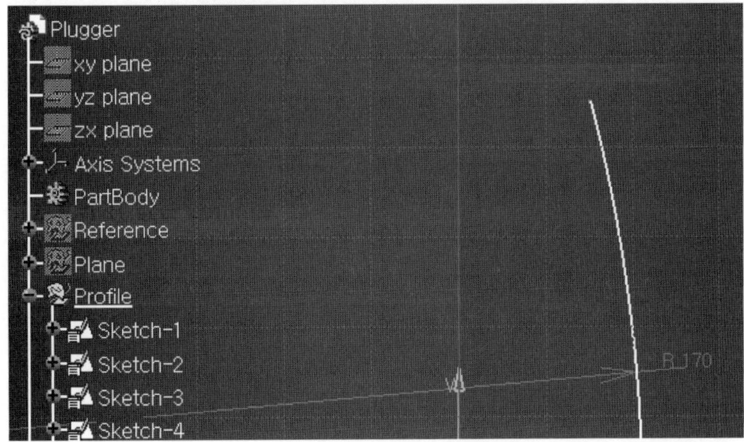

• 다음 그림처럼 수평선을 긋고 원호와 교차점을 만든다.

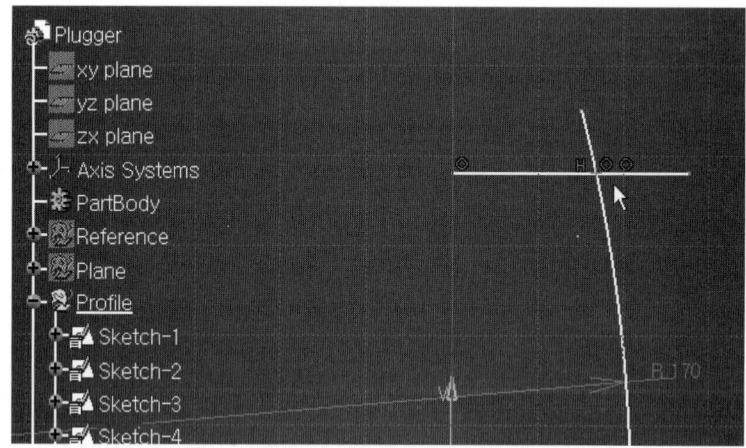

• 수평선과 H-Direction 사이의 거리 값은 40mm로 입력한다. V-Direction과 교차점 사이의 거리
  값은 15mm로 입력한다.

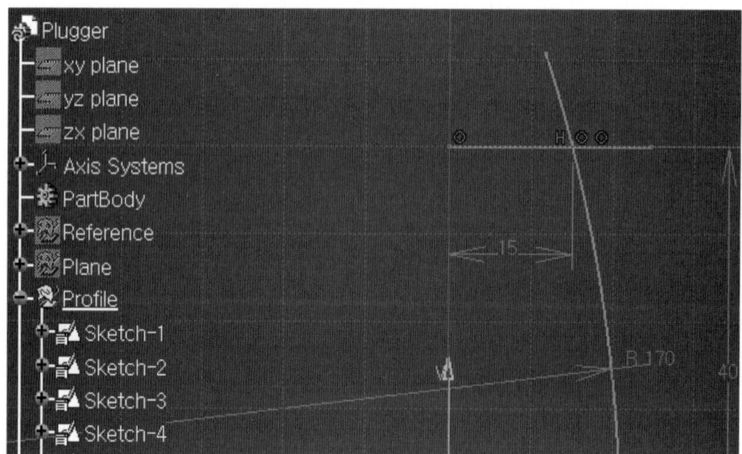

•다음 그림처럼 사선을 긋고 수평선과 사선의 교차점을 만든다.

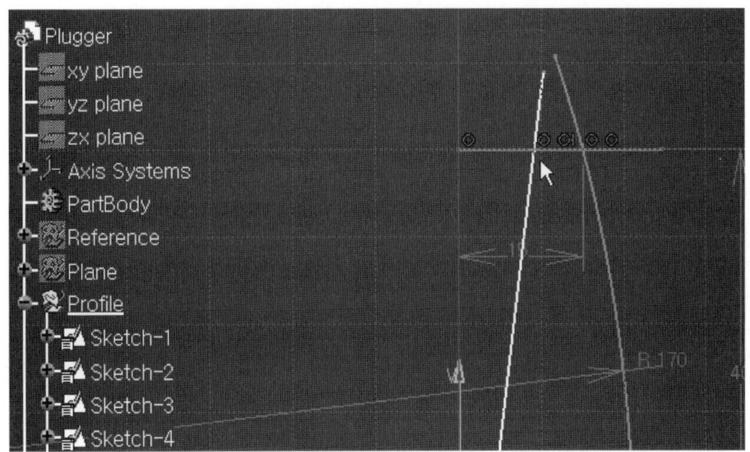

•V-Direction과 교차점 사이의 거리 값을 11mm로 입력한다.
  V-Direction과 사선의 각도 값은 2deg로 입력한다.

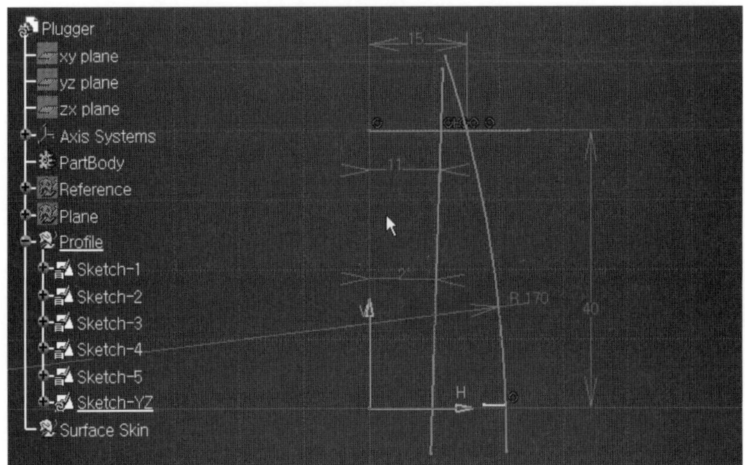

• 원호와 수평선과 사선을 Output Feature로 추출한다.

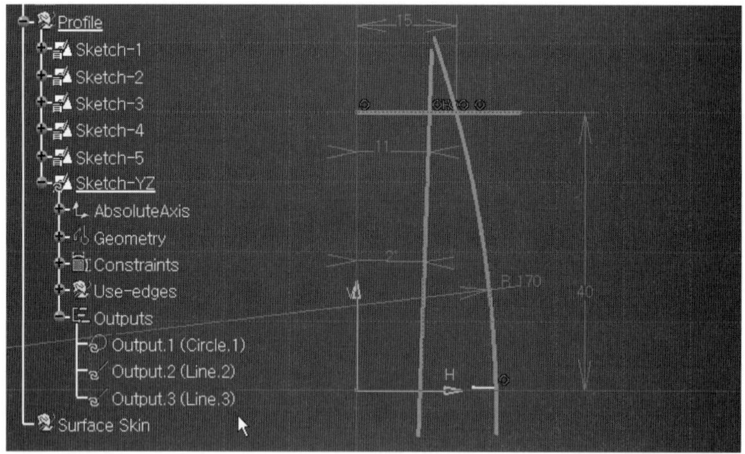

• Output Feature로 추출한 요소를 제외한 모든 요소를 참조요소로 전환한다.
 스케치를 빠져나간다.

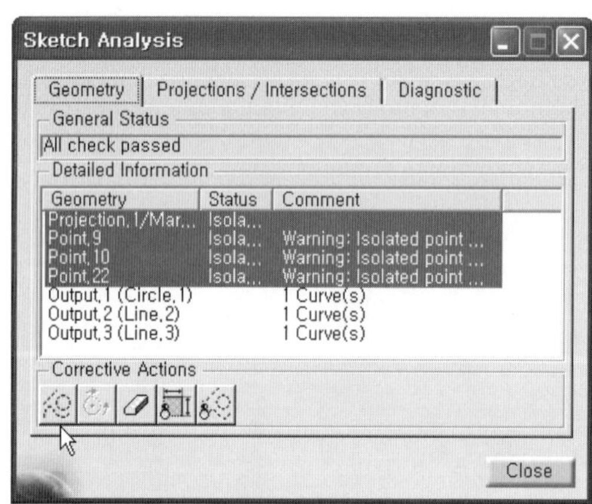

• Profile Geometrical Set에 Sketch-ZX를 복사해 넣는다.

  스케치 모드로 들어가서 다음 그림과 같이 라인을 스케치 면에 투영시킨다.

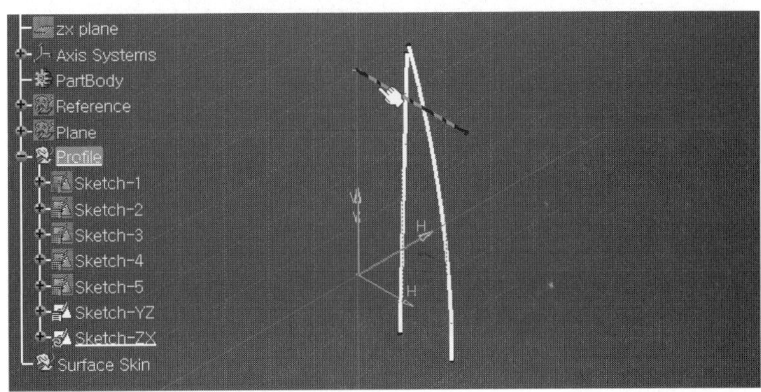

• 다음 그림처럼 대략적 형상을 그린다.

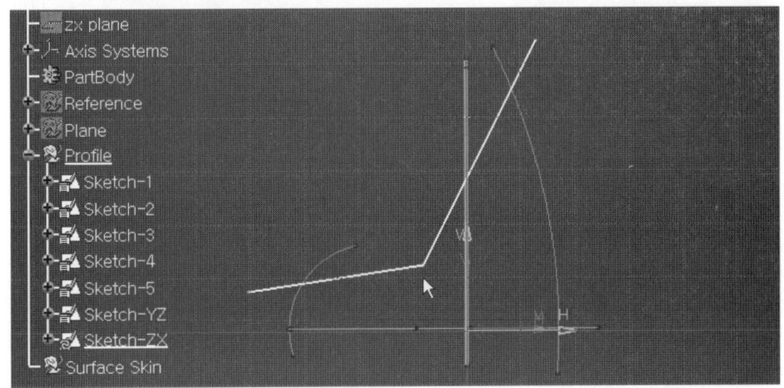

• 사선과 투영한 포인트와 Coincidence시킨다.

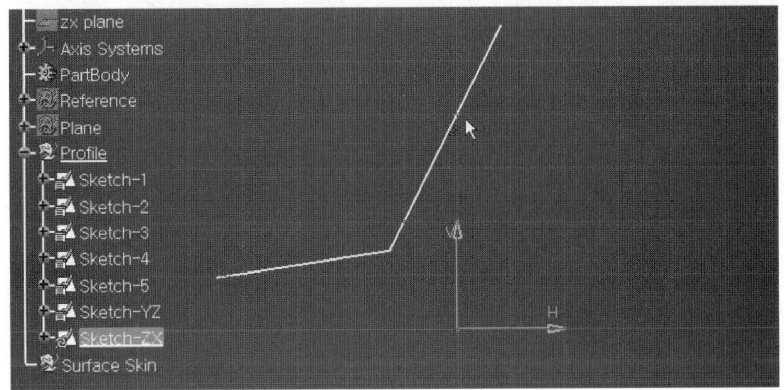

• 사선의 각도 값을 110deg로 입력한다.

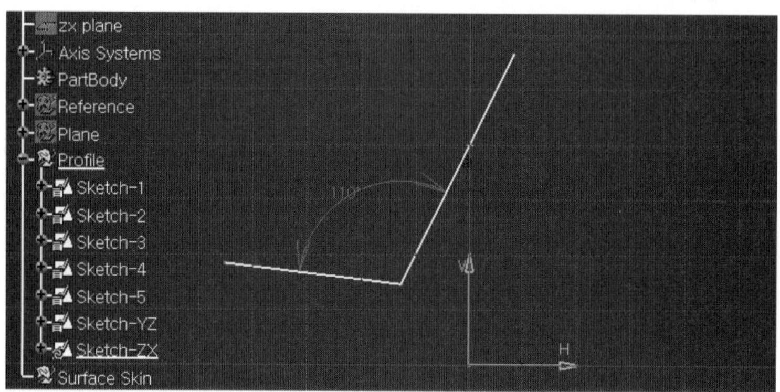

• V-Direction과 사선끼리 만나는 꼭짓점 사이의 거리 값을 5mm로 입력한다.

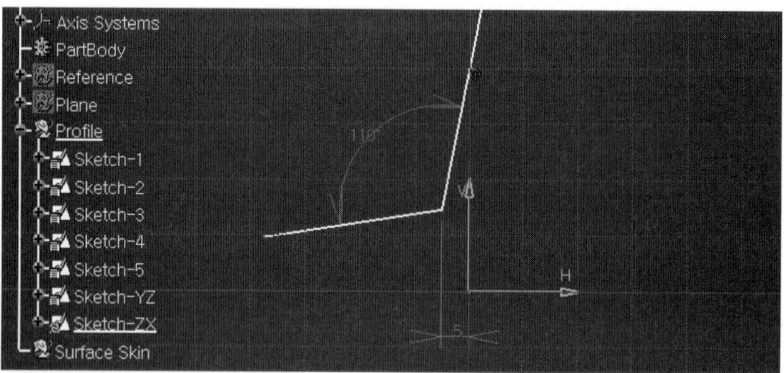

• 꼭짓점과 H-Direction 사이의 거리 값을 13mm로 입력한다.

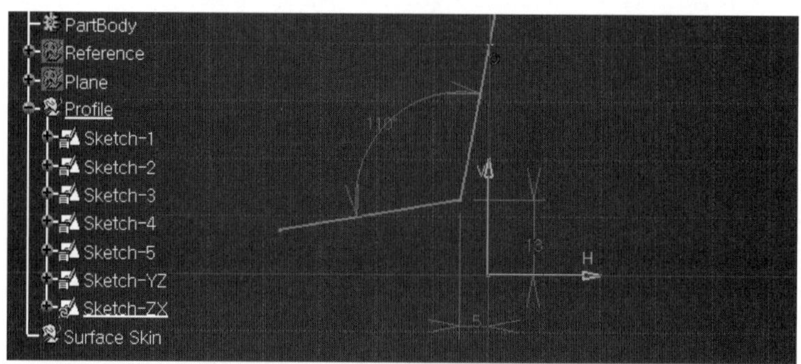

• 다음 그림처럼 대략적인 형상을 스케치한다.

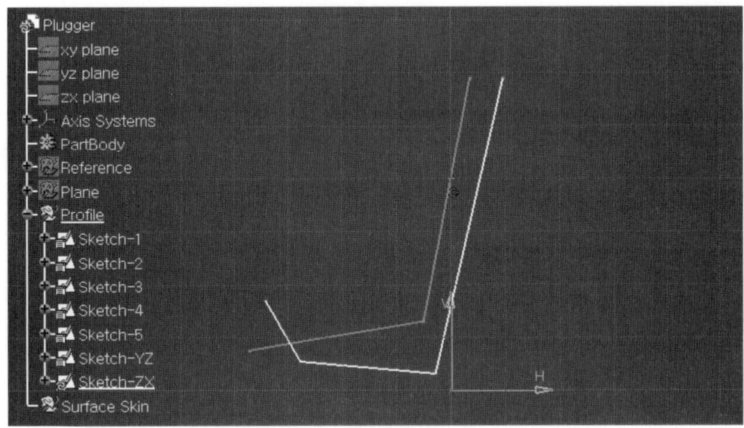

• V-Direction과 사선의 각도 값을 9deg로 입력한다.

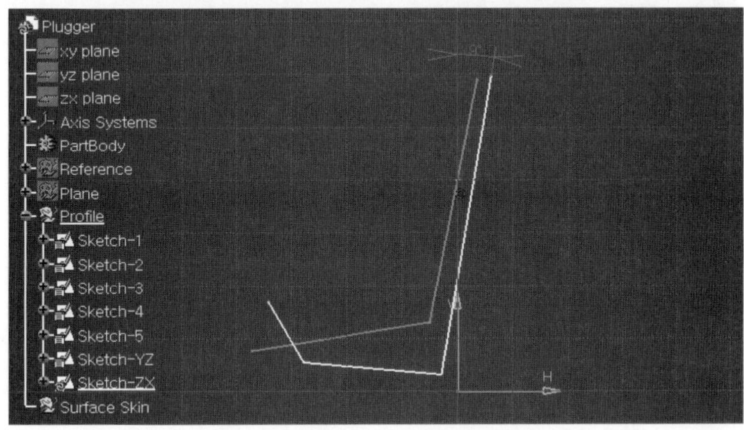

• 다음 그림처럼 선들을 각각 직각구속과 110deg의 각도 값을 입력한다.

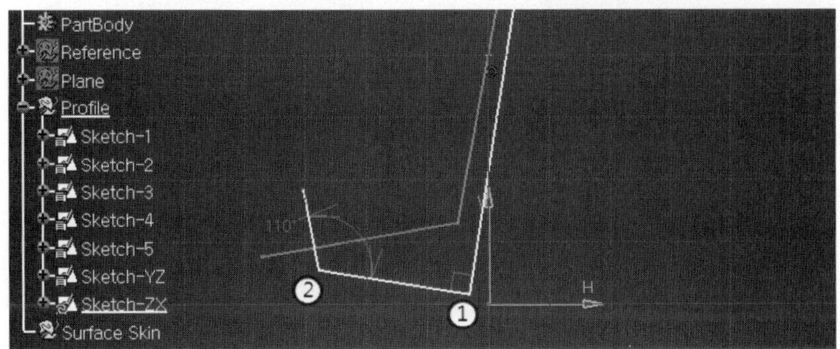

• V-Direction과 직각인 꼭짓점 사이의 거리 값을 2mm로 입력한다. H-Direction과 직각 꼭짓점 사이의 거리 값을 4mm로 입력한다.

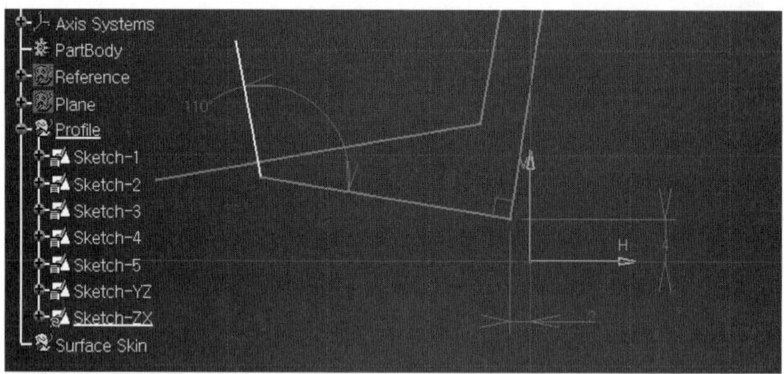

• V-Direction과 110deg 꼭짓점 사이의 거리 값을 23mm로 입력한다.

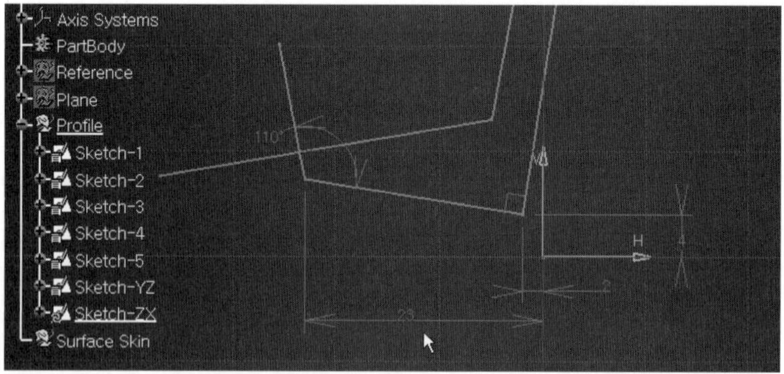

• Tools 툴바에서 Profile feature 아이콘을 클릭한다.

• 다음 그림처럼 라인을 클릭한다. 연결된 라인이 함께 Output 요소로 추출된다.
 Output Feature는 단 하나의 요소만 추출하지만 Profile feature는 여러 요소를 묶어서 추출할 수
 있다.

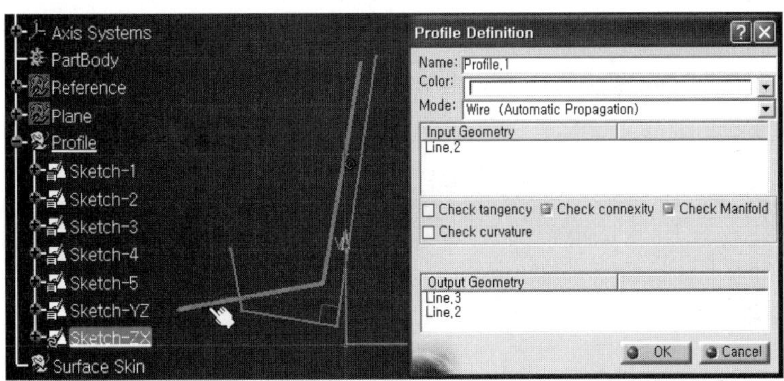

• Profile feature(⬚) 아이콘을 클릭한다. 다음 그림처럼 라인을 클릭한다. 연결된 선들이 함께
 추출된다.
 투영한 포인트를 참조 요소로 전환한다. 스케치를 빠져나간다.

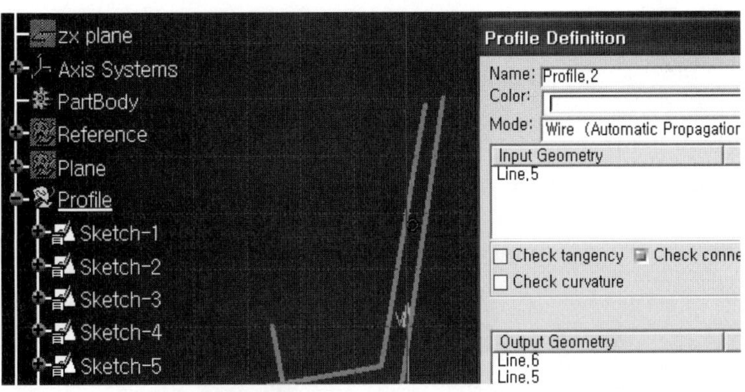

• Workbench( ) 아이콘을 클릭한다. Generative Shape Design( ) 아이콘을 클릭한다.
Surface Skin Geometrical Set을 Work Object로 설정한다.

Extrude( ) 아이콘을 클릭한다. Profile은 Profile.2를 클릭하고 Direction은 ZX Plane을 클릭한다.

Limit Type.1은 Dimension으로 두고 치수 값을 50mm로 입력한다.

Limit Type.2도 Dimension으로 두고 치수 값을 0mm로 입력한다.

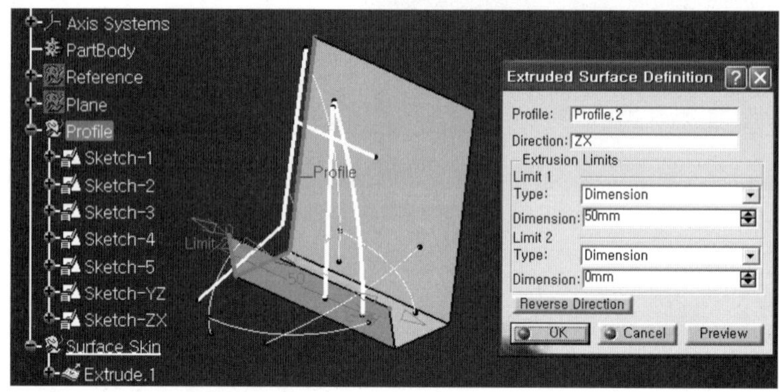

• Extrude( ) 아이콘을 클릭한다. Profile은 Profile.1을 클릭하고 Direction은 ZX Plane을 클릭한다.

Limit Type.1은 Dimension으로 두고 치수 값을 50mm로 입력한다.

Limit Type.2도 Dimension으로 두고 치수 값을 0mm로 입력한다.

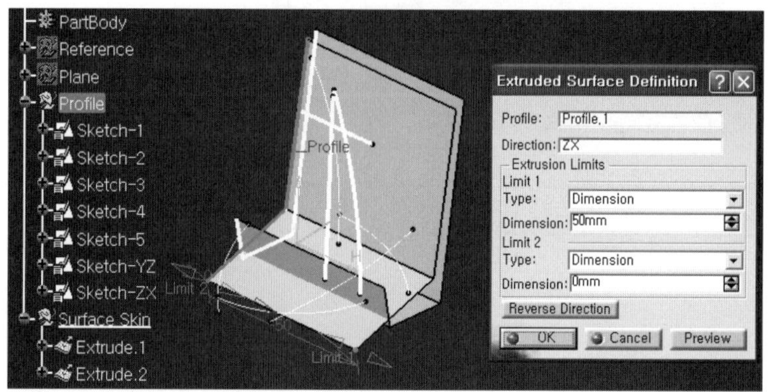

• Extrude(　) 아이콘을 클릭한다. Profile은 Output.3을 클릭하고 Direction은 YZ Plane을 클릭한다.

Limit Type.1은 Dimension으로 두고 치수 값을 50mm로 입력한다.

Limit Type.2도 Dimension으로 두고 치수 값을 20mm로 입력한다.

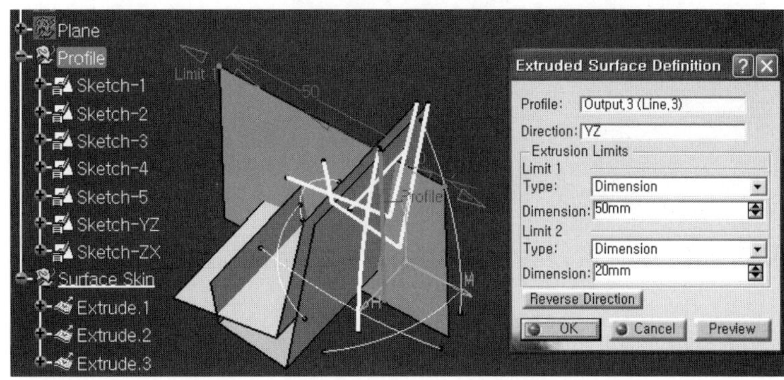

• Extrude(　) 아이콘을 클릭한다. Profile은 Output.2를 클릭하고 Direction은 YZ Plane을 클릭한다.

Limit Type.1은 Dimension으로 두고 치수 값을 50mm로 입력한다.

Limit Type.2도 Dimension으로 두고 치수 값을 20mm로 입력한다.

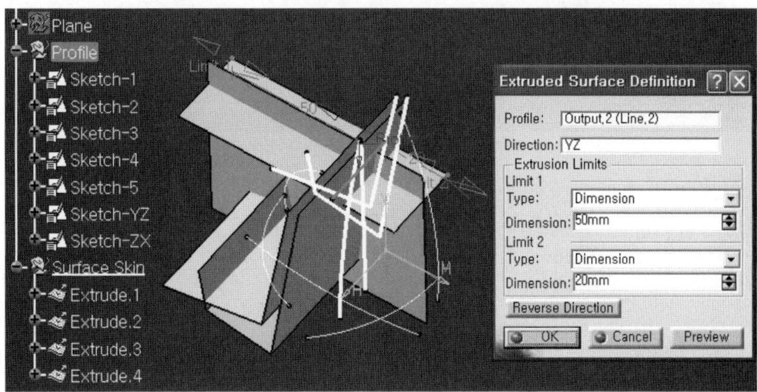

• 다음 그림처럼 Extrude.1과 Extrude.3을 Trim한다.

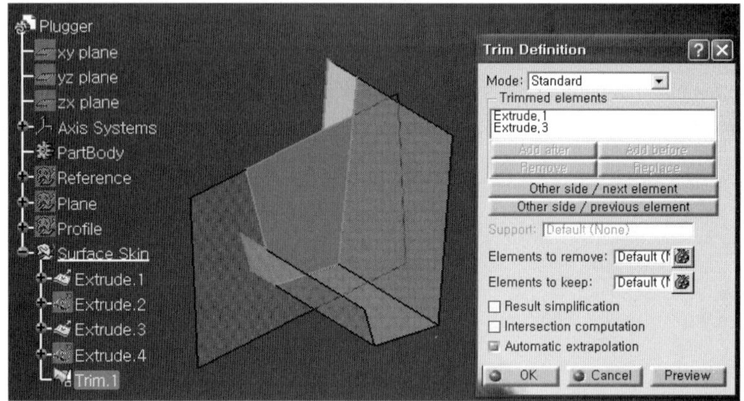

• 다음 그림처럼 Trim.1과 Extrude.2, Extrude.4를 Trim한다.

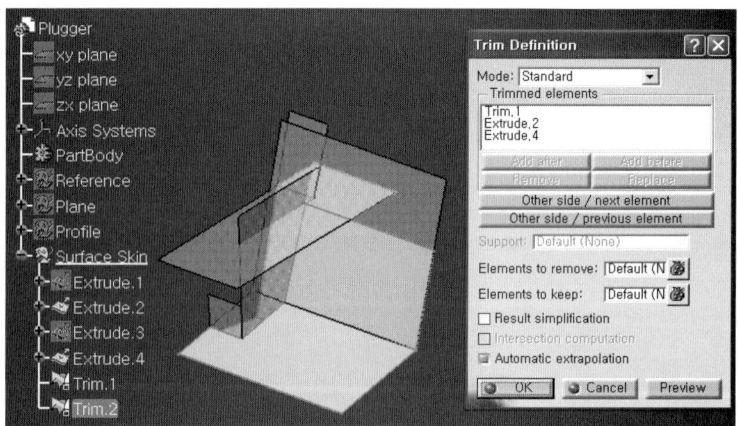

• Sweep( ) 아이콘을 클릭한다. Profile type은 Explicit로 한다. Subtype은 With reference surface로 하고, Profile은 Sketch-2를 클릭한다. Guide curve는 Sketch-1을 클릭한다.

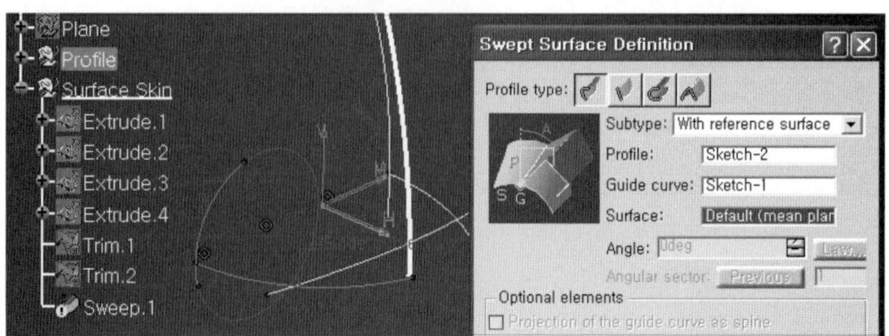

• Sweep( ) 아이콘을 클릭한다. Profile type은 Explicit로 한다. Subtype은 With reference surface로 하고, Profile은 Output.1을 클릭한다. Guide curve는 Sketch-5를 클릭한다.

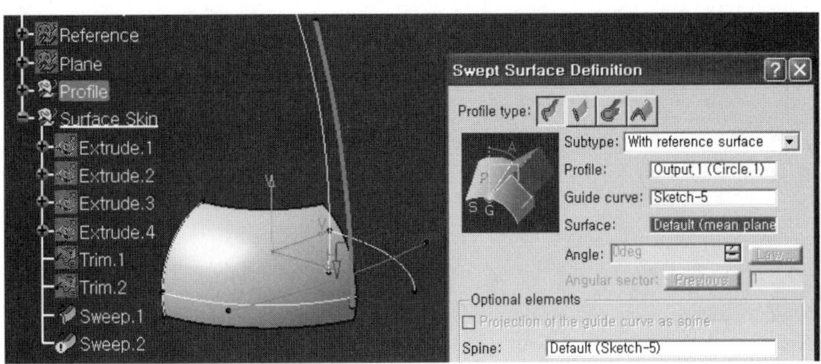

• Sweep( ) 아이콘을 클릭한다. Profile type은 Explicit로 한다. Subtype은 With reference surface로 하고, Profile은 Sketch-4를 클릭한다. Guide curve는 Sketch-3을 클릭한다.

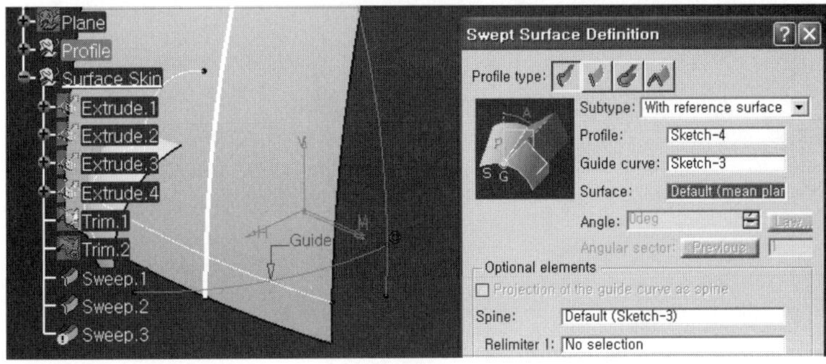

• 다음 그림처럼 Trim.2와 Sweep.1, Sweep.2, Sweep.3을 Trim한다.

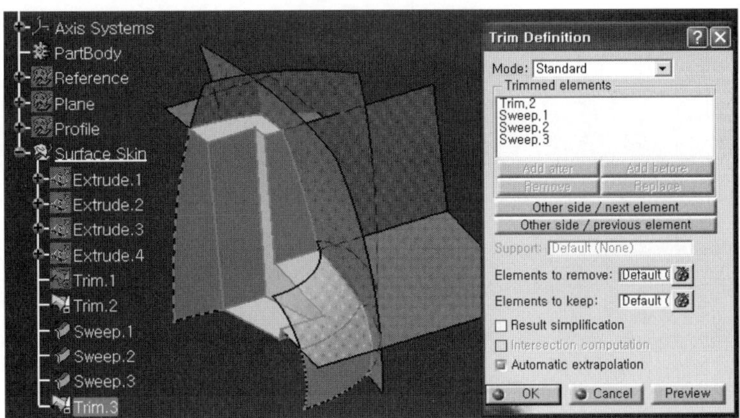

•만들어진 형상을 확인한다.

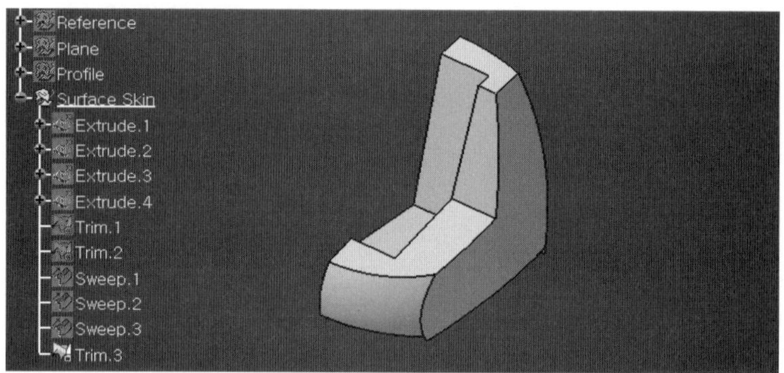

•다음 그림처럼 Plane.4를 기준으로 Trim.3을 Split한다.

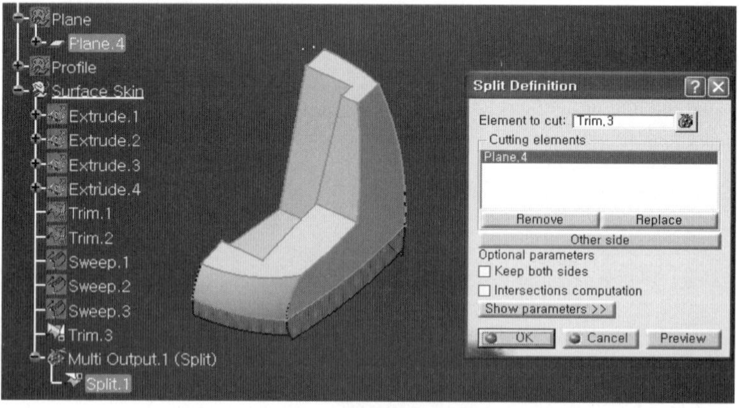

•Profile Geometrical Set을 Work Object로 설정한다.

Boundary(　) 아이콘을 클릭한다. Surface edge는 다음 그림처럼 Split.1을 클릭한다.

Limit1과 Limit2를 다음 그림처럼 클릭하여 생성될 Boundary의 영역을 잡아준다.

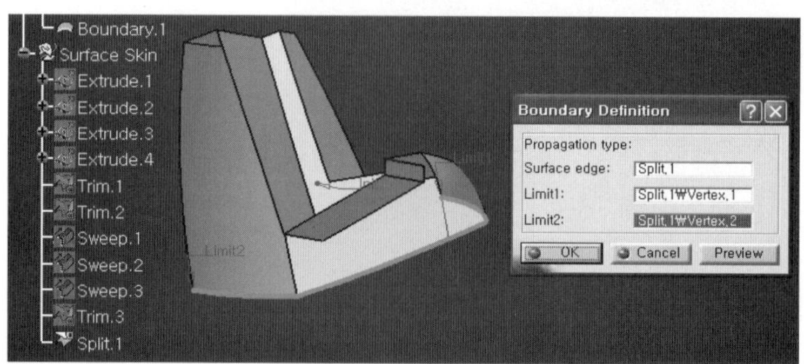

• Line(　) 아이콘을 클릭한다. Line type은 Point-Point를 선택한다.
  Point 1과 Point 2는 다음 그림처럼 Boundary의 양 끝점을 클릭한다.

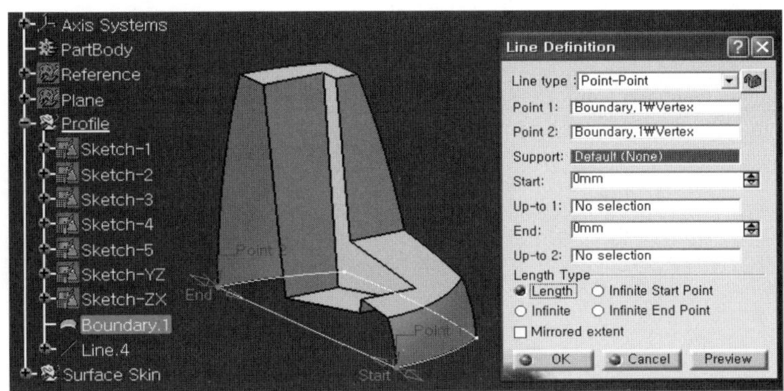

• Fill(　) 아이콘을 클릭한다. Boundary에 Boundary.1과 Line.4를 클릭한다.

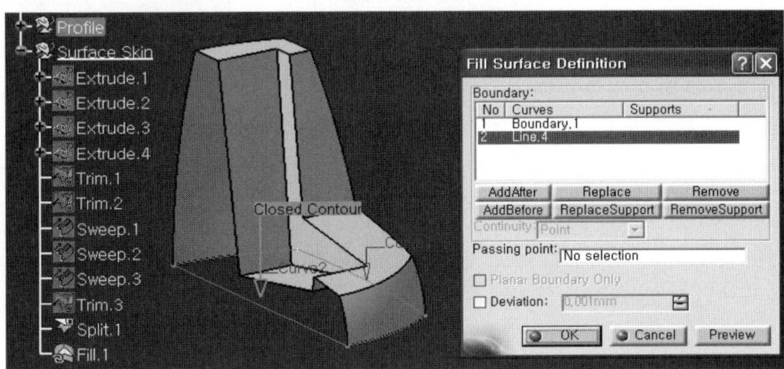

• Profile Geometrical Set에 Sketch-XY를 복사해 넣고 스케치 모드로 들어간다.
  다음 그림처럼 대략적인 형상을 스케치한다.

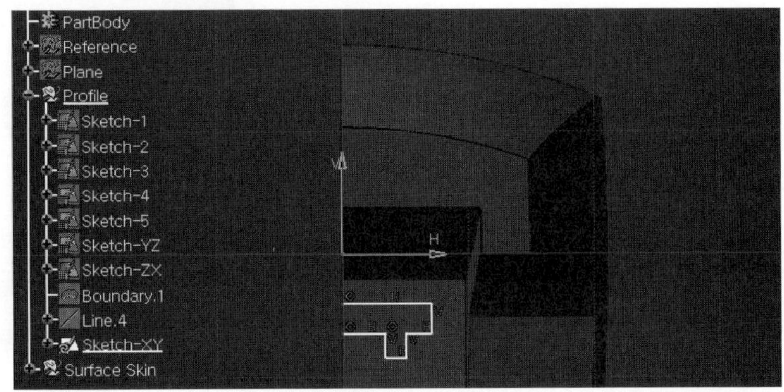

• 위쪽 수평선과 H-Direction 사이의 거리 값을 4mm로
입력한다.

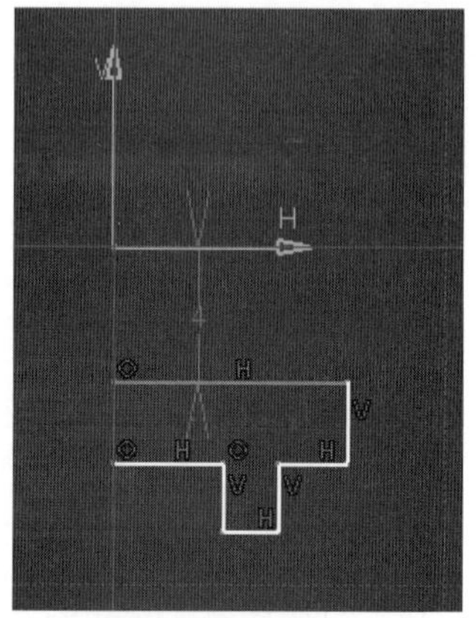

• V-Direction과 가운데 수직선 사이의 거리 값을 각각
3mm와 4mm로 입력한다.

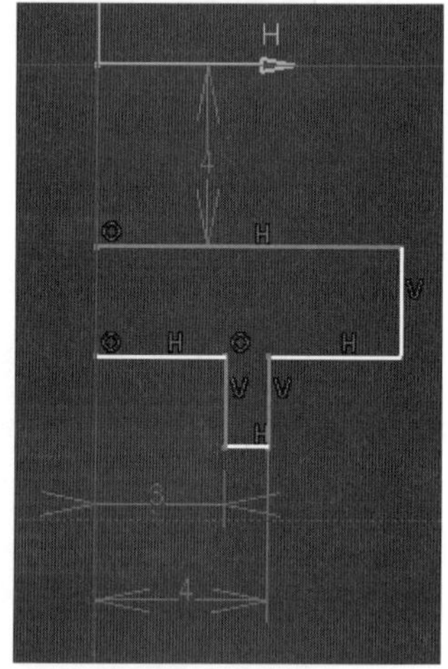

• V-Direction과 오른쪽 수직선 사이의 거리 값을 5mm로
입력한다.

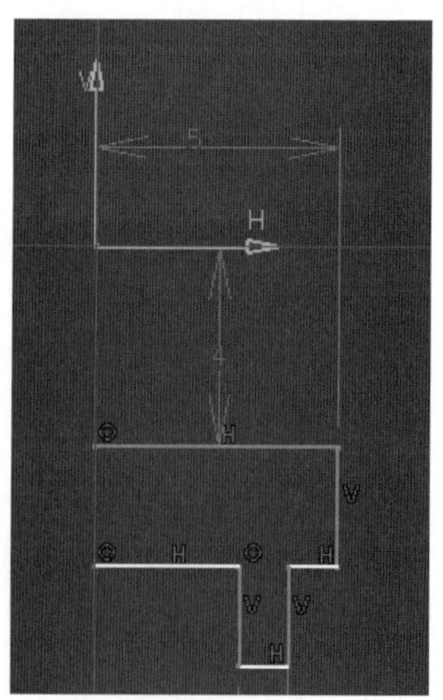

• 위쪽 수평선과 가운데 수평선 사이의 거리 값을
  2mm로 입력한다.
  위쪽 수평선과 아래쪽 수평선 사이의 거리 값은
  3mm로 입력한다.

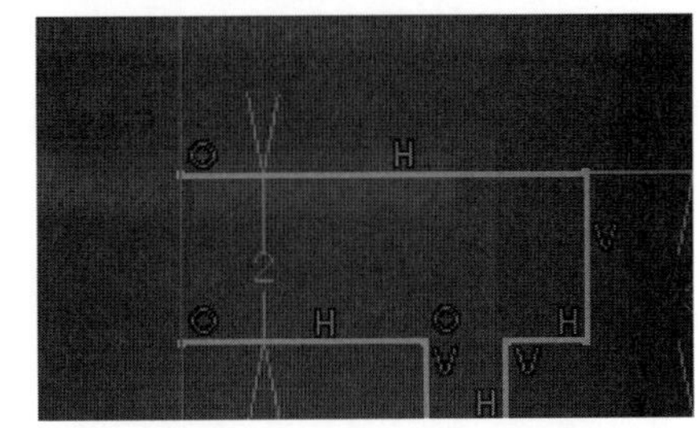

• 다음 그림처럼 V-Direction에 중심점과 한 끝점
  이 일치하는 원호를 그린다.

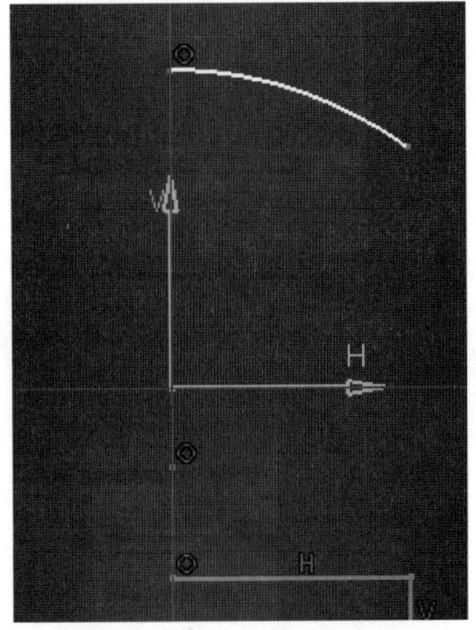

• 원호와 H-Direction 사이의 거리 값은 8mm로
  입력한다. 원호의 R 값은 30mm로 입력한다.

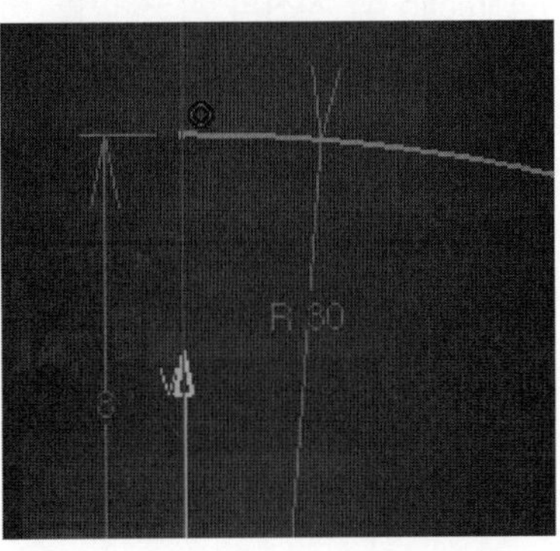

• 원호를 아래쪽으로 1.5mm Offset한다.

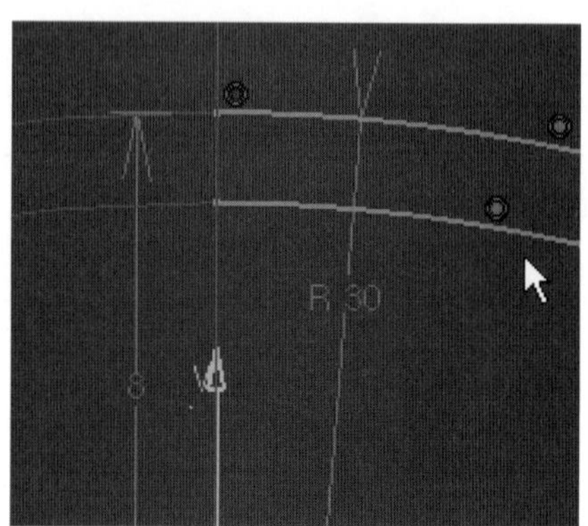

• 그림처럼 원호의 끝점을 잇는 선을 긋는다.

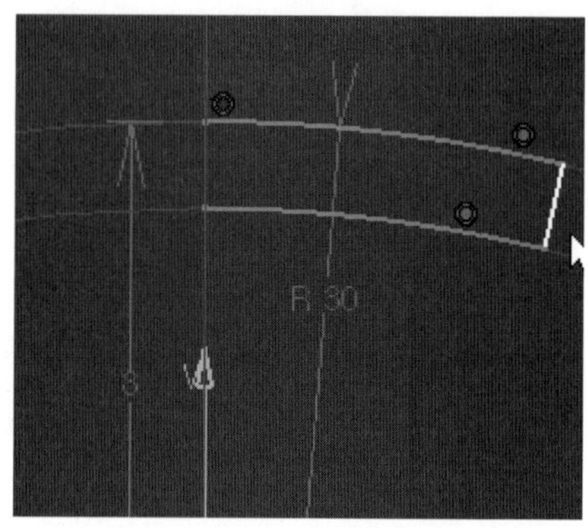

• V-Direction과 사선의 각도 값을 15deg로 입력
한다.

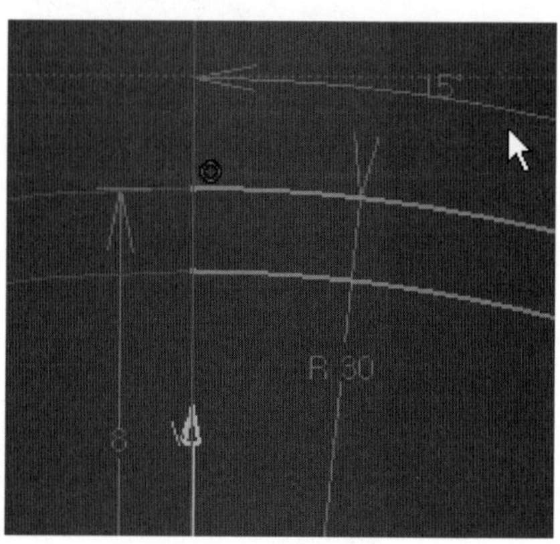

• Profile feature( ) 아이콘을 클릭한다. 다음 그림처럼 라인을 클릭한다. 연결된 선들이 함께
추출된다.

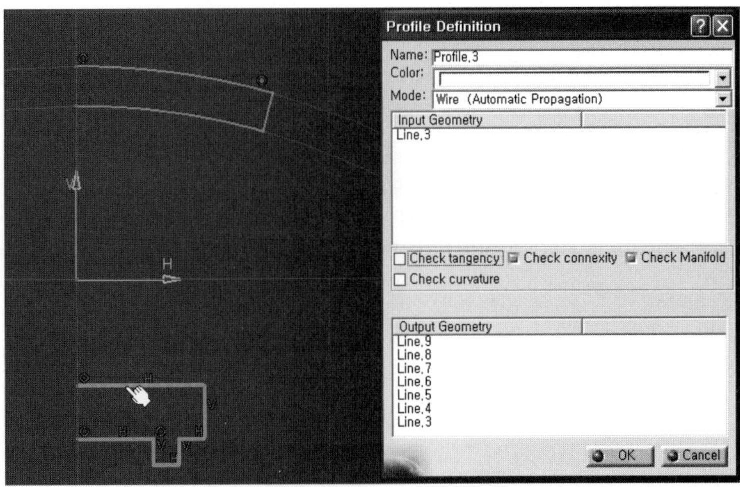

• Profile feature( ) 아이콘을 클릭한다. 다음 그림처럼 라인을 클릭한다. 연결된 선들이 함께
추출된다.
스케치를 빠져나간다.

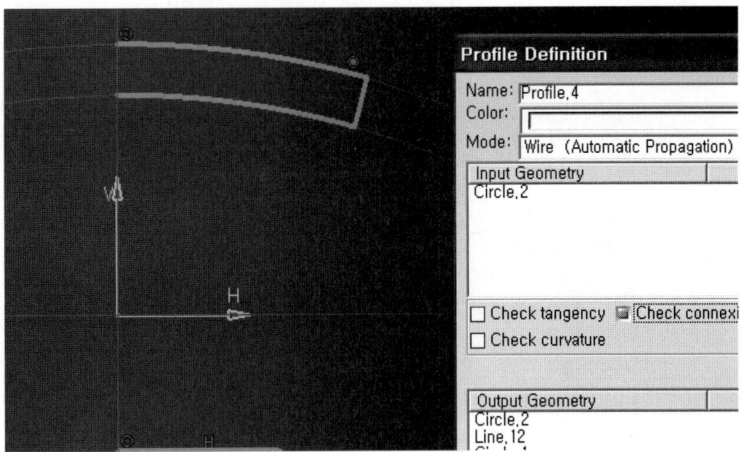

• Surface Skin Geometrical Set을 Work Object로 설정한다.

Extrude( ) 아이콘을 클릭한다. Profile은 Profile.4를 클릭하고 Direction은 XY Plane을 클릭
한다.

Limit Type.1은 Dimension으로 두고 치수 값을 44.5mm로 입력한다.

Limit Type.1도 Dimension으로 두고 치수 값을 0mm로 입력한다.

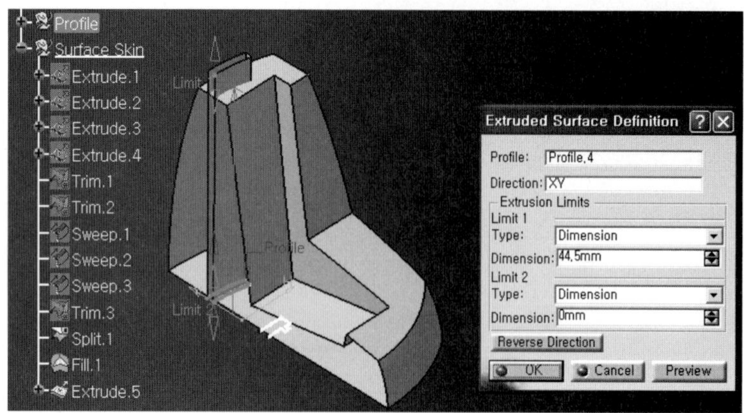

• Extrude( ) 아이콘을 클릭한다. Profile은 Profile.3을 클릭하고 Direction은 XY Plane을 클릭
한다.

Limit Type.1은 Dimension으로 두고 치수 값을 10mm로 입력한다.

Limit Type.1도 Dimension으로 두고 치수 값을 0mm로 입력한다.

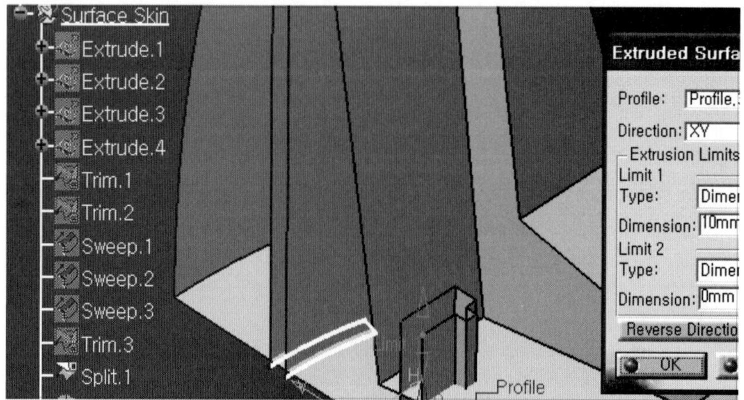

• 다음 그림처럼 Split.1과 Extrude.5를 Trim한다.

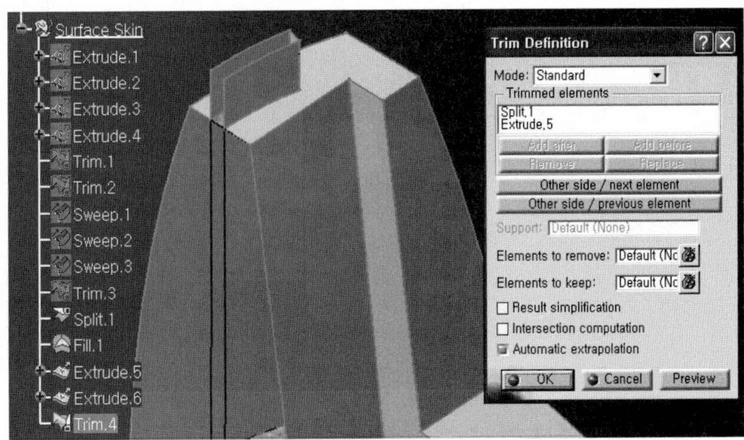

• Offset( ) 아이콘을 클릭한다. Fill.1을 위쪽으로 2.5mm Offset한다.

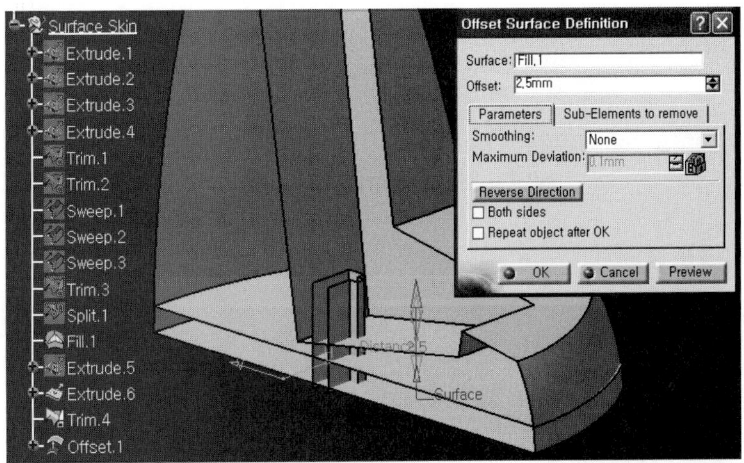

•다음 그림처럼 Offset.1과 Extrude.6 그리고 Trim.4를 Trim한다.

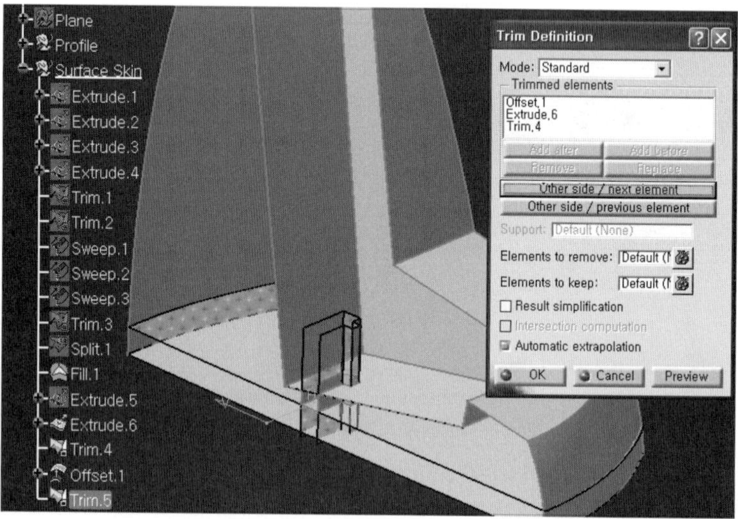

•Trim된 형상을 확인한다.

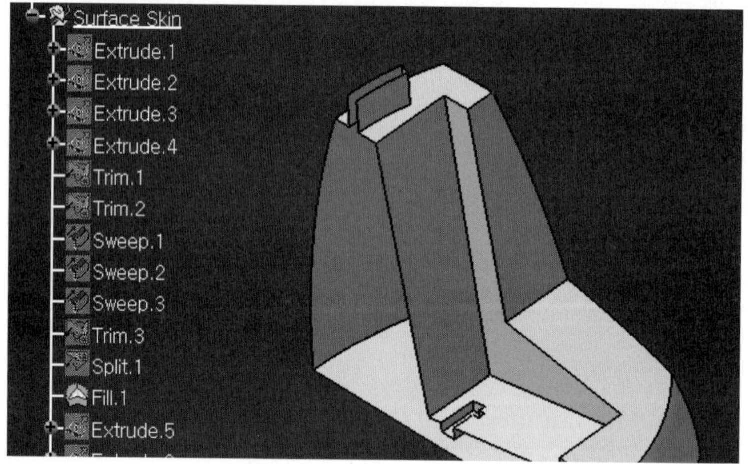

•Surface 툴바에서 Blend 아이콘을 클릭한다.

• 다음 그림처럼 First curve와 Second curve는 Trim.5의 모서리를 클릭한다. OK를 클릭한다.

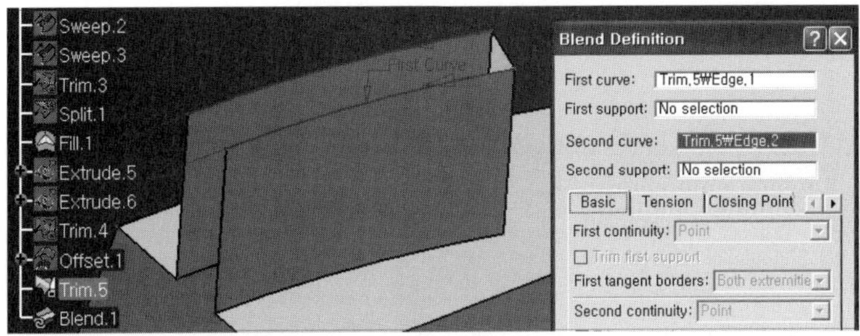

• Fill.1과 Trim.5 그리고 Blend.1을 Join하여 하나로 묶는다.

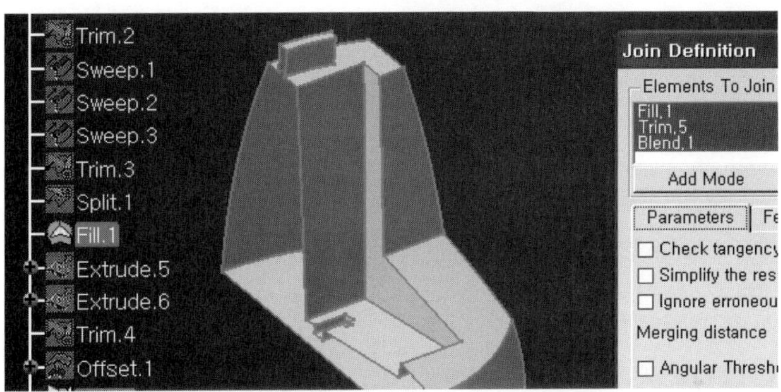

• Workbench( ) 아이콘을 클릭, Part Design Workbench( )를 클릭한다

  Body( ) 아이콘을 클릭 Body를 추가한다.

  Close Surface( ) 아이콘을 클릭한다. Object로 Join.1을 클릭한다.

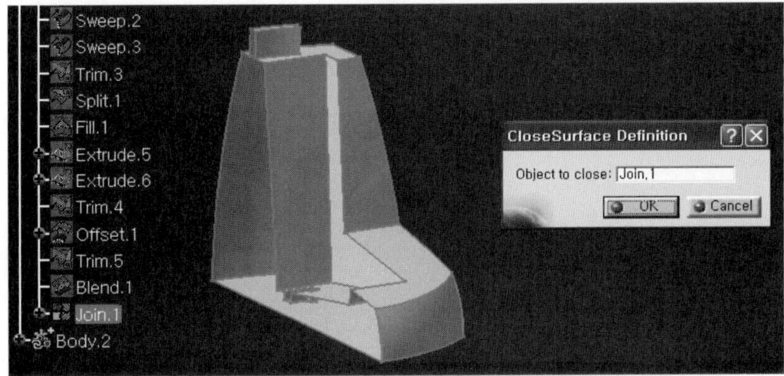

• Edge Fillet( ) 아이콘을 클릭한다.

Radius 값은 10mm로 입력한다. Object(s) to fillet은 다음 그림과 같은 모서리를 클릭한다. OK 를 클릭한다.

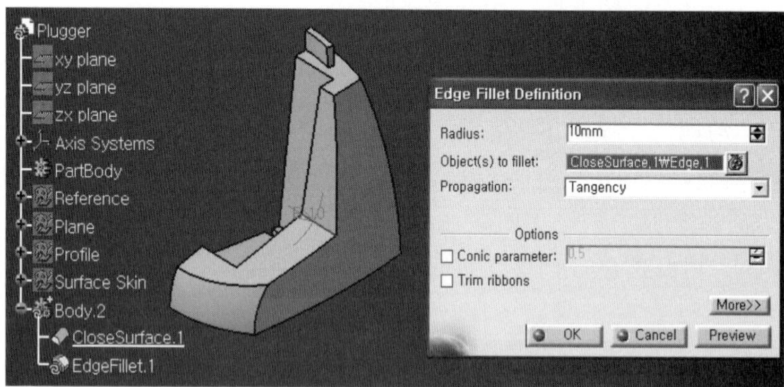

• Edge Fillet( ) 아이콘을 클릭한다.

Radius 값은 1.5mm로 입력한다. Object(s) to fillet은 다음 그림과 같은 모서리를 클릭한다. OK 를 클릭한다.

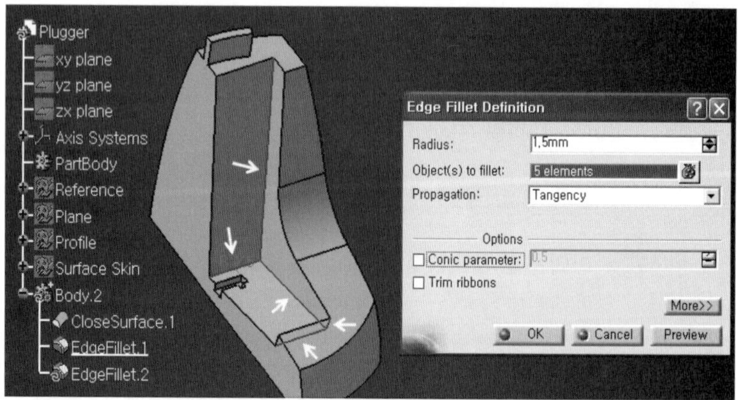

- Edge Fillet(　) 아이콘을 클릭한다.

  Radius 값은 9mm로 입력한다. Object(s) to fillet은 다음 그림과 같은 모서리를 클릭한다. OK
  를 클릭한다.

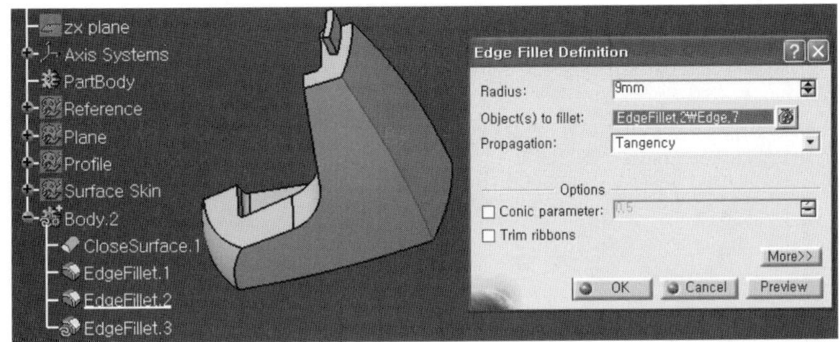

- Edge Fillet(　) 아이콘을 클릭한다.

  Radius 값은 3mm로 입력한다. Object(s) to fillet은 다음 그림과 같은 모서리를 클릭한다. OK를
  클릭한다.

- Edge Fillet(　) 아이콘을 클릭한다.

  Radius 값은 2mm로 입력한다. Object(s) to fillet은 다음 그림과 같은 모서리를 클릭한다. OK
  를 클릭한다.

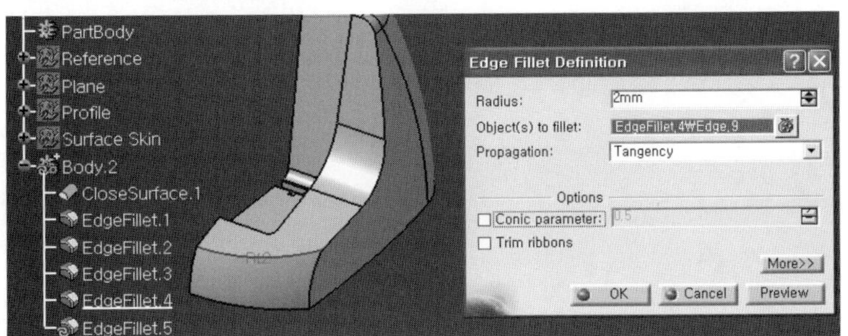

• Edge Fillet(　) 아이콘을 클릭한다.

Radius 값은 2mm로 입력한다. Object(s) to fillet은 다음 그림과 같은 모서리를 클릭한다. OK
를 클릭한다.

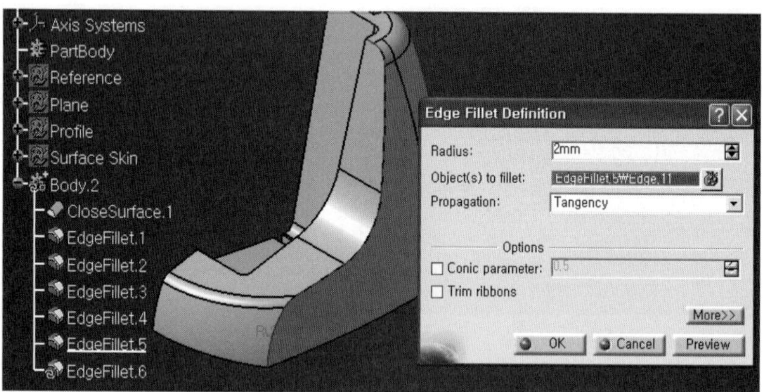

• Edge Fillet(　) 아이콘을 클릭한다.

Radius 값은 1mm로 입력한다. Object(s) to fillet은 다음 그림과 같은 모서리를 클릭한다. OK
를 클릭한다.

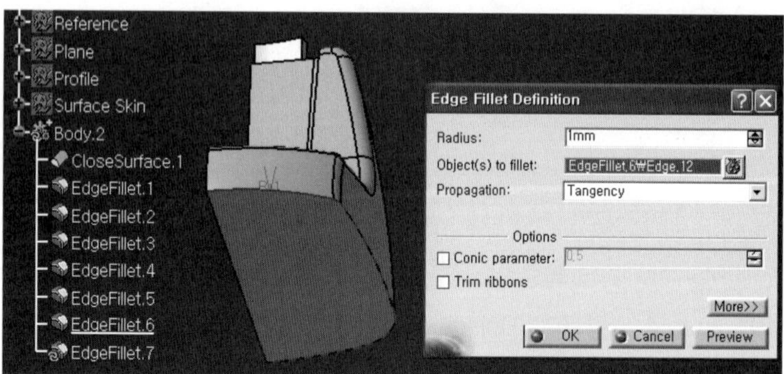

• Edge Fillet( ) 아이콘을 클릭한다.

Radius 값은 1mm로 입력한다. Object(s) to fillet은 다음 그림과 같은 모서리를 클릭한다. OK
를 클릭한다.

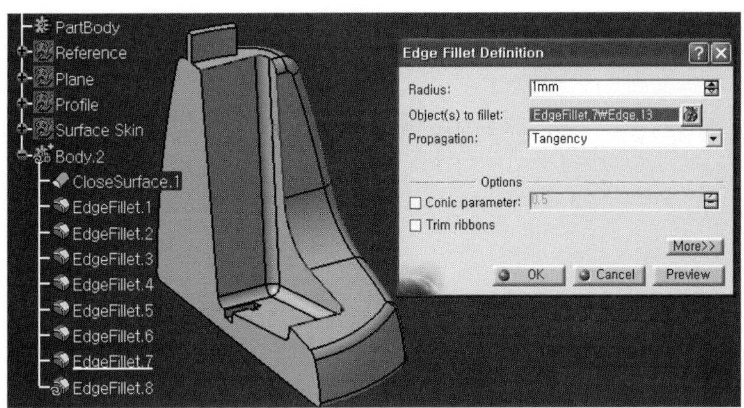

• Draft Angle( ) 아이콘을 클릭한다. Angle 값은 30deg로 입력한다.

Face(s) to draft는 다음 그림과 같이 Solid의 한 면을 선택한다.

Neutral Element의 Selection을 다음 그림처럼 클릭한다.

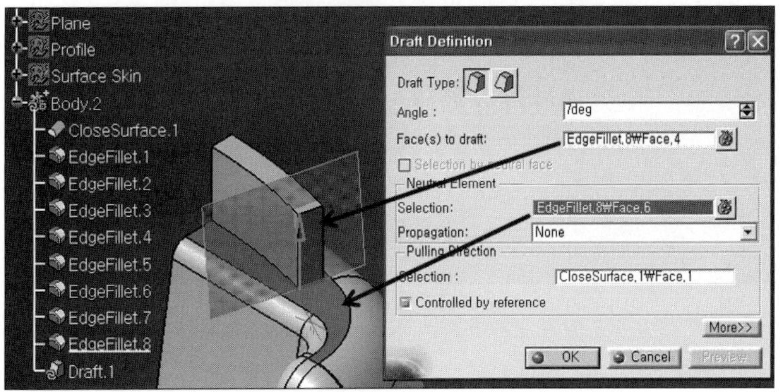

• Edge Fillet( ) 아이콘을 클릭한다.

Radius 값은 3mm로 입력한다. Object(s) to fillet은 다음 그림과 같은 모서리를 클릭한다. OK 를 클릭한다.

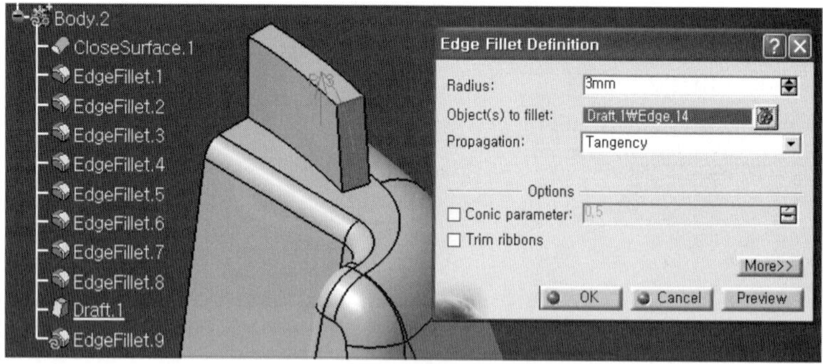

• Profile Geometrical Set에 Sketch-XY를 복사한다. Reverse H를 체크하여 방향을 바꾼다. 스케치 모드로 들어간다.

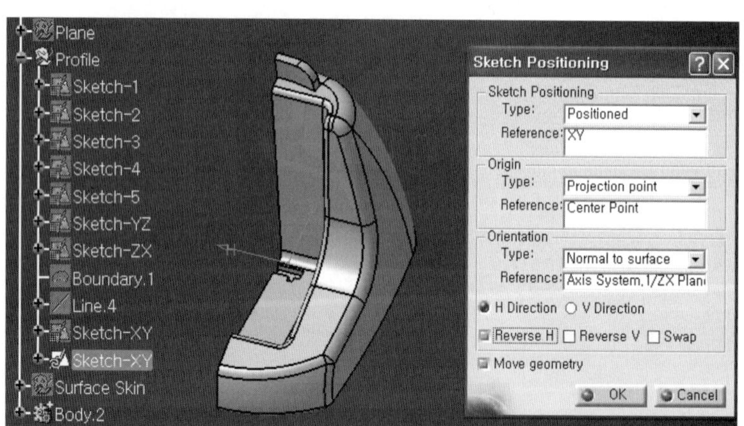

• 다음 그림처럼 두 원을 그린다. 원의 지름 값은 5mm로 입력한다.
  V-Direction과 원의 중심점 사이의 거리 값을 13mm로 입력한다.

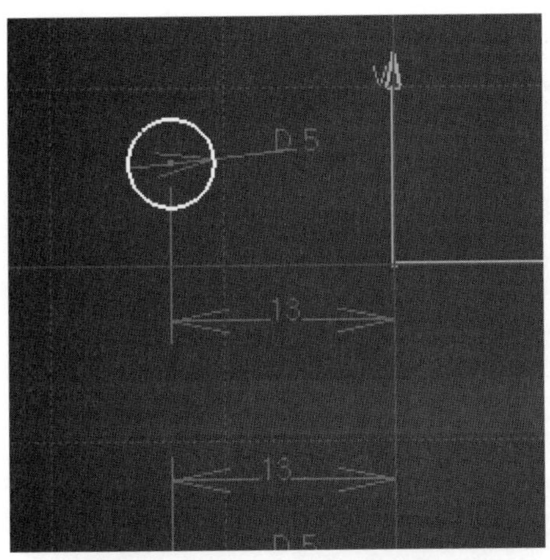

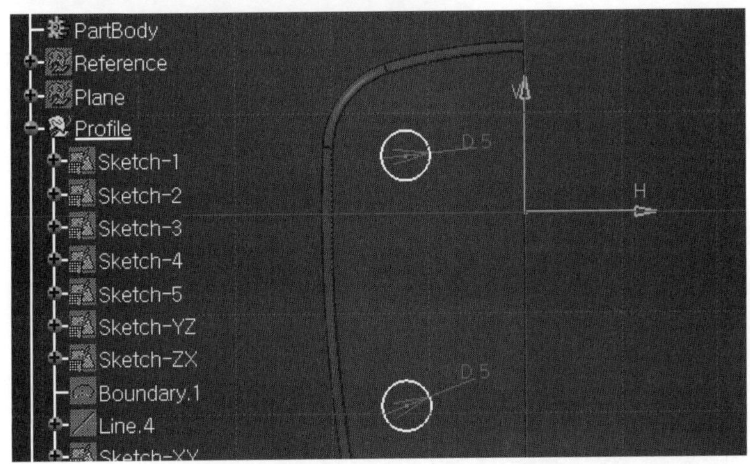

• H-Direction과 원의 중심사이의 거리 값을 각각 22mm와 8mm로 입력한다.
스케치를 빠져나간다.

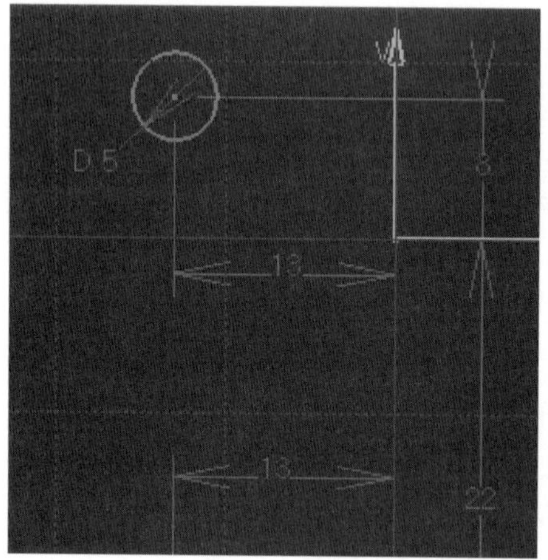

• 스케치 이름을 Sketch-6으로 변경한다. Pad( ) 아이콘을 클릭한다. Type은 Up to next를 선택한다.
Selection은 방금 작업한 Sketch-6을 클릭한다.

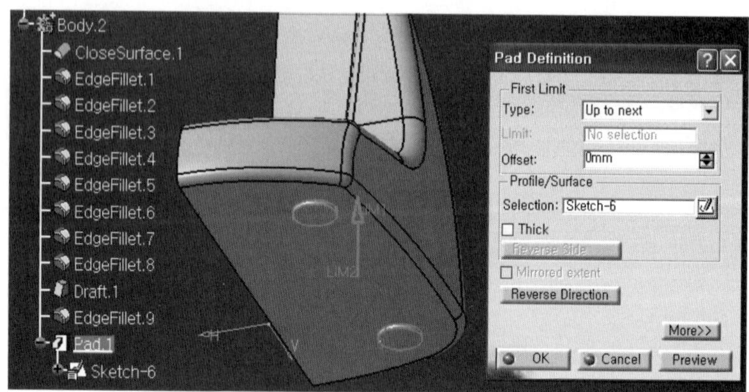

• Edge Fillet( ) 아이콘을 클릭한다.

Radius 값은 0.5mm로 입력한다. Object(s) to fillet은 다음 그림과 같은 모서리를 클릭한다. OK
클릭.

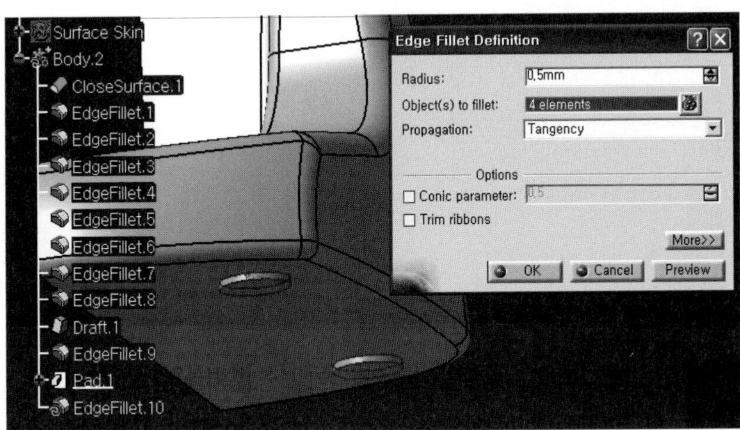

• Sketch-6을 복사하여 붙여 넣는다. 스케치 모드로 들어가 이전 스케치를 모두 지운다.
다음 그림처럼 꼭짓점이 스케치 중심과 일치하는 사각형을 그린다.

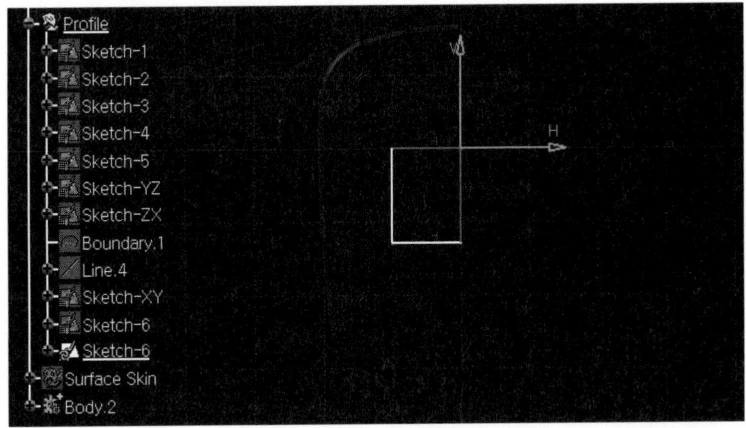

• 사각형의 가로 세로 값을 각각 10mm와 17mm로 입력한다.
  스케치를 빠져나간다.

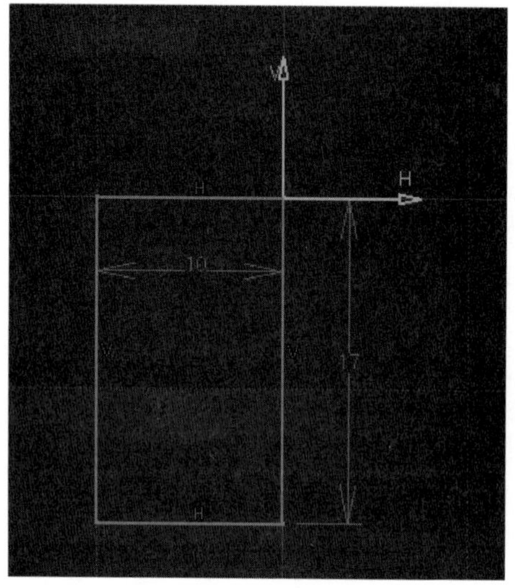

• 스케치 이름을 Sketch-7로 변경한다.

Pocket( ) 아이콘을클릭한다. Type은 Dimension으로 둔다. Depth는 0.7mm로 입력한다.
Selection은 Sketch-7를 클릭한다.

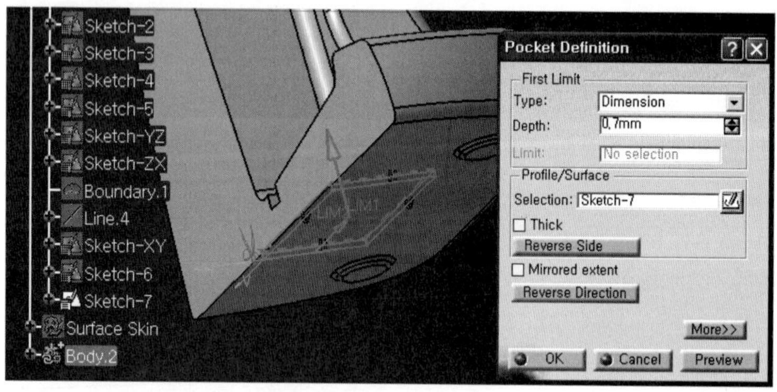

• Mirror( ) 아이콘을 클릭한다. Mirroring element는 ZX Plane을 선택한다. OK를 클릭한다.

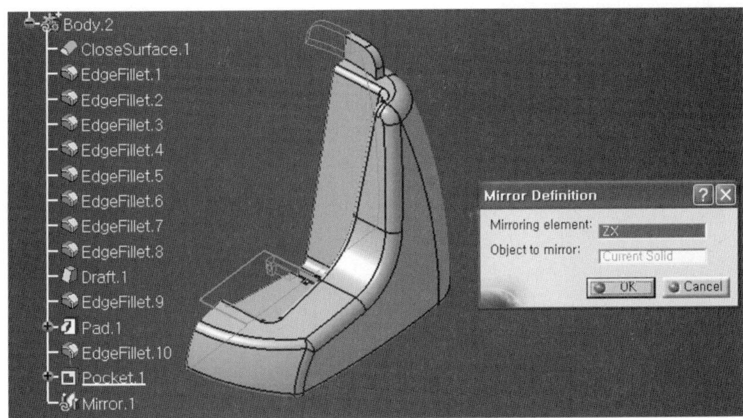

• Dress-Up Features 툴바에서 Chamfer 아이콘을 클릭한다.

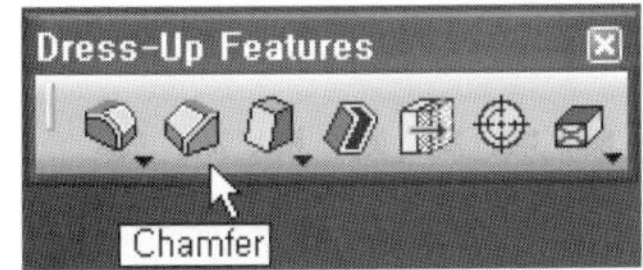

• Length 1은 4mm로 입력한다. Object는 다음 그림의 모서리를 클릭한다.

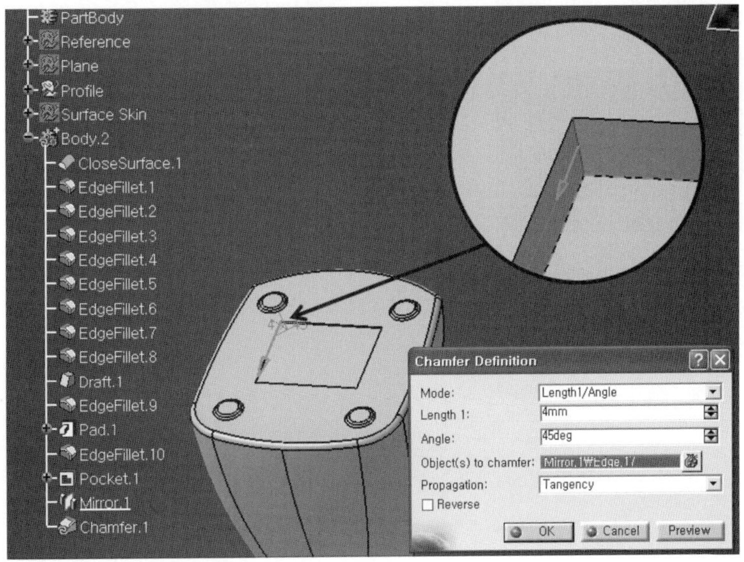

• 만들어진 형상을 확인한다.

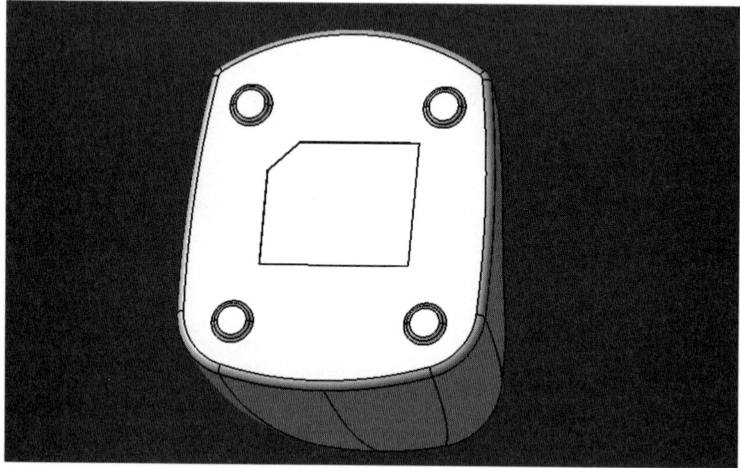

• Body.2를 복사하여 Plugger Part Number에 Paste Special, As Result With Link로 붙여 넣는다.

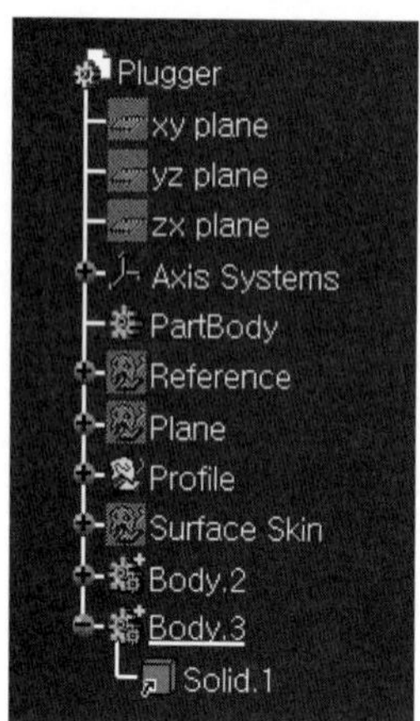

• Body.3을 PartBody에 Assemble한다. 파트가 완성되었다. 파일을 저장한다.

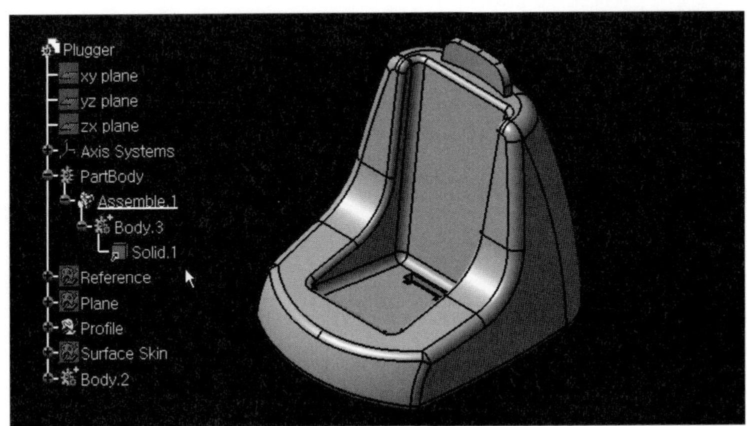

독학 길라잡이
CATIA V5 모델링 정석(Surface Design편)

2014년 12월 1일 제1판제1인쇄
2014년 12월 5일 제1판제1발행

저 자 이 재 한
발행인 나 영 찬

발행처 **기전연구사**

서울특별시 동대문구 천호대로4길 16(신설동 104-29)
전 화 : 2235-0791/2238-7744/2234-9703
FAX : 2252-4559
등 록 : 1974. 5. 13. 제5-12호

정가 25,000원